Der Einstellungstest / Eignungstest zur Ausbildung bei Feuerwehr und Bundeswehr

Kurt Guth   Marcus Mery   Andreas Mohr

Der Einstellungstest / Eignungstest zur Ausbildung bei Feuerwehr und Bundeswehr

Mit den Prüfungsfragen sicher durch das Auswahlverfahren

Kurt Guth / Marcus Mery / Andreas Mohr
Der Einstellungstest / Eignungstest zur Ausbildung
bei Feuerwehr und Bundeswehr
Mit den Prüfungsfragen sicher durch das
Auswahlverfahren

Ausgabe 2017

1. Auflage

Herausgeber: Ausbildungspark Verlag,
Gültekin & Mery GbR, Offenbach, 2017

Umschlaggestaltung: s.b. design, bitpublishing

Bildnachweis: Archiv des Verlages
Illustrationen: bitpublishing
Grafiken: bitpublishing, s.b. design
Lektorat: Thorben Pehlemann

*Bibliografische Information der Deutschen National-
bibliothek –*
Die Deutsche Nationalbibliothek verzeichnet diese
Publikation in der Deutschen Nationalbibliografie;
detaillierte bibliografische Daten sind im Internet
über http://dnb.dnb.de abrufbar.

Gedruckt auf chlorfrei gebleichtem Papier

© 2017 Ausbildungspark Verlag
Bettinastraße 69, 63067 Offenbach
Printed in Germany

Satz: bitpublishing, Schwalbach
Druck: Druckerei Sulzmann, Obertshausen

ISBN 978-3-95624-024-9 (PM)
ISBN 978-3-95624-048-5 (CD)

1181 – AP FEU 1 – 7c13

Inhaltsverzeichnis

Vorwort: Ein Beruf, der es in sich hat

Geregelte Acht-Stunden-Tage, gefüllt mit leichter Büroarbeit und festen Pausenzeiten? Wer sich seine berufliche Zukunft so vorstellt, ist bei der Feuerwehr und der Bundeswehr fehl am Platze. Hier sucht man körperlich und geistig belastbare Kandidaten: Sie müssen in strapaziösen Situationen sowohl die vorhandene Technik beherrschen als auch ihre Nerven im Griff haben. In gehobenen Positionen sind außerdem Führungsqualitäten gefragt.

Kurzum: Die Einstellungshürden sind hoch. Auf der anderen Seite müssen sich auch die Arbeitgeber anstrengen – denn fähiges Personal ist überall begehrt. Die Bundeswehr hat unlängst ein umfassendes Attraktivitätsprogramm aufgelegt, um qualifizierte Nachwuchskräfte an Bord zu holen. Bei den Berufsfeuerwehren bieten sich ebenfalls neue Chancen: Früher gelang der Einstieg in den mittleren feuerwehrtechnischen Dienst nur mit abgeschlossener Berufsausbildung, heute gibt es vielerorts spezielle Ausbildungsmodelle für Schulabgänger.

Worum geht es im Auswahlverfahren?

Die Laufbahnausbildungen der Feuerwehr und der Bundeswehr bauen auf Kompetenzen auf, die man im Rahmen von Schule, Ausbildung und/oder Studium erworben hat. Daher sind die einschlägigen Zeugnisse und Beurteilungen ein wichtiges Auswahlkriterium. Aber nicht das einzige: Denn die Bewertungen von dritter Seite verraten nicht alles über den Leistungsstand eines Bewerbers. Sie sagen wenig aus über schulische Besonderheiten, über die Ansprüche eines Ausbilders oder über die Erwartungen eines Dozenten.

Um die Qualifikationen aller Kandidaten einheitlich, fair und vergleichbar zu testen, werden mehrstufige Auswahlverfahren veranstaltet. Sie umfassen normalerweise ein Vorstellungsgespräch, sportlich-praktische Prüfungen, eine ärztliche Tauglichkeitsuntersuchung, Assessment-Center-Module (in gehobenen Laufbahnen) – und einen schriftlichen bzw. PC-gestützten Einstellungstest. Neben Kenntnissen in Bereichen wie Mathe oder Deutsch werden dabei auch persönliche Fähigkeiten wie Belastbarkeit und Gründlichkeit geprüft.

Gut vorbereitet mit diesem Prüfungspaket

Das Durcharbeiten der Prüfungen der letzten Jahre ist ein absolutes Muss für jeden, der sich auf einen Einstellungstest zur Ausbildung bei der Feuerwehr oder der Bundeswehr vorbereitet. So erkennen Sie, ob Ihr Kenntnisstand den Anforderungen entspricht. Außerdem lassen sich böse Überraschungen vermeiden, da fast alle aktuellen Prüfungsfragen so oder in ähnlicher Form schon einmal gestellt wurden.

Das vorliegende Prüfungspaket bietet Ihnen nicht nur zahlreiche originale Testfragen aus den Auswahlverfahren der Behörden: Es liefert auch kommentierte Lösungen und ausführliche Bearbeitungshinweise. Nehmen Sie sich ausreichend Zeit, das Buch und die Musterprüfungen konzentriert durchzuarbeiten. Damit haben Sie alles zur Hand, was Sie brauchen, um Ihren Einstellungstest sicher zu meistern.

Dieses Prüfungspaket ...

¬ bereitet Sie gezielt auf Ihren Eignungstest zur Ausbildung vor: in allen Laufbahnen der Feuerwehr und allen militärischen Laufbahnen der Bundeswehr.

¬ enthält fünf Musterprüfungen zur optimalen Testsimulation.

¬ bekämpft die Prüfungsangst – denn das beste Mittel gegen Prüfungsstress und Unsicherheit ist eine gezielte Vorbereitung.

¬ vermittelt das notwendige Wissen.

¬ bringt Ihre Allgemeinbildung auf den neuesten Stand und frischt Ihr prüfungsrelevantes Schulwissen auf.

¬ steht für eine Prüfung ohne böse Überraschungen!

Viele zusätzliche Prüfungsfragen und Informationen finden Sie auf unserer Homepage www.ausbildungspark.com. Im Büchershop stehen Ihnen außerdem weitere Publikationen zu Bewerbungs- und Auswahlverfahren in verschiedensten Branchen bereit.

Eine gute Vorbereitung und viel Erfolg in der Prüfung wünscht

Ihr Ausbildungspark-Team

Kontakt

Ausbildungspark Verlag
Kundenbetreuung
Bettinastraße 69
63067 Offenbach

Telefon: +49 (69) 40 56 49 73
Telefax: +49 (69) 43 05 86 02
E-Mail: kontakt@ausbildungspark.com
Internet: www.ausbildungspark.com

Einführung

Die Einstellungstests bei Feuerwehr und Bundeswehr

Eine Feuerwehr aufzustellen ist in Deutschland Sache der Kommunen, das heißt der Städte, Gemeinden und Landkreise. Aktuell gibt es über 100 Berufsfeuerwehren und entsprechend vielfältige Auswahlprozeduren. Auch die Eignungstests fallen von Standort zu Standort unterschiedlich aus – in Ablauf, Dauer und Form (schriftlich oder computergestützt). Inhaltlich geht es jedoch weitgehend um das Gleiche: nämlich um die Fähigkeiten und Kenntnisse, die man als angehender Brandmeister (mittlerer feuerwehrtechnischer Dienst) oder Brandinspektor (gehobener feuerwehrtechnischer Dienst) braucht. Bei der Bundeswehr vertraut man standortübergreifend dem CAT-Testsystem („Computerassistiertes Testen"). Es umfasst mehrere Testmodule, die flexibel an die betreffende Position angepasst werden.

Die Prüfungsverfahren schöpfen aus einem großen Reservoir an Aufgaben verschiedenster Kategorien: Wissen, Sprache, Mathematik, Logik, technisches Verständnis, visuelles Denkvermögen, Konzentration und Merkfähigkeit. Je nach Stellenzuschnitt werden aus diesem Fundus unterschiedliche Aufgaben ausgesucht. Viele Fragen sind nach dem Multiple-Choice-Prinzip durch Ankreuzen der richtigen Lösung zu beantworten. An anderer Stelle – vor allem im sprachlichen Bereich – müssen Sie mehr oder weniger umfangreiche Antworten selbst formulieren.

Die Aufgabentypen im Überblick

Der Themenbereich „Wissen"

Hinter der Bezeichnung „Allgemeinwissen" verbirgt sich ein schier unüberschaubares Themenfeld. „Ernste" Gebiete wie Politik, Wirtschaft und Geschichte fallen ebenso darunter wie Kunst, Literatur und Sport. Dieses Buch liefert einen Querschnitt gängiger Fragen aus verschiedensten Bildungsbereichen. Studieren Sie die Lösungskommentare, um sich intensiver in die Materie einzuarbeiten. Ihr Gegenwartswissen halten Sie durch Zeitungslektüre, Nachrichtensendungen, Internetquellen auf dem Laufenden – bleiben Sie am Ball.

Im fachbezogenen Wissensteil können zum einen Ihre naturwissenschaftlich-technischen Vorkenntnisse zur Debatte stehen. Zum anderen wird Ihr Sinn fürs Praktische auf die Probe gestellt, mit skizzenbasierten Aufgaben zu verschiedenen technischen Anordnungen. Abgesehen davon können behördenspezifische Inhalte eine Rolle spielen – hier punkten Sie mit einer guten Faktenrecherche: Was wissen Sie über die Aufgaben und die Organisation Ihrer Dienststelle? Wie heißen die ranghöchsten Vorgesetzten? Haben Sie sich mit den beruflichen Anforderungen auseinandergesetzt? Kennen Sie die Ausbildungsschwerpunkte, und wo könnten Sie nach der Ausbildung eingesetzt werden?

> **Der Wissensteil testet ...**
>
> ¬ Allgemeinwissen: Politik und Gesellschaft, Geschichte, Kultur ...
>
> ¬ technisches Verständnis: naturwissenschaftliches Wissen, handwerklich-praktische Intelligenz
>
> ¬ fachbezogenes Wissen: Kenntnisse über die Dienststelle, den Beruf und die Ausbildung

Die „Sprachbeherrschung"

Absprachen treffen und Protokolle schreiben, Anordnungen verstehen und sie anderen verständlich vermitteln – das setzt Kommunikationsvermögen voraus. Sprachlich sollten Sie daher sattelfest sein, je nach Dienstort und Position auch in einer Fremdsprache (in der Regel Englisch). Häufig werden die elementaren Rechtschreib- und Grammatikkenntnisse mithilfe eines kurzen Diktats geprüft. Daneben bekommt man es oft mit Auswahl- oder Einsetzübungen zu tun, bei denen die richtigen Satzzeichen oder Schreibweisen zu bestimmen sind.

Der Sprachteil prüft ...

¬ Rechtschreibung und Grammatik

¬ inhaltliches Verständnis

¬ Ausdrucks- und Argumentationsvermögen

¬ evtl. Fremdsprachenkenntnisse (Englisch)

Über die einwandfreie Beherrschung der sprachlichen Grundregeln hinaus ist – insbesondere in gehobenen Laufbahnen – oft noch ein gutes Textverständnis erwünscht. Im entsprechenden Prüfungsabschnitt können Sie unter anderem gebeten werden, Rechtsvorschriften auf vorgegebene Situationen anzuwenden oder den Inhalt eines kurzen Textes sinngemäß in eigenen Worten wiederzugeben. Als Königsdisziplin des Sprachteils gilt der themenbezogene Aufsatz: Hier ist eine gegebene Fragestellung logisch strukturiert, sprachlich flüssig und unter Beachtung möglichst aller relevanten Aspekte zu beleuchten.

Die „Mathematik"

Wer mit der Mathematik auf Kriegsfuß steht, gerät bei der Feuerwehr und der Bundeswehr schnell ins Straucheln. Die nötige Zahlensicherheit muss man im Einstellungstest häufig dadurch nachweisen, dass man auch ohne Hilfsmittel zum richtigen Ergebnis findet. Konkret kann es etwa darum gehen, Rechenzeichen zu ergänzen, Maßangaben umzurechnen, kleinere Rechnungen im Kopf durchzuführen oder größere Operationen per Überschlag zu lösen. Natürlich ist bei komplizierteren Zins- und Prozentaufgaben in der Regel ein Taschenrechner erlaubt.

In Mathematik geht es um ...

¬ Grundrechenarten

¬ Textaufgaben (mit Dreisatz)

¬ Zins- und Prozentrechnung

¬ Tabellen und Diagramme

¬ Funktionen und Gleichungen

¬ Geometrie

Über die bloßen Rechenkünste hinaus haben es Diagrammanalysen und Textaufgaben besonders auf Ihr Verständnis von Zahlenverhältnissen abgesehen. Häufig sind dabei unbekannte Werte mithilfe des Dreisatz-Verfahrens zu ermitteln. Auch Geometrie kann auf dem Programm stehen, auf höherem Niveau warten oft Funktionen und Gleichungen. Bringen Sie zur Vorbereitung Ihr Schulwissen noch einmal gründlich auf Vordermann. Doch auch wer sich mit Mathe etwas schwerer tut, muss die Flinte nicht gleich ins Korn werfen. Die Testaufgaben sind im Allgemeinen ziemlich ähnlich, sodass sich die typischen Vorgehensweisen und Lösungswege sehr gut trainieren lassen.

Das „logische Denkvermögen"

Logik ist die Lehre des vernünftigen Folgerns. So griffig diese Definition klingt, so vielschichtig zeigt sich das logische Denkvermögen in der Praxis – und so unentbehrlich ist es, logisch denken und urteilen zu können. Die Fähigkeit, komplexe Sachlagen zu überblicken und verschiedene Handlungsalternativen systematisch zu durchdenken, wird nahezu überall gebraucht. Um Ihren analytischen Scharfsinn zu testen, gibt es unterschiedliche Aufgabentypen, in denen Buchstaben, Wörter, Sätze, Zahlen oder grafische Muster vorkommen können.

Der Logikteil besteht aus ...

¬ Sprachlogik: Wortanalogien, Oberbegriffe

¬ Ergänzungsaufgaben: Buchstaben- und Zahlenreihen fortsetzen

¬ Interpretationsaufgaben: Texte und Schaubilder verstehen

Häufig gilt es, zwischen verschiedenen Elementen Zusammenhänge und Strukturen zu erkennen. Sprachlogische Fragen fordern etwa dazu auf, Analogien herzustellen: Ast verhält sich zu Baum wie Rad zu ...? Eine mögliche Antwort wäre hier Auto, da das Rad ebenso ein Teil des Autos ist, wie der Ast zum Baum gehört. Bei anderen Aufgaben finden Sie zu vorgegebenen Wörtern den jeweils passenden Oberbegriff, setzen Buchstaben- oder Zahlenreihen richtig fort oder ziehen aus vorgegebenen Informationen plausible Schlussfolgerungen.

Das „visuelle Denkvermögen"

Aufgaben zum visuellen Denkvermögen überprüfen neben Ihrer räumlichen Vorstellungskraft ein Stück weit auch Ihre praktische Intelligenz: Finden Sie zum Beispiel heraus, welcher dreidimensionale Körper sich aus einer abgebildeten Faltvorlage zusammenbasteln lässt. Im zweidimensionalen Bereich spielen unter anderem Flächenformen eine Rolle, die nach bestimmten Regeln untersucht, verglichen oder zusammengefügt werden müssen.

Das visuelle Denkvermögen beinhaltet ...

¬ räumliche Vorstellungskraft: Flächen und Körper

¬ visuelle Auffassungsgabe: Matrizen, Muster und Figuren

Im Grenzbereich zum logischen Denkvermögen finden sich Aufgaben zu grafischen Reihen und Matrizen. Nutzen Sie Ihr Abstraktionsvermögen, um herauszufinden, nach welchen „Bauanleitungen" die vorliegenden Formen und Muster konstruiert sind – im Notfall helfen Ihnen die Lösungskommentare dieses Buchs. Wer einmal einen Blick für Körper und Flächen entwickelt hat, profitiert noch lange im Nachhinein davon: Der Trainingseffekt im Bereich der räumlichen Vorstellungskraft setzt vergleichsweise schnell ein und ist sehr nachhaltig.

Das „Konzentrationsvermögen"

Mit Konzentrationsvermögen ist die Fähigkeit gemeint, ein anspruchsvolles Arbeitspensum auch unter Zeitdruck bewältigen zu können, ohne dabei den Überblick zu verlieren. Die Kategorie verbindet Arbeitsgeschwindigkeit mit Gründlichkeit – Schnelligkeit darf nicht zulasten der Sorgfalt gehen!

Besonders anspruchsvoll sind die Aufgaben an sich bisweilen nicht. Der p/q-Test beispielsweise – auch bekannt in seinen Spielarten als O/Q-Test oder b/d-Test – besteht aus nichts anderem als ziemlich eintönigen Buchstabenfolgen, in denen Sie die Anzahl aller „p"s bestimmen sollen. Andere Konzentrationsprüfungen bestehen darin, Abschriften mit einem Original zu Vergleichen, einfache Rechenaufgaben zu lösen, codierte Zeichenreihen zu entschlüsseln oder mehrere Objekte nach einer vorgegebenen Regel abzuarbeiten.

Unterschätzen sollten Sie diese banal anmutenden Aufgabenstellungen nicht: Das Zeitlimit sorgt für Stress. Halten Sie die vorgegebenen Bearbeitungszeiten ein, damit Sie eine realistische Vorstellung des Arbeitsaufwands und ein Gefühl für die effizienteste Vorgehensweise entwickeln.

Das „Erinnerungsvermögen"

Aus den Augen, aus dem Sinn? Kein gutes Motto für verantwortungsbewusste Feuerwehr- oder Bundeswehrangehörige. Nicht nur Vorgesetzte und Kollegen freuen sich, wenn man wichtige Informationen nicht schon im nächsten Augenblick wieder vergessen hat!

Zur Überprüfung der Merkfähigkeit erhalten Sie häufig Texte, Fotos oder Tabellen, deren Inhalte Sie in darauffolgenden Abfragerunden wiedergeben sollen. Bei anderen Aufgabentypen prägen Sie sich Figuren, Zahlen oder Wörter ein – einzeln oder in kombinierter Form. Diese Elemente müssen Sie anschließend in einer üblicherweise recht umfangreichen Liste wiedererkennen, wobei Ihnen enge Zeitgrenzen das Leben zusätzlich schwer machen können.

Der Testablauf

Mit der Einladung zum Einstellungstest sind Sie Ihrem Wunschberuf einen großen Schritt näher gekommen. Nun beginnt die Vorbereitungsphase. Inzwischen wissen Sie natürlich schon ein wenig darüber, was Sie im Auswahltest erwartet: eine Kontrolle der vorausgesetzten Kenntnisse und Kompetenzen ebenso wie die Überprüfung berufsrelevanter persönlicher Fähigkeiten. Wie aber läuft die Prozedur konkret ab?

Die Prüfungssituation

Der Tag der Wahrheit ist endlich gekommen; Sie und Ihre Mitbewerber sammeln sich vor dem Prüfungsraum. Aufgeregt wird der eine oder andere von fiesen Trickfragen und unlösbaren Kniffeleien berichten – das meiste davon sind Gerüchte, die ganz und gar auf Hörensagen beruhen. Zwar werden Sie mit Sicherheit auf unbekannte Fragen stoßen und wahrscheinlich in der vorgegebenen Zeit nicht alle korrekten Lösungen finden. Das müssen Sie aber auch nicht, da nur ein bestimmter Prozentsatz der Maximalpunktzahl nötig ist, um den Test zu bestehen. Außerdem sind auch die unbekannten Aufgaben nach eingängigen Schemas aufgebaut, die Ihnen dank der Bearbeitung des vorliegenden Prüfungspakets ziemlich vertraut vorkommen dürften.

Nachdem alle Bewerber zum Test erschienen sind, wird Sie der Prüfer begrüßen, sich kurz vorstellen und dann die Einzelheiten des Testablaufs klären: welche Hilfsmittel zugelassen sind – z. B. Taschenrechner und Lineal –, welche Zeitvorgaben es gibt usw. Fragen Sie schon vorher nach, welche Materialien Sie von zu Hause mitbringen dürfen oder sollen; Stift und Papier werden meist gestellt.

Bei der Zeiteinteilung gibt es unterschiedliche Vorgehensweisen: Wenn der Prüfer Ihnen nur eine feste Bearbeitungsdauer für den gesamten Test nennt, dürfen Sie normalerweise hin und her springen, besonders unangenehmen Aufgaben ausweichen und zum nächsten Aufgabenteil übergehen, wenn Sie wollen. Es kann aber auch vorkommen, dass der Prüfer Sie Schritt für Schritt durch den Test begleitet und Ihnen genau sagt, wann und wie lange Sie einen bestimmten Bereich bearbeiten sollen. Blättern Sie in diesem Fall nicht einfach zu anderen Abschnitten um – schlimmstenfalls könnte das zu Ihrer Disqualifikation führen.

Richtig lernen

Welche Fragen in Ihrem Auswahltest konkret gestellt werden, das könnten Ihnen nur die Prüfer selbst erzählen – und die werden es nicht tun. Trotzdem können Sie sich auf alle Prüfungsinhalte gut vorbereiten: zum einen, indem Sie Ihre Wissensbasis erweitern, verschiedene Aufgabentypen und Lösungswege kennen lernen; zum anderen, indem Sie sich an die Prüfungssituation und den Testablauf gewöhnen. Aber auch das Lernen selbst will gelernt sein. Mit den richtigen Methoden fällt die Vorbereitung leichter.

Informationen sammeln Bringen Sie mehr über Ihren anvisierten Arbeitgeber und den angestrebten Beruf in Erfahrung: Studieren Sie Prospekte und Broschüren, nutzen Sie Tage der offenen Tür, recherchieren Sie im Internet, kontaktieren Sie Ihren Einstellungsberater. Eventuell erfahren Sie so auch noch einige zusätzliche Details über den Testablauf und die Prüfungsinhalte. Fragen kostet nichts!

Bildung verbreitern Eine gute Allgemeinbildung bringt in jedem Einstellungstest Vorteile. Informieren Sie sich daher über das aktuelle Zeitgeschehen. Möglichkeiten dafür gibt es viele, ob via Internet, Radio, Fernsehen oder Presse. Wer sich kein Zeitungsabonnement leisten will, findet in öffentlichen Bibliotheken Exemplare aller großen Tageszeitungen zur Gratis-Lektüre.

Pausen einplanen In der Vorbereitungsphase von früh bis spät zu büffeln und dann noch die Nacht zum Tag zu machen, ist nicht besonders effektiv. Gönnen Sie sich ausreichend Schlaf und regelmäßige Verschnaufpausen. Bewährt hat sich die Einteilung in Lernblöcke: nach 30 Arbeitsminuten 5 Minuten abschalten, alle 90 Minuten für eine Viertelstunde pausieren, nach jeweils vier Stunden 1–2 Stunden unterbrechen.

Ihr Fahrplan für die schriftliche Prüfung

▶ Fragen Sie frühzeitig nach: Welche Hilfsmittel (z. B. Taschenrechner) dürfen Sie benutzen? Welche Materialien (Stift, Papier, Lineal …) müssen Sie mitbringen, welche werden Ihnen gestellt?

▶ Verschieben Sie Ihren Prüfungstermin bei schwereren Erkrankungen.

▶ Erscheinen Sie ausgeschlafen und pünktlich, planen Sie eine Zeitreserve für Verzögerungen ein. Aber vergessen Sie das Frühstück nicht: Wer mit nüchternem Magen in die Prüfung geht, baut schneller ab und ist weniger leistungsfähig.

▶ Folgen Sie den Erklärungen der Prüfungsleiter aufmerksam. Nur so erfahren Sie, wie der Test abläuft und wie Sie dabei vorgehen müssen.

▶ Studieren Sie die allgemeinen Bearbeitungshinweise sorgfältig, klären Sie eventuelle Verständnisfragen nach Möglichkeit vor Testbeginn.

▶ Behalten Sie die Uhr im Auge und teilen Sie sich Ihre Zeit gut ein.

▶ Achten Sie jederzeit auf Hinweise Ihrer Prüfungsleiter.

▶ Wenn ein „Blackout" droht: durchatmen, einen Schluck Wasser trinken und erst einmal leichtere Aufgaben in Angriff nehmen.

▶ Lesen Sie jede Aufgabenstellung gründlich durch und halten Sie sich an vorgegebene Bearbeitungswege.

▶ In Multiple-Choice-Tests werden falsche Antworten in der Regel nicht bestraft. Setzen Sie auch dann ein Kreuz, wenn Sie nicht ganz sicher sind – einen Versuch ist es wert. (Achtung: Wenn mehrere richtige Lösungen anzugeben sind, gibt es für falsche Kreuze Abzüge!)

▶ Lassen Sie sich nicht aus der Ruhe bringen. Die Tests sind so konzipiert, dass kaum jemand im vorgegebenen Zeitrahmen alle Aufgaben korrekt lösen kann.

▶ Anstatt an einer Aufgabe zu verzweifeln, gehen Sie lieber zur nächsten über. Mit den übersprungenen Fragen können Sie sich – angefangen bei der leichtesten – noch zum Schluss beschäftigen.

▶ Planen Sie etwas Zeit ein, um Ihre Lösungen auf Flüchtigkeitsfehler und andere kleine Patzer zu kontrollieren.

▶ Korrigieren Sie falsche Antworten stets eindeutig und nachvollziehbar.

Die Testsimulation

Das vorliegende Prüfungspaket ist so konzipiert, dass Sie den schriftlichen / computergestützten Einstellungstest realistisch simulieren und seinen Ablauf wirklichkeitsnah nachvollziehen können. Wir empfehlen Ihnen folgende Vorgehensweise zur effektiven Vorbereitung:

¬ Legen Sie sich einen Taschenrechner, einen Bleistift und Notizpapier bereit.

¬ Bearbeiten Sie eine Prüfung immer erst vollständig, bevor Sie die Antworten und Lösungshinweise in diesem Buch nachschlagen.

¬ Folgen Sie den Bearbeitungshinweisen.

¬ Überspringen Sie keine Kapitel.

¬ Halten Sie sich an die Zeitvorgaben.

¬ Vergleichen Sie Ihre Testergebnisse in den verschiedenen Prüfungen. Machen Sie sich Ihre Fortschritte bewusst, aber finden Sie auch heraus, in welchen Bereichen eventuell noch Schwachstellen liegen.

¬ Nutzen Sie das Lösungsbuch, um Ihr Verständnis der Testaufgaben zu vertiefen und einzelne Themen intensiver aufzuarbeiten.

Zur Einordnung der Ergebnisse: Um Ihr Abschneiden in einer Prüfung oder im Gesamttest einzuschätzen, können Sie sich an folgende Richtwerte halten: 50–60 Prozent richtig gelöste Aufgaben gelten gemeinhin als ausreichend, 60–70 Prozent als befriedigend, 70–85 Prozent als gut und höhere Werte als hervorragend – erfahrungsgemäß schafft das in der vorgegebenen Bearbeitungszeit allerdings kaum jemand.

Dieses Lösungsbuch liefert Ihnen zu jeder Frage sowohl die korrekte Antwort als auch umfangreiche Bearbeitungshinweise und ausführlich kommentierte Lösungswege. Nehmen Sie sich die Zeit, das Prinzip der Aufgaben vollständig zu verstehen, bevor Sie weiterarbeiten. So gehen Sie gut gerüstet in Ihre Einstellungsprüfung!

Wir wünschen Ihnen viel Erfolg!

Prüfung · Teil 1

Sprachbeherrschung

Diktat   *Bearbeitungszeit 20 Minuten*

Um das Diktat zu üben, lassen Sie sich den folgenden Text bitte Satzteil für Satzteil vorlesen. Werten Sie Ihre Abschrift im Abgleich mit der Vorlage sorgfältig aus (vergessen Sie dabei nicht die Zeichensetzung). Insgesamt sollten Sie nicht mehr als 10 Fehler machen – je weniger, desto besser.

Das Grundgesetz: Fundament der deutschen Demokratie

Wozu braucht man überhaupt einen Staat, wodurch legitimiert er sich? Eine häufig herangezogene Antwort stammt vom englischen Staatstheoretiker Thomas Hobbes, der im Kern wie folgt argumentierte: Wenn jeder selbst für seine Freiheit und Sicherheit verantwortlich wäre, gerieten diese Existenzparameter in Gefahr, denn es käme zum Kampf aller gegen alle, bei dem schließlich die Gewalttätigsten die Oberhand behielten. Also übertragen die Bürger die Verantwortung für ihre Sicherheit dem Staat, der das Gewaltmonopol übernimmt, allgemeine Grundregeln des Zusammenlebens festlegt und diese durchsetzt.

Der grundlegende Katalog von Regeln, Werten und Ordnungsvorstellungen ist in Deutschland das Grundgesetz. Darin sind die Leitlinien des Staatsprinzips niedergelegt: Demokratie, Republik, Rechts- und Sozialstaatlichkeit, Föderalismus sowie die Gewaltenteilung in Legislative, Exekutive und Judikative. Das Grundgesetz lässt sich in mehrere Hauptteile untergliedern. Auf die Präambel, eine Art Vorwort, folgt der erste Hauptabschnitt mit den Artikeln 1 bis 19, in denen die Grundrechte behandelt werden. Die weiteren Abschnitte widmen sich primär dem Staatsorganisationsrecht, also den Bestimmungen zum Aufbau, zur Funktion und zur Aufgabenverteilung der Staatsorgane.

Doch von den nüchternen Paragrafen (*alternativ: Paragraphen*) einmal abgesehen: Eine Demokratie lebt natürlich erst durch die aktive Teilhabe ihrer mündigen Bürger. Auch vor diesem Hintergrund erweist sich das am 23. Mai 1949 in Kraft getretene Grundgesetz als hochaktuell. Immer wieder entzünden sich politische Kontroversen an der Auslegung und Änderung verschiedener Bestimmungen.

1. **Bitte beginnen Sie jetzt mit dem Diktat.**

www.ausbildungspark.com

Sprachbeherrschung

Lückendiktat *Bearbeitungszeit 15 Minuten*

Bei dieser Diktat-Variante schreiben Sie nicht den kompletten Text auf, sondern füllen nur die Lücken in Ihrer Vorlage auf der nächsten Seite. Suchen Sie sich dazu einen Partner, der Ihnen den unten abgedruckten Originaltext Satz für Satz vorliest. Die einzusetzenden Wörter sind fett formatiert und werden an jedem Satzende noch einmal langsam und deutlich wiederholt.

Ein gutes Ergebnis erreichen Sie mit höchstens zwei falsch geschriebenen Wörtern.

Feuerwehren im Großeinsatz

Mehrere Großeinsätze hielten am **1 Samstagabend** die Berufsfeuerwehren **2 Baden-Württembergs** auf **3 Trab**. In Freiburg **4 alarmierten** gegen 14 Uhr Mitarbeiter verschiedener Pflegeheime die **5 Leitstelle**: Aufgrund eines **6 weiträumigen** Stromausfalls waren Beatmungsgeräte und andere **7 medizinische 8 Apparate** ausgefallen. Die umgehend **9 angerückten** Rettungskräfte stellten mit ihren **10 Aggregaten** eine **11 Notstromversorgung** her. Zahlreiche Senioren mussten **12 notärztlich** versorgt werden, in einigen Fällen war eine **13 Überführung** ins Krankenhaus nötig.

Währenddessen ereignete sich in Karlsruhe eine **14 verheerende 15 Explosion** auf dem Gelände der örtlichen **16 Schifffahrtsgesellschaft**. Als die **17 Löschzüge** der Feuerwehr eintrafen, standen die **18 Betriebsgebäude** bereits in **19 helllichten** Flammen. Mit angelegten **20 Atemschutzmasken** gelang es den Einsatzkräften, alle eingeschlossenen Personen aus dem **21 Inferno** zu retten. Wie durch ein Wunder wurde **22 niemand** schwer oder gar **23 tödlich** verletzt. Es entstand ein **24 beträchtlicher** Sachschaden. Noch einige hundert Meter entfernt fand man Ersatzteile von **25 Schiffszylindern**, die durch die Wucht der Explosion **26 davongeschleudert** worden waren. Die **27 Unglücksursache** ist bislang unklar, die Kriminalpolizei ermittelt in alle Richtungen.

Am **28 Spätnachmittag** kam es schließlich auf der A 6 bei Mannheim zu einem weiteren Unglück. Kurz nach **29 Einsetzen** des **30 Stoßverkehrs** wurde gegen 16 Uhr ein **31 katastrophaler** Unfall gemeldet. Den **32 herbeigeeilten** Feuerwehreinheiten bot sich ein nahezu **33 apokalyptisches** Bild: Neben **34 Dutzenden** *(alternativ: dutzenden)* beschädigter Pkws fanden sie auch einen auf der Fahrerseite liegenden **35 Sattelzug** vor. Viele Fahrzeuginsassen konnten nur mithilfe von **36 hydraulischem 37 Rettungsgerät** aus den **38 Wracks** befreit werden. Aus dem Tank des Lkw liefen unterdessen große Mengen **39 Dieselkraftstoff** aus, der durch Ölbinder **40 unschädlich** gemacht werden musste. Schaulustige verfolgten das **41 Geschehen** von der Brücke einer **42 Bundesstraße** aus und brachten den Verkehr auch dort vollständig zum **43 Erliegen**. Als die Polizei die **44 gaffende** Menge zu zerstreuen versuchte, entwickelte sich zu **45 allem 46 Überfluss** noch eine Auseinandersetzung mit einigen **47 streitsüchtigen** Jugendlichen. Ein besonders **48 aggressiver** junger Mann schlug dabei einem Polizeibeamten ins Gesicht und **49 flüchtete** danach zu Fuß. Die **50 Identität** des **51 Delinquenten** ließ sich inzwischen jedoch ohne größeren Aufwand **52 feststellen**: Er hatte bei der **53 Rangelei** sein **54 Portemonnaie** *(alternativ: Portmonee)* mitsamt **55 Führerschein** und Personalausweis verloren.

Dieser Text ist frei erfunden.

2.   Bitte lassen Sie sich nun den Diktattext vorlesen und ergänzen Sie die fehlenden Wörter.

Feuerwehren im Großeinsatz

Mehrere Großeinsätze hielten am 1 _____ die Berufsfeuerwehren

2 _____ auf 3 _____. In Freiburg

4 _____ gegen 14 Uhr Mitarbeiter verschiedener Pflegeheime die

5 _____: Aufgrund eines 6 _____ Stromausfalls wa-

ren Beatmungsgeräte und andere 7 _____ 8 _____ ausge-

fallen. Die umgehend 9 _____ Rettungskräfte stellten mit ihren

10 _____ eine 11 _____ her. Zahlreiche

Senioren mussten 12 _____ versorgt werden, in einigen Fällen war eine

13 _____ ins Krankenhaus nötig.

Währenddessen ereignete sich in Karlsruhe eine 14 _____

15 _____ auf dem Gelände der örtlichen

16 _____. Als die 17 _____

der Feuerwehr eintrafen, standen die 18 _____ bereits in

19 _____ Flammen. Mit angelegten 20 _____

gelang es den Einsatzkräften, alle eingeschlossenen Personen aus dem 21 _____ zu

retten. Wie durch ein Wunder wurde 22 _____ schwer oder gar 23 _____

verletzt. Es entstand ein 24 _____ Sachschaden. Noch einige hun-

dert Meter entfernt fand man Ersatzteile von 25 _____, die

durch die Wucht der Explosion 26 _____ worden waren. Die

27 _____ ist bislang unklar, die Kriminalpolizei ermittelt in alle

Richtungen.

Am 28 _____ kam es schließlich auf der A 6 bei Mannheim zu einem

weiteren Unglück. Kurz nach 29 _____ des

30 _____ wurde gegen 16 Uhr ein

31 _____ Unfall mit Lkw-Beteiligung gemeldet. Den

32 _____ Feuerwehreinheiten bot sich ein nahezu

33 _____ Bild: Neben 34 _____ beschädigter

Pkws fanden sie auch einen auf der Fahrerseite liegenden 35 _____ vor. Viele

Fahrzeuginsassen konnten nur mithilfe von 36 _____

37 _____ aus den 38 _____ befreit werden. Aus dem Tank

des Lkw liefen unterdessen große Mengen 39 _____ aus, der

durch Ölbinder 40 _____ gemacht werden musste. Schaulustige verfolgten

das 41 _____ von der Brücke einer 42 _____ aus und

brachten den Verkehr auch dort vollständig zum 43 _____. Als die Polizei die

44 _____ Menge zu zerstreuen versuchte, entwickelte sich zu 45 _____

46 _____ noch eine Auseinandersetzung mit einigen

47 _____ Jugendlichen. Ein besonders

48 _____ junger Mann schlug dabei einem Polizeibeamten ins Gesicht und

49 _____ danach zu Fuß. Die 50 _____ des

51 _____ ließ sich inzwischen jedoch ohne größeren Aufwand

52 _____ : Er hatte bei der 53 _____ sein

54 _____ mitsamt 55 _____ und Personalaus-

weis verloren.

Sprachbeherrschung

Kurzaufsatz   *Aufgabenerklärung*

Nun geht es um Ihre Ausdrucksfähigkeit, Ihre Sachkenntnis und Ihr Urteilsvermögen.

Bei einem Kurzaufsatz ist nicht nur interessant, wie Sie schreiben, sondern auch, was Sie zu einem bestimmten Thema zu sagen haben.

Ihren Text können Sie nach dem folgenden Schema gliedern:

¬ **Einleitung:** Finden Sie einen Einstieg, nähern Sie sich an das Thema an, beispielsweise anhand von persönlichen Erfahrungen oder aktuellen Ereignissen. Es kann auch sinnvoll sein, den fraglichen Begriff erst einmal klar zu definieren.

¬ **Hauptteil:** Beantworten Sie die Fragestellung, indem Sie verständlich formulieren, anschaulich beschreiben und plausibel argumentieren. Doch verlieren Sie sich nicht in Randaspekten – behalten Sie die Bearbeitungszeit im Auge. Eine gute Idee ist es, sich vor dem Verfassen des Hauptteils Notizen zu machen, an denen Sie sich beim Schreiben orientieren können.

¬ **Schluss:** Fassen Sie das Gesagte abschließend zusammen, ziehen Sie eine Bilanz. Dieser Abschnitt kann Ihre eigene Meinung enthalten oder neutral und allgemein gehalten sein.

Kurzaufsatz

Bearbeitungszeit 20 Minuten

3. Bitte verfassen Sie in den nächsten 20 Minuten einen Kurzaufsatz, in dem Sie die Begriffe „Tabu" und „Verbot" beschreiben, vergleichen und voneinander abgrenzen.

Bearbeitungshilfe

Zu 3.

Zwanzig Minuten sind nicht viel Zeit, um einen überzeugenden Aufsatz zu verfassen. Proben Sie gegebenenfalls mehrmals, Ihre Ausführungen in der vorgegebenen Bearbeitungsdauer auf den Punkt zu bringen. Dabei gilt, unabhängig von der Fragestellung:

¬ Achten Sie auf Rechtschreibung, Grammatik und einen angemessenen Sprachstil.

¬ Gliedern Sie Ihren Text sinnvoll in Einleitung, Hauptteil und Schluss.

¬ Sorgen Sie dafür, dass sich Ihr Text gut lesen lässt: durch logische Satzanschlüsse, einen klaren Satzbau, treffende Begriffe und eine saubere Handschrift.

Ein Denkanstoß zur Themenvorgabe: Beide Begriffe beschreiben eine Verhaltensnorm, die es verbietet, etwas zu tun oder zu unterlassen. Die tabuisierte Handlung gilt jedoch als so selbstverständlich indiskutabel, dass das Tabu keiner Erklärung bedarf und nicht einmal ausgesprochen wird. Als ungeschriebene Gesetze fallen Tabus in das Feld von Moral, Gewissen und Tradition; sie entziehen sich jeder Auseinandersetzung und sind gerade deshalb wirksam. Verbote hingegen müssen formuliert werden, um zu wirken. Sie können aus einer rationalen Diskussion hervorgehen und rational hinterfragt werden.

Sprachbeherrschung

Situationen beurteilen   *Bearbeitungszeit 10 Minuten*

Diese Aufgabe prüft Ihr sprachliches Geschick und Ihre Urteilsfähigkeit.

In manchen Einstellungstests konfrontiert man Sie mit berufsnahen Szenarien: Stellen Sie sich vor, Sie sehen ein brennendes Haus, ein havariertes Fahrzeug oder eine alte Dame, die auf dem Gehweg zusammenbricht – was würden Sie tun? Expertenwissen brauchen Sie nicht, es genügt, wenn Sie Zivilcourage und gesunden Menschenverstand beweisen. Daneben zählen selbstverständlich auch Ausdrucksvermögen, Rechtschreibung und Grammatik.

4. Sie fahren in Ihrem Pkw – als einziger Fahrzeuginsasse – auf einer zweispurigen Landstraße. Plötzlich kommt auf der Gegenspur ein schwer demoliertes Auto in Ihr Sichtfeld, das anscheinend gerade eben verunglückt ist. Wie gehen Sie vor, worauf achten Sie?

Musterantwort

Zu 4.

Im ersten Schritt würde ich Maßnahmen ergreifen, um die Unfallstelle abzusichern. Dadurch schütze ich den verunglückten Fahrer, mich selbst und alle anderen Verkehrsteilnehmer und schaffe so die Voraussetzungen für weitere Rettungsmaßnahmen. Konkret würde ich zunächst mein Fahrzeug mit eingeschaltetem Warnblinker in einiger Entfernung vor dem Unfallfahrzeug abstellen. Daran vorbeizufahren wäre wahrscheinlich nicht ratsam: Es könnten Teile des demolierten Autos herumliegen, die mein eigenes Fahrzeug beschädigen, oder brennbare Flüssigkeiten auslaufen, die sich entzünden. Nachdem ich mein Fahrzeug abgestellt habe, würde ich meine Warnweste anziehen und mein Warndreieck aufstellen. Wenn ich zu Fuß gefahrlos um die Unfallstelle herumlaufen kann, würde ich das Dreieck auf die Gegenspur vor das Unfallauto stellen, damit beide Fahrstreifen wenigstens provisorisch abgesichert sind. Gleichzeitig würde ich über mein Mobiltelefon den Notruf 112 wählen und die Rettungskräfte alarmieren. Anschließend würde ich Erste Hilfe leisten, wenn ich mich dem Unfallfahrzeug nähern kann, ohne mich selbst einem zu großen Risiko auszusetzen.

Sprachbeherrschung

Definitionen

Im Folgenden werden verschiedene Begriffe erklärt.

Finden Sie für jede Definition den richtigen Begriff und schreiben Sie ihn in das zugehörige Feld.

Erklärung

5. Mit Handgriff und aufklappbarem Deckel versehener rechteckiger Behälter, mit dem man Gegenstände auf Reisen transportieren kann

6. Zustand erhöhter Körpertemperatur, meist infolge einer Abwehrreaktion des Organismus

7. Optisches Hilfsmittel aus einem Gestell, einem Bügel und zwei Gläsern, mit dem sich Fehlsichtigkeiten korrigieren lassen

8. Bauwerk, das es Wasserfahrzeugen ermöglicht, unterschiedliche Wasserstände zwischen verschiedenen Abschnitten einer Wasserstraße zu überwinden

9. Markt, an dem regelmäßig zu bestimmten Zeiten Wertpapiere gehandelt werden

10. Der Bruder des Vaters oder der Mutter

11. Das Einbringen landwirtschaftlicher Gewächse oder Früchte

12. Dicht bewachsener, sumpfiger, schwer durchdringlicher tropischer Wald

13. Gerät zur akustischen Alarmierung oder Warnung, das typischerweise an- und abschwellende Heultöne erzeugt

14. Erstaufführung einer Operninszenierung, eines Films oder eines Theaterstücks

15. Zeitspanne von zehn Tagen, Wochen, Monaten oder Jahren

Begriff

5. _____

6. _____

7. _____

8. _____

9. _____

10. _____

11. _____

12. _____

13. _____

14. _____

15. _____

Lösung

Zu 5.
Koffer

Zu 6.
Fieber

Zu 7.
Brille

Zu 8.
Schleuse

Zu 9.
Börse

Zu 10.
Onkel

Zu 11.
Ernte

Zu 12.
Dschungel

Zu 13.
Sirene

Zu 14.
Premiere

Zu 15.
Dekade

Sprachbeherrschung

Textverständnis   *Lesezeit 5 Minuten*

Nun erhalten Sie einen Ausschnitt aus der nordrhein-westfälischen Gemeindeordnung in der gültigen Fassung vom 14. Juli 1994 (Stand: Februar 2017).

Bitte lesen Sie die folgenden Rechtsvorschriften aufmerksam durch und versuchen Sie, ihren inhaltlichen Kern zu verstehen. Anschließend sind einige Fragen zum Text zu beantworten.

§ 1 Wesen der Gemeinden

(1) Die Gemeinden sind die Grundlage des demokratischen Staatsaufbaues. Sie fördern das Wohl der Einwohner in freier Selbstverwaltung durch ihre von der Bürgerschaft gewählten Organe. Sie handeln zugleich in Verantwortung für die zukünftigen Generationen.

(2) Die Gemeinden sind Gebietskörperschaften.

(…)

§ 8 Gemeindliche Einrichtungen und Lasten

(1) Die Gemeinden schaffen innerhalb der Grenzen ihrer Leistungsfähigkeit die für die wirtschaftliche, soziale und kulturelle Betreuung ihrer Einwohner erforderlichen öffentlichen Einrichtungen.

(2) Alle Einwohner einer Gemeinde sind im Rahmen des geltenden Rechts berechtigt, die öffentlichen Einrichtungen der Gemeinde zu benutzen und verpflichtet, die Lasten zu tragen, die sich aus ihrer Zugehörigkeit zu der Gemeinde ergeben.

(…)

§ 77 Grundsätze der Finanzmittelbeschaffung

(1) Die Gemeinde erhebt Abgaben nach den gesetzlichen Vorschriften.

(2) Sie hat die zur Erfüllung ihrer Aufgaben erforderlichen Finanzmittel
   1. soweit vertretbar und geboten aus speziellen Entgelten für die von ihr erbrachten Leistungen,
   2. im Übrigen aus Steuern
   zu beschaffen, soweit die sonstigen Finanzmittel nicht ausreichen.

(3) Die Gemeinde darf Kredite nur aufnehmen, wenn eine andere Finanzierung nicht möglich ist oder wirtschaftlich unzweckmäßig wäre.

Bearbeitungshinweis

In jedem Bereich der öffentlichen Verwaltung gelten einschlägige Bestimmungen – daher sollten Sie auch komplizierte Gesetzestexte verstehen können. Diese gliedern sich in durchnummerierte Paragraphen (§), Absätze (im vorliegenden Fall (1) bis (3)) und schließlich einzelne Sätze.

Versuchen Sie besser nicht, die Vorschriften komplett auswendig zu lernen: Es geht hier nicht um Ihr „fotografisches Gedächtnis". Konzentrieren Sie sich stattdessen auf die Kernaussagen, die Sie ohne Weiteres in eigenen Worten wiedergeben können, solange der Sinn gewahrt bleibt. Achten Sie bei Ihrer Antwort auf einen logischen Satzbau und eine korrekte Rechtschreibung.

Textverständnis   *Bearbeitungszeit 10 Minuten*

Nachdem Sie sich den Gesetzestext durchgelesen haben, beantworten Sie bitte nun die folgenden Fragen schriftlich.

16.   **Was ist eine Gemeinde laut § 1 der nordrhein-westfälischen Gemeindeordnung?**

17.   **Welche Aufgaben hat eine Gemeinde?**

18.   **Welche Rechte und Pflichten der Einwohner werden angesprochen?**

19. **Wie finanziert sich eine Gemeinde?**

20. **Welche Informationen liefert der Text zu der Frage, wer letztlich darüber entscheidet, wie eine Gemeinde verwaltet wird?**

Musterantworten

Zu 16.

Was ist eine Gemeinde laut § 1 der nordrhein-westfälischen Gemeindeordnung?

Darauf gibt die Verordnung zwei Antworten. In § 1 Absatz (1) zunächst eine demokratietheoretische: Die Gemeinden, so ist hier zu lesen, „sind die Grundlage des demokratischen Staatsaufbaues". Rechtlich gesehen – § 1 Absatz (2) – sind sie Gebietskörperschaften. Darunter versteht man Organisationen öffentlichen Rechts, die in einem bestimmten Teil des Staatsgebiets die Gebietshoheit besitzen.

Zu 17.

Welche Aufgaben hat eine Gemeinde?

Worum sich eine Gemeinde zu kümmern hat, umreißt § 8 Absatz (1): Gemeinden schaffen die für die „wirtschaftliche, soziale und kulturelle Betreuung ihrer Einwohner" nötigen öffentlichen Einrichtungen. Dazu gehören zum Beispiel Bürgerbüros, Ordnungsämter, Schulen, Bibliotheken und dergleichen mehr. Die kommunalen Angebote ergeben sich letztlich aus dem Hauptzweck des kommunalen Handelns, der darin besteht, das Wohl der Einwohner zu fördern (§ 1 Absatz (1)).

Zu 18.

Welche Rechte und Pflichten der Einwohner werden erwähnt?

Rechte und Pflichten behandelt der vorliegende Text ausdrücklich in § 8 Absatz (2). Demnach hat jeder Einwohner (innerhalb des geltenden Rechts) einen Anspruch darauf, kommunale Einrichtungen zu nutzen. Gleichzeitig ist er dazu verpflichtet, „die Lasten zu tragen", die sich aus seiner Zugehörigkeit zur Gemeinde ergeben. Anders gesagt: Der Preis dafür, kommunale Dienste nutzen zu dürfen, liegt unter anderem darin, diese Dienste mitzufinanzieren. Daneben klingen auch in § 1 und § 77 Rechte und Pflichten an, etwa wenn vom Wohl der Einwohner, von der freien Selbstverwaltung oder von anfallenden Abgaben die Rede ist.

Zu 19.

Wie finanziert sich eine Gemeinde?

Um ihre Leistungen zu finanzieren, darf eine Gemeinde nach § 77 Absatz (1) Abgaben erheben. Darunter versteht man vor allem Steuern, Gebühren und Beiträge. Im Regelfall, den Absatz (2) beschreibt, soll der kommunale Finanzbedarf durch leistungsbezogene Entgelte und Steuermittel gedeckt werden. In Ermangelung anderer (vorteilhafterer) Finanzierungsmöglichkeiten dürfen Gemeinden auch Kredite aufnehmen.

Zu 20.

Welche Informationen liefert der Text zu der Frage, wer letztlich darüber entscheidet, wie eine Gemeinde verwaltet wird?

Den Kern des kommunalen Organisationsprinzips enthält § 1 Absatz (1): Gemeint ist die „freie Selbstverwaltung" der Bürgerschaft. Die Bürgerinnen und Bürger entscheiden per Wahl also selbst über die Zusammensetzung derjenigen Organe, von denen sie verwaltet werden.

Sprachbeherrschung

Inhalt wiedergeben   *Lesezeit 3 Minuten*

Ihnen liegt ein Auszug aus einer Pressemitteilung des Bundesministeriums für Umwelt, Naturschutz und Reaktorsicherheit vor. Darin werden die wesentlichen Ergebnisse einer Bevölkerungsbefragung zum Thema Umweltschutz vorgestellt.

Bitte lesen Sie zunächst die Pressemitteilung aufmerksam durch.

Umweltschutz hat Konjunktur

[…] Das hohe Umweltbewusstsein der Deutschen ist besonders erfreulich vor dem Hintergrund, dass die Menschen die Umweltverhältnisse positiv einschätzen. 82 % beurteilen die Umweltqualität in Deutschland als sehr gut oder recht gut […]. In Ostdeutschland setzt sich der Trend zu einer kontinuierlich besseren Bewertung fort: Dort beurteilen inzwischen 80 % die Umweltverhältnisse positiv. Das ist gegenüber 2002 eine beträchtliche Steigerung von 14 %. […]

56 % der Bevölkerung möchten, dass Deutschland in der EU eine klimapolitische Vorreiterrolle einnimmt, das ist gegenüber 2002 eine Steigerung um 9 %. Inzwischen schätzt auch die Mehrheit der Deutschen (53 %) die Risiken des globalen Klimawandels als für sich persönlich sehr gefährlich ein. Für den Ausbau der Windenergie sprechen sich über zwei Drittel der Befragten aus. In allen Altersgruppen der Unter-50-Jährigen wird die Windenergie weit besser bewertet, die Über-50-Jährigen dagegen sehen die Windenergie skeptischer. Männer und Frauen beurteilen die Windenergie gleich. […]

Die größten Sorgen rufen nach wie vor die Risiken der Atomenergie hervor. 59 % der Befragten stufen Atomkraftwerke und den radioaktiven Müll als äußerst oder sehr gefährlich für sich und ihre Familie ein. […]

Quelle: Bundesministerium für Umwelt, Naturschutz und Reaktorsicherheit (2004)

Inhalt wiedergeben

Nachdem Sie sich die Pressemitteilung durchgelesen haben, prüfen Sie bitte die folgenden Aussagen auf ihre Richtigkeit und markieren Sie „A", wenn sich eine Aussage durch den Text belegen lässt. Andernfalls markieren Sie „B".

21. **In der deutschen Bevölkerung wird das Thema Umweltschutz mit 92 Prozent Zustimmung als sehr wichtig betrachtet.**

    A. Ja
    B. Nein

22. **Etwas weniger als vier Fünftel der Befragten halten die Umweltqualität in Deutschland für sehr gut.**

    A. Ja
    B. Nein

23. **In Ostdeutschland hat sich die Einschätzung der Umweltverhältnisse weiter verbessert. Dort bewerten 80 Prozent der Befragten die Umweltverhältnisse positiv.**

    A. Ja
    B. Nein

24. **Im Jahr 2002 haben nur 40 Prozent der Befragten in Ostdeutschland die Umweltverhältnisse für positiv befunden.**

    A. Ja
    B. Nein

25. **Von den Befragten halten 59 Prozent besonders die Atomkraftwerke und den radioaktiven Müll für sehr gefährlich für sich und ihre Familien.**

    A. Ja
    B. Nein

Lösung

Zu 21.

B. Nein

Zu dieser Aussage findet sich keine Prozentangabe im Text.

Zu 22.

B. Nein

Es sind etwas mehr als vier Fünftel der Befragten, nämlich 82 Prozent. Vier Fünftel entsprechen 80 Prozent.

Zu 23.

A. Ja

Tatsächlich bewerten 80 Prozent der Befragten in Ostdeutschland die Umweltverhältnisse als positiv.

Zu 24.

B. Nein

Laut der in der Pressemitteilung thematisierten Erhebung schätzen in Ostdeutschland 80 Prozent der Befragten die Umweltverhältnisse positiv ein. Im Text heißt es, dass im Jahr 2002 14 Prozent weniger Befragte dieser Ansicht waren – es müssen also deutlich mehr als 40 Prozent gewesen sein.

Zu 25.

A. Ja

Von den Befragten stufen 59 Prozent die Atomkraftwerke und den radioaktiven Müll für sehr gefährlich für sich und ihre Familien ein.

Sprachbeherrschung

Rechtsvorschriften anwenden

Rechtliche Vorschriften auf konkrete Fälle anzuwenden, gehört für Staatsbedienstete zum Alltag. Lesen Sie sich in den nächsten 5 Minuten die folgende Verordnung aufmerksam durch. Konzentrieren Sie sich auf die inhaltlichen Kernpunkte: Wer darf was, und unter welchen Bedingungen? Wann dürfen welche Strafen ausgesprochen werden? Für wen und wie lange gelten die Bestimmungen? Anschließend sind einige Fragen zur Vorschrift zu beantworten.

Stadtverordnung über den Anleinzwang von Hunden im Lübecker Innenstadtbereich

Aufgrund des § 175 des Allgemeinen Verwaltungsgesetzes für das Land Schleswig-Holstein (LVwG) in der Fassung der Bekanntmachung vom 2. Juni 1992 (GVOBl. Schl.-H. S. 243, ber. S. 534), zuletzt geändert durch Gesetz vom 15. Februar 2005 (GVOBl. Schl. H. S. 168) in Verbindung mit § 17 des Gesetzes zur Vorbeugung und Abwehr der von Hunden ausgehenden Gefahren (Gefahrhundegesetz – GefHG) vom 28.01.2005 (GVOBl. Schl. H. S. 51), wird mit Genehmigung des Innenministeriums des Landes Schleswig-Holstein vom 11. Mai 2005 für den Innenstadtbereich der Hansestadt Lübeck verordnet:

§ 1 Anleinzwang

(1) Hunde sind auf öffentlichen Straßen, Wegen, Plätzen und Anlagen im Innenstadtbereich mit Ausnahme besonders ausgewiesener Hundeauslaufgebiete anzuleinen. Der Innenstadtbereich wird ab der Hubbrücke begrenzt durch den Wasserverlauf Hansahafen, Holstenhafen (…). Die Brücken über dem Wasserverlauf gehören nicht mit zum Innenstadtbereich.

(2) Die Grenzen des Gebietes sind in dem anliegenden Übersichtsplan gekennzeichnet.

§ 2 Ausnahmen

§ 1 gilt nicht für Diensthunde von Behörden, Such- und Rettungshunde sowie Behindertenbegleit- und Blindenhunde, soweit der bestimmungsgemäße Einsatz dies erfordert.

§ 3 Ordnungswidrigkeiten

(1) Ordnungswidrig im Sinne des § 175 Abs. 3 Allgemeines Verwaltungsgesetz für das Land Schleswig-Holstein handelt, wer vorsätzlich oder fahrlässig entgegen § 1 Abs. 1 dieser Verordnung als Hundehalter oder Hundeführer einen Hund auf öffentlichen Straßen, Wegen, Plätzen und Anlagen im Innenstadtbereich nicht anleint.

(2) Die Ordnungswidrigkeit kann mit einer Geldbuße bis zu 1.000,– Euro geahndet werden.

§ 4 Inkrafttreten, Geltungsdauer

(1) Diese Verordnung tritt am Tage nach ihrer Verkündung in Kraft.

(2) Die Geltungsdauer dieser Verordnung beträgt gem. § 62 Abs. 1 Satz 2 Allgemeines Verwaltungsgesetz für das Land Schleswig-Holstein fünf Jahre.

Lübeck, den 14. Dezember 2006, Hansestadt Lübeck, Der Bürgermeister als Ordnungsbehörde

Rechtsvorschriften anwenden

Bearbeitungszeit 3 Minuten

Wenden Sie nun Ihre Kenntnisse der vorgelegten Rechtsvorschriften an, um die folgenden Fragen zu beantworten, indem Sie jeweils den richtigen Buchstaben markieren.

26. Wo dürfen Hunde auch im Innenstadtbereich unangeleint laufen?

A. Nirgendwo – sie sind überall anzuleinen.

B. Auf öffentlichen Wiesen

C. In allen öffentlichen Anlagen

D. In ausgewiesenen Hundeauslaufgebieten

E. Im Lübecker Hafenbereich

27. Welche Hunde dürfen in der Lübecker Innenstadt unangeleint geführt werden?

A. Sehr kleine Hunde mit weniger als 20 cm Schulterhöhe

B. Besonders ungefährliche Hunde

C. Blindenhunde und Diensthunde im Einsatz

D. Hunde, die einen speziellen Kurs in einer Hundeschule absolviert haben

E. Alle Hunde müssen angeleint werden.

28. Ein Hundehalter handelt der Verordnung nach ordnungswidrig, wenn …?

A. sein Hund auf die Straße uriniert.

B. sein Hund sich losreißt und danach durch die Stadt streunt.

C. sein Hund einen Passanten anbellt.

D. sein Hund nicht auf Kommandos hört.

E. er einmal vergisst, seinen Hund anzuleinen.

29. Welche Strafe stellt die Verordnung für das Nichtanleinen eines Hundes in Aussicht?

A. Eine schriftliche Ermahnung

B. Eine Geldstrafe

C. Die Zwangsüberführung des Hundes in ein Tierheim

D. Das Verbot des Betretens von öffentlichen Anlagen

E. Eine mündliche Verwarnung

30. Wie lange ist die Verordnung gültig?

A. Bis eine neue Verordnung in Kraft tritt

B. Die Verordnung gilt für immer.

C. Die Verordnung ist 2 Jahre lang gültig.

D. Die Verordnung ist 5 Jahre lang gültig.

E. Bis ein neuer Bürgermeister gewählt wird

Lösung

Zu 26.

D. In ausgewiesenen Hundeauslaufgebieten

Laut § 1 Absatz (1) gilt eine Ausnahme des Anleinzwangs im Innenstadtbereich nur für „besonders ausgewiesene Hundeauslaufgebiete".

Zu 27.

C. Blindenhunde und Diensthunde im Einsatz

Für welche Hunde die Anleinpflicht nicht gilt, ist in § 2 geregelt. Neben Such- und Rettungshunden müssen auch Behindertenbegleithunde, Blindenhunde und Diensthunde von Behörden nicht angeleint werden, „soweit der bestimmungsgemäße Einsatz dies erfordert". Ist ein Diensthund aber „außer Dienst", muss er demnach ebenfalls angeleint werden.

Zu 28.

E. er einmal vergisst, seinen Hund anzuleinen.

Ob es in Lübeck als Ordnungswidrigkeit gilt, wenn ein Hundehalter seinen Hund auf die Straße urinieren lässt, kann aus der Verordnung nicht gefolgert werden: Sie beschäftigt sich nur mit der Leinenpflicht und sagt auch nichts über das Ankläffen von Passanten oder Ignorieren von Kommandos aus. Und wenn ein Hund sich gegen den Willen des Halters losreißt, kann man diesem nicht Vorsatz (Absicht) oder Fahrlässigkeit (Leichtsinn, Vergesslichkeit) bescheinigen, wie es bei Ordnungswidrigkeiten vorauszusetzen wäre.

Zu 29.

B. Eine Geldstrafe

Leint ein Hundehalter seinen Hund nicht an, kann ihm laut § 3 Absatz (2) eine Geldbuße von bis zu 1.000 Euro auferlegt werden.

Zu 30.

D. Die Verordnung ist 5 Jahre lang gültig.

Die Verordnung ist laut § 4, Absatz (2) 5 Jahre lang gültig und läuft dann aus, wenn die Geltungsdauer nicht verlängert wird. Die Gültigkeit ist nicht gekoppelt an die Mehrheitsverhältnisse im Stadtparlament oder den jeweils regierenden Bürgermeister.

Sprachbeherrschung

Rechtschreibung

In diesem Abschnitt werden Ihre Rechtschreibkenntnisse geprüft.

Wählen Sie bei jeder Aufgabe die richtige Schreibweise aus und markieren Sie den zugehörigen Buchstaben.

31.

- A. Prinzipe
- B. Prinziep
- C. Prinzip
- D. Prinzib
- E. Keine Antwort ist richtig.

32.

- A. Skise
- B. Skize
- C. Skitze
- D. Skizze
- E. Keine Antwort ist richtig.

33.

- A. Milliardestel
- B. Milliardstel
- C. Miliardstel
- D. Miliardestel
- E. Keine Antwort ist richtig.

34.

- A. Mikroprozezor
- B. Microprozessor
- C. Mikroprozessor
- D. Mikroprozesor
- E. Keine Antwort ist richtig.

35.

- A. Palafer
- B. Palaffer
- C. Palaaver
- D. Palaver
- E. Keine Antwort ist richtig.

36.

- A. Konjukturanstieg
- B. Konjunkturanstieg
- C. Konjunkturanstig
- D. Koniunkturanstieg
- E. Keine Antwort ist richtig.

37.

- A. Hallogen
- B. Halogeen
- C. Halogen
- D. Hallogeen
- E. Keine Antwort ist richtig.

38.

- A. Imobilien
- B. Immobilien
- C. Immobillien
- D. Imobilen
- E. Keine Antwort ist richtig.

39.

    A. Fotossynthese

    B. Fotosyntese

    C. Photosynthese

    D. Photosintese

    E. Keine Antwort ist richtig.

40.

    A. Atmosphäre

    B. Atmosfähre

    C. Atmosphere

    D. Atmosfäre

    E. Keine Antwort ist richtig.

41.

    A. Porzelanvase

    B. Porzellanvase

    C. Porzellanvahse

    D. Porzellanwase

    E. Keine Antwort ist richtig.

42.

    A. Rababer

    B. Rharbarber

    C. Rhabarber

    D. Rarbarber

    E. Keine Antwort ist richtig.

43.

    A. Engagment

    B. Angagment

    C. Angagement

    D. Engagement

    E. Keine Antwort ist richtig.

44.

    A. Peripherrie

    B. Peripherie

    C. Periferie

    D. Perriferie

    E. Keine Antwort ist richtig.

45.

    A. Ballustrade

    B. Balußtrade

    C. Balustrade

    D. Balustrahde

    E. Keine Antwort ist richtig.

Lösung

Zu 31.
C. Prinzip

Zu 32.
D. Skizze

Zu 33.
B. Milliardstel

Zu 34.
C. Mikroprozessor

Zu 35.
D. Palaver

Zu 36.
B. Konjunkturanstieg

Zu 37.
C. Halogen

Zu 38.
B. Immobilien

Zu 39.
C. Photosynthese

Zu 40.
A. Atmosphäre

Zu 41.
B. Porzellanvase

Zu 42.
C. Rhabarber

Zu 43.
D. Engagement

Zu 44.
B. Peripherie

Zu 45.
C. Balustrade

Sprachbeherrschung

Rechtschreibung: Kurze Sätze   *Bearbeitungszeit 10 Minuten*

Der folgende Aufgabenteil prüft Ihre Rechtschreibkenntnisse.

Beantworten Sie bitte die folgenden Aufgaben, indem Sie jeweils den Lösungsbuchstaben des korrekt geschriebenen Antwortvorschlags markieren.

46.

- A. Er ist ledig und naiv.
- B. Er ist lädig und naiv.
- C. Er ist ledig und naif.
- D. Er ist lädig und naif.
- E. Keine Antwort ist richtig.

47.

- A. starkes Rückgrat
- B. starckes Rückrat
- C. starkes Rückrad
- D. starckes Rückrad
- E. Keine Antwort ist richtig.

48.

- A. Die durchschnittlischen Versandkosten steigen überproportional.
- B. Die durchschnittlichen Versankosten steigen überpropotional.
- C. Die durchschnittlichen Versantkosten steigen überproportional.
- D. Die durchschnittlichen Versandkosten steigen überproportional.
- E. Keine Antwort ist richtig.

49.

- A. Theoretisch gilt das Autonomieprinzip.
- B. Teoretisch gilt das Autonomieprinzip.
- C. Theoretisch gilt das Autonomiprinzip.
- D. Theoretisch gilt das Autonomieprinziep.
- E. Keine Antwort ist richtig.

50.

- A. Ein Pfund Kaffee sind exakt 500 Gramm.
- B. Ein Fund Kaffee sind exakt 500 Gramm.
- C. Ein Pfund Kafee sind exakt 500 Gramm.
- D. Ein Pfund Kafe sind exakt 500 Gramm.
- E. Keine Antwort ist richtig.

51.

- A. Das Interwiev ist brandaktuell.
- B. Das Interview ist brand aktuel.
- C. Das Interview ist brandaktuell.
- D. Das Interviuw ist brand aktuel.
- E. Keine Antwort ist richtig.

52.

  A. Der Stantard unserer Gesellschaft ist hoch.
  B. Der Standard unserer Geselschaft ist hoch.
  C. Der Stantard unserer Gesellschaft ist hoch.
  D. Der Standard unserer Gesellschaft ist hoch.
  E. Keine Antwort ist richtig.

53.

  A. „Krise" ist in der Medizien ein Fachbegriff.
  B. „Kriese" ist in der Medizien ein Fachbegriff.
  C. „Krise" ist in der Medizin ein Fachbegriff.
  D. „Kriese" ist in der Medizin ein Fachbegriff.
  E. Keine Antwort ist richtig.

54.

  A. Groß und Außenhandelskaufmann
  B. Groß- und Ausenhandelskaufmann
  C. Groß- und Außenhandelskaufmann
  D. Gros- und Ausenhandelskaufmann
  E. Keine Antwort ist richtig.

55.

  A. eine Jalousi aus Leichtmetall
  B. eine Jalousie aus Leichtmetal
  C. eine Jalousie aus Leichtmetall
  D. eine Jalusie aus Leichtmetall
  E. Keine Antwort ist richtig.

Lösung

Zu 46.

A. Er ist ledig und naiv.

Nur in Lösungsvorschlag A sind die Wörter „ledig" und „naiv" richtig geschrieben.

Zu 47.

A. starkes Rückgrat

Nur in Lösungsvorschlag A sind die Wörter „starkes" und „Rückgrat" richtig geschrieben. Es geht hier nicht um ein ominöses „Rad" am Rücken, sondern um das mit „Gräte" verwandte „Rückgrat": die Knochenzüge entlang der Wirbelsäule.

Zu 48.

D. Die durchschnittlichen Versandkosten steigen überproportional.

Nur in Lösungsvorschlag D sind die Wörter „durchschnittlichen", „Versandkosten" und „überproportional" richtig geschrieben.

Zu 49.

A. Theoretisch gilt das Autonomieprinzip.

Nur in Lösungsvorschlag A sind die Wörter „theoretisch" und „Autonomieprinzip" richtig geschrieben.

Zu 50.

A. Ein Pfund Kaffee sind exakt 500 Gramm.

Nur in Lösungsvorschlag A sind die Wörter „Pfund" und „Kaffee" richtig geschrieben.

Zu 51.

C. Das Interview ist brandaktuell.

Nur in Lösungsvorschlag C sind die Wörter „Interview" und „brandaktuell" richtig geschrieben.

Zu 52.

D. Der Standard unserer Gesellschaft ist hoch.

Nur in Lösungsvorschlag D sind die Wörter „Standard" und „Gesellschaft" richtig geschrieben.

Zu 53.

C. „Krise" ist in der Medizin ein Fachbegriff.

Nur in Lösungsvorschlag C sind die Wörter „Krise" und „Medizin" richtig geschrieben.

Zu 54.

C. Groß- und Außenhandelskaufmann

Nur in Lösungsvorschlag C ist die Berufsbezeichung „Groß- und Außenhandelskaufmann" richtig geschrieben. In A fehlt der Ergänzungsstrich: Ihn muss man setzen, da der Wortteil „Groß" nicht für sich allein steht, sondern in einer Aufzählung zusammen mit „Außen" auf den gemeinsamen Wortteil „Handelskaufmann" bezogen wird.

Zu 55.

C. eine Jalousie aus Leichtmetall

Nur in Lösungsvorschlag C sind die Wörter „Jalousie" und „Leichtmetall" richtig geschrieben.

Sprachbeherrschung

Groß- und Kleinschreibung

Bearbeitungszeit 10 Minuten

In diesem Aufgabenteil geht es darum, die richtige Schreibweise zu erkennen.

Beantworten Sie bitte die folgenden Aufgaben, indem Sie jeweils den Lösungsbuchstaben des korrekt geschriebenen Textabschnitts markieren.

56.

- A. Die Mannschaft hat ihr Bestes gegeben.
- B. Die Mannschaft hat ihr bestes gegeben
- C. Die mannschaft hat Ihr Bestes gegeben.
- D. Die mannschaft hat Ihr bestes gegeben.
- E. Keine Antwort ist richtig.

57.

- A. Das wandern ist des Müllers Lust.
- B. Das Wandern ist des Müllers Lust.
- C. Das Wandern ist des Müllers lust.
- D. Das wandern ist des Müllers lust.
- E. Keine Antwort ist richtig.

58.

- A. Es wurde gestern Abend noch sehr spät.
- B. Es wurde gestern abend noch sehr spät.
- C. Es wurde Gestern Abend noch sehr spät.
- D. Es wurde Gestern abend noch sehr spät.
- E. Keine Antwort ist richtig.

59.

- A. Sie hat Drei Zweier im Zeugnis.
- B. Sie hat drei Zweier im Zeugnis.
- C. Sie hat Drei zweier im Zeugnis.
- D. Sie hat drei zweier im Zeugnis.
- E. Keine Antwort ist richtig.

60.

- A. Sie war bei Jung und Alt gleichermaßen beliebt.
- B. Sie war bei jung und alt gleichermaßen beliebt.
- C. Sie war bei jung und Alt gleichermaßen beliebt.
- D. Sie war bei Jung und alt gleichermaßen beliebt.
- E. Keine Antwort ist richtig.

61.

- A. Der Termin ist am Mittwoch Abend.
- B. Der Termin ist am Mittwochabend.
- C. Der Termin ist am mittwochabend.
- D. Der Termin ist am Mittwoch abend.
- E. Keine Antwort ist richtig.

62.

- A. in bezug auf das schreiben
- B. In bezug auf das Schreiben
- C. in Bezug auf das schreiben
- D. In Bezug auf das Schreiben
- E. Keine Antwort ist richtig.

63.

    A. Sie ist es einfach nur Leid.

    B. Sie ist es einfach nur leid.

    C. Sie ist es Einfach nur leid.

    D. Sie ist es Einfach nur Leid.

    E. Keine Antwort ist richtig.

64.

    A. Er mag gerne Rad fahren.

    B. Er mag gerne radfahren.

    C. Er mag gerne rad fahren.

    D. Er mag gerne Radfahren.

    E. Keine Antwort ist richtig.

65.

    A. Ich habe ein Paar schöne Blusen gekauft und zwei Paar Schuhe.

    B. Ich habe ein paar schöne Blusen gekauft und zwei paar Schuhe.

    C. Ich habe ein Paar schöne Blusen gekauft und zwei paar Schuhe.

    D. Ich habe ein paar schöne Blusen gekauft und zwei Paar Schuhe.

    E. Keine Antwort ist richtig.

Lösung

Zu 56.

A. Die Mannschaft hat ihr Bestes gegeben.

Substantivierte Adjektive („ihr Bestes") werden großgeschrieben.

Zu 57.

B. Das Wandern ist des Müllers Lust.

Substantivierte Verben („das Wandern") werden großgeschrieben.

Zu 58.

A. Es wurde gestern Abend noch sehr spät.

Zeitadverbien wie „gestern", „heute" oder „morgen" schreibt man klein. Steht dahinter eine Tageszeit, betrachtet man diese als Substantiv und schreibt sie groß („Abend").

Zu 59.

B. Sie hat drei Zweier im Zeugnis.

Substantivierte Grund- und Ordnungszahlen („Zweier") werden großgeschrieben.

Zu 60.

A. Sie war bei Jung und Alt gleichermaßen beliebt.

Paarformeln („Jung und Alt"), die zur näheren Bestimmung von Personen dienen, werden großgeschrieben.

Zu 61.

B. Der Termin ist am Mittwochabend.

Wenn Tageszeiten in Verbindung mit Wochentagen stehen, zieht man beide zusammen und schreibt am Wortanfang groß.

Zu 62.

D. In Bezug auf das Schreiben

Substantive werden auch in festen Wendungen („in Bezug", „mit Bezug") generell großgeschrieben. Substantivierte Verben („das Schreiben") schreibt man ebenfalls groß.

Zu 63.

B. Sie ist es einfach nur leid.

Aus Substantiven entstandene Adjektive („etwas leid sein") werden kleingeschrieben.

Zu 64.

A. Er mag gerne Rad fahren.

Substantive schreibt man in Verbindung mit einem Verb (z. B. „Rad fahren", „Handball spielen") generell groß und getrennt.

Zu 65.

D. Ich habe ein paar schöne Blusen gekauft und zwei Paar Schuhe.

Bei „ein paar Blusen" handelt es sich um ein unbestimmtes Zahlwort, das kleingeschrieben wird. Bei „zwei Paar Schuhe" ist das „Paar" ein Substantiv, das großzuschreiben ist.

Sprachbeherrschung

„s", „ss" oder „ß"   *Bearbeitungszeit 7 Minuten*

Welche Schreibweise stimmt?

Bitte füllen Sie die Lücken korrekt, indem Sie jeweils „s", „ss" oder „ß" hineinschreiben. Es gelten die aktuellen Regeln der deutschen Rechtschreibung.

66. Jetzt reicht es mir aber, das Ma___ ist endgültig voll!

67. Die breite Ma___e der Bevölkerung stand hinter ihr.

68. Anstatt das Auto zu nehmen, ging sie lieber zu Fu___.

69. Unbekannte Randalierer warfen ein Moped in den Flu___.

70. Nach einer Woche gelang es, den Täter zu fa___en.

71. Mehr lä___t sich dazu im Moment noch nicht sagen.

72. Die Aufgabe war kein bi___chen schwierig.

73. Er wu___te, da___ die Sache nicht gut für ihn stand.

74. Mach dir deswegen keine Gewi___ensbi___e.

75. Bald rei___t ihr der Geduldsfaden wegen der Versäumni___e.

76. Um niemanden vor den Kopf zu sto___en, ging er äu___erst behutsam vor.

77. Da___ ich da___ noch einmal erleben darf, hätte ich nicht gedacht.

78. Bi___ zu den Ferien sind es noch fa___t zwei Wochen.

79. „Wa___er marsch!", hie___ es beim Tag der offenen Tür der Feuerwehr Dü___eldorf.

80. Plötzlich fiel drau___en an der Stra___e ein Schu___.

Lösung

Hinweis für Schweizer Bewerber:

In der Schweiz schreibt man immer „ss" statt „ß" – dieses Zeichen existiert im eidgenössischen Schriftdeutsch nicht.

Zu 66.

Jetzt reicht es mir aber, das Ma**ß** ist endgültig voll!

Nach einem lang ausgesprochenen Vokal wie dem „a" in „Maß" schreibt man den stimmlosen s-Laut als „ß".

Zu 67.

Die breite Ma**ss**e der Bevölkerung stand hinter ihr.

Nach einem kurz ausgesprochenen Vokal wie dem „a" in „Masse" schreibt man den stimmlosen s-Laut in der Regel als „ss".

Zu 68.

Anstatt das Auto zu nehmen, ging sie lieber zu Fu**ß**.

Nach einem lang ausgesprochenen Vokal wie dem „u" in „Fuß" schreibt man den stimmlosen s-Laut als „ß".

Zu 69.

Unbekannte Randalierer warfen ein Moped in den Flu**ss**.

Nach einem kurz ausgesprochenen Vokal wie dem „u" in „Fluss" schreibt man den stimmlosen s-Laut in der Regel als „ss".

Zu 70.

Nach einer Woche gelang es, den Täter zu fa**ss**en.

Nach einem kurz ausgesprochenen Vokal wie dem „a" in „fassen" schreibt man den stimmlosen s-Laut in der Regel als „ss".

Zu 71.

Mehr lä**ss**t sich dazu im Moment noch nicht sagen.

Nach einem kurz ausgesprochenen Umlaut wie dem „ä" in „lässt" schreibt man den stimmlosen s-Laut in der Regel als „ss".

Zu 72.

Die Aufgabe war kein bi**ss**chen schwierig.

Nach einem kurz ausgesprochenen Vokal wie dem „i" in „bisschen" schreibt man den stimmlosen s-Laut in der Regel als „ss".

Zu 73.

Er wu**ss**te, da**ss** die Sache nicht gut für ihn stand.

Nach einem kurz ausgesprochenen Vokal wie dem „u" in „wusste" schreibt man den stimmlosen s-Laut in der Regel als „ss". Bei „dass" handelt es sich um eine Konjunktion, die mit „ss" geschrieben wird.

Zu 74.

Mach dir deswegen keine Gewi**ss**ensbi**ss**e.

Nach kurz ausgesprochenen Vokalen wie dem ersten und zweiten „i" in „Gewissensbisse" schreibt man den stimmlosen s-Laut in der Regel als „ss".

Zu 75.

Bald rei**ß**t ihr der Geduldsfaden wegen der Versäumni**ss**e.

Nach einem Doppellaut (Diphthong) wie dem „ei" in „reißt" schreibt man den stimmlosen s-Laut in der Regel als „ß". In der Endsilbe „-nis" schreibt man ihn im Singular als „s", im Plural („-nisse") als „ss".

Zu 76.

Um niemanden vor den Kopf zu sto_ß_en, ging er äu_ß_erst behutsam vor.

Nach einem lang ausgesprochenen Vokal wie dem „o" in „stoßen" schreibt man den stimmlosen s-Laut als „ß" – genauso wie nach einem Doppellaut (Diphthong) wie dem „äu" in „äußerst".

Zu 77.

Da_ss_ ich da_s_ noch einmal erleben darf, hätte ich nicht gedacht.

Am Satzanfang steht hier die Konjunktion „dass", die man mit „ss" schreibt. Bei der zweiten Lücke handelt es sich um das Demonstrativpronomen „das", welches mit einem „s" geschrieben wird.

Zu 78.

Bi_s_ zu den Ferien sind es noch fa_s_t zwei Wochen.

In beiden Fällen geht es um den stimmlosen s-Laut, den man nach kurz ausgesprochenen Vokalen normalerweise als „ss" schreibt – bei „bis" und „fast" bestätigt jedoch die Ausnahme die Regel.

Zu 79.

„Wa_ss_er marsch!", hie_ß_ es beim Tag der offenen Tür der Feuerwehr Dü_ss_eldorf.

Nach einem kurz ausgesprochenen Vokal wie dem „a" in „Wasser" schreibt man den stimmlosen s-Laut in der Regel als „ss". Nach einem Doppellaut (Diphthong) wie dem „ie" in „hieß" schreibt man den stimmlosen s-Laut als „ß". Der Ortsname „Düsseldorf" wird mit „ss" geschrieben.

Zu 80.

Plötzlich fiel drau_ß_en an der Stra_ß_e ein Schu_ss_.

In allen drei Fällen geht es um den stimmlosen s-Laut: Nach einem Doppellaut (Diphthong) wie dem „au" in „draußen" schreibt man ihn als „ß", ebenso wie nach einem lang ausgesprochenen Vokal wie dem „a" in „Straße". Nach einem kurz ausgesprochenen Vokal wie dem „u" in „Schuss" schreibt man ihn in der Regel als „ss".

Sprachbeherrschung

Text korrigieren

Dem Verfasser eines Aufsatzes sind einige Fehler unterlaufen.

Wie viele Fehler finden Sie? Bitte gehen Sie den Text Zeile für Zeile durch: Jedes falsch geschriebene Wort, jedes falsch gesetzte Komma und jedes fehlende Komma zählt als 1 Fehler. Notieren Sie für jede Zeile die Anzahl der Fehler im Kästchen rechts.

Hierzu ein Beispiel

Aufgabe

1. Komisar Müller, rief per Funck seine Kollegen die unverzüglich am Tatort erschihnen,

2. um den Täter ding fest zu machen. Nach einer Stunde war der Einsatz beendet.

Antwort

1. ~~Komisar~~ Müller~~,~~ rief per ~~Funck~~ seine Kollegen**,** die unverzüglich am Tatort ~~erschihnen~~,   `5`

2. um den Täter ~~ding fest~~ zu machen. Nach einer Stunde war der Einsatz beendet.   `1`

Die erste Textzeile enthält fünf Fehler: Die Wörter „Kommissar", „Funk" und „erschienen" sind falsch geschrieben und hinter „Müller" darf kein Komma stehen, dafür fehlt ein Komma vor dem mit „die" eingeleiteten Relativsatz. In der zweiten Zeile findet sich nur ein Fehler – statt „ding fest" muss es „dingfest" heißen.

Text korrigieren

Bearbeitungszeit 5 Minuten

Notieren Sie für jede Zeile die Anzahl der Fehler im Kästchen rechts.

Anatomie des Menschen: Knochen und Gelenke

81. Menschliche Knochen sind enorm, belastbar und erstaunlich leicht. Insgesamt machen ☐

82. die über 200 „Einzelteile" des menschlichen Skelets, nur rund zwölf Prozent des ☐

83. Körpergewichts aus. Wo Knochen aufeinander treffen, befinden sich Gelenke. ☐

84. Sie übernehmen, eine schwirige Doppelaufgabe: Einerseits müßen sie die Knochen ☐

85. stabihl verbinden anderer seits sollen sie genügend Beweegungsfreiheit bieten. ☐

86. Dies gelingt durch eine ausgefeilte Konnstruktion, aus verschiedenen Gewebearten: ☐

87. Bender knüppfen die Gelenkknochen aneinander Knorrpel und Gelenkflüssigkeit ☐

88. dienen als ellastische Pufer da zwischen, Muskeln initiieren Bewegungen und geben ☐

89. zusetzlichen Halt. Im Lauf der Evollution hat sich für jede Belastungsform ein ☐

90. geeigneter Gelenktyp herausgebildet. Scharniergelenke wie Elenbogen und Knie ☐

91. kann man zum Beispiel nur um eine Achse, Kugelgelenke wie Hüfte oder Schulter ☐

92. um alle drei Raumachsen drehen. Ihr komplechser Aufbau macht die Gelenke leider ☐

93. relatiev anfellig. Nicht „konstruktionsgemäße" Drehungen oder Beugungen, in die ☐

94. falsche Richtung können schlimmsten Falls zu Bänderdehnungen und -rißen ☐

95. oder irreparablen Knorpelschäden führen. ☐

Lösung

Anatomie des Menschen: Knochen und Gelenke

Zu 81.	Menschliche Knochen sind enorm belastbar und erstaunlich leicht. Insgesamt machen	1
Zu 82.	die über 200 „Einzelteile" des menschlichen ~~Skelets~~ nur rund zwölf Prozent des	2
Zu 83.	Körpergewichts aus. Wo Knochen ~~aufeinander treffen~~, befinden sich Gelenke.	1
Zu 84.	Sie übernehmen eine ~~schwirige~~ Doppelaufgabe: Einerseits ~~müßen~~ sie die Knochen	3
Zu 85.	~~stabihl~~ verbinden, ~~anderer seits~~ sollen sie genügend ~~Beweegungsfreiheit~~ bieten.	4
Zu 86.	Dies gelingt durch eine ausgefeilte ~~Konnstruktion~~ aus verschiedenen Gewebearten:	2
Zu 87.	~~Bender knüppfen~~ die Gelenkknochen aneinander, ~~Knorrpel~~ und Gelenkflüssigkeit	4
Zu 88.	dienen als ~~ellastische Pufer da zwischen~~, Muskeln initiieren Bewegungen und geben	3
Zu 89.	~~zusetzlichen~~ Halt. Im Lauf der ~~Evollution~~ hat sich für jede Belastungsform ein	2
Zu 90.	geeigneter Gelenktyp herausgebildet. Scharniergelenke wie ~~Elenbogen~~ und Knie	1
Zu 91.	kann man zum Beispiel nur um eine Achse, Kugelgelenke wie Hüfte oder Schulter	0
Zu 92.	um alle drei Raumachsen drehen. Ihr ~~komplechser~~ Aufbau macht die Gelenke leider	1
Zu 93.	~~relatiev anfellig~~. Nicht „konstruktionsgemäße" Drehungen oder Beugungen in die	3
Zu 94.	falsche Richtung können ~~schlimmsten Falls~~ zu Bänderdehnungen und ~~rißen~~	2
Zu 95.	oder irreparablen Knorpelschäden führen.	0

Anatomie des Menschen: Knochen und Gelenke

Menschliche Knochen sind enorm belastbar und erstaunlich leicht. Insgesamt machen die über 200 „Einzelteile" des menschlichen Skeletts nur rund zwölf Prozent des Körpergewichts aus. Wo Knochen aufeinandertreffen, befinden sich Gelenke. Sie übernehmen eine schwierige Doppelaufgabe: Einerseits müssen sie die Knochen stabil verbinden, andererseits sollen sie genügend Bewegungsfreiheit bieten. Dies gelingt durch eine ausgefeilte Konstruktion aus verschiedenen Gewebearten: Bänder knüpfen die Gelenkknochen aneinander, Knorpel und Gelenkflüssigkeit dienen als elastische Puffer dazwischen, Muskeln initiieren Bewegungen und geben zusätzlichen Halt. Im Lauf der Evolution hat sich für jede Belastungsform ein geeigneter Gelenktyp herausgebildet. Scharniergelenke wie Ellenbogen und Knie kann man zum Beispiel nur um eine Achse, Kugelgelenke wie Hüfte oder Schulter um alle drei Raumachsen drehen. Ihr komplexer Aufbau macht die Gelenke leider relativ anfällig. Nicht „konstruktionsgemäße" Drehungen oder Beugungen in die falsche Richtung können schlimmstenfalls zu Bänderdehnungen und -rissen oder irreparablen Knorpelschäden führen.

Sprachbeherrschung

Kommasetzung   *Bearbeitungszeit 10 Minuten*

Bei diesen Aufgaben geht es darum, die richtige Kommasetzung zu erkennen.

Beantworten Sie bitte die folgenden Aufgaben, indem Sie jeweils den Lösungsbuchstaben des korrekt interpunktierten Satzes markieren.

96.

  A. Man kann davon ausgehen, dass das Bild, das man von sich selbst hat oft ein Wunschbild ist.
  B. Man kann davon ausgehen, dass das Bild, das man von sich selbst hat, oft ein Wunschbild ist.
  C. Man kann davon ausgehen dass das Bild, das man von sich selbst hat, oft ein Wunschbild ist.
  D. Man kann davon ausgehen, dass das Bild das man von sich selbst hat, oft ein Wunschbild ist.
  E. Keine Antwort ist richtig.

97.

  A. Wer nur Sport treibt weil andere ihn dazu gedrängt haben, wird keine wirkliche Freude daran haben.
  B. Wer nur Sport treibt, weil andere ihn dazu gedrängt haben, wird keine wirkliche Freude daran haben.
  C. Wer nur Sport treibt weil andere, ihn dazu gedrängt haben, wird keine wirkliche Freude daran haben.
  D. Wer nur Sport treibt weil andere, ihn dazu gedrängt haben wird keine, wirkliche Freude daran haben.
  E. Keine Antwort ist richtig.

98.

  A. Obwohl sich der Bewerber gut vorbereitet hatte konnte er eine Frage nicht beantworten.
  B. Obwohl sich der Bewerber gut vorbereitet hatte, konnte er eine Frage nicht beantworten.
  C. Obwohl, sich der Bewerber gut vorbereitet hatte konnte er eine Frage nicht beantworten.
  D. Obwohl sich, der Bewerber, gut vorbereitet hatte, konnte er eine Frage nicht beantworten.
  E. Keine Antwort ist richtig.

99.

A. Am Montag, den 28. Juli, habe ich einen Arzttermin.

B. Am Montag den 28. Juli habe ich einen Arzttermin.

C. Am Montag den 28. Juli, habe ich einen Arzttermin.

D. Am Montag den, 28. Juli, habe ich einen Arzttermin.

E. Keine Antwort ist richtig.

100.

A. Es gibt ein Sprichwort, das besagt Medizin müsse bitter schmecken, wenn sie wirken solle.

B. Es gibt ein Sprichwort das besagt, Medizin müsse bitter schmecken, wenn sie wirken solle.

C. Es gibt ein Sprichwort, das besagt, Medizin müsse bitter schmecken wenn sie wirken solle.

D. Es gibt ein Sprichwort, das besagt, Medizin müsse bitter schmecken, wenn sie wirken solle.

E. Keine Antwort ist richtig.

101.

A. Er ist nach der Arbeit zu müde als dass er noch joggen könnte, obwohl er sich vorgenommen hat, regelmäßig zu trainieren.

B. Er ist nach der Arbeit zu müde, als dass er noch joggen könnte obwohl er sich vorgenommen hat, regelmäßig zu trainieren.

C. Er ist nach der Arbeit zu müde als dass er noch joggen könnte, obwohl er sich vorgenommen hat regelmäßig zu trainieren.

D. Er ist nach der Arbeit zu müde, als dass er noch joggen könnte, obwohl er sich vorgenommen hat, regelmäßig zu trainieren.

E. Keine Antwort ist richtig.

102.

A. Es ist nicht leicht, einen Neuanfang in einem fremden Land zu wagen, aber viele Menschen, entscheiden sich trotzdem dafür.

B. Es ist nicht leicht einen Neuanfang in einem fremden Land zu wagen, aber viele Menschen entscheiden sich trotzdem dafür.

C. Es ist nicht leicht, einen Neuanfang in einem fremden Land zu wagen, aber viele Menschen entscheiden sich trotzdem dafür.

D. Es ist nicht leicht, einen Neuanfang in einem fremden Land zu wagen aber viele Menschen entscheiden sich trotzdem dafür.

E. Keine Antwort ist richtig.

103.

A. Sicherlich können nicht alle Bedingungen eingehalten werden weil sehr oft der Verlauf von anderen Faktoren beeinflusst wird die von uns als gegeben betrachtet werden müssen.

B. Sicherlich können nicht alle Bedingungen eingehalten werden, weil sehr oft der Verlauf von anderen Faktoren beeinflusst wird die von uns als gegeben betrachtet werden müssen.

C. Sicherlich können nicht alle Bedingungen eingehalten werden weil sehr oft der Verlauf von anderen Faktoren beeinflusst wird, die von uns als gegeben betrachtet werden müssen.

D. Sicherlich können nicht alle Bedingungen eingehalten werden, weil sehr oft der Verlauf von anderen Faktoren beeinflusst wird, die von uns als gegeben betrachtet werden müssen.

E. Keine Antwort ist richtig.

104.

A. Der Wal, der Igel, der Affe und die Fledermaus gehören gemeinsam in die Gruppe der Säugetiere worüber, sich viele Menschen täuschen.

B. Der Wal, der Igel, der Affe und die Fledermaus gehören gemeinsam in die Gruppe der Säugetiere worüber sich viele Menschen täuschen.

C. Der Wal, der Igel, der Affe und die Fledermaus gehören gemeinsam in die Gruppe der Säugetiere, worüber sich viele Menschen täuschen.

D. Der Wal der Igel der Affe und die Fledermaus gehören gemeinsam in die Gruppe der Säugetiere, worüber sich viele Menschen täuschen.

E. Keine Antwort ist richtig.

105.

A. Wir meinen, dass wir mit diesem Buch, einer Kombination zwischen theoretischem Wissen und umfassendem Praxisbezug eine neue Art von Übungsbuch entwickelt haben.

B. Wir meinen, dass wir mit diesem Buch einer Kombination zwischen theoretischem Wissen und umfassendem Praxisbezug, eine neue Art von Übungsbuch entwickelt haben.

C. Wir meinen dass wir mit diesem Buch, einer Kombination zwischen theoretischem Wissen und umfassendem Praxisbezug, eine neue Art von Übungsbuch entwickelt haben.

D. Wir meinen, dass wir mit diesem Buch, einer Kombination zwischen theoretischem Wissen und umfassendem Praxisbezug, eine neue Art von Übungsbuch entwickelt haben.

E. Keine Antwort ist richtig.

Lösung

Zu 96.

B. Man kann davon ausgehen, dass das Bild, das man von sich selbst hat, oft ein Wunschbild ist.

Das erste Komma leitet einen Nebensatz ein, in den ein Relativnebensatz eingeschoben ist, der durch das zweite und dritte Komma eingerahmt wird.

Zu 97.

B. Wer nur Sport treibt, weil andere ihn dazu gedrängt haben, wird keine wirkliche Freude daran haben.

Das erste Komma trennt einen Nebensatz in Form eines Subjektsatzes vom nachfolgenden Kausalnebensatz, das zweite Komma trennt den Kausalnebensatz vom Hauptsatz.

Zu 98.

B. Obwohl sich der Bewerber gut vorbereitet hatte, konnte er eine Frage nicht beantworten.

Der Konzessivnebensatz, der durch „obwohl" eingeleitet wird und auf „vorbereitet hatte" endet, wird durch das Komma vom Hauptsatz getrennt.

Zu 99.

A. Am Montag, den 28. Juli, habe ich einen Arzttermin.

Die beiden Kommas trennen eine Apposition vom Hauptsatz, die „Montag" genauer definiert.

Zu 100.

D. Es gibt ein Sprichwort, das besagt, Medizin müsse bitter schmecken, wenn sie wirken solle.

Das erste Komma trennt den Hauptsatz vom Relativsatz. Das zweite Komma leitet einen weiteren Hauptsatz ein. Das dritte Komma beendet den Hauptsatz und trennt ihn vom folgenden Konditionalsatz.

Zu 101.

D. Er ist nach der Arbeit zu müde, als dass er noch joggen könnte, obwohl er sich vorgenommen hat, regelmäßig zu trainieren.

Das erste Komma trennt den Hauptsatz vom folgenden Konsekutivnebensatz. Das zweite Komma beendet den Konsekutivnebensatz und steht vor dem folgenden Konzessivnebensatz. Das dritte Komma beendet den Konzessivnebensatz und trennt ihn vom folgenden Infinitivnebensatz.

Zu 102.

C. Es ist nicht leicht, einen Neuanfang in einem fremden Land zu wagen, aber viele Menschen entscheiden sich trotzdem dafür.

Das erste Komma trennt den Hauptsatz vom folgenden Infinitivsatz. Das zweite Komma leitet einen weiteren Hauptsatz ein.

Zu 103.

D. Sicherlich können nicht alle Bedingungen eingehalten werden, weil sehr oft der Verlauf von anderen Faktoren beeinflusst wird, die von uns als gegeben betrachtet werden müssen.

Am Anfang steht der Hauptsatz, der durch das erste Komma vom Kausalnebensatz getrennt wird. Das zweite Komma beendet den Kausalnebensatz und trennt ihn vom folgenden Relativnebensatz, der durch das Relativpronomen „die" eingeleitet wird.

Zu 104.

C. Der Wal, der Igel, der Affe und die Fledermaus gehören gemeinsam in die Gruppe der Säugetiere, worüber sich viele Menschen täuschen.

Die ersten beiden Kommas sind durch eine Aufzählung begründet. Das dritte Komma leitet einen Relativsatz ein.

Zu 105.

D. Wir meinen, dass wir mit diesem Buch, einer Kombination zwischen theoretischem Wissen und umfassendem Praxisbezug, eine neue Art von Übungsbuch entwickelt haben.

Das erste Komma trennt den Hauptsatz vom folgenden Kausalnebensatz. Das zweite und dritte Komma umrahmen eine Apposition, die sich auf das Wort „Buch" bezieht.

Sprachbeherrschung

Kommasetzung Lückentext

Bearbeitungszeit 5 Minuten

Bei dieser Aufgabe geht es darum, an den richtigen Stellen Kommas zu setzen.
Beantworten Sie bitte die folgenden Aufgaben, indem Sie die fehlenden Kommas ergänzen.

106. Die Tatsache ☐ dass sich die Erde um die Sonne dreht ☐ galt vor wenigen Jahrhunderten noch als Irrglaube und Gotteslästerung.

107. Nachdem ich gesehen hatte ☐ was sie mir hatte zeigen wollen ☐ war ich so überwältigt ☐ dass ich zuerst gar nicht sprechen konnte.

108. Er konnte sich nicht erklären ☐ wie es sein konnte ☐ dass er auf einmal mitten in einem Park stand ☐ obwohl es seines Wissens in seiner Stadt ☐ doch gar keine Grünflächen gab.

109. Bereits wenige Minuten ☐ nachdem ein Passant die Polizei gerufen hatte ☐ erschienen die Beamten ☐ und nahmen die Randalierer fest.

110. Meist erzielt man bei Prüfungen ein besseres Ergebnis ☐ wenn man nicht bis zur letzten Sekunde lernt ☐ sondern sich stattdessen gezielt entspannt.

111. Wenn Sie einen Beruf ☐ der Ihnen nicht gefällt ☐ wegen guter Verdienstmöglichkeiten trotzdem ergreifen ☐ werden Sie darin langfristig nicht glücklich werden.

112. Die meisten Menschen ☐ die ein Haustier haben ☐ sind der Meinung ☐ dass ihr Tier das allerbeste auf der ganzen Welt ist.

113. Wenn ein Aktenvernichter ☐ Akten vernichtet und ein Schornsteinfeger ☐ den Schornstein fegt ☐ was macht dann ein Zitronenfalter?

114. Angesichts des unbeständigen Wetters ☐ empfehle ich dir dringend ☐ einen Regenschirm mitzunehmen ☐ damit du nicht nass wirst.

115. Wenn ich mir so ansehe ☐ was du hier machst ☐ dann frage ich mich ☐ ob das wirklich zum gewünschten Ergebnis führen kann.

Lösung

Zu 106.
Die Tatsache **,** dass sich die Erde um die Sonne dreht **,** galt vor wenigen Jahrhunderten noch als Irrglaube und Gotteslästerung.

Die beiden Kommas trennen den eingeschobenen Nebensatz vom umliegenden Hauptsatz.

Zu 107.
Nachdem ich gesehen hatte **,** was sie mir hatte zeigen wollen **,** war ich so überwältigt **,** dass ich zuerst gar nicht sprechen konnte.

Das erste Komma beendet den Temporalnebensatz. Das zweite Komma trennt den Relativnebensatz vom folgenden Hauptsatz. Das dritte Komma leitet einen weiteren Nebensatz ein.

Zu 108.
Er konnte sich nicht erklären **,** wie es sein konnte **,** dass er auf einmal mitten in einem Park stand **,** obwohl es seines Wissens in seiner Stadt   doch gar keine Grünflächen gab.

Das erste Komma trennt den Hauptsatz vom Nebensatz, die anderen beiden Kommas leiten auch jeweils einen Nebensatz ein.

Zu 109.
Bereits wenige Minuten **,** nachdem ein Passant die Polizei gerufen hatte **,** erschienen die Beamten   und nahmen die Randalierer fest.

Die beiden Kommas trennen den eingeschobenen Nebensatz vom Hauptsatz.

Zu 110.
Meist erzielt man bei Prüfungen ein besseres Ergebnis **,** wenn man nicht bis zur letzten Sekunde lernt **,** sondern sich stattdessen gezielt entspannt.

Das erste Komma beendet den Hauptsatz und leitet den Konditionalnebensatz ein. Das zweite Komma leitet einen weiteren Nebensatz ein.

Zu 111.
Wenn Sie einen Beruf **,** der Ihnen nicht gefällt **,** wegen guter Verdienstmöglichkeiten trotzdem ergreifen **,** werden Sie darin langfristig nicht glücklich werden.

Die ersten beiden Kommas umschließen den eingeschobenen Relativnebensatz. Das dritte Komma trennt den Konditionalsatz („Wenn Sie einen Beruf … ergreifen") vom Hauptsatz.

Zu 112.
Die meisten Menschen **,** die ein Haustier haben **,** sind der Meinung **,** dass ihr Tier das allerbeste auf der ganzen Welt ist.

Die ersten beiden Kommas trennen den eingeschlossenen Relativsatz vom Hauptsatz. Das dritte Komma leitet einen weiteren Nebensatz ein.

Zu 113.
Wenn ein Aktenvernichter   Akten vernichtet und ein Schornsteinfeger   den Schornstein fegt **,** was macht dann ein Zitronenfalter?

Das Komma trennt einen Konditionalnebensatz vom Fragesatz.

Zu 114.
Angesichts des unbeständigen Wetters   empfehle ich dir dringend **,** einen Regenschirm mitzunehmen **,** damit du nicht nass wirst.

Das erste Komma trennt den Hauptsatz vom Infinitivsatz (dieses Komma kann man setzen, muss man aber nicht!). Das zweite Komma leitet den Finalnebensatz ein.

Zu 115.

Wenn ich mir so ansehe **,** was du hier machst **,** dann frage ich mich **,** ob das wirklich zum gewünschten Ergebnis führen kann.

Das erste Komma trennt den Konditionalnebensatz ab. Das zweite Komma trennt den Nebensatz (einen Objektsatz) vom Hauptsatz. Das dritte Komma leitet einen Fragenebensatz ein.

Sprachbeherrschung

Grammatik: Kurze Sätze   *Bearbeitungszeit 5 Minuten*

Die folgenden Aufgaben prüfen Ihre Grammatikkenntnisse.

Beantworten Sie bitte die folgenden Aufgaben, indem Sie jeweils den Lösungsbuchstaben des korrekten Antwortvorschlags markieren.

116.

- A. Statt zu verreisen, blieb ich lieber zu Hause.
- B. Statt zu verreisen, bleibte ich lieber zu Hause.
- C. Statt zu verreisen, bin ich lieber zu Hause gebleibt.
- D. Statt zu verreisen, habe ich lieber zu Hause geblieben.
- E. Keine Antwort ist richtig.

117.

- A. Nach einen ausgedehnten Spaziergang sitzte sie sich erst einmal hin.
- B. Nach einem ausgedehnten Spaziergang saß sie sich erst einmal hin.
- C. Nach einem ausgedehnten Spaziergang setzte sie sich erst einmal hin.
- D. Nach einen ausgedehnten Spaziergang setzt sie sich erst einmal hin.
- E. Keine Antwort ist richtig.

118.

- A. Als ich im Herbst nach Hause kommte, fielen schon die Blätter von den Bäumen.
- B. Als ich im Herbst nach Hause kam, fällten schon die Blätter von den Bäumen.
- C. Als ich im Herbst nach Hause gekommen bin, sind schon die Blätter von den Bäumen gefallt.
- D. Als ich im Herbst nach Hause kam, fielen schon die Blätter von den Bäumen.
- E. Keine Antwort ist richtig.

119.

- A. Ich freue mich, unser neue Kollege begrüßen zu dürfen.
- B. Ich freue mich, unseren neuen Kollegen begrüßen zu dürfen.
- C. Ich freue mich, unserem neuen Kollegen begrüßen zu dürfen.
- D. Ich freue mich, unseren neuen Kollegen zu begrüßen zu dürfen.
- E. Keine Antwort ist richtig.

120.

A. Hättest du geschwiegen gehabt, würde die Angelegenheit glimpflicher ausgegangen sein.

B. Hast du geschwiegen, wäre die Angelegenheit glimpflicher ausgegangen.

C. Hättest du geschwiegen, ist die Angelegenheit glimpflicher ausgegangen.

D. Hättest du geschwiegen, wäre die Angelegenheit glimpflicher ausgegangen.

E. Keine Antwort ist richtig.

121.

A. Angesichts ihrer Qualitäten dürfte ihr die Aufgabe nicht schwerfallen.

B. Angesichts ihren Qualitäten dürfte ihr die Aufgabe nicht schwerfallen.

C. Angesichts ihrer Qualitäten dürfte ihr die Aufgabe nicht schwer fallen.

D. Angesichts ihren Qualitäten dürfte ihr die Aufgabe nicht schwer fallen.

E. Keine Antwort ist richtig.

122.

A. Entgegen seinen guten Vorsätzen hat er ständig zu schnell gefahren.

B. Entgegen seiner guten Vorsätze fuhr er ständig zu schnell.

C. Entgegen seinen guten Vorsätzen ist er ständig zu schnell gefahren.

D. Entgegen seine guten Vorsätze fährt er ständig zu schnell.

E. Keine Antwort ist richtig.

123.

A. Dieses Problem haben viele Leute in bestimmten Situationen.

B. Dieses Problem hat viele Leute in bestimmten Situationen.

C. Dieser Problem hat viele Leute in bestimmten Situationen.

D. Diesen Problem haben viele Leute in bestimmten Situationen.

E. Keine Antwort ist richtig.

124.

A. Vorgestern scheinte die Sonne.

B. Vorgestern hat die Sonne gescheint.

C. Vorgestern schien die Sonne.

D. Vorgestern hatte die Sonne geschient.

E. Keine Antwort ist richtig.

125.

A. Als versierter Kenner griechischer Heldensagen kamen ihm Zweifel ob der Schlichtheit dieses Werks.

B. Als versiertem Kenner griechischer Heldensagen kamen ihm Zweifel ob der Schlichtheit dieses Werks.

C. Als versierte Kenner griechische Heldensagen kamen ihm Zweifel ob die Schlichtheit dieses Werks.

D. Als versierten Kennern griechischen Heldensagen kamen ihm Zweifel ob der Schlichtheit dieses Werks.

E. Keine Antwort ist richtig.

Lösung

Zu 116.

A. Statt zu verreisen, blieb ich lieber zu Hause.

Nur in Lösungsvorschlag A findet sich eine korrekte Vergangenheitsform (Präteritum) des Verbs „bleiben".

Zu 117.

C. Nach einem ausgedehnten Spaziergang setzte sie sich erst einmal hin.

Die Präposition „nach" zieht den Dativ nach sich, der nur in den Vorschlägen B und C richtig gebildet wird („einem ausgedehnten Spaziergang"). Doch nur Antwort C enthält zugleich auch eine korrekte Vergangenheitsform (Präteritum) von „hinsetzen".

Zu 118.

D. Als ich im Herbst nach Hause kam, fielen schon die Blätter von den Bäumen.

Nur in Lösungsvorschlag D finden sich korrekte Vergangenheitsformen (Präteritum) der Verben „kommen" und „fallen". Beide Verben werden unregelmäßig gebeugt.

Zu 119.

B. Ich freue mich, unseren neuen Kollegen begrüßen zu dürfen.

Die Substantivgruppe „unser neuer Kollege" muss hier im Akkusativ stehen, und die korrekte Verbkonstruktion lautet „begrüßen zu dürfen". Somit kommt nur Vorschlag B infrage.

Zu 120.

D. Hättest du geschwiegen, wäre die Angelegenheit glimpflicher ausgegangen.

Nur in Lösungsvorschlag D finden sich die richtigen Konjunktivformen (Konjunktiv II) von „haben" und „sein".

Zu 121.

A. Angesichts ihrer Qualitäten dürfte ihr die Aufgabe nicht schwerfallen.

Die Präposition „angesichts" zieht den Genitiv nach sich, der nur in den Vorschlägen A und C korrekt gebildet wird („ihrer Qualitäten"). Doch nur Antwort A berücksichtigt zugleich, dass das Verb „schwerfallen" in übertragener Bedeutung steht und daher zusammenzuschreiben ist.

Zu 122.

C. Entgegen seinen guten Vorsätzen ist er ständig zu schnell gefahren.

Die Präposition „entgegen" zieht den Dativ nach sich, der nur in den Vorschlägen A und C korrekt gebildet wird („seinen guten Vorsätzen"). In Satz A findet sich jedoch eine falsche Verbkonstruktion, sodass nur Antwort C infrage kommt.

Zu 123.

A. Dieses Problem haben viele Leute in bestimmten Situationen.

Das Subjekt des Satzes lautet „viele Leute", dementsprechend muss auch das davon abhängige Verb im Plural stehen. Darüber hinaus muss die Substantivgruppe „dieses Problem" im Akkusativ stehen („Wen oder was haben viele Leute?"). Somit kommt nur Vorschlag A infrage.

Zu 124.

C. Vorgestern schien die Sonne.

In der Umgangssprache sind auch die Formen „scheinte" und „hat gescheint" verbreitet, doch standardsprachlich wird das Verb „scheinen" unregelmäßig gebeugt („schien", „geschienen"): Lösungsvorschlag C stimmt.

Zu 125.

B. Als versiertem Kenner griechischer Heldensagen kamen ihm Zweifel ob der Schlichtheit dieses Werks.

Die Substantivgruppe „als versierter Kenner" bezieht sich auf das Personalpronomen „ihm" und muss im selben Kasus stehen, nämlich im Dativ („als versiertem Kenner"). Die Substantivgruppe „griechische Heldensagen" muss im Genitiv stehen („griechischer Heldensagen"). „Ob" ist hier keine Konjunktion, sondern eine Präposition, die „wegen" oder „angesichts" bedeutet und üblicherweise den Genitiv nach sich zieht („ob der Schlichtheit"). Somit kommt nur Vorschlag B infrage.

Sprachbeherrschung

Konjunktionen Lückentext   *Aufgabenerklärung*

Welche Konjunktion ergänzt die Lücke so, dass der fertige Satz den in der vorangestellten Aussage geschilderten Sachverhalt sinngemäß wiedergibt?

Der vorgestellte Sachverhalt wird im Lückentext umformuliert.

Hierzu ein Beispiel

Aufgabe

1. **und, doch, aber, sondern, denn**

    Durch das einjährige Auslandsstudium in London verbesserte er seine Sprachkenntnisse in Englisch.

    Er spricht gut Englisch, _____ er war ein Jahr in London.

Antwort

    Er spricht gut Englisch, *denn*_____ er war ein Jahr in London.

Im vorgestellten Beispielsatz ist das Auslandsstudium in London der Grund für die Verbesserung seiner Sprachkenntnisse. Gesucht wird also eine kausale (begründende) Konjunktion; somit kann nur „denn" stimmen.

Konjunktionen Lückentext

Setzen Sie nun die richtige Konjunktion in das Feld ein, sodass sich ein grammatisch korrekter Satz ergibt. Der Sinn der vorangestellten Aussage darf dabei nicht verändert werden.

126. So, Ob, Als, Wie, Aber

Er fährt seit Jahren Lkw. Der Unfall hätte ihm daher nicht passieren dürfen.

_____ erfahrenem Lkw-Fahrer hätte Herrn Zenker der Unfall nicht passieren dürfen.

127. als ob, wenn, wiewohl, weil, während

Wegen einer Reifenpanne kam Herr Schlegel zu spät zur Arbeit.

Herr Schlegel kam zu spät zur Arbeit, _____ er eine Reifenpanne hatte.

128. als, und, je, wie, oder

Nach dem Sport hatte Martin großen Hunger. Er verschlang zwei große Schnitzel.

Nach dem Sport aß Martin _____ ein Scheunendrescher und verschlang zwei große Schnitzel.

129. obwohl, dafür, statt, doch, oder

Michael hat vielleicht ein großes Auto. Ich habe dafür ein schnelles Motorrad.

Michael hat vielleicht ein großes Auto, _____ ich habe ein schnelles Motorrad.

130. wenn, als, je, seit, ehe

Tante Gerda will eine Torte backen. Vorher kauft sie schnell etwas Milch im Supermarkt.

Tante Gerda geht noch schnell einkaufen, _____ sie mit dem Backen beginnt.

131. nachdem, wenn, weil, denn, damit

Dank Ihrer guten Vorbereitung war die Prüfung für Kerstin kein Problem.

Kerstin hat die Prüfung ohne Schwierigkeiten bestanden, _____ sie gut vorbereitet war.

132. **während, sodass, weil, falls, als ob**

Bei dem Tempo können wir schon viel früher am Ziel sein. Wir müssen es nur halten.

Wir können früher am Ziel sein, _____ wir weiterhin so schnell sind.

133. **als, obwohl, weil, sodass, wenn**

An seinem Geburtstag gewann er zum ersten Mal im Lotto.

Er gewann im Lotto, _____ er Geburtstag hatte.

134. **bevor, als, nachdem, damit, wobei**

Im Alter von 16 Jahren hat sie sich ihre Haare rot gefärbt.

Sie war 16, _____ sie sich ihre Haare rot gefärbt hat.

135. **bevor, nachdem, während, wie, dabei**

Im Einsatz kann ich doch nicht privat telefonieren!

Ich kann doch nicht privat telefonieren, _____ ich im Einsatz bin.

Lösung

Zu 126.

Als erfahrenem Lkw-Fahrer hätte Herrn Zenker der Unfall nicht passieren dürfen.

Hier verbindet die Konjunktion „als" zwei Satzteile miteinander. Alle weiteren Vorschläge sind allein schon grammatisch nicht möglich.

Zu 127.

Herr Schlegel kam zu spät zur Arbeit, **weil** er eine Reifenpanne hatte.

Die Reifenpanne ist der Grund für Herrn Schlegels Verspätung. Gesucht wird also nach einer kausalen (begründenden) Konjunktion – somit kommt nur „weil" infrage.

Zu 128.

Nach dem Sport aß Martin **wie** ein Scheunendrescher und verschlang zwei große Schnitzel.

Hier verbindet die Konjunktion „wie" zwei Satzteile miteinander. Alle weiteren Vorschläge sind grammatisch („und", „je") oder logisch („als", „oder") nicht möglich.

Zu 129.

Michael hat vielleicht ein großes Auto, **doch** ich habe ein schnelles Motorrad.

Hier wird ein Gegensatz ausgedrückt, indem das schnelle Motorrad gegen das große Auto ausgespielt wird. Gesucht wird nach einem adversativen Bindewort, das infolge des Satzbaus (Hauptsatz + Hauptsatz) dazu noch nebenordnend sein muss – das unterordnende „wohingegen" scheidet schon allein daher aus. Die korrekte Lösung lautet „doch".

Zu 130.

Tante Gerda geht noch schnell einkaufen, **ehe** sie mit dem Backen beginnt.

Hier wird eine zeitliche Reihenfolge angegeben: erst der Einkauf im Supermarkt, dann das Backen der Torte. Nur die temporale Konjunktion „ehe" gibt diesen Ablauf korrekt wieder.

Zu 131.

Kerstin hat die Prüfung ohne Schwierigkeiten bestanden, **weil** sie gut vorbereitet war.

Die gute Vorbereitung ist der Grund für Kerstins erfolgreiches Abschneiden. Gesucht wird nach einer kausalen Konjunktion – da aufgrund des Satzbaus (Hauptsatz + Nebensatz) das nebenordnende „denn" ausscheidet, kommt schließlich nur noch „weil" infrage.

Zu 132.

Wir können früher am Ziel sein, **falls** wir weiterhin so schnell sind.

Der Aufgabensatz legt eine Bedingung fest: Eine frühere Ankunft ist möglich, vorausgesetzt, die Geschwindigkeit bleibt hoch. Die passende konditionale Konjunktion lautet „falls". Das kausale Bindewort „weil" ist fehl am Platz, weil es bereits voraussetzt, dass das Tempo auch tatsächlich eingehalten wird. Dies ist aber nicht sicher.

Zu 133.

Er gewann im Lotto, **als** er Geburtstag hatte.

Der Geburtstag ist weder ein Grund noch ein Hindernis für einen Lottogewinn. Das kausale „weil" scheidet daher ebenso aus wie das adversative „obwohl". Auch das konditionale „wenn" kann nicht stimmen – in diesem Fall hätte er nämlich an jedem seiner bisherigen Geburtstage im Lotto gewonnen. Der Zusammenfall von Lottogewinn und Geburtstag wird nur mit dem temporalen „als" richtig wiedergegeben.

Zu 134.

Sie war 16, **als** sie sich ihre Haare rot gefärbt hat.

Hier wird ein zeitliches Verhältnis festgestellt. Die passende temporale Konjunktion, die die geschilderte Gleichzeitigkeit richtig wiedergibt, lautet „als".

Zu 135.

Ich kann doch nicht privat telefonieren, **während** ich im Einsatz bin!

Die vorangestellte Aussage dreht sich um die Gleichzeitigkeit von Handytelefonaten und Einsatzzeit. Die passende temporale Konjunktion lautet „während".

Erläuterung zu Konjunktionen

Konjunktionen (Bindewörter) verknüpfen Wörter, Wortgruppen oder ganze Sätze, wobei man in neben- und unterordnende Konjunktionen unterscheidet: Nebenordnende Konjunktionen verbinden Hauptsätze sowie gleichrangige Satzglieder, Wortgruppen oder Nebensätze („Er kam zu spät, denn er hatte verschlafen"). Unterordnende Konjunktionen verbinden Hauptsätze mit Nebensätzen oder Nebensätze mit weiteren, untergeordneten Nebensätzen („Er kam zu spät, weil er verschlafen hatte, da der Wecker defekt war"). Aus dem Satzbau können Sie also darauf schließen, ob eine neben- oder unterordnende Konjunktion gesucht wird.

Darüber hinaus geben Konjunktionen Auskunft über die logische Beziehung, die zwischen den verknüpften Elementen besteht. Bindewörter können einen Gegensatz ausdrücken (adversativ: „aber", „wohingegen"), Möglichkeiten aus einer Auswahl ausschließen (disjunktiv: „oder", „entweder … oder"), einen Zweck bzw. eine Absicht wiedergeben (final: „um … zu", „damit"), eine Ursache angeben (kausal: „denn", „weil"), eine Bedingung einleiten (konditional: „falls", „wenn"), die Folgen des Vorangegangenen ausführen (konsekutiv: „dass", „sodass"), einen Hinderungsgrund nennen (konzessiv: „obwohl", „wenn auch"), mehrere Elemente zu einer Aufzählung verbinden (kopulativ: „und", „nicht nur … sondern auch"), die Art und Weise einer Handlung beschreiben (modal: „indem", „ohne … zu") oder eine zeitliche Reihenfolge wiedergeben (temporal: „als", „nachdem"). Manche Konjunktionen („ob", „dass") leiten bisweilen auch nur Nebensätze ein, ohne eine Bedeutung mitzuteilen.

Sprachbeherrschung

Sinnverwandte Begriffe

Bearbeitungszeit 5 Minuten

Nun wird Ihr Sprachgefühl getestet.

Bei jeder Aufgabe wird Ihnen ein Wort vorgegeben. Welche der fünf Lösungsmöglichkeiten kommt dem vorgegebenen Begriff am nächsten?

Beantworten Sie bitte die folgenden Aufgaben, indem Sie jeweils den richtigen Buchstaben markieren.

136. abtrünnig

A. abwertend
B. lustlos
C. negativ
D. untreu
E. willig

137. heikel

A. lustig
B. interessant
C. schwierig
D. unklar
E. verschieden

138. Inbrunst

A. Gier
B. Desinteresse
C. Leidenschaft
D. Vorgabe
E. Inhalt

139. Zwist

A. Faden
B. Duo
C. Tanz
D. Gummi
E. Streit

140. frönen

A. sich widmen
B. sich freuen
C. sich ärgern
D. sich schämen
E. sich verstecken

141. lethargisch

A. aktiv
B. träge
C. rege
D. rastlos
E. gefährlich

142. delinquent

A. schmackhaft
B. verbrecherisch
C. tödlich
D. entmutigt
E. defekt

143. Gebaren

A. Gabe
B. Hilfe
C. Benehmen
D. Versprechen
E. Äußerung

144. schüren

A. treiben
B. anheizen
C. binden
D. verwirren
E. laufen

145. honorieren

A. zuhören
B. bedanken
C. würdigen
D. ignorieren
E. erkennen

Lösung

Zu 136.
D. untreu

Zu 137.
C. schwierig

Zu 138.
C. Leidenschaft

Zu 139.
E. Streit

Zu 140.
A. sich widmen

Zu 141.
B. träge

Zu 142.
B. verbrecherisch

Zu 143.
C. Benehmen

Zu 144.
B. anheizen

Zu 145.
C. würdigen

Sprachbeherrschung

Gegenteilige Begriffe   *Bearbeitungszeit 2 Minuten*

Ordnen Sie den Begriffen die gegenteilige Bedeutung zu, indem Sie den entsprechenden Lösungsbuchstaben in das zugehörige Feld eintragen.

Begriffe	**A–J**	**Gegenteilige Begriffe**
146. Problem	_____	A. Diebstahl
147. Frage	_____	B. Lösung
148. Weg	_____	C. Sicherheit
149. Beruf	_____	D. Ziel
150. Lyrik	_____	E. Einzelperson
151. Risiko	_____	F. Antwort
152. Vortrag	_____	G. Gespräch
153. Gruppe	_____	H. Opfer
154. Täter	_____	I. Hobby
155. Geschenk	_____	J. Prosa

Lösung

Zu 146. Problem
B. Lösung

Zu 147. Frage
F. Antwort

Zu 148. Weg
D. Ziel

Zu 149. Beruf
I. Hobby

Zu 150. Lyrik
J. Prosa

Zu 151. Risiko
C. Sicherheit

Zu 152. Vortrag
G. Gespräch

Zu 153. Gruppe
E. Einzelperson

Zu 154. Täter
H. Opfer

Zu 155. Geschenk
A. Diebstahl

Lösungshinweis

Gehen Sie bei dieser Aufgabe sehr konzentriert vor, da ein Fehler eine ganze Reihe weiterer Fehler nach sich ziehen kann.

Arbeiten Sie systematisch: Beginnen Sie mit dem ersten Wort in der linken Spalte und überprüfen Sie die rechte Spalte Wort für Wort, bis Sie den Begriff mit der gegenteiligen Bedeutung gefunden haben. Tragen Sie dann den zugehörigen Buchstaben in der mittleren Spalte ein. Falls Sie sich nicht ganz sicher sind, dann verschieben Sie Ihre Entscheidung – vielleicht löst sich das Problem am Ende von selbst, da nur noch eine Möglichkeit übrig bleibt.

Wenn nach dem ersten Durchgang noch nicht alle Felder ausgefüllt sind, hilft eventuell die umgekehrte Verfahrensweise: Man nehme sich ein Wort aus der rechten Spalte vor und suche dazu in der linken Spalte das Wort mit der gegenteiligen Bedeutung.

Zum Schluss sollte geprüft werden, ob alle Buchstaben von A bis J einmal eingetragen sind.

Sprachbeherrschung

Eines von fünf Wörtern passt nicht   *Aufgabenerklärung*

In diesem Abschnitt steht Ihr Sprachgefühl auf dem Prüfstand.

Pro Aufgabe erhalten Sie fünf Wörter, wovon vier sich in einer gewissen Weise entsprechen. Ein Begriff passt nicht in die Reihe – bitte markieren Sie den zugehörigen Lösungsbuchstaben.

Hierzu ein Beispiel

Aufgabe

1.

- A. Motorrad
- B. Personenkraftwagen
- C. Lastkraftwagen
- D. Traktor
- E. Rose

Antwort

(E.) Rose

Bei den ersten vier Antworten handelt es sich um Kraftfahrzeuge. Bei der fünften Antwort handelt es sich um eine Pflanze. „Rose" passt nicht – Lösungsbuchstabe ist daher das E.

Eines von fünf Wörtern passt nicht   *Bearbeitungszeit 5 Minuten*

Beantworten Sie bitte die folgenden Aufgaben, indem Sie den Lösungsbuchstaben des aus der Reihe fallenden Wortes markieren.

156.
- A. Boutique
- B. Geschäft
- C. Stadion
- D. Kiosk
- E. Kaufhaus

160.
- A. Barhocker
- B. Lehne
- C. Bank
- D. Klappstuhl
- E. Sofa

164.
- A. schneiden
- B. telefonieren
- C. wissen
- D. eisern
- E. verweigern

157.
- A. bitter
- B. giftig
- C. süß
- D. sauer
- E. salzig

161.
- A. beobachten
- B. zuschauen
- C. gucken
- D. erblicken
- E. erfahren

165.
- A. oval
- B. rund
- C. viereckig
- D. rechteckig
- E. kantig

158.
- A. Sommer
- B. Winter
- C. Ostern
- D. Frühling
- E. Herbst

162.
- A. bald
- B. beinahe
- C. kaum
- D. fast
- E. nahezu

159.
- A. müssen
- B. dürfen
- C. kennen
- D. wollen
- E. sollen

163.
- A. Löwe
- B. Panther
- C. Wolf
- D. Gepard
- E. Luchs

Lösung

Zu 156.

C. Stadion

In einem Stadion finden sportliche Wettkämpfe statt, alle anderen Begriffe bezeichnen Räumlichkeiten zum Warenverkauf.

Zu 157.

B. giftig

Alle Begriffe außer „giftig" geben Geschmacksrichtungen wieder.

Zu 158.

C. Ostern

Ostern ist keine Jahreszeit.

Zu 159.

C. kennen

Alle anderen Begriffe sind Modalverben, das heißt Verben, die Möglichkeiten oder Notwendigkeiten ausdrücken.

Zu 160.

B. Lehne

Bei allen anderen Begriffen handelt es sich um Sitzgelegenheiten.

Zu 161.

E. erfahren

Bei allen anderen Begriffen handelt es sich um Verben des Sehens.

Zu 162.

C. kaum

Mit „kaum" betont man die Distanz, mit allen anderen Begriffen die Nähe zu etwas.

Zu 163.

C. Wolf

Bei allen anderen Begriffen handelt es sich um Raubkatzen.

Zu 164.

D. eisern

Bei allen anderen Begriffen handelt es sich um Verben, „eisern" ist dagegen ein Adjektiv.

Zu 165.

E. kantig

„Kantig" beschreibt keine Flächenform.

Fremdsprachenkenntnisse

Englisch: Wortbedeutungen

Bearbeitungszeit 5 Minuten

In diesem Abschnitt werden Ihre Englischkenntnisse geprüft.

Geben Sie die korrekte Bedeutung des englischen Wortes wieder, indem Sie den richtigen Buchstaben markieren.

166. fast

- A. beinahe
- B. schnell
- C. kaum
- D. ungefähr
- E. sicher

167. responsible

- A. aufnahmefähig
- B. verantwortlich
- C. fleißig
- D. entschlossen
- E. umstritten

168. relation

- A. Beziehung
- B. Entsprechung
- C. Auswahl
- D. Vertrauen
- E. Verspätung

169. deal

- A. Schwarzmarkt
- B. Versicherung
- C. Wahl
- D. Verbrechen
- E. Abkommen

170. intention

- A. Beachtung
- B. Absicherung
- C. Klarheit
- D. Verhandlung
- E. Absicht

171. conscience

- A. Gewissen
- B. Bewusstsein
- C. Übereinstimmung
- D. Selbstsicherheit
- E. Wachsamkeit

172. incident

- A. Entscheidung
- B. Entzündung
- C. Unentschlossenheit
- D. Vorfall
- E. Auffälligkeit

173. to harm

- A. vergnügen
- B. übereinstimmen
- C. verehren
- D. schaden
- E. vermeiden

174. unable

- A. unnahbar
- B. unvollständig
- C. unfähig
- D. unklar
- E. unbeschwert

175. obvious

- A. verdächtig
- B. abwegig
- C. offensichtlich
- D. unentschlossen
- E. absurd

Lösung

Zu 166.
B. schnell

Zu 167.
B. verantwortlich

Zu 168.
A. Beziehung

Zu 169.
E. Abkommen

Zu 170.
E. Absicht

Zu 171.
A. Gewissen

Zu 172.
D. Vorfall

Zu 173.
D. schaden

Zu 174.
C. unfähig

Zu 175.
C. offensichtlich

Fremdsprachenkenntnisse

Englisch: Ausdrücke und Wendungen   *Bearbeitungszeit 5 Minuten*

In diesem Abschnitt werden Ihre Englischkenntnisse geprüft.

Beantworten Sie bitte die folgenden Aufgaben, indem Sie die richtige Schreibweise ermitteln und den zugehörigen Lösungsbuchstaben markieren.

176. **Wie schreibt sich das englische Wort für „Vorschlag"?**

    A. suggestion
    B. sudgestion
    C. sugesstion
    D. suggestien
    E. sutiestion

177. **Wie lautet die englische Schreibweise für „21:30 Uhr"?**

    A. thirty minutes to nine
    B. thirty minutes past nine
    C. thirty minutes to night
    D. thirteen minutes past nine
    E. Keine Antwort ist richtig.

178. **Wie lautet die englische Schreibweise für: „Was du nicht willst, das man dir tu, das füg auch keinem andern zu"?**

    A. Do unto athers as you wold have athers do unto you.
    B. Do unto athers as you wuld have others do unto you.
    C. Do unto others as you would have others do unto you.
    D. Dou unto athers as you would have others do unto you.
    E. Keine Antwort ist richtig.

179. **Wie schreibt sich das englische Wort für „verantwortlich"?**

    A. reesponsible
    B. responsibble
    C. responsible
    D. responsibel
    E. responcible

180. **Wie schreibt sich das englische Wort für „Gewalt"?**

    A. violance
    B. violense
    C. vayolens
    D. violence
    E. vaiolanse

181. **Wie lautet die englische Schreibweise für: „Was lange währt, wird endlich gut"?**

    A. Gud things come to those wo wait.
    B. Gut things come to those who wait.
    C. Good things come to those who wait.
    D. Good fings come too those who wait.
    E. Keine Antwort ist richtig.

182. Wie schreibt sich das englische Wort für „atmen"?

A. breethe

B. breace

C. brathe

D. breathe

E. breeth

183. Wie schreibt sich das englische Wort für „anerkennen", „wertschätzen"?

A. appredgiate

B. aprecciate

C. ebbreciate

D. appreciate

E. eprecciate

184. Wie schreibt sich das englische Wort für „Aufgabe", „Übung"?

A. excercice

B. excercize

C. exersize

D. exserzise

E. exercise

185. Wie schreibt sich das englische Wort für „Erfahrung"?

A. experience

B. expearience

C. expiriense

D. experiense

E. expeerience

Lösung

Zu 176.
A. suggestion

Zu 177.
B. thirty minutes past nine

Zu 178.
C. Do unto others as you would have others do unto you.

Zu 179.
C. responsible

Zu 180.
D. violence

Zu 181.
C. Good things come to those who wait.

Zu 182.
D. breathe

Zu 183.
D. appreciate

Zu 184.
E. exercise

Zu 185.
A. experience

Fremdsprachenkenntnisse

Englisch: Lückentext vervollständigen　　　　　　　　　　　*Aufgabenerklärung*

In diesem Abschnitt werden Ihre Englischkenntnisse geprüft.

Finden Sie heraus, welche Wörter in die Leerstellen eingesetzt werden müssen, damit sich ein sinnvoller Satz ergibt.

Hierzu ein Beispiel

Aufgabe

1.　　His _____ car is new. How much _____ it cost?

　　　A.　fathers | is
　　　B.　father's | did
　　　C.　feather's | have
　　　D.　furthers | has been
　　　E.　father's | had been

Antwort

　　　B.　father's | did

His father's car is new. How much did it cost?

Da Genitiven im Englischen ein „s" mit Apostroph angehängt wird, kommen nur die Möglichkeiten B, C und E in Frage. „Feather" bedeutet jedoch „Feder" und nicht etwa „Vater": Somit scheidet Satz C aus. Für die zweite Leerstelle gibt es überhaupt nur einen korrekten Vorschlag, nämlich „did": „How much is it cost?" (Antwort A) ist keine korrekte Frage, und auch „have" (Antwort C) liegt grammatikalisch falsch, da es nicht zum Subjekt „it" in der 3. Person passt. Setzt man „has been" oder „have been" ein, ist zum einen der Satzbau falsch („How much has/have been it cost?"), zum anderen stimmen die Zeitformen – present perfect progressive und past perfect progressive, beides Verlaufsformen – nicht mit „cost" überein, das nicht in einer Verlaufsform steht.

Englisch: Lückentext vervollständigen

Bearbeitungszeit 5 Minuten

Beantworten Sie bitte die folgenden Aufgaben, indem Sie den Lösungsbuchstaben des in die Lücke einzusetzenden Ausdrucks markieren.

186. **February is the _____ month of the year.**

   A. first
   B. smallest
   C. shortest
   D. more short
   E. most short

187. **She is waiting for _____.**

   A. his
   B. he
   C. him
   D. we
   E. our

188. **She can't understand how Tom could have made _____.**

   A. such a big mistake
   B. such big the mistake
   C. so big mistake
   D. so a big mistake
   E. Keine Antwort ist richtig.

189. **He can read very _____.**

   A. good
   B. well
   C. goodly
   D. goodfully
   E. fine

190. **While I _____ outside I saw a bird.**

   A. looking
   B. watched
   C. was looking
   D. were watching
   E. am seeing

191. **Your sister used to visit Lionel quite often, _____?**

   A. didn't she
   B. wouldn't she
   C. doesn't she
   D. haven't she
   E. Keine Antwort ist richtig.

192. **Mark says it's _____ to find a new apartment.**

   A. easy enough
   B. enough easy
   C. enough as easy
   D. easy as enough
   E. as easy as enough

193. **They have a _____ daughter.**

   A. three years old
   B. three-years-old
   C. three year olds
   D. three-year-old
   E. three year old

194. **Yesterday, I _____ a book _____ sports.**

A. read | with
B. wrote | over
C. bought | about
D. carry | in
E. saw | by

195. **_____ rain, we'll go inside.**

A. If it
B. When it is
C. In case of
D. On appear by
E. At this

Lösung

Zu 186.

C. shortest

February is the shortest month of the year.

Übersetzt: „Der Februar ist der kürzeste Monat des Jahres" – also weder der erste („first", Vorschlag A) noch der kleinste („smallest", Vorschlag B). Das englische Wort für „kurz" steigert man „short, shorter, shortest", Antwort C stimmt.

Zu 187.

C. him

She is waiting for him.

Übersetzt: „Sie wartet auf ihn." Die besitzanzeigenden Fürwörter (Possessivpronomen) „our" und „his" („unser" und „sein") können nur als Begleiter eines Substantivs auftreten („She is waiting for his brother", „She is waiting for our father"). Die Personalpronomen „he" und „we" stehen im Nominativ („er" und „wir"), doch „waiting for" verlangt wie im Deutschen einen Akkusativ (auf wen oder was wartet sie?). Somit kann nur Antwort C stimmen.

Zu 188.

A. such a big mistake

She can't understand how Tom could have made such a big mistake.

Übersetzt: „Sie kann nicht verstehen, wie Tom so einen großen Fehler hat machen können." Das in den Antworten C und D verwendete „so" entspricht nicht dem vergleichenden deutschen „so", sondern bedeutet „also", „damit", „dermaßen". Abgesehen davon ist die Wortstellung beide Male nicht korrekt. Vorschlag B benutzt fälschlicherweise den bestimmten Artikel „the" statt des unbestimmten „a". Somit kommt nur Möglichkeit A infrage.

Zu 189.

B. well

He can read very well.

Übersetzt: „Er kann sehr gut lesen." Die englische Übersetzung für „gut" scheint zunächst sehr naheliegend, nämlich „good". Doch als Adverb – wenn etwas „gut gemacht" wird, wenn jemand „gut lesen" kann, wenn sich das „gut" also auf ein Tätigkeitswort bezieht – verwendet man nicht „good", sondern „well". Antwort C ist der unmögliche Versuch, aus „good" durch ein angefügtes „-ly" ein Adverb zu erstellen und ebenso falsch konstruiert wie „goodfully". „Fine" ist kein Adverb, bedeutet in manchen Wendungen aber auch „gut": „How are you?" – „Fine, thank you".

Zu 190.

C. was looking

While I was looking outside I saw a bird.

Übersetzt: „Während ich nach draußen schaute, sah ich einen Vogel." Hier geht es um die korrekte Zeitform des richtigen Verbs: Das Signalwort „while" weist darauf hin, das etwas passiert ist („I saw a bird"), während eine zweite Aktion im Gange war. Das Verb, das diese zweite Aktion benennt, muss daher im past progressive stehen, das nur in Antwort C korrekt gebildet wird. Darüber hinaus verwenden die Antworten B, D und E unpassende Verben: „watch" drückt eher aus, dass man etwas Bestimmtes bewusst beobachtet, das sich verändert oder bewegt, aber nicht ein allgemeines „nach draußen schauen"; „to see" wird eher dann verwendet, wenn etwas ohne besondere Absicht wahrgenommen wird („I saw a bird": Ich habe den Vogel nicht bewusst beobachtet, er kam plötzlich in mein Sichtfeld). Die adäquate Übersetzung für „sehen" lautet hier „look".

Zu 191.

A. didn't she

Your sister used to visit Lionel quite often, didn't she?

Übersetzt: „Deine Schwester hat Lionel recht häufig besucht, oder?" Frageanhängsel wie „oder", „stimmt's" oder „nicht wahr" nennt man im Englischen „question tags". In einem question tag werden das Subjekt (hier „she") und das Hilfsverb des Satzes in umgekehrter Reihenfolge wiederholt, abgetrennt durch ein Komma. Enthält der Satz ein Vollverb (wie „visit"), nutzt man im question tag stattdessen das Hilfsverb „do". Bei positiven Sätzen („she does") wird im question tag verneint („doesn't she"), bei negativen Sätzen („she doesn't") wird bejaht („does she"). Das Verb im question tag steht stets in derselben Zeit wie das Verb des Hauptsatzes (im vorliegenden Fall simple past).

Zu 192.

A. easy enough

Mark says it's easy enough to find a new apartment.

Übersetzt: „Mark sagt, es ist ziemlich einfach, ein Apartment zu finden." Die gesuchte Formel „ziemlich einfach" heißt im Englischen „easy enough" – Antwort A ist also korrekt. Lösung B scheidet aufgrund der falschen Wortstellung aus; die Vorschläge C und D mit eingefügtem „as" („als", „wie") sind ebenso unsinnig wie der Ausdruck „as easy as enough" (dt. „so einfach wie genug").

Zu 193.

D. three-year-old

They have a three-year-old daughter.

Übersetzt: „Sie haben eine drei Jahre alte Tochter." Das Adjektiv „dreijährig" wird im Englischen durch die mit Bindestrichen verbundene Konstruktion „three-year-old" widergegeben, Antwort D stimmt. Vorschlag A ist zu unbeholfen aus dem Deutschen übersetzt, und die versuchte Pluralbildung des Adverbs „old" in Vorschlag C geht vollkommen fehl.

Zu 194.

C. bought | about

Yesterday I bought a book about sports.

Übersetzt: „Gestern habe ich mir ein Buch zum Thema Sport gekauft." Da „yesterday" eine Handlung in der Vergangenheit signalisiert, muss das einzusetzende Verb in der Vergangenheitsform stehen. Möglichkeit D scheidet somit aus. Für die korrekte Präposition zwischen „book" und „sports" gibt es nur eine korrekte Möglichkeit: „I read a book with sports" würde bedeuten, dass der Sprecher ein Buch zusammen mit Sportarten gelesen hätte – keine besonders sinnvolle Aussage. Auch „over sports" ist ein wörtlich und falsch übersetztes Deutsch; wollte man ausdrücken, wovon ein Buch handelt, wäre die korrekte Präposition „about". „By" (Satz E) würde bei der Nennung des Autorennamens verwendet („a book by Stephen King" – „ein Buch von Stephen King"), hier ist es fehl am Platze. „In" würde schließlich auf einen Ort oder Zeitraum verweisen, der jedoch im Satz nicht zu finden ist.

Zu 195.

C. In case of

In case of rain, we'll go inside.

Übersetzt: „Falls es regnet, werden wir hineingehen." Nach „if it" (Satz A) wäre ein Verb in der dritten Person zu erwarten („rains"), das jedoch nicht im Aufgabensatz steht. Ähnliches gilt für „when it is" (Satz B), auf das die Verlaufsform

„raining" folgen müsste. „On appear by" (Satz D) ist eine im Englischen unbekannte Wendung, „at this rain" (Satz E) schließlich ist eine inadäquate Übersetzung des deutschen „bei diesem Regen". „Im Fall, dass es regnet", wird im Englischen kurz und elegant mit „in case of rain" übersetzt.

Prüfung · Teil 2

Fachbezogenes Wissen

Feuerwehr   *Bearbeitungszeit 8 Minuten*

Wie gut kennen Sie sich in den Strukturen und Aufgaben der Feuerwehr aus?

Beantworten Sie bitte die folgenden Aufgaben, indem Sie jeweils den richtigen Buchstaben markieren.

196. Was zählt nicht zum typischen Aufgabenspektrum einer Feuerwehr?

A. Strafen

B. Bergen

C. Schützen

D. Löschen

E. Retten

197. Welche Aussage zur Geschichte der Feuerwehr stimmt nicht?

A. Frühe Feuerwehren gab es schon im alten Ägypten und im antiken Rom.

B. Im Mittelalter waren Gemeinden zum Aufbau eines Brandschutzes verpflichtet.

C. Bis ins 17. Jahrhundert hinein war der Eimer einer der wichtigsten Instrumente zur Brandbekämpfung.

D. In Deutschland sind viele Feuerwehren um das Jahr 1848 herum entstanden.

E. Die ersten motorisierten Spritzenwagen wurden 1946 in Dienst gestellt.

198. Welcher ist kein Organisationstyp der Feuerwehr?

A. Berufsfeuerwehr

B. Bundesfeuerwehr

C. Pflichtfeuerwehr

D. Freiwillige Feuerwehr

E. Werkfeuerwehr

199. Die Feuerwehr- und Brandschutzgesetzgebung obliegt in Deutschland …?

A. dem Staat.

B. dem jeweiligen Bundesland.

C. der jeweiligen Gemeinde.

D. der örtlichen Feuerwehrkommission.

E. dem jeweiligen Feuerwehrleiter.

200. Richtlinien und Anleitungen zur Ausbildung, Ausrüstung und zum Einsatz der Feuerwehr finden sich …?

A. im Grundgesetz.

B. in der Brandschutzverordnung des Bundes.

C. im Bürgerlichen Brandschutzgesetz.

D. im Bürgerlichen Gesetzbuch.

E. in den Feuerwehr-Dienstvorschriften.

201. Die grundlegende Ausbildung jedes Feuerwehrangehörigen ist die Ausbildung zum …?

A. Truppmann.

B. Maschinisten.

C. Gruppenführer.

D. ABC-Spezialisten.

E. Erste-Hilfe-Fachmann.

202. Wonach richtet sich die personelle und materielle Ausrüstung einer Feuerwache nicht?

A. Infrastruktur vor Ort

B. Einwohnerzahl

C. Anzahl und Art der Unternehmen vor Ort

D. Fünfjahresplan des Innenministers zur Feuerwehrentwicklung

E. Distanz zur nächstgelegenen Feuerwache

203. Was bezeichnet die sogenannte „Hilfsfrist"?

A. Die Zeit, die vom Eingang des Notrufs bis zur Ankunft der Einsatzkräfte vor Ort verstreicht

B. Die gesamte Einsatzdauer, vom Ausrücken der Löschzüge bis zu ihrer Rückkehr

C. Die Zeit, nach der eine Einheit im Einsatz Unterstützung anfordern darf

D. Die Zeit, in der ein Brand noch durch einen einfachen Feuerlöscher per Selbsthilfe gelöscht werden kann – und muss, um die Feuerwehr nicht unnötig zu beanspruchen

E. Die maximal erlaubte Einsatzdauer – nach einer gewissen Zeitspanne lohnt sich die Fortführung des Einsatzes nicht mehr

204. Welche Aussage zum Aufgabenprofil einer modernen Berufsfeuerwehr trifft zu?

A. Die Feuerwehr ist vor allem da, um Brände zu löschen.

B. Feuerwehraufgaben und Katastrophenschutz sind streng voneinander getrennt.

C. Das Technische Hilfswerk ist ein Teil der Feuerwehr.

D. Die Feuerwehr übernimmt zunehmend polizeiliche Aufgaben.

E. Die Feuerwehr ist eine Behörde zur Abwehr vielfältiger Gefahren.

205. Warum wird brennendes Fett nicht mit Wasser gelöscht?

A. Unter Hitzeeinwirkung reagieren Wasser und Fett zu einer hochgiftigen Säure.

B. Heißes Fett lässt Wasser blitzartig verdampfen, es entsteht ein explosiver Fettnebel.

C. Fett und Wasser bilden beim Abkühlen eine Art Gel, das sich kaum beseitigen lässt.

D. Das verdunstende Fett würde die Löschschläuche verstopfen.

E. Heißes Fett ist umweltschädlich und darf nicht mit dem Löschwasser abfließen.

206. Bei einer sogenannten „Brandklasse" handelt es sich um …?

A. einen Ausbildungsjahrgang der Feuerwehr.

B. einen zusammenhängenden, abge-brannten Gebäudekomplex.

C. eine Kategorie zur Klassifizierung von Bränden.

D. eine Maßzahl, die die Anzahl der Brandherde eines Brandes wiedergibt.

E. eine Gruppe von Feuerwehrleuten, die gemeinsame Arbeitsschichten übernehmen.

207. Welche ist eine korrekte, hierarchisch aufsteigende Folge von Dienstgraden der Berufsfeuerwehr?

A. Brandamtmann, Brandrat, Oberbrandmeister

B. Oberbrandmeister, Brandoberinspek-tor, Brandrat

C. Brandmeister, Brandoberamtsrat, Brandoberinspektor

D. Brandmeister, Brandrat, Oberbrandmeister

E. Branddirektor, Hauptbrandmeister, Brandamtmann

208. Die meisten Feuerwehren in Deutschland sind …?

A. Freiwillige Feuerwehren.

B. Berufsfeuerwehren.

C. Werkfeuerwehren.

D. Jugendfeuerwehren.

E. Pflichtfeuerwehren.

209. Wie viele Feuerwehrangehörige gibt es in Deutschland?

A. 145.000

B. 395.000

C. 560.000

D. 880.000

E. 1,3 Mio.

210. Was ist keine taktische Einheit der Feuerwehr?

A. Kompanie

B. Staffel

C. Zug

D. Gruppe

E. Trupp

Lösung

Zu 196.

A. Strafen

Der Wahlspruch der Feuerwehr lautet „Retten, Löschen, Bergen, Schützen". Die Rettung von Menschenleben steht dabei natürlich an erster Stelle, doch auch der Gefahrenschutz, die Rettung von Tieren oder der Erhalt von Sachwerten spielen im Feuerwehralltag eine große Rolle.

Zu 197.

E. Die ersten motorisierten Spritzenwagen wurden 1946 in Dienst gestellt.

Schon im alten Ägypten und im antiken Rom gab es organisierte Feuerlöscheinheiten. Trotzdem wurden in der antiken Millionenmetropole oft ganze Stadtviertel durch Brände vernichtet. Auch über 1.000 Jahre später fielen die meist eng aneinander stehenden Holzbauten mittelalterlicher Ortschaften leicht den Flammen zum Opfer, weshalb die Gemeinden zur Einrichtung eines Brandschutzes verpflichtet wurden. Doch die Mittel zur Brandbekämpfung blieben primitiv, man behalf sich meist mit Eimern, Leitern und Einreißhaken.

Erst im 17. Jahrhundert wurde der – zunächst aus Leder gefertigte – Schlauch erfunden. Im Zuge der revolutionären Umtriebe Mitte des 19. Jahrhunderts bildeten sich zahlreiche Bürgerwehren in Deutschland, die vielerorts auch Feuerwehren umfassten, welche nach dem Ende der Unruhen weiterhin aktiv blieben. Die Erfindung des Verbrennungsmotors verbesserte die Ausrüstung der Feuerwehr schlagartig; die ersten motorisierten Feuerwehrfahrzeuge und Motorspritzen wurden Anfang des 20. Jahrhunderts in Dienst gestellt.

Zu 198.

B. Bundesfeuerwehr

Eine Berufsfeuerwehr gibt es in fast allen Groß- und einigen mittelgroßen Städten Deutschlands. Sie wird von der jeweiligen Kommune unterhalten und besteht hauptsächlich aus verbeamteten oder fest angestellten – also hauptberuflichen – Angehörigen. In Freiwilligen Feuerwehren sind meist ehrenamtliche Mitglieder tätig, die aber durch hauptamtliche Kräfte unterstützt werden können.

Eine Pflichtfeuerwehr wird eingerichtet, wenn es keine Berufsfeuerwehr gibt und eine Freiwillige Feuerwehr nicht zustande kommt: dann können geeignete Bürger und Bürgerinnen per Gesetz zum Feuerwehrdienst herangezogen werden. Große, gefahrenträchtige Betriebe – z. B. Industriebetriebe – sind gesetzlich zur Aufstellung einer Werkfeuerwehr verpflichtet, die haupt- und nebenberufliche Kräfte umfassen kann. Eine Bundesfeuerwehr gibt es nicht.

Zu 199.

B. dem jeweiligen Bundesland.

Die Gesetzgebung über Feuerwehrwesen und Brandschutz ist in Deutschland Sache der Bundesländer. Für die Aufstellung und den Unterhalt einer Feuerwehr sind aber meist die Kommunen zuständig.

Zu 200.

E. in den Feuerwehr-Dienstvorschriften.

Die Tätigkeiten der Feuerwehr in Deutschland sind in den Feuerwehr-Dienstvorschriften (FwDV) geregelt. Die Dienstvorschriften werden vom „Ausschuss Feuerwehrangelegenheiten, Katastrophenschutz und zivile Verteidigung" (AFKzV) der Bundesinnenministerkonferenz erarbeitet und treten durch einen Erlass des jeweiligen Bundeslandes in Kraft. In den FwDV finden sich Vorschriften zur persönlichen Schutzausrüstung eines Feuerwehrangehörigen (FwDV 1) ebenso wie die Leitlinien zur Feuerwehrausbildung (FwDV 2) oder zum Einsatzablauf (FwDV 3).

Zu 201.

A. Truppmann.

Eine Feuerwehrausbildung gliedert sich in mehrere Teile: Die Truppmannausbildung vermittelt Grundkenntnisse im Lösch- und Hilfeleistungseinsatz; in der technischen Ausbildung erlernt man den Umgang mit den verschiedenen Geräten und Ausrüstungsgegenständen (z. B. Sprechfunk, Atemschutzgerät, Maschinen); in Rettungssanitäter-Lehrgängen erwirbt man notfallmedizinisches Know-how. Parallel dazu sind Praktika zu absolvieren. Für gehobene Positionen stehen außerdem spezielle Führungsausbildungen auf dem Plan, die zur Übernahme leitender Funktionen befähigen.

Zu 202.

D. Fünfjahresplan des Innenministers zur Feuerwehrentwicklung

Die personelle und materielle Ausstattung einer Feuerwehr richtet sich nach dem Gefahrenpotenzial vor Ort. Ausschlaggebend dafür sind neben der Einwohnerzahl auch Art und Anzahl der angesiedelten Betriebe und nicht zuletzt die vorhandene Infrastruktur: Von ihr hängt nicht nur ab, wie die Einsatzkräfte zu einem Einsatzort gelangen, sondern sie stellt auch selbst einen möglichen Unfallschwerpunkt dar. Einen Fünfjahresplan des Innenministers zur Entwicklung der Feuerwehr gibt es nicht.

Zu 203.

A. Die Zeit, die vom Eingang des Notrufs bis zur Ankunft der Einsatzkräfte vor Ort verstreicht

Die „Hilfsfrist" bezeichnet in der Regel den Zeitraum vom Eingang eines Notrufs bis zum Eintreffen der Einsatzkräfte. Mithilfe dieser Kennziffer plant man den Aufbau der Feuerwehr und des Rettungsdienstes vor Ort und überprüft deren Leistungsfähigkeit. Die Arbeitsgemeinschaft der Leiter der Berufsfeuerwehren (AGBF) nennt für kritische Wohnungsbrände eine angepeilte Hilfsfrist von höchstens 9,5 Minuten – 1,5 Minuten für das Gespräch mit dem Meldenden und die Einteilung des Einsatzes, 8 Minuten für die Anfahrtszeit. Bei Wohnungsbränden droht eingeschlossenen Personen nach 17 Minuten eine Rauchvergiftung.

Zu 204.

E. Die Feuerwehr ist eine Behörde zur Abwehr vielfältiger Gefahren.

Feuerwehren bekämpfen heute nicht nur Brände, sondern kümmern sich um die Abwehr ganz unterschiedlicher Gefahren: Sie helfen bei Naturkatastrophen, Verkehrsunglücken oder Öl- und Chemieunfällen und beteiligen sich an der medizinischen Notfallrettung. In der Regel ist eine Feuerwehr eng in den örtlichen Katastrophenschutz eingebunden, verzahnt mit anderen Behörden wie dem Technischen Hilfswerk, das nichtsdestotrotz eine eigenständige Einrichtung ist.

Zu 205.

B. Heißes Fett lässt Wasser blitzartig verdampfen, es entsteht ein explosiver Fettnebel.

Brennendes Fett hat eine Temperatur von über 100 °C, sodass auftreffendes Wasser schlagartig verdampft. Dadurch verspritzt das Wasser-Fett-Gemisch und es bildet sich ein fein verstäubter

Fettnebel, der wegen seiner großen Oberfläche besonders heftig mit dem Luftsauerstoff reagiert – es kommt zu einer explosionsartigen Verbrennung, einer Fettexplosion.

Zu 206.

C. eine Kategorie zur Klassifizierung von Bränden.

Je nach der Art des brennenden Stoffs werden Brände anhand einer europäischen Norm in Brandklassen unterteilt. So kann schnell beurteilt werden, welches Löschmittel gerade geeignet ist. Die Brandklassenangabe auf Feuerlöschern verrät beispielsweise, bei welchen Bränden der Löscher eingesetzt werden kann:

A: Brände fester, nichtschmelzender Stoffe, die normalerweise unter Glutbildung verbrennen

B: Brände von flüssigen oder flüssig werdenden Stoffen

C: Gasbrände

D: Brände von Metallen

E: Brände von Speisefetten und -ölen in Frittier- und Fettbackgeräten

Zu 207.

B. Oberbrandmeister, Brandoberinspektor, Brandrat

Die Dienstgradhierarchie der Berufsfeuerwehr ist – anders als bei Freiwilligen Feuerwehren – durch die Bundesbesoldungsordnung weitgehend einheitlich geregelt und lautet ohne Anwärterdienstgrade wie folgt:

¬ **Mittlerer Dienst:** Brandmeister, Oberbrandmeister, Hauptbrandmeister

¬ **Gehobener Dienst:** Brandinspektor (nicht in allen Bundesländern), Brandoberinspektor, Brandamtmann, Brandamtsrat, Brandoberamtsrat

¬ **Höherer Dienst:** Brandrat, Oberbrandrat (auch: Brandoberrat), Branddirektor, Leiten-

der Branddirektor. In einigen Großstädten gibt es darüber hinaus Spitzenämter als Direktor der Feuerwehr (Nordrhein-Westfalen), Landesbranddirektor (Berlin), Oberbranddirektor (Hamburg, München) oder Stadtdirektor (Stuttgart).

Zu 208.

A. Freiwillige Feuerwehren.

Aktuell existieren in Deutschland gut 25.000 Feuerwehren, nämlich rund 24.000 Freiwillige Feuerwehren, 100 Berufsfeuerwehren, 900 Werkfeuerwehren und knapp eine Handvoll Pflichtfeuerwehren. Außerdem gibt es mehr als 17.500 Jugendfeuerwehren.

Zu 209.

E. 1,3 Mio.

Aktuell gibt es in Deutschland etwa 1,3 Millionen aktive Feuerwehrangehörige. Rund 30.000 davon sind in Berufsfeuerwehren tätig, 33.000 sind Teil einer Werkfeuerwehr. Den mit Abstand größten Anteil stellen die Freiwilligen Feuerwehren mit mehr als einer Million Mitgliedern, vor den Jugendfeuerwehren mit 250.000 Angehörigen.

Zu 210.

A. Kompanie

Die kleinste taktische Einheit der Feuerwehr ist der Trupp, der sich aus einem Truppführer und einem Truppmann zusammensetzt. Der Trupp ist Bestandteil einer Staffel (Staffelführer, Maschinist, 2-Mann-Angriffstrupp, 2-Mann-Wassertrupp) oder einer Gruppe (Gruppenführer, Maschinist, Melder, Angriffstrupp, Wassertrupp und Schlauchtrupp). Der Zug schließlich ist die größte taktische Einheit der Feuerwehr; er umfasst zwei Gruppen und zusätzlich einen Zugtrupp (Zugführer, Führungsassistent, Kraftfahrer und Melder). Eine „Kompanie" genannte Einheit gibt es bei der deutschen Feuerwehr nicht.

Fachbezogenes Wissen

Bundeswehr

Bearbeitungszeit 8 Minuten

Wie gut kennen Sie sich in den Strukturen und Aufgaben der Bundeswehr aus?

Beantworten Sie bitte die folgenden Aufgaben, indem Sie jeweils den richtigen Buchstaben markieren.

211. Wann wurde die Bundeswehr gegründet?

A. 1918

B. 1934

C. 1945

D. 1955

E. 1990

212. Wann trat die Bundesrepublik Deutschland der NATO bei?

A. 1945

B. 1949

C. 1955

D. 1960

E. 1975

213. Die drei Teilstreitkräfte der Bundeswehr heißen …?

A. Bataillon, Brigade und Kompanie.

B. Medizinischer Dienst, Verwaltung und kämpfende Truppe.

C. Berufssoldaten, Soldaten auf Zeit und Wehrpflichtige.

D. Technisches Hilfswerk, Zoll und Armee.

E. Heer, Luftwaffe und Marine.

214. Das Hoheitszeichen der Bundeswehr ist …?

A. ein schwarzes Kreuz mit weißer Umrandung.

B. eine schwarz-rot-goldene, gezackte Fahne.

C. ein schwarzer Adler auf goldenem Grund.

D. ein rotes Schwert mit goldenen Sternen.

E. eine goldene Sichel mit rot-schwarzem Rahmen.

215. Der „Staatsbürger in Uniform" ist …?

A. eine Werbefigur der Bundeswehr.

B. ein Leitbild soldatischen Selbstverständnisses.

C. eine Comicfigur der 60er-Jahre, die den „typischen" Bundeswehrsoldaten karikierte.

D. eine im Grundgesetz verwendete Umschreibung für den Verteidigungsminister.

E. eine spöttische Bezeichnung des Volksmunds für Kaiser Wilhelm II.

216. Der Wehrbeauftragte des Deutschen Bundestags …?

A. vertritt die Handlungen und Entscheidungen des Militärs im Parlament.

B. repräsentiert die Bundeswehr im Ausland.

C. koordiniert die Einsätze der Bundeswehr innerhalb Deutschlands.

D. vertritt den Bundesverteidigungsminister bei Abwesenheit im Bundestag.

E. unterstützt die parlamentarische Kontrolle der Bundeswehr.

217. Der Generalinspekteur der Bundeswehr …?

A. berät den Verteidigungsminister und die Bundesregierung.

B. überwacht die Einhaltung des Grundgesetzes.

C. entscheidet, wann der Verteidigungsfall eintritt.

D. vertritt die Bundeswehr im NATO-Militärausschuss.

E. überprüft und ernennt die Generale der Bundeswehr eigenmächtig.

218. Das Bundesverfassungsgericht urteilte 1994 grundsätzlich über …?

A. die Einbindung der Bundeswehr in den Katastrophenschutz.

B. die Ausrüstung der Bundeswehr mit Atomraketen.

C. die Vereinbarkeit der Wehrpflicht mit dem Grundgesetz.

D. ein Verbot von Waffenexporten in die Türkei.

E. die Zulässigkeit militärischer Auslandseinsätze der Bundeswehr.

219. Welche Laufbahn ist kein militärischer Karriereweg der Bundeswehr?

A. Die Laufbahn der Mannschaften

B. Die Laufbahn der Offiziere

C. Die Laufbahn der Feldwebel

D. Die Laufbahn der Obristen

E. Die Laufbahn der Fachunteroffiziere

220. Was soll im Traditionsverständnis der Bundeswehr nach offizieller Richtlinie keine Rolle spielen?

A. Dass die Bundeswehr die erste Wehrpflichtarmee in einem demokratischen deutschen Staat ist

B. Die Einbindung der Bundeswehr in die NATO

C. Die Erinnerung an die Nationale Volksarmee der DDR

D. Die preußische Heeresreform von 1807 bis 1813

E. Der militärische Widerstand gegen das NS-Regime

221. Wann ist die Bundeswehr laut NATO-Bündnisvertrag zum Eingreifen verpflichtet?

A. Nur, wenn die Bundesrepublik Deutschland direkt angegriffen wird

B. Wenn ein NATO-Staat einen anderen Staat angreifen will

C. Wenn ein Staat gegen einen NATO-Bündnispartner eine Wirtschaftsblockade ausruft

D. Nur, wenn mindestens zwei NATO-Bündnispartner von einem übermächtigen Gegner angegriffen werden

E. Wenn ein NATO-Bündnispartner angegriffen wird

222. Die Bundeswehr darf im Landesinneren …?

   A. grundsätzlich nicht eingesetzt werden.

   B. grundsätzlich immer eingesetzt werden, wenn die Polizei darum bittet.

   C. nur im Verteidigungsfall eingesetzt werden.

   D. nur unbewaffnet zu Hilfseinsätzen eingesetzt werden.

   E. in Ausnahmefällen zur Aufrechterhaltung der Ordnung eingesetzt werden.

223. Gibt ein Vorgesetzter einen Befehl, ist ein Bundeswehrsoldat …?

   A. immer zu Gehorsam verpflichtet.

   B. nur zu Gehorsam verpflichtet, wenn der Befehl rechtmäßig ist.

   C. nur zu Gehorsam verpflichtet, wenn der Befehl schriftlich vorliegt.

   D. nur zu Gehorsam verpflichtet, wenn der Befehl im Einsatz erteilt wird.

   E. nur zu Gehorsam verpflichtet, wenn ansonsten eine konkrete Gefahr bestünde.

224. Bei dem „KSK" handelt es sich um …?

   A. einen kleinen Transportpanzer.

   B. die Kompanie für streng geheime Kommunikation, den Bundeswehr-Geheimdienst.

   C. eine Spezialeinheit der Bundeswehr.

   D. den (Ober-)Kommandierenden der Streitkräfte.

   E. das Standardgewehr der Bundeswehr.

225. Wer ist der Oberbefehlshaber der Bundeswehr im Verteidigungsfall?

   A. Der Bundespräsident

   B. Der Bundeskanzler

   C. Der Bundestagspräsident

   D. Der Verteidigungsminister

   E. Der ranghöchste General der Bundeswehr

Lösung

Zu 211.

D. 1955

Die Bundeswehr wurde am 5. Mai 1955 gegründet. Vorausgegangen war eine zum Teil heftige Debatte über die Notwendigkeit und moralische Vertretbarkeit einer deutschen Wiederbewaffnung zehn Jahre nach Ende des Zweiten Weltkriegs, wobei die Regierung um Kanzler Konrad Adenauer vor allem die Bedeutung einer deutschen Armee für die Eingliederung in den Block der Westmächte hervorhob. Die ersten 101 Soldaten der Bundeswehr wurden am 12. November 1955 vereidigt.

Zu 212.

C. 1955

Die Bundesrepublik trat einen Tag nach der Gründung der Bundeswehr – nämlich am 6. Mai 1955 – dem 1949 ins Leben gerufenen Militärpakt NATO („North Atlantic Treaty Organization") bei. Für die Westalliierten war die Aufstellung einer bundesdeutschen Armee eine wesentliche Bedingung für den von Bundeskanzler Konrad Adenauer angestrebten NATO-Beitritt.

Zu 213.

E. Heer, Luftwaffe und Marine.

Die Teilstreitkräfte der Bundeswehr – Heer, Marine und Luftwaffe – haben jeweils einen bestimmten Aufgabenbereich zu Lande, zu Wasser und in der Luft. Die Teilstreitkräfte sind drei der fünf militärischen Bundeswehr-Organisationsbereiche, zu denen außerdem noch der Zentrale Sanitätsdienst und die Streitkräftebasis (SKB) zählen: Letztere übernimmt im Einsatz und im täglichen Dienst zentrale Unterstützungs- und Dienstleistungsaufgaben

(u. a. Logistik, Aufklärung, Forschung und Ausbildung).

Zu 214.

A. ein schwarzes Kreuz mit weißer Umrandung.

Das Hoheitszeichen der Bundeswehr ist das stilisierte Eiserne Kreuz, das auf das „Tatzenkreuz" des mittelalterlichen Deutschen Ordens zurückgeht und in deutschen Armeen von 1813 bis 1945 als Kriegsauszeichnung und Verdienstorden vergeben wurde. Als Hoheitszeichen der Bundeswehr fungiert es seit 1956.

Zu 215.

B. ein Leitbild soldatischen Selbstverständnisses.

Der „Staatsbürger in Uniform" ist ein Leitbild soldatischen Selbstverständnisses. Dahinter steht der Gedanke, die Bundeswehr eng mit der Zivilgesellschaft zu verknüpfen und die Soldaten im demokratischen Staatswesen zu verankern. Der „Staatsbürger in Uniform" soll kein stumpfer Befehlsempfänger sein oder Teil einer elitären Militärkaste – er soll verantwortungsbewusst am politisch-gesellschaftlichen Leben teilnehmen. Anders als etwa die Angehörigen der Reichswehr zu Zeiten der Weimarer Republik haben Bundeswehrsoldaten daher auch das aktive und passive Wahlrecht. Grob gesagt, versucht das Konzept des „Staatsbürgers in Uniform" einen Ausgleich zu schaffen zwischen der Einschränkung vieler bürgerlicher Grundrechte durch militärische Pflichten und staatsbürgerlicher Mündigkeit.

Zu 216.

E. unterstützt die parlamentarische Kontrolle der Bundeswehr.

Das Amt des Wehrbeauftragten des Bundestags wurde 1956 geschaffen. Der Wehrbeauftragte soll die parlamentarische Kontrolle der Armee sicherstellen; bei Verstößen gegen die Rechte der Soldaten oder die Führungsprinzipien der Bundeswehr darf er eigenständig ermitteln. Der Wehrbeauftragte des Bundestags untersteht keiner militärischen Hierarchie, er ist nur gegenüber dem Deutschen Bundestag und dem Verteidigungsausschuss weisungsgebunden.

Zu 217.

A. berät den Verteidigungsminister und die Bundesregierung.

Der Generalinspekteur der Bundeswehr bekleidet als 4 Sterne-General bzw. -Admiral den höchsten militärischen Rang der deutschen Streitkräfte. Er berät die Bundesregierung und den Verteidigungsminister, gegenüber dem er für die Entwicklung und Umsetzung der militärischen Gesamtkonzeption verantwortlich ist.

Zu 218.

E. die Zulässigkeit militärischer Auslandseinsätze der Bundeswehr.

Das Bundesverfassungsgericht urteilte 1994 grundsätzlich darüber, ob sogenannte *Out-of-area*-Einsätze – militärische Einsätze außerhalb des NATO-Bündnisgebiets – mit dem Grundgesetz vereinbar seien. Der Zweite Senat des Gerichts stellte fest, dass solche Einsätze grundsätzlich nicht unzulässig sind: Entsprechende Verpflichtungen können sich aus der Mitgliedschaft der Bundesrepublik in einem System kollektiver Sicherheit ergeben, wenn eine Resolution der Vereinten Nationen durch NATO-Kräfte umgesetzt wird. Das Verfassungsgericht betonte dabei aber auch die Wichtigkeit des Parlamentsvorbehalts, d. h. der Zustimmung des Bundestags zu dem Einsatz.

Zu 219.

D. Die Laufbahn der Obristen

Die Karrierewege der Bundeswehr setzen unterschiedliche Bildungsqualifikationen voraus und umfassen verschiedene Dienstgrade. Je nach Eignung kann man die Laufbahn der Mannschaften, die Laufbahn der Fachunteroffiziere, die Laufbahn der Feldwebel oder die Laufbahn der Offiziere einschlagen. Eine Obristenlaufbahn gibt es nicht: Ein Oberst ist ein Offizier.

Zu 220.

C. Die Erinnerung an die Nationale Volksarmee der DDR

Eine große Rolle im Traditionsverständnis der Bundeswehr spielt der Widerstand einzelner Militärs gegen die nationalsozialistische Regierung, gipfelnd im gescheiterten Attentat auf Adolf Hitler am 20. Juli 1944. Wichtig ist auch die Einbindung der Bundeswehr in das Militärbündnis NATO sowie der Umstand, dass die Bundeswehr die erste Wehrpflichtarmee in einem demokratischen deutschen Staat ist bzw. war. Als traditionswürdig gilt gleichfalls die Erinnerung an die preußische Heeresreform unter General Scharnhorst, der das preußische Söldner- in ein Volksheer umwandelte und so die Voraussetzungen für den Sieg gegen Napoleon schuf: Die ersten Soldaten der Bundeswehr wurden sogar am 200. Geburtstag Scharnhorsts vereidigt. Die Nationale Volksarmee der DDR kann hingegen laut den Traditionsrichtlinien der Bundeswehr „keine Tradition begründen".

Zu 221.

E. Wenn ein NATO-Bündnispartner angegriffen wird

Zur Abschreckung der Sowjetunion im Kalten Krieg wurde in Artikel 5 des Nordatlantikvertrags der sogenannte „Bündnisfall" festgelegt: Ein bewaffneter Angriff auf einen NATO-Staat wird als Angriff auf alle NATO-Staaten betrachtet, die dann von ihrem „Recht der individuellen oder kollektiven Selbstverteidigung" Gebrauch machen dürfen, „einschließlich der Anwendung von Waffengewalt". In der fast 70-jährigen Geschichte der NATO wurde der Bündnisfall erst ein einziges Mal erklärt: nach den Anschlägen auf das World Trade Center am 11. September 2001.

Zu 222.

E. in Ausnahmefällen zur Aufrechterhaltung der Ordnung eingesetzt werden.

Wenn die Kräfte der Polizeibehörden nicht ausreichen, darf die Bundeswehr auch zu Friedenszeiten im Inneren eingesetzt werden, „zur Abwehr einer drohenden Gefahr für den Bestand oder die freiheitliche demokratische Grundordnung des Bundes oder eines Landes" (Artikel 87a des Grundgesetzes). Darüber hinaus nennt Artikel 35 des Grundgesetzes die Möglichkeit der Amtshilfe durch die Bundeswehr „bei einer Naturkatastrophe oder bei einem besonders schweren Unglücksfall". Was genau ein „besonders schwerer Unglücksfall" oder eine „Gefahr für die freiheitliche demokratische Grundordnung des Bundes oder eines Landes" ist, ist jedoch nicht näher definiert und daher umstritten.

Zu 223.

B. nur zu Gehorsam verpflichtet, wenn der Befehl rechtmäßig ist.

Der Befehlsempfänger ist nicht immer zur Umsetzung des Befehls verpflichtet. Er darf eine Ausführung etwa dann verweigern, wenn die Ausführung seine Menschenwürde verletzen würde, und hat sogar die Pflicht zur Verweigerung, wenn der Befehl eine Straftat oder eine Verletzung des Kriegsvölkerrechts zur Folge hätte.

Zu 224.

C. eine Spezialeinheit der Bundeswehr.

Das KSK – oder Kommando Spezialkräfte – ist eine Spezialeinheit der Bundeswehr, die nach dem Vorbild der „US Special Operations Forces" und des britischen SAS („Special Air Service") im September 1996 aus der Taufe gehoben wurde. Das KSK verfügt über 1.100 Soldaten, untersteht der heereseigenen Division Spezielle Operationen (DSO) und ist im württembergischen Calw stationiert.

Zu 225.

B. Der Bundeskanzler

Den Oberbefehl über die deutsche Armee hat in Friedenszeiten der Bundesminister für Verteidigung inne, im Verteidigungsfall der Bundeskanzler. Diese und andere Regelungen für den Verteidigungsfall finden sich im Abschnitt Xa des Grundgesetzes, der 1968 in das Grundgesetz eingefügt wurde.

Fachbezogenes Wissen

Verwaltungswissen (Öffentlicher Dienst)

Bearbeitungszeit 5 Minuten

Wie gut kennen Sie die Strukturen und Aufgaben des öffentlichen Dienstes?

Sie erhalten jeweils eine Frage, zu der verschiedene Lösungsmöglichkeiten angegeben werden. Beantworten Sie bitte die folgenden Aufgaben, indem Sie jeweils den richtigen Buchstaben markieren.

226. Im Verwaltungsbereich bezeichnet „Gemeinde" …?

A. die kleinste geografisch-administrative Einheit im Verwaltungsaufbau.

B. eine politisch-religiöse Interessengemeinschaft.

C. einen Wirtschaftsverband öffentlicher und privater Organisationen.

D. eine Kommune, die noch kein Stadtrecht hat.

E. einen Wahlkreis.

227. Der Deutsche Beamtenbund …?

A. ist eine Interessenvertretung von Beamten und Angestellten.

B. ist eine Arbeitsgemeinschaft deutscher Bundesbeamter.

C. war eine staatstragende Partei der Weimarer Republik.

D. war ein Zusammenschluss preußischer und österreichischer Beamter im 19. Jahrhundert.

E. ist eine Grundsatzvereinbarung der Beamten mit dem Staat.

228. Ein föderalistischer Staat …?

A. versucht den Übergang von Planwirtschaft zu Marktwirtschaft.

B. ist stark abhängig von Rohstoffimporten.

C. subventioniert seine Unternehmen mit Steuergeldern.

D. verfolgt das Ziel, seine Exporte zu maximieren.

E. besteht aus einzelnen Teilstaaten, die relativ eigenständig sind.

229. Der Amtseid ist …?

A. eine gerichtsfeste Aussage über im Dienst beobachtete Vorkommnisse.

B. eine schriftliche Erklärung zur Verschwiegenheit über Dienstgeheimnisse.

C. eine (regelmäßig wiederholte) Einwilligung, die Vorgaben des Dienstherrn zu erfüllen.

D. ein mündliches Bekenntnis zur Verfassung und zur gewissenhaften Erfüllung der Dienstpflichten.

E. die vertragliche Bindung an den Dienstherrn für einen gewissen Zeitraum.

230. Welche Einrichtung gehört streng genommen nicht zum öffentlichen Dienst?

A. Bundeswehr

B. Deutsche Bundesbank

C. Deutsche Rentenversicherung

D. Deutsche Bahn

E. Bundeszollverwaltung

231. Ein Beamter auf Probe …?

A. ist noch nicht verbeamtet.

B. macht ein Praktikum in einer Behörde.

C. muss sich nach einem Disziplinarvergehen bewähren.

D. hat in der Regel ein Studium oder eine Ausbildung absolviert.

E. beginnt bald mit seinem Vorbereitungsdienst.

232. Der größte Teil des öffentlichen Dienstes gehört zur …?

A. Judikative.

B. Investigative.

C. Exekutive.

D. Regulative.

E. Legislative.

233. Der Begriff „Dezernat" bezeichnet …?

A. eine Organisationseinheit öffentlicher Verwaltungen.

B. eine kommunale Steuer.

C. den verbindlichen Erlass eines Bürgermeisters.

D. die Wartezeit bis zur nächsten regulären Beförderung.

E. den Akt, mit dem ein Beamter in den Ruhestand versetzt wird.

234. Wie viele Menschen beschäftigt die öffentliche Hand aktuell ungefähr?

A. 2,1 Millionen

B. 8,9 Millionen

C. 11,2 Millionen

D. 4,6 Millionen

E. 6,2 Millionen

235. Berufssoldaten …?

A. sind Teil des öffentlichen Dienstes, aber keine Beamte.

B. gehören nicht zum öffentlichen Dienst.

C. sind immer Beamte.

D. sind nur zum Teil verbeamtet.

E. sind Angestellte der Bundeswehr.

Lösung

Zu 226.

A. die kleinste geografisch-administrative Einheit im Verwaltungsaufbau.

„Gemeinde" wird meist gleichbedeutend mit „Kommune" verwendet und bezeichnet die kleinste geografisch-administrative Einheit der öffentlichen Verwaltung. Die Gemeindeebene umschließt kreisfreie und kreisangehörige Gemeinden (z. B. Städte) sowie Landkreise (Zusammenschlüsse der kreisangehörigen Ortschaften).

Zu 227.

A. ist eine Interessenvertretung von Beamten und Angestellten.

Der Deutsche Beamtenbund (DBB) ist ein Dachverband mehrerer Gewerkschaften. Er vertritt die Interessen von Angehörigen des öffentlichen Dienstes und von Angestellten im privaten Dienstleistungsbereich, unter anderem bei Tarifverhandlungen. Nach dem Deutschen Gewerkschaftsbund (DGB) ist der DBB mit rund 1,3 Millionen Mitgliedern der zweitgrößte gewerkschaftliche Dachverband in Deutschland.

Zu 228.

E. besteht aus einzelnen Teilstaaten, die relativ eigenständig sind.

„Föderalismus" steht für ein staatliches Organisationsprinzip: Ein föderalistischer Staat besteht aus mehreren, relativ eigenständigen Gliedern. Die Bundesrepublik Deutschland ist ein solches Staatswesen, dessen Teilstaaten – die Bundesländer – eigene Verwaltungen besitzen, eigene Steuern erheben und vieles mehr.

Zu 229.

D. ein mündliches Bekenntnis zur Verfassung und zur gewissenhaften Erfüllung der Dienstpflichten.

Durch seinen Amts- bzw. Diensteid bekennt sich ein Beamter, Verfassung und Gesetze zu achten und seine Pflichten gewissenhaft zu erfüllen. Die Vereidigung ist ein obligatorischer Bestandteil des Verbeamtungsprozesses; wer sich weigert, den Eid zu leisten, kann sogar entlassen werden.

Zu 230.

D. Deutsche Bahn

Die Deutsche Rentenversicherung – Zusammenschluss der Träger der gesetzlichen Rentenversicherung – ist eine Körperschaft öffentlichen Rechts. Gleiches gilt für die Deutsche Bundesbank, beide zählen zum (mittelbaren) öffentlichen Dienst. Bundeswehr und Zoll sind Teil des unmittelbaren öffentlichen Dienstes. Die Deutsche Bahn befindet sich zwar zu 100 Prozent im Staatsbesitz, ist aber eine privatrechtlich organisierte Aktiengesellschaft und gehört daher nicht zum öffentlichen Dienst im engeren Sinne.

Zu 231.

D. hat in der Regel ein Studium oder eine Ausbildung absolviert.

In der Regel haben Beamte auf Probe im Rahmen ihres Vorbereitungsdienstes ein Studium oder eine Ausbildung absolviert. Sie sind bereits verbeamtet und können nach Ablauf der Probezeit zu Beamten auf Lebenszeit ernannt werden.

Zu 232.

C. Exekutive.

In Deutschland gilt das Prinzip der Aufteilung der Staatsgewalten in ausführende Gewalt (Exekutive), rechtsprechende Gewalt (Judikative) und gesetzgebende Gewalt (Legislative). Der öffentliche Dienst ist nahezu vollständig in der Exekutive organisiert, die die Gesetze ausführt und ihre Einhaltung überwacht (Polizei, Zoll, Finanzverwaltung, Steuerverwaltung, Allgemeine Verwaltung …). Verwaltungskräfte der Judikative sind Richter, Justizfachwirte, Rechtspfleger und Staatsanwälte. Die Legislative unterhält die Verwaltungen des Bundestags und des Bundespräsidialamts. Gewalten namens „Regulative" oder „Investigative" gibt es nicht.

Zu 233.

A. eine Organisationseinheit öffentlicher Verwaltungen.

Dezernate, in Ministerien oft „Referate" genannt, sind (Unter-)Abteilungen einer Behörde, eines Ministeriums oder anderer Verwaltungseinrichtungen. Sie können hierarchisch sehr weit oben stehen – vor allem in der Kommunalverwaltung – oder untergeordnete Bereiche größerer Abteilungen sein.

Zu 234.

D. 4,6 Millionen

Im öffentlichen Dienst sind aktuell rund 4,6 Millionen Menschen tätig: 500.000 bei der Bundesverwaltung, 2,4 Millionen bei einer Landesverwaltung und 1,4 Millionen auf Kommunalebene. 1,7 Millionen der Beschäftigten sind Beamte.

Zu 235.

A. sind Teil des öffentlichen Dienstes, aber keine Beamte.

Berufssoldaten sind Teil des öffentlichen Dienstes, aber keine Beamte: Ihre rechtliche Stellung regelt kein Beamtengesetz, sondern das Soldatengesetz.

Fachbezogenes Wissen

Ämter, Dienstherren, Hierarchien

Fakten, die man kennen sollte.

Um im Einstellungsverfahren gut abzuschneiden, sollte Ihr Grundwissen rund um die öffentliche Verwaltung auf dem neuesten Stand sein. Halten Sie sich daher – per Zeitung, Fernsehen, Internet – über aktuelle Entwicklungen auf dem Laufenden, damit Sie die folgenden Fragen stets sicher beantworten können.

1. Wie heißt der Bundeskanzler, wie heißen die Minister seines Kabinetts?

2. Wie heißt der Ministerpräsident Ihres Bundeslands, wie heißen seine Minister?

3. Wie heißen die höchsten Repräsentanten Ihrer Kommune (Bürgermeister, Magistrat …)?

4. Wann haben in Ihrem Verwaltungsbereich (Bund, Land, Kommune) die letzten Wahlen stattgefunden und wie sind sie ausgegangen? Wann ist der nächste Wahltermin?

5. Welche länderübergreifend wichtigen Wahlen fanden bzw. finden bundesweit in diesem und im nächsten Jahr statt (Bundestagswahlen, Europawahlen, Landtagswahlen)?

6. Wie viele Einwohner hat die Bundesrepublik Deutschland, Ihr Bundesland und ggf. Ihre Kommune?

7. Welche landschaftlichen, baulichen, kulturellen, politischen Eigenheiten weist Ihr Heimat- bzw. Bewerbungsort auf (Finanzmetropole, Region mit starkem Industriesektor, touristisch geprägtes Bundesland, Regierung investiert in erneuerbare Energien …)?

8. Welche Auswirkungen haben diese Eigenheiten auf die öffentliche Verwaltung vor Ort?

9. Was genau sind die Aufgaben Ihrer Einstellungsbehörde?

10. Wie ist Ihre Einstellungsbehörde in die Bundes-, Landes- bzw. Kommunalverwaltung eingebunden?

11. Wie ist Ihre Einstellungsbehörde aufgebaut? Welche Dezernate, Abteilungen, Dienststellen gibt es?

12. Wie heißt der höchste Vertreter Ihrer Einstellungsbehörde?

13. Wie viele Mitarbeiter hat Ihre Behörde?

14. Bei welchen aktuellen Ereignissen ist oder war Ihre Behörde involviert?

15. Mit welchen anderen Behörden bzw. Einrichtungen arbeitet Ihre Behörde zusammen?

Fachbezogenes Wissen

Naturwissenschaften und IT

Bearbeitungszeit 8 Minuten

Beantworten Sie bitte die folgenden Aufgaben, indem Sie jeweils den richtigen Buchstaben markieren.

236. Welches „Stresshormon" steigert Blutdruck und Herzfrequenz?

A. Insulin
B. Adrenalin
C. Melatonin
D. Leptin
E. Keine Antwort ist richtig.

237. Welche elektrische Größe wird in Volt angegeben?

A. Elektrischer Widerstand
B. Elektrische Spannung
C. Elektrische Stromstärke
D. Grundeinheit des elektrischen Stroms
E. Keine Antwort ist richtig.

238. Was wird mit einem Barometer gemessen?

A. Temperatur
B. Luftfeuchtigkeit
C. Luftdruck
D. Kohlendioxidgehalt
E. Keine Antwort ist richtig.

239. Welcher der folgenden festen Stoffe ist besonders leicht entzündlich?

A. PVC
B. Magnesiumspäne
C. Holz
D. Diamanten
E. Keine Antwort ist richtig.

240. Wofür sind die weißen Blutkörperchen zuständig?

A. Sauerstofftransport im Blut
B. Abwehr von Krankheitserregern
C. Schnelle Blutgerinnung
D. Transport von Nährstoffen
E. Keine Antwort ist richtig.

241. Wie viele Liter Blut hat ein erwachsener Mensch ungefähr?

A. 1–3
B. 3–5
C. 5–7
D. 7–9
E. Keine Antwort ist richtig.

242. In welchem Code werden Informationen auf dem PC verarbeitet?

A. In Radianten
B. Im alphanumerischen Code
C. Im Binärcode
D. Im Hexadezimalcode
E. Keine Antwort ist richtig.

243. Was ist ein LAN?

A. Ein Rechnernetz
B. Ein Internetprotokoll
C. Ein Glasfaserkabel
D. Ein Kupferkabel mit Texasstecker
E. Keine Antwort ist richtig.

244. Welche Formel zum Ohmschen Gesetz ist richtig?

A. $\dfrac{R}{U} = I$

B. $U \times R = I$

C. $\dfrac{U}{R} = I$

D. $U \times I = R$

E. Keine Antwort ist richtig.

245. Wie wird in der Physik die Arbeit (W) definiert?

A. Kraft (F) mal Weg (s)

B. Kraft (F) mal Widerstand (R)

C. Weg (s) mal Zeit (t)

D. Geschwindigkeit (v) mal Weg (s)

E. Keine Antwort ist richtig.

246. Bei welchem Stoff handelt es sich um eine chemische Verbindung?

A. Wasserstoff

B. Kohlendioxid

C. Kohlenstoff

D. atomarer Sauerstoff

E. Keine Antwort ist richtig.

247. Welches Element zählt nicht zur Gruppe der Edelgase?

A. Helium

B. Neon

C. Brom

D. Krypton

E. Keine Antwort ist richtig.

248. Was wird unter dem Begriff „TCP/IP" verstanden?

A. Das TCP/IP ist eine Benutzerkennung im Internet.

B. Das TCP/IP ist ein Netzwerkprotokoll, das ausschließlich für das Internet eingesetzt werden kann.

C. Das TCP/IP ist eine neue Computer-Generation.

D. Das TCP/IP ist ein Netzwerkprotokoll, das beispielsweise für den Austausch von Daten im Internet benötigt wird.

E. Keine Antwort ist richtig.

249. Welches ist keine Programmiersprache?

A. Pascal

B. Basic

C. C++

D. Amiga

E. Keine Antwort ist richtig.

250. Wofür steht in der IT-Sprache der Begriff „Host"?

A. Für einen Rechner, der sich in einer untergeordneten Struktur befindet

B. Für einen Rechner, der als Server betrieben wird

C. Für einen Rechner, der als Client betrieben wird

D. Für ein Netzwerk mit mehreren Rechnern

E. Keine Antwort ist richtig.

Lösung

Zu 236.

B. Adrenalin

Die ursprüngliche Funktion des „Stresshormons" Adrenalin lag darin, den Körper auf Gefahren- und Kampfsituationen vorzubereiten. Der Körper schüttet es bei körperlicher und seelischer Belastung aus, bei Verletzungen, Infektionen und niedrigem Blutzuckerspiegel. Insulin ist notwendig zum Glucose-Transport und zur Senkung des Blutzuckerspiegels, das „Schlafhormon" Melatonin regelt den Tag-Nacht-Rhythmus des Körpers. Leptin hemmt das Hungergefühl und trägt zur Regulierung des Fettstoffwechsels bei.

Zu 237.

B. Elektrische Spannung

Das Volt – benannt nach dem italienischen Physiker Alessandro Volta – ist die international genormte SI-Einheit für elektrische Spannung mit dem Einheitenzeichen „V".

Zu 238.

C. Luftdruck

Mit Barometern misst man den Luftdruck. Man nutzt sie in diversen Formen und Typen vor allem in der Meteorologie; sie gehören zur Grundausstattung nahezu jeder Wetterstation. Da der Luftdruck mit steigender Höhe abnimmt, eignen sie sich auch zur Höhenmessung in Flugzeugen.

Zu 239.

B. Magnesiumspäne

Magnesium reagiert recht heftig mit dem Luftsauerstoff, sodass sich Magnesiumspäne an der Luft ohne weiteres bis zur Selbstentzündung erhitzen können. Ebenfalls heftig ist die Reaktion mit Wasser, die schon bei niedrigen Temperaturen größere Mengen Wasserstoffs freisetzt, woraus in Verbindung mit Sauerstoff das explosive Knallgas entstehen kann.

Zu 240.

B. Abwehr von Krankheitserregern

Weiße Blutkörperchen (Leukozyten) sind Teil der Immunabwehr und finden sich im Blut, im Rücken- und Knochenmark und in anderen Gewebeteilen. Ihre Hauptaufgabe liegt in der Abwehr von Krankheitserregern.

Zu 241.

C. 5–7

Im Körper eines erwachsenen Menschen befinden sich etwa fünf bis sieben Liter Blut.

Zu 242.

C. Im Binärcode

Die digitale Datenverarbeitung beruht auf dem Binärcode, der Informationen als Folge von Nullen und Einsen darstellt. Die Grundeinheit dieser Zeichenmenge ist das Bit, das entweder den Wert 0 (= falsch) oder 1 (= wahr) annimmt, vergleichbar einem Lichtschalter, der ein- oder ausgeschaltet sein kann.

Zu 243.

A. Ein Rechnernetz

Das „Local Area Network" (LAN) ist ein lokales Rechnernetz, das größer ist als ein „Personal Area Network" (PAN) und kleiner als ein „Metropolitan Area Network" (MAN). LANs erstrecken sich in der Regel über mehrere Räume, aber selten über ein Grundstück hinaus. Zum Aufbau lokaler Netzwerke gibt es verschiedene Technologien. Am verbreitetsten ist der Ethernet-Standard, der bestimmte Kabeltypen, Stecker, Signalisierungen und Protokolle festlegt.

Zu 244.

C. $\dfrac{U}{R} = I$

Das Ohmsche Gesetz besagt, dass sich die Stromspannung (gemessen in Volt) aus dem Produkt von Stromstärke (gemessen in Ampere) und Widerstand (gemessen in Ohm) ergibt:

Elektrische Spannung (U) = Elektrischer Widerstand (R) × Elektrischer Strom (I)

Umgeformt gilt demnach auch:

$$\frac{\text{Elektrische Spannung (U)}}{\text{Elektrischer Widerstand (R)}} = \text{Elektrischer Strom (I)}$$

Antwort C ist korrekt.

Zu 245.

A. Kraft (F) mal Weg (s)

In der Physik ist Arbeit definiert als das Produkt aus Kraft und Weg:

Arbeit (W) = Kraft (F) × Weg (s)

Die Einheit der Arbeit ist das Joule, nach dem britischen Physiker James Prescott Joule (1818–1889).

Zu 246.

B. Kohlendioxid

Wasserstoff (Abkürzung: H), Kohlenstoff (C) und atomarer Sauerstoff (O) sind Elemente. Chemische Verbindungen sind Stoffe aus mindestens zwei Elementen und mit einer eindeutigen chemischen Struktur. Kohlendioxid (CO_2) ist ein solcher Stoff: Seine Moleküle bestehen aus einem Kohlenstoffatom und zwei Sauerstoffatomen.

Zu 247.

C. Brom

Brom (Ordnungszahl 35) zählt wie auch Fluor, Chlor, Astat und Iod zur Elementgruppe der Halogene.

Zu 248.

D. Das TCP/IP ist ein Netzwerkprotokoll, das beispielsweise für den Austausch von Daten im Internet benötigt wird.

„TCP/IP" ist die Abkürzung für das „Transmission Control Protocol/Internet Protocol", wegen seiner Bedeutung für das Internet auch als „Internetprotokoll" bezeichnet. Lange Zeit stand TCP/IP in Konkurrenz zu anderen Protokollen wie NetBEUI von Microsoft Windows, IPX/SPX von Novell und Apple Talk. TCP/IP ist aber das einzig erfolgreiche Netzwerkprotokoll, das universell, in nahezu jeder Vernetzung und unabhängig vom Betriebssystem funktioniert. Die Identifizierung der am TCP/IP-Netzwerk teilnehmenden Rechner geschieht über IP-Adressen.

Zu 249.

D. Amiga

Der Commodore Amiga ist keine Programmiersprache, sondern ein Heimcomputer, der in verschiedenen Modellen von Mitte der 1980er- bis in die 1990er-Jahre weit verbreitet war. C++ ist eine 1979 entwickelte Erweiterung der Programmiersprache C und unterstützt als Mehrzwecksprache mehrere Programmierparadigmen. BASIC ist eine imperative Programmiersprache, die mit Zeilennummern und Sprungbefehlen arbeitet. PASCAL ist eine als Lehrsprache entwickelte, streng strukturierte Programmiersprache, deren Nachfolgerin Turbo Pascal (Delphi) in der professionellen Programmierung sehr populär war.

Zu 250.

B. Für einen Rechner, der als Server betrieben wird

In einem Computernetzwerk bezeichnet man dasjenige System als „Host" (dt. „Gastgeber"), auf dem die Serversoftware läuft. Neben einzelnen Computern können auch komplexe Computersysteme oder Netzwerkgeräte wie Router und Druckerserver Hosts sein. Die Endgeräte, die mit ihnen kommunizieren, heißen „Clients" (dt. „Kunden").

Fachbezogenes Wissen

Technisches Verständnis   *Bearbeitungszeit 8 Minuten*

Beantworten Sie bitte die folgenden Aufgaben, indem Sie jeweils den richtigen Buchstaben markieren.

251. **Woraus besteht Beton?**

    A. Aus Zement, Wasser und
       Gesteinskörnern
    B. Aus Kalziumsulfat
    C. Aus Lehm, Wasser und Sand
    D. Aus zermahlenem Eisenerz und einer
       speziellen chemischen Lösung
    E. Keine Antwort ist richtig.

252. **Bei der unvollständigen Verbrennung
     fester oder flüssiger Brennstoffe entsteht
     besonders viel …?**

    A. Ruß.
    B. Kohlendioxid.
    C. Hitze.
    D. Schwefel.
    E. Keine Antwort ist richtig.

253. **Was geschieht beim Arbeitsverfahren
     „Spanen"?**

    A. Ein Werkstück wird poliert und
       versiegelt.
    B. Überflüssiges Material wird von einem
       Werkstoff abgetragen.
    C. Verschiedene Bauteile werden zu einer
       Baugruppe zusammengefügt.
    D. Oberflächen werden geglättet und
       geschmiert.
    E. Keine Antwort ist richtig.

254. **Welche Aufgabe hat die Zündkerze eines
     Benzinmotors?**

    A. Sie heizt den Motor auf Zündtempera-
       tur auf.
    B. Sie entzündet das Kraftstoff-Luft-
       Gemisch.
    C. Sie erhöht die Betriebsspannung.
    D. Sie beschleunigt die Brennstoffzufuhr.
    E. Keine Antwort ist richtig.

255. **Welche Funktion hat die Kupplung eines
     Kraftwagens?**

    A. Die Kupplung sorgt dafür, dass der
       Motor schnell gestartet werden kann.
    B. Die Kupplung sorgt dafür, dass das
       Kraftfahrzeug Höchstleistungen er-
       bringen kann.
    C. Die Kupplung kontrolliert den Kraft-
       fluss zwischen Motor und Getriebe.
    D. Die Kupplung schützt den Motor vor
       Überlastungen.
    E. Keine Antwort ist richtig.

256. **Aus welchen Bestandteilen setzt sich ein
     einfacher Stromkreis zusammen?**

    A. Spannungsquelle, Verbraucher, Lei-
       tungen und Stromkasten
    B. Leitungen, Spannungsquelle und ein
       Verbraucher
    C. Spannungsquelle, Verbraucher, Lei-
       tungen und ein Transistor
    D. Spannungsquelle, Verbraucher, Lei-
       tungen und eine Sicherung
    E. Keine Antwort ist richtig.

257. Mit einem Generator kann man …?

A. chemische in mechanische Energie umwandeln.

B. elektrische Energie in Wärmeenergie umwandeln.

C. mechanische in elektrische Energie umwandeln.

D. elektrische in mechanische Energie umwandeln.

E. Keine Antwort ist richtig.

258. Welche Kategorie von Elektromotoren gibt es nicht?

A. Drehstrommotoren

B. Gleichstrommotoren

C. Universalmotoren

D. Reihenstrommotoren

E. Keine Antwort ist richtig.

259. Auf einer Hochspannungsleitung hat sich eine Gruppe junger Vögel niedergelassen, die vergnügt zwitschern. Warum geschieht ihnen nichts?

A. Weil sie extrem hohe Stromstärken verkraften können

B. Weil ihre Füße den Strom so gut leiten, dass der restliche Körper geschützt bleibt

C. Weil spezielle leitfähige Härchen einen faradayschen Käfig um sie bilden

D. Weil überhaupt kein Strom fließt

E. Keine Antwort ist richtig.

260. Die Viskosität beschreibt die Fließfähigkeit z. B. von Schmierölen: Große Viskosität bedeutet dabei große Zähigkeit. Welche Aussage trifft zu?

A. Je dickflüssiger (viskoser) das Öl, desto besser seine Qualität.

B. Extrem dickflüssiges Öl erreicht schnell alle zu schmierenden Stellen.

C. Je dünnflüssiger das Öl ist, desto besser schmiert es.

D. Extrem dünnflüssiges Öl eignet sich besonders für schmale Zwischenräume.

E. Keine Antwort ist richtig.

261. Welche elektrische Spannung wird benötigt, um durch einen Draht mit einem Widerstand von 500 Ohm eine Stromstärke von 0,5 Ampere fließen zu lassen?

A. 125 Volt

B. 225 Volt

C. 250 Volt

D. 1.000 Volt

E. Keine Antwort ist richtig.

262. Ein Gewicht wird mithilfe eines einrolligen Flaschenzugs angehoben. Nun wird eine zusätzliche Rolle eingebaut. Verändert sich die erforderliche Zugkraft, um das Gewicht auf dieselbe Höhe zu ziehen?

A. Nein, die Zugkraft bleibt gleich.

B. Ja, die Zugkraft halbiert sich.

C. Ja, die Zugkraft ist um ein Viertel geringer.

D. Ja, die Zugkraft ist um ein Viertel höher.

E. Keine Antwort ist richtig.

263. **Worin unterscheiden sich Ketten nicht von Riemen?**

   A. Durch niedrigeren Schlupf
   B. Durch grundsätzlich geringeren Platzverbrauch
   C. Durch Unempfindlichkeit gegen äußere Einflüsse
   D. Durch bessere Kraftübertragung
   E. Keine Antwort ist richtig.

264. **Was ist kein Vorteil des Nietens gegenüber dem Schweißen?**

   A. Keine Gesundheitsgefahr durch Gase und Lichtstrahlung
   B. Geringer Energieverbrauch
   C. Keine Gefügeänderung in den zu verbindenden Blechen
   D. Gewichtssenkung des Endprodukts
   E. Keine Antwort ist richtig.

265. **Wasser wird durch eine Rohrleitung mit einem Durchmesser von 20 cm gepumpt. Auf der Hälfte der Leitungsstrecke ist ein engeres Rohrstück mit einem Durchmesser von 10 cm eingebaut. Wie verändert sich die Durchflussgeschwindigkeit bei gleichbleibendem Wasserdurchsatz?**

   A. Die Durchflussgeschwindigkeit bleibt gleich.
   B. Die Durchflussgeschwindigkeit verdoppelt sich.
   C. Die Durchflussgeschwindigkeit vervierfacht sich.
   D. Die Durchflussgeschwindigkeit verdreifacht sich.
   E. Keine Antwort ist richtig.

Lösung

Zu 251.

A. Aus Zement, Wasser und Gesteinskörnern

Beton besteht aus Zement, Wasser und kleinen Gesteinskörnern. Auch bei Kalziumsulfat handelt es sich um einen populären Baustoff – allgemein bekannt unter der Bezeichnung „Gips".

Zu 252.

A. Ruß.

Ruß ist ein schwarzer, pulverförmiger Feststoff, der fast ausschließlich aus Kohlenstoff besteht und zusammen mit Kohlenmonoxid (CO) bei unvollständigen Verbrennungsvorgängen anfällt. Je höher der Wirkungsgrad einer Heizanlage, desto vollständiger die Verbrennung – anstelle von Ruß und Kohlenmonoxid entsteht dann mehr Kohlendioxid (CO_2).

Zu 253.

B. Überflüssiges Material wird von einem Werkstoff abgetragen.

„Spanen" heißt eine DIN-klassifizierte Kategorie von Arbeitsverfahren, bei denen überflüssiges Material in kleinen Stücken (Spänen) abgetragen wird: beispielsweise durch Hobeln, Feilen, Fräsen oder Meißeln. Spanverfahren taugen zur Bearbeitung aller möglichen festen Werkstoffe wie Metall, Holz und Kunststoff. Hat der Prozess trennenden Charakter, spricht man auch von „Zerspanen".

Zu 254.

B. Sie entzündet das Kraftstoff-Luft-Gemisch.

Die Zündkerze dient in Ottomotoren dazu, das im Motor verdichtete, explosive Kraftstoff-Luft-Gemisch zu zünden. Sie erzeugt dazu Zündfunken zwischen ihren Elektroden. Die Wärmewerte der Zündkerze müssen an den jeweiligen

Motor angepasst sein – wird sie zu heiß, verbrennt sie zu schnell, bleibt sie zu kalt, können sich Verbrennungsrückstände anlagern, die unter Umständen zu einem Kurzschluss führen können. Wegen des Verschleißes an ihren Elektroden müssen Zündkerzen regelmäßig ausgetauscht werden.

Zu 255.

C. Die Kupplung kontrolliert den Kraftfluss zwischen Motor und Getriebe.

Die Kupplung eines Kraftfahrzeugs verbindet das Getriebe mit der Kurbelwelle, die vom Motor in Rotation versetzt wird. Diese Verbindung kann durch elektrische, hydraulische oder mechanische Bauteile nach Bedarf hergestellt oder unterbrochen werden. Die Kupplung wird in Kraftfahrzeugen zum Anfahren und Schalten gebraucht.

Zu 256.

B. Leitungen, Spannungsquelle und ein Verbraucher

Ein einfacher Stromkreislauf setzt sich zusammen aus einer Spannungsquelle – beispielsweise einem Fahrraddynamo –, Leitungen (Kabeln, Drähten) und einem Verbraucher (Fahrradlicht). Transistoren zum Schalten oder Verstärken elektrischer Signale werden in diesem einfachen Stromkreis ebenso wenig benötigt wie eine Sicherung oder ein Stromkasten.

Zu 257.

C. mechanische in elektrische Energie umwandeln.

Ein Generator wandelt mechanische oder kinetische Energie (Bewegungsenergie) in elektrische Energie um. Erscheinungsformen sind z. B. brennstoffbetriebene Notstromaggregate, Stromerzeuger in Wasserkraftwerken oder Fahrrad-Dynamos.

Zu 258.

D. Reihenstrommotoren

Elektromotoren, die mit Dreiphasen-Wechselstrom betrieben werden, nennt man „Drehstrommotoren". Sie sind robust, vielseitig verwendbar und in der Regel relativ günstig. Gleichstrom-Motoren treiben unter anderem Scheibenwischer oder Gebläse in Kraftfahrzeugen an, oder industrielle Maschinen und Anlagen. Universalmotoren schließlich können mit Gleich- oder Wechselstrom betrieben werden. Eingesetzt werden sie zum Beispiel im Haushalt (Küchengeräte) oder im Heimwerkerbereich. „Reihenstrommotoren" gibt es nicht.

Zu 259.

D. Weil überhaupt kein Strom fließt

Die Spannung der Hochspannungsleitung besteht im Ladungsunterschied zwischen Leitung und Erde. Da innerhalb bzw. „auf" der Leitung kein Spannungsgefälle besteht, kann dort auch kein Strom fließen.

Zu 260.

D. Extrem dünnflüssiges Öl eignet sich besonders für schmale Zwischenräume.

Wie viskos ein Schmieröl sein soll, hängt ganz von seinem Verwendungszweck ab: Dickflüssige Öle bilden einen stabileren Schmierfilm als dünnflüssigere, können jedoch unter Umständen nicht an alle engen Schmierstellen vordringen. Die Qualität eines Öls wird nicht von seiner Viskosität bestimmt.

Zu 261.

C. 250 Volt

Es gilt das Ohmsche Gesetz:

Elektrische Spannung (U) = Elektrischer Strom (I) × Elektrischer Widerstand (R)

250 V = 0,5 A × 500 Ohm (Ω)

Es wird eine Spannung von 250 Volt benötigt.

Zu 262.

B. Ja, die Zugkraft halbiert sich.

Fügt man zur ersten noch eine zweite Rolle hinzu, halbiert sich der erforderliche Kraftbetrag, um das Gewicht auf dieselbe Höhe zu ziehen.

Zu 263.

B. Durch grundsätzlich geringeren Platzverbrauch

Da sich bei Riemenführungen der Treibriemen unter Belastung ausdehnt, kommt es zum Schlupf: Der Riemen rutscht leicht über die Riemenscheiben. Kettenführungen gewährleisten eine bessere Kraftübertragung und sind darüber hinaus unempfindlicher gegen äußere Einflüsse wie etwa hohe Temperaturen. Sie müssen jedoch nicht unbedingt platzsparender sein als Riemenführungen.

Zu 264.

D. Gewichtssenkung des Endprodukts

Im Vergleich zum Schweißen verbraucht das Nieten weniger Energie, es verändert das Materialgefüge nicht und es gibt keine gesundheitsgefährdende Gas-, Licht- und Wärmeentwicklung. Außerdem kann man dadurch auch unterschiedliche Werkstoffe fügen oder solche mit veredelten (polierten, beschichteten) Oberflächen. Das Endprodukt wird durch das Nieten jedoch nicht leichter, sondern schwerer.

Zu 265.

C. Die Durchflussgeschwindigkeit vervierfacht sich.

Wird der Durchmesser der Rohrleitung von 20 cm auf 10 cm halbiert, verkleinert sich der Rohrquerschnitt um drei Viertel, wie sich anhand der Formel zur Berechnung von Kreisflächen erkennen lässt:

$$A_{Rohr1} = \pi \times r^2 = \pi \times \left(\frac{d}{2}\right)^2 = \pi \times \left(\frac{20\,cm}{2}\right)^2 = \pi \times 100\,cm^2$$

$$A_{Rohr2} = \pi \times r^2 = \pi \times \left(\frac{d}{2}\right)^2 = \pi \times \left(\frac{10\,cm}{2}\right)^2 = \pi \times 25\,cm^2$$

Damit der Wasserdurchsatz (d. h. die in einem Zeitraum durch das Rohr geleitete Wassermenge) gleich bleibt, muss sich die Durchflussgeschwindigkeit des Wassers zum Ausgleich des schmaleren Rohrquerschnitts vervierfachen.

Fachbezogenes Wissen

Technisch-praktische Intelligenz   *Bearbeitungszeit 15 Minuten*

Mit den folgenden Aufgaben wird Ihre praktische Intelligenz geprüft.

Beantworten Sie bitte die folgenden Aufgaben, indem Sie jeweils den richtigen Buchstaben markieren.

266. **An einem Schwingungsdiagramm lässt sich ablesen, wie hoch die Frequenz eines Tons ist, d. h. wie oft sich eine (Schall-)Schwingung pro Zeiteinheit wiederholt. Hohe Frequenzen bedeuten dabei hohe Töne. Welche Töne sind gleich hoch?**

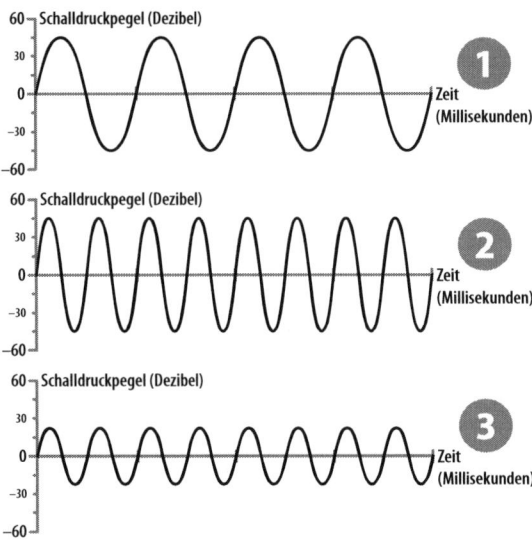

- A. Ton 1 und Ton 2
- B. Ton 1 und Ton 3
- C. Ton 2 und Ton 3
- D. Alle Töne sind verschieden hoch.
- E. Keine Antwort ist richtig.

267. Deiche werden nach unten hin breiter, um dem mit steigender Tiefe zunehmenden Wasserdruck standzuhalten. Betrachten Sie die Skizze: Deich 1 umgrenzt ein 2 Kilometer langes
Rückhaltebecken, Deich 2 einen 200 Meter langen Badeteich – welcher Deich muss stärker
sein?

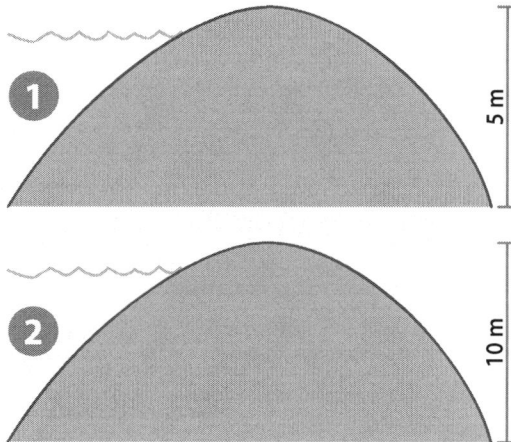

A. Deich 1 muss stärker sein.

B. Deich 2 muss stärker sein.

C. Beide Deiche müssen gleich stark sein.

D. Dazu müsste man das genaue Volumen der Gewässer kennen.

E. Keine Antwort ist richtig.

268. Welcher der vier Rahmen ist am stabilsten?

A. Rahmen 1

B. Rahmen 2

C. Rahmen 3

D. Rahmen 4

E. Keine Antwort ist richtig.

269. **Mit welchem Schraubenschlüssel lässt sich die Schraubenmutter am besten festziehen?**

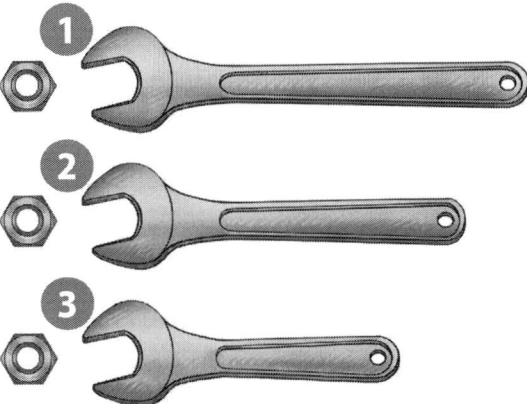

A. Mit Schraubenschlüssel 1
B. Mit Schraubenschlüssel 2
C. Mit Schraubenschlüssel 3
D. Die Schraube lässt sich mit den verschiedenen Schraubenschlüsseln gleich gut festziehen.
E. Keine Antwort ist richtig.

270. **Welcher der beiden Heizkörper gibt mehr Wärme ab?**

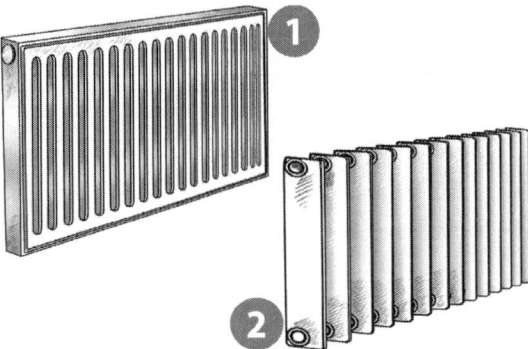

A. Heizkörper 1 gibt mehr Wärme ab.
B. Heizkörper 2 gibt mehr Wärme ab.
C. Beide Heizkörper geben gleich viel Wärme ab.
D. Beide Heizkörper können keine Wärme abgeben, da durch weiße Farbe die Wärme nicht weitergeleitet werden kann.
E. Keine Antwort ist richtig.

271. **In welche Richtung dreht sich das Rad B, wenn sich der Antriebskolben A in Pfeilrichtung dreht?**

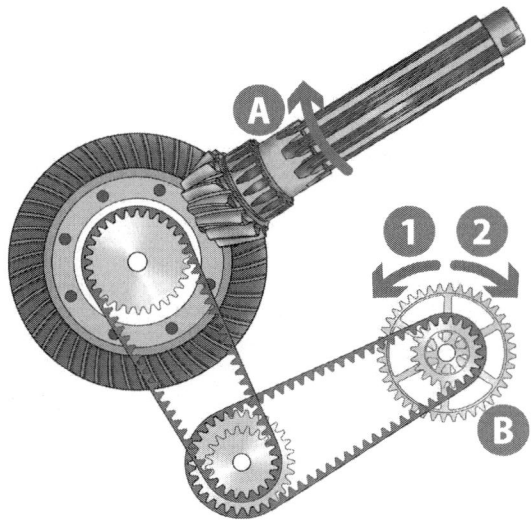

A. In Richtung 1

B. In Richtung 2

C. Hin und her

D. Gar nicht

E. Keine Antwort ist richtig.

272. **Ihnen liegen vier Kontaktanschlüsse 1 bis 4 vor. Welche zwei Kontaktanschlüsse müssen kurzgeschlossen werden, damit zwei der vier Lampen möglichst hell leuchten?**

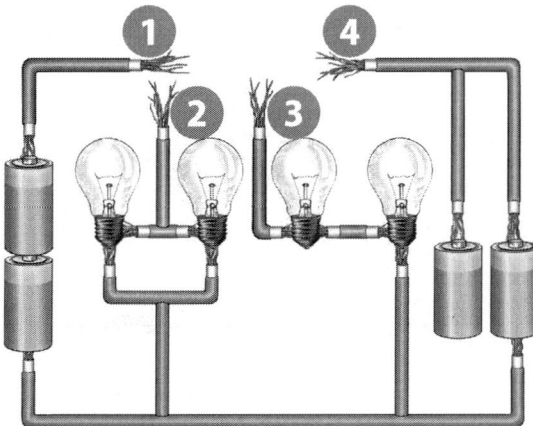

A. 1 und 2

B. 2 und 3

C. 3 und 4

D. 1 und 4

E. Keine Antwort ist richtig.

273. **Welche der Räder drehen sich in die gleiche Richtung wie Rad 1?**

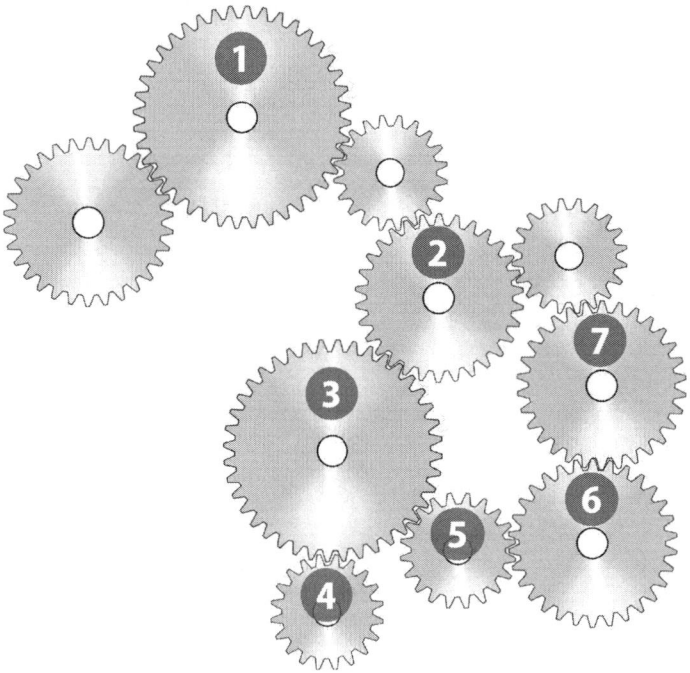

A. 3 und 7

B. 2, 4 und 6

C. 2, 4, 5 und 7

D. 3 und 6

E. Keine Antwort ist richtig.

274. **Wie hoch ist der Gesamtwiderstand im Stromkreis?**

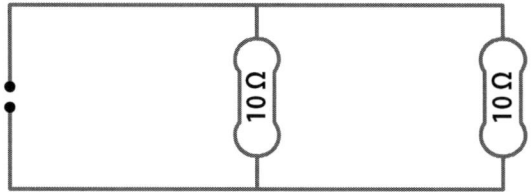

A. 100 Ω

B. 40 Ω

C. 20 Ω

D. 5 Ω

E. Keine Antwort ist richtig.

275. **Weißes Licht wird durch ein optisches Prisma geleitet und dabei in die Spektralfarben aufgespalten. Welche Skizze gibt den Strahlengang korrekt wieder? Beachten Sie, dass das Licht beim Übergang ins Glas zum Lot hin gebrochen wird.**

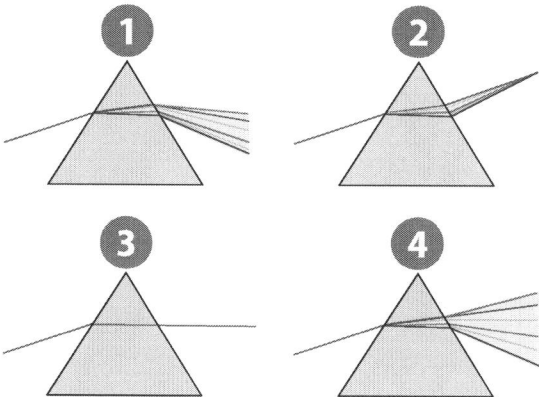

A. Skizze 1

B. Skizze 2

C. Skizze 3

D. Skizze 4

E. Keine Antwort ist richtig.

Hubkolbenpumpe: Aufbau und Funktion

Bitte sehen Sie sich das Schaubild an und beantworten Sie die dazu gestellten Fragen schriftlich.

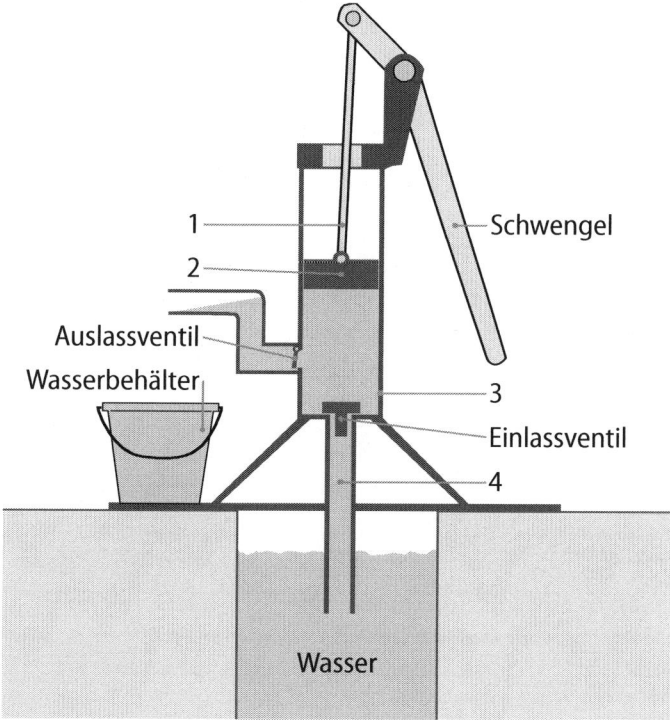

276. Mit welcher Zahl sind die folgenden Bauteile in der Skizze beschriftet?

Zylinder:

Kolbenstange:

Ansaugleitung:

Kolben:

277. Wie verhält sich das Auslassventil, wenn sich das Einlassventil öffnet?

278. Wie verhalten sich Ein- und Auslassventil, wenn man den Schwengel nach oben zieht?

279. Wie verändert sich der Kraftaufwand beim Pumpen, wenn der Wasserstand im Behälter steigt bzw. sinkt? Warum ist das so?

280. Bitte beschreiben Sie, wie der Pumpvorgang beim abgebildeten Pumpentyp abläuft.

Lösung

Zu 266.

C. Ton 2 und Ton 3

Die Tonhöhe hängt von der Schwingungsfrequenz ab, die in Hertz gemessen wird: Bei einem Hertz findet eine vollkommene Schwingung in einer Sekunde statt, eine Zwei-Hertz-Schwingung schwingt pro Sekunde zweimal auf und ab usw. Das menschliche Gehör nimmt Töne von ungefähr 16 bis 18.000 Hertz wahr. Die Stärke des Ausschlags nach oben und unten nennt man „Amplitude" – sie gibt keinen Aufschluss über die Höhe des Tons, sondern nur über seine Lautstärke. Die Töne 1 und 2 sind also lediglich gleich laut, eine gleiche Tonhöhe beschreiben die Diagramme 2 und 3.

Zu 267.

B. Deich 2 muss stärker sein.

Wie stark ein Damm sein muss, hängt allein vom Wasserdruck ab, dem er standhalten soll. Der Wasserdruck wiederum steigt oder fällt nicht mit der Fläche oder dem Volumen eines Gewässers, sondern mit dessen Tiefe. Und da der Teich tiefer ist als das Rückhaltebecken, muss Deich 2 entsprechend stärker sein.

Zu 268.

A. Rahmen 1

Die Stabilität der Rahmen hängt ab von ihrer jeweiligen Kräfteaufnahme und -verteilung, wobei ein guter Rahmen bei Belastungen gleich welcher Art und Richtung durch gute Kraftverteilung formstabil bleiben sollte. Die mittlere Stützstrebe von Rahmen 3 hilft jedoch nur bei zentral angreifenden, senkrecht wirkenden Kräften, die zudem schlecht verteilt werden. Rahmen 2 wiederum verteilt waagerechte und senkrechte Kräfte schlecht, diagonale Kräfte gar nicht. Nur bei Rahmen 1 werden Kräfte, egal aus welcher Richtung sie angreifen, an sämtliche Streben des Rahmens weitergegeben, die sich so gegenseitig stabilisieren können.

Zu 269.

A. Mit Schraubenschlüssel 1

Um die Schraubenmutter mit möglichst wenig Mühe festzuziehen, benötigt man einen Schraubenschlüssel mit einer großen Hebelwirkung. Das heißt: Der Griff des Schraubenschlüssels sollte so lang wie möglich sein. Schraubenschlüssel 1 ist demnach der geeignetste.

Zu 270.

B. Heizkörper 2 gibt mehr Wärme ab.

Wie viel Wärme ein Heizkörper an die Umgebungsluft abgeben kann, hängt davon ab, wie groß seine Kontaktfläche mit der Luft ist – einfacher ausgedrückt: Es hängt von der Oberfläche des Heizkörpers ab. Diese ist bei Heizkörper 2 erkennbar größer, folglich gibt er mehr Wärme ab.

Zu 271.

B. In Richtung 2

Greift der Kolben wie skizziert in die Vertiefungen des Zahnkranzes, wird dieser in eine Rotation im Uhrzeigersinn versetzt. Da die Zahnräder über Ketten miteinander verbunden sind, ändert sich dieser Drehsinn anschließend nicht.

Zu 272.

A. 1 und 2

Dargestellt wird ein einfacher Stromkreis aus Widerstand (Lampen), Verbindungen (Kabel, Drähte) und Spannungsquelle (Batterien). Damit Strom fließen kann, muss ein Stromkreis geschlossen werden, was sowohl durch die

Verbindung der Enden 1 und 2 als auch durch die Verbindung der Enden 1 und 3 oder 3 und 4 geschehen kann. Die Helligkeit der Lampen hängt nun ab von ihrer Leistung, die sich nach folgender Formel berechnet:

P (elektrische Leistung) = U (elektrische Spannung) × I (elektrischer Strom)

Da sich durch die Verbindung von 1 und 2 eine Parallelschaltung ergibt, liegt an beiden linken Lampen eine gleich hohe Spannung an, erzeugt von zwei Batterien. Sie geben daher mehr Leistung ab als die rechten Lampen, die sich bei einem Kurzschluss von 1 und 3 in Reihenschaltung befänden: Hier läge an jeder Lampe nur die halbe Spannung zweier Batterien an. Bei der Verbindung von 3 und 4 würde im entstandenen Stromkreis sogar nur die einfache Batteriespannung herrschen, da die zweite Batterie von rechts nicht in den Stromkreis integriert ist.

Zu 273.

C. 2, 4, 5 und 7

Wenn ein Zahnrad in ein zweites greift und seine Rotation dadurch überträgt, dann dreht sich das zweite Rad im entgegengesetzten Drehsinn. Überträgt das zweite Zahnrad seine Rotation wiederum auf ein drittes, bewegt sich dieses entgegengesetzt zum zweiten, also in der gleichen Drehrichtung wie das erste. Anders ausgedrückt: In einer Kette miteinander verbundener Zahnräder rotieren immer die jeweils übernächsten in derselben Drehrichtung. In die gleiche Richtung wie Rad 1 drehen sich demnach die Räder 2, 4, 5 und 7.

Zu 274.

D. 5 Ω

Abgebildet ist der Schaltkreis einer Parallelschaltung, bei der sich der Gesamtwiderstand wie folgt berechnet:

$$\frac{1}{R_{gesamt}} = \frac{1}{R_1} + \frac{1}{R_2} = \frac{1}{10\ \Omega} + \frac{1}{10\ \Omega} = \frac{2}{10\ \Omega} = \frac{1}{5\ \Omega}$$

$$R_{gesamt} = 5\ \Omega$$

Der Gesamtwiderstand beträgt 5 Ohm.

Zu 275.

A. Skizze 1

Die Spektralfarben werden beim Eintritt in das optisch dichtere gläserne Prisma zum Lot – d. h. zu einer gedachten, senkrecht auf der Prismaoberfläche stehenden Linie – hin gebrochen und beim Austritt vom Lot weg. Je größer die Wellenlänge der Strahlen ist, desto stärker werden sie gebrochen: Das eher langwellige Rot wird daher weniger schwächer gebrochen als das kurzwellige Violett.

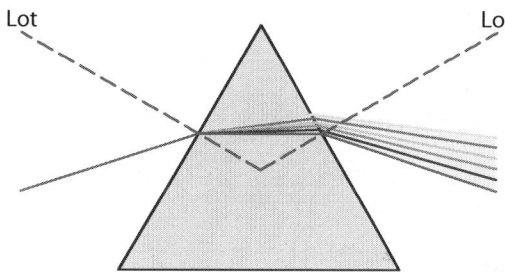

Zu 276.

Zylinder:	3
Kolbenstange:	1
Ansaugleitung:	4
Kolben:	2

Zu 277.

Das Einlassventil öffnet sich dann, wenn im Zylinder ein Unterdruck entsteht. Das Auslassventil wird durch diesen Unterdruck in seine Verschlussposition gezogen.

Zu 278.

Wenn man den Schwengel nach oben zieht, bewegen sich Kolbenstange und Kolben nach unten. Somit erhöht sich der Druck im Zylinder, wodurch das Einlassventil in seine Verschlussposition gepresst wird. Das Auslassventil hingegen öffnet sich, sodass Wasser aus dem Zylinder in den Eimer fließt.

Zu 279.

Bei sinkendem Wasserstand im Behälter muss der Pumpende mehr, bei steigendem Wasserstand weniger Kraft aufwenden als vorher. Der Grund: Je tiefer das Wasser steht, desto mehr Wasser befindet sich beim Pumpvorgang über dem Wasserspiegel (in der Ansaugleitung und im Zylinder). Und diese Wassersäule übt eine der Pumprichtung entgegengesetzte Gewichtskraft aus. Das Wasser drückt also gewissermaßen gegen den im Zylinder erzeugten Unterdruck nach unten in den Behälter zurück.

Zu 280.

In der Abbildung befindet sich der Schwengel, der einarmige Hebel der Pumpe, in seiner niedrigsten Stellung. Zieht man ihn nach oben, fährt der Kolben nach unten und drückt gegen das Wasser im Zylinder: Dadurch öffnet sich das Auslassventil, und das Wasser fließt in den Eimer. Das Einlassventil bleibt währenddessen geschlossen. Hat der Schwengel seine höchste Position erreicht, ist im Zylinder praktisch kein Wasser mehr. Drückt man den Schwengel nun zurück nach unten, fährt der Kolben nach oben, was im Zylinder einen Unterdruck erzeugt. Dadurch wird das Auslassventil in seine Verschlussposition gezogen und das Einlassventil öffnet sich: Jetzt strömt das Wasser aus dem Behälter durch die Ansaugleitung in den Zylinder hinein.

Allgemeinwissen

Staat und Politik

Bearbeitungszeit 5 Minuten

Beantworten Sie bitte die folgenden Aufgaben, indem Sie jeweils den richtigen Buchstaben markieren.

281. Von wem wird der Bundestag gewählt?

A. Bundesrat

B. Volk

C. Bundesversammlung

D. Bundesminister

E. Keine Antwort ist richtig.

282. Welches politische System hat die Bundesrepublik Deutschland?

A. Parlamentarische Demokratie

B. Parlamentarische Monarchie

C. Militärdiktatur

D. Sozialismus

E. Keine Antwort ist richtig.

283. Wer wählt in Deutschland den Bundespräsidenten?

A. Das Volk

B. Die Minister

C. Der Bundestag

D. Die Bundesversammlung

E. Keine Antwort ist richtig.

284. Was versteht man unter „Gewaltenteilung"?

A. Die Unabhängigkeit von Legislative, Exekutive und Judikative

B. Die Bundeshoheit des Militärs

C. Die Trennung von Politik und Kirche

D. Die Trennung von Demokraten und Republikanern

E. Keine Antwort ist richtig.

285. Wo residiert der französische Staatspräsident?

A. Montparnasse

B. Louvre

C. Bastille

D. Élysée-Palast

E. Keine Antwort ist richtig.

286. Wen meint man mit dem Begriff „Unionsparteien"?

A. Die an einer Regierungskoalition beteiligten Parteien

B. CDU und CSU

C. Alle nicht an der Regierung beteiligten Parteien

D. Alle Parteien, die den Zentralismus befürworten

E. Keine Antwort ist richtig.

287. Aus welcher Strophe des „Deutschlandliedes" von Hoffmann von Fallersleben (1798–1874) besteht die deutsche Nationalhymne?

A. Aus der ersten Strophe

B. Aus der zweiten Strophe

C. Aus der dritten Strophe

D. Aus der vierten Strophe

E. Keine Antwort ist richtig.

288. **Beim EU-Grenzverkehr sind allgemeine Grenzkontrollen …?**

  A. an allen EU-Binnengrenzen obligatorisch.
  B. an den meisten EU-Binnengrenzen abgeschafft.
  C. vollständig abgeschafft.
  D. nur in 10 EU-Mitgliedsstaaten abgeschafft.
  E. nur in 7 EU-Mitgliedsstaaten abgeschafft.

289. **Welches Land gehört nicht zur NATO?**

  A. Deutschland
  B. Schweiz
  C. Türkei
  D. Frankreich
  E. Keine Antwort ist richtig.

290. **Was erklärte die NATO erstmals in ihrer Geschichte nach den Anschlägen des 11. September 2001?**

  A. Ernstfall
  B. Bundesgarantie
  C. Bündnisfall
  D. NATO-Erweiterung
  E. Keine Antwort ist richtig.

Lösung

Zu 281.

B. Volk

Der Deutsche Bundestag, das Parlament der Bundesrepublik Deutschland mit Sitz in Berlin, wird als einziges Verfassungsorgan des Bundes direkt durch das Volk gewählt und legitimiert. Die Hälfte der Parlamentssitze besetzen die erfolgreichen Kandidaten aus der Direktwahl in den 299 Wahlkreisen („Direktmandate"). Die andere Hälfte wird so verteilt, wie es dem Anteil einer Partei an der Gesamtzahl der Sitze entspricht, unter Anrechnung der Direktmandate aus den Landeslisten.

Zu 282.

A. Parlamentarische Demokratie

In einer parlamentarischen Demokratie werden die wichtigsten politischen Entscheidungen von einem Parlament getroffen, das aus einer freien Volkswahl hervorgegangen ist und daraus seine Legitimation ableitet. Die parlamentarische Demokratie ist eine repräsentative Demokratie: Die gewählten Abgeordneten sollen das Volk vertreten, von dem als Souverän die Staatsgewalt ausgeht.

Zu 283.

D. Die Bundesversammlung

Der deutsche Bundespräsident wird für fünf Jahre von der Bundesversammlung gewählt, die der Bundestagspräsident ausschließlich zu diesem Zweck einberuft. Die Bundesversammlung besteht aus den Mitgliedern des Bundestages und Abgesandten der Landesparlamente.

Zu 284.

A. Die Unabhängigkeit von Legislative, Exekutive und Judikative

„Gewaltenteilung" bezeichnet das Prinzip, die Staatsgewalt auf mehrere Staatsorgane zu verteilen, um ihre Macht zu begrenzen und dadurch Freiheit und Gerechtigkeit zu sichern. Man unterscheidet drei Gewalten: die Gesetzgebung (Legislative), die ausführende Gewalt (Exekutive) und die Rechtsprechung (Judikative).

Zu 285.

D. Élysée-Palast

Der Amtssitz des französischen Staatspräsidenten ist der Élysée-Palast in Paris. Er wurde 1718 bis 1722 erbaut und befindet sich unweit der Champs-Élysées.

Zu 286.

B. CDU und CSU

Als „Unionsparteien" bezeichnet man die Schwesterparteien CDU (Christlich Demokratische Union) und CSU (Christlich-Soziale Union). Bei Wahlen tritt in Bayern nur die CSU an, außerhalb des Freistaats nur die CDU. Im Bundestag bilden sie eine Fraktionsgemeinschaft.

Zu 287.

C. Aus der dritten Strophe

Das Deutschlandlied wurde 1922 mit allen drei Strophen die Nationalhymne des Deutschen Reiches. Im nationalsozialistischen „Dritten Reich" wurde nur noch die erste Strophe gesungen, die mit ihrem überschwänglichen „Deutschland, Deutschland über alles" und der überholten Grenzziehung „von der Maas bis an die Memel, von der Etsch bis an den Belt" heute als diskreditiert gilt. 1952 entschied man, das

Deutschlandlied als Nationalhymne beizubehalten, aber zu offiziellen Anlässen nur die dritte Strophe zu singen. Nach dem Mauerfall verständigten sich 1991 Bundespräsident Richard von Weizsäcker und Bundeskanzler Helmut Kohl darauf, die dritte Strophe zur Nationalhymne des wiedervereinigten Deutschlands zu erklären.

Zu 288.
B. an den meisten EU-Binnengrenzen abgeschafft.

Im Grenzverkehr zwischen den Staaten, die das Schengener Abkommen vollständig umsetzen, finden planmäßig keine allgemeinen Personenkontrollen mehr statt. In Ausnahmesituationen – wie z. B. während der Flüchtlingskrise – können die Kontrollen jedoch vorübergehend wieder aufgenommen werden. Der Schengen-Raum umfasst derzeit (Stand 2017) 26 europäische Länder: 22 davon Mitgliedsländer der EU, zusätzlich Island, Liechtenstein, Norwegen und die Schweiz. Bulgarien, Kroatien, Rumänien und Zypern wollen das Abkommen noch unter-

zeichnen, das Vereinigte Königreich und Irland sind nicht beigetreten.

Zu 289.
B. Schweiz

Die Schweiz versteht sich als außenpolitisch neutrales Land. Daher beteiligt sie sich nicht an kriegerischen Konflikten zwischen Staaten und ist auch nicht in Militärorganisationen wie der NATO vertreten.

Zu 290.
C. Bündnisfall

Nach den Terroranschlägen auf das World Trade Center in New York am 11. September 2001 erklärte die NATO erstmals in ihrer Geschichte den Bündnisfall: Dieser besagt laut den NATO-Statuten, dass ein militärischer Angriff auf ein Bündnismitglied als militärischer Angriff auf alle Mitglieder betrachtet wird und diese daher verpflichtet sind, in einen Krieg des Bündnispartners bzw. zum Schutze des Bündnispartners einzutreten.

Allgemeinwissen

Geografie und Landeskunde

Beantworten Sie bitte die folgenden Aufgaben, indem Sie jeweils den richtigen Buchstaben markieren.

291. Wie heißt die Landeshauptstadt von Nordrhein-Westfalen?

A. Köln

B. Essen

C. Düsseldorf

D. Dortmund

E. Keine Antwort ist richtig.

292. Durch welches Bundesland fließt die Elbe?

A. Sachsen

B. Nordrhein-Westfalen

C. Rheinland-Pfalz

D. Saarland

E. Keine Antwort ist richtig.

293. Aus wie vielen Bundesländern besteht die Bundesrepublik Deutschland?

A. 12

B. 14

C. 15

D. 16

E. Keine Antwort ist richtig.

294. An wie viele Länder grenzt Deutschland?

A. 5

B. 9

C. 11

D. 14

E. Keine Antwort ist richtig.

295. Welche Stadt liegt nicht in Bayern?

A. Augsburg

B. Regensburg

C. Oldenburg

D. Würzburg

E. Keine Antwort ist richtig.

296. Wie heißt die Landeshauptstadt von Sachsen?

A. Chemnitz

B. Dresden

C. Leipzig

D. Zwickau

E. Keine Antwort ist richtig.

297. Wie heißt die Meerenge zwischen Schwarzem Meer und Mittelmeer?

A. Bosporus

B. Straße von Gibraltar

C. Sueskanal

D. Straße von Tunis

E. Keine Antwort ist richtig.

298. Wo liegt Panama?

A. Afrika

B. Europa

C. Asien

D. Amerika

E. Keine Antwort ist richtig.

299. Welches Land grenzt nicht ans Schwarze Meer?

A. Rumänien

B. Griechenland

C. Bulgarien

D. Türkei

E. Keine Antwort ist richtig.

300. Die dunkelgraue Fläche ist das Staatsgebiet …?

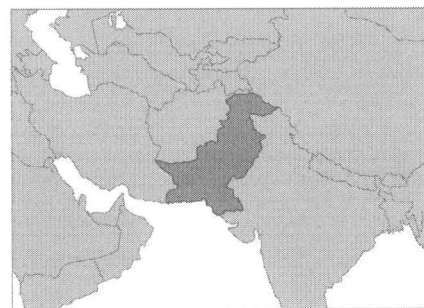

A. Irans.

B. Afghanistans.

C. Pakistans.

D. Bangladeschs.

E. Keine Antwort ist richtig.

Lösung

Zu 291.

C. Düsseldorf

Düsseldorf, mit rund 590.000 Einwohnern die neuntgrößte Stadt Deutschlands, ist die Landeshauptstadt von Nordrhein-Westfalen. Sie liegt in der Metropolregion Rhein-Ruhr, der mit über zehn Millionen Einwohnern bevölkerungsreichsten Region Deutschlands, zu der auch Essen, Bochum, Dortmund und Gelsenkirchen gehören. In der Messestadt haben mehrere börsennotierte Unternehmen ihren Sitz, sie ist umsatzstärkster deutscher Werbe- und Modestandort und zweitwichtigster Banken- und Börsenplatz der Bundesrepublik. Die erste schriftliche Erwähnung Düsseldorfs stammt aus dem Jahr 1135.

Zu 292.

A. Sachsen

Die Elbe entspringt in Tschechien, fließt durch Deutschland und mündet in die Nordsee. Auf ihrem Weg durchquert sie die Bundesländer Sachsen, Sachsen-Anhalt, Brandenburg, Mecklenburg-Vorpommern, Niedersachsen, Hamburg und Schleswig-Holstein.

Zu 293.

D. 16

Die Bundesrepublik Deutschland besteht aus 16 Bundesländern. In alphabetischer Folge: Baden-Württemberg, Bayern, Berlin, Brandenburg, Bremen, Hamburg, Hessen, Mecklenburg-Vorpommern, Niedersachsen, Nordrhein-Westfalen, Rheinland-Pfalz, Saarland, Sachsen, Sachsen-Anhalt, Schleswig-Holstein, Thüringen.

Zu 294.

B. 9

Deutschland hat gemeinsame Grenzen mit neun weiteren Ländern. Im Uhrzeigersinn: Dänemark, Polen, Tschechien, Österreich, Schweiz, Frankreich, Luxemburg, Belgien, Niederlande.

Zu 295.

C. Oldenburg

Die Orte A, B und D sind allesamt bayerische Großstädte: Augsburg ist die Hauptstadt des Regierungsbezirks Schwaben, Regensburg die Hauptstadt des Regierungsbezirks Oberpfalz und Würzburg die Hauptstadt des Regierungsbezirks Unterfranken. Oldenburg ist eine kreisfreie Stadt in Niedersachsen.

Zu 296.

B. Dresden

Die Landeshauptstadt von Sachsen zählt rund 530.000 Einwohner und heißt Dresden. Aufgrund ihrer herausragenden kulturellen Bedeutung – z. B. als Standort von Zwinger, Semperoper und Frauenkirche –, ihrer barocken Architektur und der Lage am Elbufer wird die Stadt oft auch „Elbflorenz" genannt.

Zu 297.

A. Bosporus

Der Bosporus, die Meerenge zwischen Europa und Kleinasien, verbindet das Schwarze Meer mit dem Marmarameer, einem Binnenmeer des Mittelmeers. An seinen Ufern erstreckt sich die Stadt Istanbul.

Zu 298.

D. Amerika

Die Präsidialrepublik Panama liegt in Mittelamerika und wird vom Panamakanal durchquert, der die Karibische See mit dem Pazifischen Ozean verbindet.

Zu 299.

B. Griechenland

Griechenland liegt am Mittelmeer.

Zu 300.

C. Pakistans.

Dunkelgrau eingezeichnet ist das Staatsgebiet der Islamischen Republik Pakistan. Das Land grenzt im Südwesten an den Iran, im Westen und Nordwesten an Afghanistan, im Nordosten an China und im Osten und Südosten an Indien. Pakistan entstand 1947 aus den größtenteils muslimisch geprägten Gebieten des aufgelösten Kolonialreichs Britisch-Indien. Damals beinhaltete das Staatsgebiet noch den Landesteil Ostpakistan, der 1971 unter dem Namen Bangladesch unabhängig wurde.

Allgemeinwissen

Geschichte und Kulturgeschichte

Bearbeitungszeit 5 Minuten

Beantworten Sie bitte die folgenden Aufgaben, indem Sie jeweils den richtigen Buchstaben markieren.

301. In welchem Land kam es 1979 zur sogenannten „Islamischen Revolution"?

A. Pakistan

B. Saudi-Arabien

C. Iran

D. Thailand

E. Keine Antwort ist richtig.

302. Wann fand der Erste Weltkrieg statt?

A. 1913–1919

B. 1914–1918

C. 1939–1945

D. 1940–1945

E. Keine Antwort ist richtig.

303. Welche außenpolitische Maxime verfolgte der Bundeskanzler Willy Brandt?

A. Europäische Währungsunion

B. Verständigung mit den Staaten des Ostblocks

C. Auflösung der Sowjetunion

D. Isolation der DDR

E. Keine Antwort ist richtig.

304. Der Dreißigjährige Krieg endete mit …?

A. dem Westfälischen Frieden.

B. dem Pakt von Windsor.

C. dem Vertrag von Versailles.

D. der Genfer Konvention.

E. Keine Antwort ist richtig.

305. Welchen US-Präsidenten brachte die Watergate-Affäre zu Fall?

A. George Bush

B. Ronald Reagan

C. Dwight D. Eisenhower

D. Richard Nixon

E. Keine Antwort ist richtig.

306. Wann wurde die Berliner Mauer errichtet?

A. 1958

B. 1961

C. 1968

D. 1974

E. Keine Antwort ist richtig.

307. Wann begann die Französische Revolution?

A. 1689

B. 1778

C. 1789

D. 1812

E. Keine Antwort ist richtig.

308. Was wurde im geheimen Zusatzprotokoll des Hitler-Stalin-Pakts vereinbart?

A. Austausch von Rüstungsgütern

B. Gemeinsamer Angriff auf Großbritannien

C. Aufteilung Polens

D. Ausbeutung der Ölreserven im Nahen Osten

E. Keine Antwort ist richtig.

309. Wie viele europäische Länder besaßen 1945 Kolonien in Afrika?

A. 3

B. 5

C. 8

D. 10

E. Keine Antwort ist richtig.

310. 2011 blickte die EU zurück auf …?

A. die Einführung des Euro 10 Jahre zuvor.

B. die deutsche Wiedervereinigung 20 Jahre zuvor.

C. die Gründung der Europäischen Gemeinschaften (EG) 30 Jahre zuvor.

D. die Gründung des Militärbündnisses NATO 50 Jahre zuvor.

E. die Gründung der Europäischen Gemeinschaft für Kohle und Stahl (EGKS) 60 Jahre zuvor.

Lösung

Zu 301.

C. Iran

Aus ersten Demonstrationen und Streiks erwuchs im Iran 1978 eine revolutionäre Massenbewegung, maßgeblich beeinflusst von der im Exil lebenden Symbolfigur Ayatollah Chomeini. Der Regent Schah Mohammad Reza Pahlavi wurde gestürzt, und mit ihm die Monarchie. Im Februar 1979 kehrte Chomeini in den Iran zurück. Seine Anhänger schalteten die Vertreter der übrigen Oppositionsbewegungen aus, es kam zu zahlreichen Verhaftungen und Hinrichtungen. Die damals ausgerufene Islamische Republik Iran ist eine theokratische Staatsform mit einem „Obersten Rechtsgelehrten" an der Spitze, der Legislative, Exekutive und Judikative kontrolliert und von einem „Expertenrat" auf Lebenszeit gewählt wird.

Zu 302.

B. 1914–1918

Der Erste Weltkrieg wurde von 1914 bis 1918 in Europa, dem Nahen Osten, Afrika und Ostasien geführt. Kriegsparteien waren auf der einen Seite die Mittelmächte Deutsches Reich, Österreich-Ungarn, später noch das Osmanische Reich und Bulgarien. Auf der anderen Seite standen zunächst die Entente-Mächte Frankreich, Großbritannien und Russland sowie Serbien. 1917 griffen die USA auf Seiten der Entente entscheidend in den Krieg ein. Im Ersten Weltkrieg starben insgesamt rund neun Millionen Soldaten.

Zu 303.

B. Verständigung mit den Staaten des Ostblocks

Willy Brandt (1913–1992), Bundeskanzler von 1969 bis 1974, verfolgte zusammen mit seinem Außenminister Egon Bahr eine neue Ostpolitik, die unter dem Motto „Wandel durch Annäherung" stand. Das Verhältnis zu den Ostblockstaaten – insbesondere zur DDR – sollte durch gemeinsame Abkommen und Gespräche verbessert werden, um beiderseitiges Vertrauen herzustellen und die Sicherheit in Europa zu gewährleisten. Im Rahmen dieser Annäherung wurden zahlreiche Verträge („Ostverträge") geschlossen: darunter der Moskauer Vertrag (1970), in dem sich die Sowjetunion und die Bundesrepublik zur Wahrung des Friedens und zur Förderung der politischen Entspannung verpflichteten, oder der Warschauer Vertrag (1970), in dem die Bundesrepublik und Polen wechselseitig ihre Außengrenzen anerkannten.

Zu 304.

A. dem Westfälischen Frieden.

Der Dreißigjährige Krieg brach 1618 mit dem Aufstand der böhmischen Stände gegen die Herrschaft der Habsburger aus. Im Verlauf des Kriegs griffen alle Großmächte Europas auf den mitteleuropäischen Kriegsschauplätzen ein, mit verheerenden Folgen für die Bevölkerung. Nach fünfjährigen Verhandlungen der involvierten Parteien konnten 1648 in Münster und Osnabrück die endgültigen Friedensverträge beschlossen werden. Sie führten zu einer politischen und territorialen Neuordnung Europas.

Zu 305.

D. Richard Nixon

1972 wurden mehrere Männer bei dem Versuch ertappt, in die Zentrale der Demokratischen Partei im Washingtoner Watergate-Gebäudekomplex einzudringen und dort Abhörinstrumente zu installieren. Schon bald führten Spuren zu den Drahtziehern im engsten Umfeld des republikanischen Präsidenten Richard Nixon. Im weiteren Verlauf der Ermittlungen wurden weitere gravierende Fälle von Amtsmissbrauch durch die Regierung aufgedeckt. Am 9. August 1974 trat Nixon schließlich zurück.

Zu 306.

B. 1961

Die Berliner Mauer trennte vom 13. August 1961 bis zum 9. November 1989 West-Berlin vom Ostteil der Stadt und dem umliegenden Gebiet der DDR. Sie war eines der bekanntesten Symbole für den Kalten Krieg und die Teilung Deutschlands. Bei dem Versuch, die 167,8 Kilometer lange Grenzanlage in Richtung West-Berlin zu überschreiten, wurden nach derzeitigem Forschungsstand zwischen 125 und 206 Menschen getötet.

Zu 307.

C. 1789

Die Französische Revolution zählt zu den einschneidendsten Ereignissen der europäischen Geschichte. Sie bewirkte tiefgreifende soziale und politische Veränderungen und prägte das neuzeitliche Demokratieverständnis. Ausgelöst 1789 durch soziale Unruhen, zogen bis zum Jahr 1799 mehrere revolutionäre Wellen durch Frankreich. In der ersten Revolutionsphase kämpften verschiedene gesellschaftliche Gruppen vor allem für bürgerliche Freiheitsrechte. Die absolutistische Alleinherrschaft des Königs wurde durch eine gemäßigte konstitutionelle Monarchie abgelöst. Als Reaktion darauf formierten sich gegenrevolutionäre Kräfte im In- und Ausland, und die Revolution trat in ihre zweite Phase ein: Eine Revolutionsregierung riss 1792 die Macht an sich, schuf eine Republik mit radikaldemokratischen Zügen und übte eine Schreckensherrschaft aus mit dem Ziel, alle „Feinde der Revolution" zu vernichten. In der dritten Phase (ab 1795) wurde Frankreich von einem fünfköpfigen Direktorium regiert, das besitzbürgerliche Interessen gegen sozialistische und monarchistische Strömungen verteidigte.

Zu 308.

C. Aufteilung Polens

Am 28. September 1939 unterzeichneten der deutsche Außenminister Ribbentrop und sein sowjetischer Amtskollege Molotow den deutsch-sowjetischen Nichtangriffspakt (auch „Hitler-Stalin-Pakt"). Hitler erhielt dadurch die Sicherheit, für seinen geplanten Krieg gegen Polen freie Hand zu haben und während des anschließenden Feldzugs gegen Frankreich einen Zweifrontenkrieg verhindern zu können. Im geheimen Zusatzprotokoll grenzten das Deutsche Reich und die Sowjetunion ihre Interessensphären in Ostmitteleuropa voneinander ab. Unter anderem vereinbarten sie darin, wie das zerschlagene Polen zwischen beiden Mächten aufgeteilt werden sollte.

Zu 309.

B. 5

Im Jahr 1945 war das gesamte afrikanische Territorium bis auf Äthiopien und Ägypten unter fünf europäischen Mächten aufgeteilt: in Nord- und Nordwestafrika dominierten die Franzosen (u. a. Marokko, Tunesien, Algerien), in Nordost-, Ost- und Südafrika die Briten (u. a. Nigeria, Kamerun, Südafrika) und in Zentralafrika die Belgier (Belgisch-Kongo). Kleinere Gebiete besaßen Spanien (Spanisch-Westafrika und Guinea) und Portugal (u. a. Angola, Portugiesisch-Kongo).

Zu 310.

E. die Gründung der Europäischen Gemeinschaft für Kohle und Stahl (EGKS) 60 Jahre zuvor.

Im Jahr 1951 schlossen sich Deutschland, Italien, Frankreich und die Benelux-Staaten (Belgien, Niederlande, Luxemburg) zur Europäischen Gemeinschaft für Kohle und Stahl (EGKS) zusammen. Die EGKS war eine Vorläuferin der 1993 ins Leben gerufenen Europäischen Gemeinschaft (EG), die wiederum bis 2009 den Kern der Europäischen Union bildete. Die NATO gibt es seit 1949, die deutsche Wiedervereinigung geschah 1990. Der Euro wurde 1999 als Buchgeld und drei Jahre später als Bargeld eingeführt.

Allgemeinwissen

Interkulturelles Wissen

Bearbeitungszeit 5 Minuten

Beantworten Sie bitte die folgenden Aufgaben, indem Sie jeweils den richtigen Buchstaben markieren.

311. Auf welchem Kontinent leben die meisten Menschen?

A. Afrika

B. Asien

C. Südamerika

D. Europa

E. Keine Antwort ist richtig.

312. Das Ziel eines Buddhisten ist der Austritt aus dem ewigen Kreislauf von Leid und Wiedergeburt und der Eintritt …?

A. ins Nirwana.

B. ins Sanskrit.

C. in den Himalaya.

D. nach Gondwana.

E. Keine Antwort ist richtig.

313. Im späten 18. und im 19. Jahrhundert diente Australien als …?

A. holländischer Militärstützpunkt.

B. japanische Expeditionsbasis.

C. britische Sträflingskolonie.

D. spanisches Erzabbaugebiet.

E. Keine Antwort ist richtig.

314. Wer ist der Gründer der modernen Türkei?

A. Osman I.

B. Orhan Pamuk

C. Recep Tayyip Erdoğan

D. Mustafa Kemal Atatürk

E. Keine Antwort ist richtig.

315. Was ist die Scharia?

A. Das islamische Recht

B. Ein Katalog von Verhaltensregeln während einer Pilgerfahrt

C. Eine altägyptische Göttin, die auch heute noch verehrt wird

D. Ein politisches Bündnis arabischer Staaten

E. Keine Antwort ist richtig.

316. Was enthält die Tora?

A. Verhaltensregeln für Diplomaten

B. Wichtige religiöse Texte des Judentums

C. Völkerrechtliche Verträge

D. Verfassungstexte von UNO-Staaten

E. Keine Antwort ist richtig.

317. Welche Institution wurde durch den Vertrag von Maastricht gegründet?

A. Europäische Union

B. Bund Europäischer Landwirte

C. Europäischer Gerichtshof

D. Europäisches Parlament

E. Keine Antwort ist richtig.

318. „Freiheit, Gleichheit, Brüderlichkeit" ist der Wahlspruch …?

A. Österreichs.

B. Schwedens.

C. Frankreichs.

D. Russlands.

E. Keine Antwort ist richtig.

319. Der Begriff „Maghreb" bezeichnet eine Region ...?

A. in Südamerika.

B. auf der Arabischen Halbinsel.

C. in Afghanistan.

D. in Nordafrika.

E. Keine Antwort ist richtig.

320. Zaire war von 1971 bis 1997 der offizielle Name ...?

A. Ruandas.

B. Südafrikas.

C. der Demokratischen Republik Kongo.

D. Äthiopiens.

E. Keine Antwort ist richtig.

Lösung

Zu 311.

B. Asien

Asien (rund 4,4 Mrd. Einwohner) ist richtig – immerhin befinden sich hier mit China (1,4 Mrd.) und Indien (1,3 Mrd.) die bevölkerungsreichsten Länder der Erde. Auf Rang 2 liegt Afrika mit über 1,1 Milliarden Menschen, gefolgt von Europa (740 Mio.), Nordamerika (530 Mio.), Südamerika (420 Mio.) und zu guter Letzt Australien/Ozeanien (40 Mio.).

Zu 312.

A. ins Nirwana.

Das Ziel eines Buddhisten ist das Nirwana – ein unbeschreibbarer Zustand nach dem Austritt aus dem Kreislauf von Werden und Vergehen. Im Nirwana sind der religiösen Lehre nach alle mit dem Dasein verbundenen Wünsche und Vorstellungen überwunden (Ich-Sucht, Gier …). Der Himalaya ist das höchste Gebirge der Welt, Sanskrit eine altindische Sprache und Gondwana heißt ein Großkontinent, der vor 250–300 Millionen Jahren einen Großteil der Landmasse der Erde umfasste.

Zu 313.

C. britische Sträflingskolonie.

Tatsächlich entdeckten die Holländer den Inselkontinent Anfang des 17. Jahrhunderts zuerst; sie erkannten darin aber keinen besonderen Nutzen. James Cook nahm Australien 1770 für die englische Krone in Besitz, die das Gebiet kurz darauf zur Sträflingskolonie erklärte. Bis zur Mitte des 19. Jahrhunderts wurden rund 160.000 britische Sträflinge nach Australien verbannt.

Zu 314.

D. Mustafa Kemal Atatürk

Die Türkei ging nach dem Ersten Weltkrieg aus dem Osmanischen Reich hervor. Der Staatsgründer Mustafa Kemal Atatürk wollte die Türkei durch zahlreiche gesellschaftliche Reformen nach dem Vorbild europäischer Nationalstaaten modernisieren. Zunächst wurde im Jahre 1922 das Sultanat, 1924 dann das Kalifat beseitigt. Im Folgenden schaffte die Türkei die Scharia ab und verbot in einer umfassenden Kleiderreform den Fez – eine männliche Kopfbedeckung – und den Schleier für die Frau. Zudem wurde die Gemeinschaftserziehung von Jungen und Mädchen eingeführt.

Zu 315.

A. Das islamische Recht

„Scharia" nennt man das islamische Recht, das der religiösen Lehre nach auf die Umsetzung der göttlichen Vorschriften und die Verwirklichung einer göttlichen Ordnung abzielt. Dem religiösen Verständnis zufolge gelten die Gesetze der Scharia bis auf wenige Ausnahmen für alle Menschen, auch für Nichtmuslime. In manchen Ländern ist die Scharia Grundlage der staatlichen Gesetzgebung.

Zu 316.

B. Wichtige religiöse Texte des Judentums

Die Tora (auch „Thora") ist der erste Teil der hebräischen Bibel, der wichtigsten religiösen Schrift des Judentums. Sie besteht aus den fünf Büchern Mose. Oft meint man mit dem Begriff auch die Torarolle, eine handgeschriebene Pergamentrolle mit dem Text der Tora, aus der in jüdischen Gottesdiensten gelesen wird.

Zu 317.

A. Europäische Union

Der Vertrag von Maastricht heißt offiziell „Vertrag über die Europäische Union". Der Gründungsvertrag der EU wurde 1992 verabschiedet und schuf einen übergeordneten Verbund für die existierenden Vereinbarungen im Rahmen der Europäischen Gemeinschaften. Die EU fußt auf einer gemeinsam koordinierten Agrar-, Wirtschafts-, Bildungs- und Sozialpolitik sowie gemeinsamem Verbraucherschutz, beinhaltet eine gemeinsame Außen- und Sicherheitspolitik und entwickelt die polizeiliche und justizielle Zusammenarbeit ihrer Mitgliedsstaaten.

Zu 318.

C. Frankreichs.

„Freiheit, Gleichheit, Brüderlichkeit" (französisch: „Liberté, Égalité, Fraternité") wurde im Nachhinein zur Parole der Französischen Revolution von 1789 erklärt und nach dem Zweiten Weltkrieg in die Verfassung aufgenommen. Als Teil des nationalen französischen Erbes ist der Wahlspruch heute auf vielen öffentlichen Gebäuden, auf Münzen und Briefmarken zu finden.

Zu 319.

D. in Nordafrika.

„Maghreb" (arabisch für „Westen") bezeichnet den westlichen Teil des Verbreitungsgebiets des Islam. Der Maghreb umfasst die nordafrikanischen Länder Marokko, Tunesien und Algerien, teilweise auch Libyen und Mauretanien.

Zu 320.

C. der Demokratischen Republik Kongo.

Die Demokratische Republik Kongo – der drittgrößte Staat Afrikas – ging 1960 aus der belgischen Kolonie Belgisch-Kongo hervor. Ab 1971 hieß das Land Zaire. Nachdem Laurent-Désiré Kabila 1997 mit seiner Rebellenarmee den seit 1965 regierenden Diktator Mobutu gestürzt hatte, benannte er das Land wieder in Kongo um.

Allgemeinwissen

Musik, Kunst und Literatur

Bearbeitungszeit 5 Minuten

Beantworten Sie bitte die folgenden Aufgaben, indem Sie jeweils den richtigen Buchstaben markieren.

321. Wer schrieb den „Faust"?

A. Heinrich Mann
B. Johann Wolfgang von Goethe
C. Friedrich Schiller
D. Thomas Mann
E. Keine Antwort ist richtig.

322. Welches Instrument gilt als schottisches Nationalinstrument?

A. Trommel
B. Dudelsack
C. Piccoloflöte
D. Horn
E. Keine Antwort ist richtig.

323. Eine kurze Erzählung mit belehrender Absicht, in der vor allem Tiere auftreten, bezeichnet man als …?

A. Gleichnis.
B. Roman.
C. Fabel.
D. Legende.
E. Keine Antwort ist richtig.

324. Wessen 9. Sinfonie enthält die Ode „An die Freude"?

A. Gustav Mahler
B. Ludwig van Beethoven
C. Johann Strauß
D. Joseph Haydn
E. Keine Antwort ist richtig.

325. Wer malte das Ölgemälde „Mona Lisa"?

A. Leonardo da Vinci
B. Paul Peter Rubens
C. Camille Corot
D. Wassily Kandinsky
E. Keine Antwort ist richtig.

326. Von wem stammt die Oper „Die Zauberflöte"?

A. Claudio Monteverdi
B. Giuseppe Verdi
C. Wolfgang Amadeus Mozart
D. Richard Wagner
E. Keine Antwort ist richtig.

327. Wer schrieb die „Buddenbrooks"?

A. Franz Kafka
B. Herrmann Hesse
C. Thomas Mann
D. Günter Grass
E. Keine Antwort ist richtig.

328. Welcher Jamaikaner gilt als Pionier und populärster Vertreter der Reggae-Musik?

A. Bob Marley
B. Louis Armstrong
C. Patrice
D. Desmond Dekker
E. Keine Antwort ist richtig.

329. In welchem Stil ist der Kölner Dom gebaut?

A. Romantik

B. Renaissance

C. Gotik

D. Barock

E. Keine Antwort ist richtig.

330. Von wem stammt der Ausspruch „Ich denke, also bin ich"?

A. Baruch Spinoza

B. René Descartes

C. Friedrich Nietzsche

D. Immanuel Kant

E. Keine Antwort ist richtig.

Lösung

Zu 321.

B. Johann Wolfgang von Goethe

„Faust" ist eine 1808 veröffentlichte Tragödie von Johann Wolfgang von Goethe. Das Werk gilt als eines der bedeutendsten und meistzitierten der deutschen Literaturgeschichte. Die Handlung: Heinrich Faust, ein angesehener Gelehrter, zieht seine Lebensbilanz und erkennt, dass es ihm als Wissenschaftler an wirklicher Einsicht mangelt und er als Mensch unfähig ist, das Leben zu genießen. Verzweifelt schließt er einen Pakt mit dem teuflischen Mephistopheles, dem er seine Seele verschreibt. Im Gegenzug erhält er noch einmal die Kraft der Jugend und unternimmt eine Reise durch die Welt, wobei sich eine tragisch verlaufende Liebschaft mit dem jungen Gretchen entwickelt.

Zu 322.

B. Dudelsack

Im Mittelalter war der Dudelsack in ganz Europa verbreitet, ab dem 18. Jahrhundert geriet er jedoch zunehmend in Vergessenheit. Nur in einigen abgelegenen Gegenden konnte er sich halten – und in Schottland: Hier avancierte der Dudelsack zum Nationalinstrument. Das Funktionsprinzip: Der Spieler bläst durch ein Anblasrohr einen Beutel auf, beim Zusammenpressen strömt die Luft über mehrere Pfeifen hinaus. Auf der sogenannten „Spielpfeife" wird die Melodie gespielt, die anderen Pfeifen („Bordunpfeifen") erzeugen jeweils einen durchgehenden Ton – so entsteht der charakteristische Dudelsack-Klang.

Zu 323.

C. Fabel.

Fabeln sind in Vers- oder Prosaform verfasste kurze Erzählungen mit belehrender Absicht. Als Akteure mit menschlichen Charakterzügen treten vor allem Tiere auf, aber auch fabelhafte Mischwesen, Pflanzen und Gegenstände. Die Dramatik der Fabelhandlung zielt auf eine Schlusspointe hin, an die sich meist eine allgemeingültige Moral anschließt.

Zu 324.

B. Ludwig van Beethoven

Der Komponist Ludwig van Beethoven (1770–1827) schuf neun Sinfonien, zahlreiche Streichquartette, Lieder, Klavierstücke, Orchesterwerke, Messen und eine Oper. Beethoven gilt als einer der wichtigsten Vertreter der Wiener Klassik, der die Musik dieser Stilepoche zu ihrer höchsten Entwicklung geführt hat, insbesondere in den stilprägenden Formen der Sinfonie, der Klaviersonate und des Streichquartetts.

Zu 325.

A. Leonardo da Vinci

Die weltberühmte „Mona Lisa" wurde von Leonardo da Vinci (1452–1519) auf dünnes Pappelholz gemalt und entstand wahrscheinlich von 1503 bis 1505. Da Vinci – Maler, Bildhauer, Architekt, Musiker, Anatom, Mechaniker, Ingenieur, Naturphilosoph und Erfinder – gilt als der Universalmensch der Renaissance. Er schuf Gemälde, Skulpturen und andere Kunstgegenstände und entwarf visionäre Gebäude und Maschinen – viele Projekte konnte er jedoch nie realisieren.

Zu 326.

C. Wolfgang Amadeus Mozart

Wolfgang Amadeus Mozart (1756–1791) war ein Komponist der Wiener Klassik. Sein umfangreiches Werk genießt weltweite Popularität und gehört zum bedeutendsten Repertoire der Klassik. Mozart war außerordentlich vielseitig und der wohl einzige Komponist der Musikgeschichte, der in allen Kompositionsgattungen seiner Zeit Meisterwerke schuf. Weitere bekannte Mozart-Opern neben der „Zauberflöte" sind „Don Giovanni", „Così fan tutte", „Die Entführung aus dem Serail" und „Idomeneo".

Zu 327.

C. Thomas Mann

Der deutsche Schriftsteller Thomas Mann (1875–1955) schrieb die „Buddenbrooks" im Zeitraum von 1897 bis 1900. 1929 erhielt er dafür den Literatur-Nobelpreis.

Zu 328.

A. Bob Marley

Bob Marley (1945–1981) begann seine Karriere als Sänger, Gitarrist und Songschreiber in der jamaikanischen Hauptstadt Kingston. Er spielte zunächst in einer Band, bevor er als Solokünstler durchstartete. Seine spirituell geprägten Songs transportieren die Botschaft der Rastafari-Religion, zu der Marley 1967 konvertierte.

Zu 329.

C. Gotik

Der Kölner Dom, die nach dem Ulmer Münster zweithöchste Kirche Europas, zählt zum UNESCO-Weltkulturerbe. Der gotische Bau wurde im 13. Jahrhundert begonnen, erst 1880 fertiggestellt und im Zweiten Weltkrieg durch Bombentreffer stark beschädigt. Die Gotik entstand im 12. Jahrhundert und war geprägt von dem Bemühen, die christliche Ideenwelt darzustellen. In der Kunst spielten Symbol und Allegorie eine wichtige Rolle, das zentrale Element gotischer Baukunst ist der Spitzbogen.

Zu 330.

B. René Descartes

René Descartes (1596–1650) war ein französischer Philosoph, Mathematiker und Naturwissenschaftler. Er gilt als Begründer des modernen frühneuzeitlichen Rationalismus („Cartesianismus"). Sein berühmtes Diktum „cogito ergo sum" („ich denke, also bin ich") bildet die Grundlage seiner Metaphysik: Descartes betrachtet Geist und Materie als zwei voneinander verschiedene, unabhängige Substanzen („Cartesianischer Dualismus").

Allgemeinwissen

PC und Internet

Bearbeitungszeit 5 Minuten

Beantworten Sie bitte die folgenden Aufgaben, indem Sie jeweils den richtigen Buchstaben markieren.

331. Worauf lassen sich unberechtigte Zugriffe auf Computer häufig zurückführen?

A. Auf Cookies

B. Auf unsichere Passwörter

C. Auf instabile Betriebssysteme

D. Auf überholte Hardware

E. Keine Antwort ist richtig.

332. Über einen Account kann man …?

A. Dateiformate beliebig umwandeln.

B. den Computerstart beschleunigen.

C. sich an Computern, Mailkonten oder Online-Diensten anmelden.

D. den Speicherplatz seines PCs vergrößern.

E. Keine Antwort ist richtig.

333. Welche Reihe sortiert die jeweiligen Datenmengen in aufsteigender Folge?

A. Byte, Kilobyte, Gigabyte, Megabyte

B. Byte, Bit, Kilobyte, Megabyte

C. Kilobyte, Terabyte, Megabyte, Gigabyte

D. Byte, Kilobyte, Megabyte, Gigabyte

E. Keine Antwort ist richtig.

334. Über eine IP-Adresse findet man …?

A. Produzenten und Herstellungsorte der gekauften Hard- und Software.

B. Internet-Produktdienstleister, die sich im IP-Verband zusammengeschlossen haben.

C. Geräte, die an ein Netzwerk angeschlossen sind.

D. die E-Mail-Kontaktdaten zu jeder Person mit E-Mail-Konto.

E. Keine Antwort ist richtig.

335. Was wird in der IT als „Tool" bezeichnet?

A. Eine spezielle Software, nämlich ein Dienstprogramm zur Systemverwaltung

B. Ein spezielles Werkzeug zum Einbau von Hardware

C. Ein Adapter, durch den z. B. Mäuse und Drucker an unübliche Anschlüsse angeschlossen werden können

D. Der Anhang einer E-Mail

E. Keine Antwort ist richtig.

336. Was ist ein Motherboard?

A. Die Schnittstelle zu einem Server

B. Der Sockel zum Einsetzen der Grafikkarte

C. Die Hauptplatine zur Unterbringung der Komponenten

D. Ein Computergehäuse

E. Keine Antwort ist richtig.

337. Per Drag & Drop lassen sich ...?

   A. Computer schnell auseinanderbauen und wieder zusammensetzen.

   B. Objekte auf grafischen Benutzeroberflächen einfach verschieben.

   C. Peripheriegeräte problemlos anschließen.

   D. Kabel- leicht durch Funkverbindungen ersetzen.

   E. Keine Antwort ist richtig.

338. Welche Aussage zur Firewall ist richtig?

   A. Eine Firewall ist ein Programm, das Schutz vor unberechtigtem Zugriff aus dem Internet bietet.

   B. Eine Firewall kann nur zwischen zwei WAN-Netzwerken („Wide Area Networks") geschaltet werden.

   C. Eine Firewall muss zwischen ein LAN- („Local Area Network") und ein WAN-Netzwerk („Wide Area Network") geschaltet werden.

   D. Eine Firewall kann nur zwischen zwei LAN-Netzwerken („Local Area Networks") geschaltet werden.

   E. Keine Antwort ist richtig.

339. Welche Komponente fällt aus der Reihe?

   A. Festplatte

   B. CD-ROM

   C. USB-Stick

   D. Arbeitsspeicher

   E. Keine Antwort ist richtig.

340. Welches Dateiformat fällt aus der Reihe?

   A. .jpg

   B. .exe

   C. .com

   D. .bat

   E. Keine Antwort ist richtig.

Lösung

Zu 331.

B. Auf unsichere Passwörter

Passwörter dienen der Authentifizierung von Benutzern beim Zugriff auf einen Computer. Unsichere Passwörter kommen zustande, da sie von menschlichen Benutzern eingegeben werden und einprägsam sein müssen, so dass sie oft wenig komplex und leicht zu erraten oder zu ermitteln sind. Vermieden werden sollten Eigennamen, Geburtstage oder Adressen oder ihre einfache Kombination. Sichere Passwörter können durch einen Zufallsgenerator erzeugt werden, sind dann aber schwer einprägsam.

Zu 332.

C. sich an Computern, Mailkonten oder Online-Diensten anmelden.

Ein Account ist eine Zugangsberechtigung, mit der man auf ein personalisiertes Nutzerkonto bei Computern, E-Mail-Diensten oder weiteren im Internet verfügbaren Angeboten, etwa von Versandhäusern oder sozialen Netzwerken, zugreifen kann. Ein Account besteht üblicherweise aus einem Benutzernamen und einem Passwort.

Zu 333.

D. Byte, Kilobyte, Megabyte, Gigabyte

Acht Bit ergeben ein Byte, 1.000 Byte ein Kilobyte, 1.000 Kilobyte ein Megabyte und 1.000 Megabyte ein Gigabyte; es folgen Terabyte, Petabyte und Exabyte. Die Einheiten sind aber (noch) nicht endgültig standardisiert; parallel zur genannten gibt es auch die binäre Zählweise: Hier entspricht ein Kilobyte $2^{10} = 1.024$ Byte, ein Gigabyte 1.024 Kilobyte usw. An der abgefragten Reihenfolge ändert sich dadurch nichts.

Zu 334.

C. Geräte, die an ein Netzwerk angeschlossen sind.

Eine IP-Adresse ist eine Kennziffer, die es ermöglicht, jedes Gerät in einem auf Basis des Internetprotokolls (IP) eingerichteten Netzwerk zu identifizieren. Der lange Jahre vorherrschende IPv4-Standard definiert eine IP-Adresse als 32 Bit langes Datenwort. Es besteht in der bekanntesten Notation aus vier Zahlen zwischen 1 und 255, die durch einen Punkt getrennt sind. Rechnerisch lassen sich so knapp 4,3 Milliarden Adressen darstellen. Da dieser Vorrat in absehbarer Zeit erschöpft sein wird, hat man mittlerweile das IPv6-Verfahren eingeführt: Es erlaubt 128 Bit lange Adressen in Hexadezimal-Schreibweise.

Zu 335.

A. Eine spezielle Software, nämlich ein Dienstprogramm zur Systemverwaltung

Tools sind in der IT nützliche Dienstprogramme, u. a. zur Konfiguration von Hardware, zur Wartung des Systems und zur Analyse der Systemauslastung. Einige Tools gehören in der Regel zum Lieferumfang des Betriebssystems, außerdem bieten verschiedene Anbieter im Internet diverse Tools zum Herunterladen an.

Zu 336.

C. Die Hauptplatine zur Unterbringung der Komponenten

„Motherboard", „Mainboard" oder „Systemplatine" nennt man die Hauptplatine eines Computers, auf der sich in der Regel folgende Systemkomponenten befinden: die CPU, der PCI-Bus mit den Slots für die Erweiterungskarten, die Steckplätze für den Arbeitsspeicher, verschiedene Schnittstellen, der Cache, die Echtzeituhr, BIOS-ROM und CMOS-RAM, die verschiedenen Controller und der Tastatur-Prozessor. Die Konzeption des Mainboards beeinflusst systemrelevante Parameter wie die Systemleistung, die Zukunftssicherheit und die Kompatibilität zu Systemkomponenten (Anschlüsse, Erweiterbarkeit).

Zu 337.

B. Objekte auf grafischen Benutzeroberflächen einfach verschieben.

Drag & Drop (engl. für „ziehen und fallenlassen") steht für eine Methode, auf grafischen Benutzeroberflächen Objekte mit der Maus zu bewegen. Auf diese Weise lassen sich z. B. Dateien leicht von einem Ordner in einen anderen kopieren oder Textpassagen innerhalb von Dokumenten verschieben.

Zu 338.

A. Eine Firewall ist ein Programm, das Schutz vor unberechtigtem Zugriff aus dem Internet bietet.

Eine Firewall überwacht den Datenverkehr zwischen zwei Netzwerken. Anhand festgelegter Regeln entscheidet sie, welche Netzwerkpakete durchgelassen werden und welche nicht, vor allem zum Schutz vor unerlaubten Zugriffen. So lässt sich beispielsweise ein privates Netz gegen ungewollte Zugriffe aus dem Internet sichern.

Zu 339.

D. Arbeitsspeicher

Alle Komponenten dienen zur Datenspeicherung. Im Gegensatz zu Festplatten, CD-ROMs und USB-Sticks sichert der Arbeitsspeicher diese Informationen jedoch nicht dauerhaft. Nach einer Stromunterbrechung sind sie daher in der Regel auf diesem Medium nicht mehr vorhanden.

Zu 340.

A. .jpg

Dateien mit den Endungen „.exe", „.com" und „.bat" sind ausführbar: Sie können nach ihrem Aufruf als Programm starten. Eine „.jpg"-Datei ist eine Bilddatei. Oft enthalten schädliche Mails virenverseuchte Anhänge, die sich z. B. als harmlose Bilddatei tarnen, aber anhand ihrer Namenserweiterung als ausführbare Programmdatei zu erkennen sind.

Allgemeinwissen

Wirtschaft und Finanzen   *Bearbeitungszeit 5 Minuten*

Beantworten Sie bitte die folgenden Aufgaben, indem Sie jeweils den richtigen Buchstaben markieren.

341. Welcher Begriff bezeichnet die Differenz von Soll und Haben?

   A. Skonto

   B. Saldo

   C. Storno

   D. Giro

   E. Keine Antwort ist richtig.

342. Wie nennt man den Gewinnanteil, der an die Aktionäre ausgeschüttet wird?

   A. Prämie

   B. Zinsen

   C. Bonus

   D. Dividende

   E. Keine Antwort ist richtig.

343. Was versteht man unter dem Begriff „Inflation"?

   A. Preisniveaustabilität

   B. Anstieg des Preisniveaus

   C. Sinkende Preise

   D. Geldaufwertung

   E. Keine Antwort ist richtig.

344. Welche Wirtschaftsform sieht das Grundgesetz für die Bundesrepublik Deutschland vor?

   A. Soziale Marktwirtschaft

   B. Liberale Marktwirtschaft

   C. Planwirtschaft

   D. Das Grundgesetz sieht keine Wirtschaftsform ausdrücklich vor.

   E. Keine Antwort ist richtig.

345. Welche Aussage zur Umsatzsteuer („Mehrwertsteuer") trifft nicht zu?

   A. Die Umsatzsteuer beträgt für alle entgeltlich erbrachten Leistungen 19 Prozent.

   B. Die Umsatzsteuer ist in der Regel eine indirekte Steuer.

   C. Die Umsatzsteuer ist für einige Warengruppen (z. B. Lebensmittel, Bücher) ermäßigt.

   D. Die Umsatzsteuer ist für Unternehmen vorsteuerabzugsfähig, der Endverbraucher muss die volle Steuerlast tragen.

   E. Keine Antwort ist richtig.

346. Welche Aussage zur Aktie ist richtig?

   A. Alle Aktien werden an der Börse gehandelt.

   B. Nur die Belegschaft darf Aktien erwerben.

   C. Die Aktien werden vom Staat ausgegeben.

   D. Es gibt Namensaktien und Inhaberaktien.

   E. Keine Antwort ist richtig.

347. Was sind Subventionen?

A. Sonderzahlungen an das Militär

B. Strafen, die bei Gesetzesverstößen angeordnet werden

C. Mindestlöhne in der Landwirtschaft

D. Finanzielle Unterstützungen des Staates für Unternehmen

E. Keine Antwort ist richtig.

348. Was versteht man unter „Rezession"?

A. Einen wirtschaftlichen Aufschwung

B. Wirtschaftliche Stabilität

C. Einen Rückgang der Wirtschaftskraft

D. Steigende Gewinne

E. Keine Antwort ist richtig.

349. Wie heißt der Index für die 30 größten und umsatzstärksten Unternehmen an der Frankfurter Wertpapierbörse?

A. TecDax

B. MDax

C. SDax

D. Dax

E. Keine Antwort ist richtig.

350. Was versteht man volkswirtschaftlich unter dem „tertiären Sektor"?

A. Rohstoffgewinnung

B. Rohstoffverarbeitung

C. Dienstleistungsbereich

D. Konsumgüterindustrie

E. Keine Antwort ist richtig.

Lösung

Zu 341.

B. Saldo

Die Differenz von Soll und Haben heißt Saldo. Ein Skonto ist ein Preisnachlass, den ein Käufer erhält, wenn er den Rechnungsbetrag innerhalb einer bestimmten Frist zahlt. „Storno" steht für das Rückgängigmachen einer Kontobuchung oder die Rückabwicklung eines Vertrags. Den Ausdruck „Giro" kennt man unter anderem vom Girokonto – einem Konto, über das der (bargeldlose) Zahlungsverkehr abgewickelt wird.

Zu 342.

D. Dividende

Dividenden sind Gewinnbeteiligungen, die eine Aktiengesellschaft an ihre Aktionäre ausschüttet. Die Verwendung des Bilanzgewinns einer AG – und damit die Dividendenhöhe – wird vom Vorstand vorgeschlagen, vom Aufsichtsrat geprüft und von der Hauptversammlung beschlossen. Die Dividende ist von der allgemeinen Geschäftslage abhängig und kann daher von Jahr zu Jahr schwanken oder sogar ganz ausfallen.

Zu 343.

B. Anstieg des Preisniveaus

„Inflation" nennt man eine Geldentwertung: Das Austauschverhältnis von Geld zu allen anderen Gütern verändert sich zulasten des Geldes. Zur Berechnung der Inflationsrate können unterschiedliche Preisindizes herangezogen werden; das Statistische Bundesamt der Bundesrepublik nutzt den Lebenshaltungsindex für Haushalte: Anhand eines festgelegten Warenkorbs bestimmt man die Entwicklung der Lebenshaltungskosten und dadurch die Inflationsrate.

Zu 344.

D. Das Grundgesetz sieht keine Wirtschaftsform ausdrücklich vor.

Das Grundgesetz der Bundesrepublik Deutschland legt keine bestimmte Wirtschaftsform fest. Das Bundesverfassungsgericht betrachtet das Grundgesetz daher als wirtschaftlich neutral. Abweichende Meinungen wie die des Rechtswissenschaftlers Hans Carl Nipperdey, wonach das Grundgesetz die soziale Marktwirtschaft vorsehe, konnten sich nicht durchsetzen.

Zu 345.

A. Die Umsatzsteuer beträgt für alle entgeltlich erbrachten Leistungen 19 Prozent.

Die Umsatzsteuer ist eine Abgabe, die auf Umsätze erhoben wird, die aus entgeltlich erbrachten Leistungen entstehen. Der Umsatzsteuersatz liegt nach der letzten Erhöhung zum 1. Januar 2007 bei 19 Prozent. Für bestimmte Warengruppen (Lebensmittel, Bücher, Zeitschriften, bestimmte Kunstgegenstände) gilt ein ermäßigter Umsatzsteuersatz von aktuell 7 Prozent. Die Umsatzsteuer ist nach der Lohnsteuer die wichtigste Einnahmequelle des Staates.

Zu 346.

D. Es gibt Namensaktien und Inhaberaktien.

Die Aktie ist ein Wertpapier, das einen Anteil am Grundkapital einer Aktiengesellschaft verbrieft. Aktien können an einer Wertpapierbörse oder auch außerbörslich gehandelt werden.

Inhaber von Namensaktien (engl. „registered share") werden namentlich im Aktienregister eingetragen, mit Adresse, Geburtsdatum und der Stückzahl der erworbenen Aktien. Die verbreiteteren Inhaberaktien hingegen laufen nicht auf eine bestimmte Person: Sie können ohne besondere Formalitäten ge- und verkauft werden und eignen sich daher gut für den Börsenhandel.

Zu 347.

D. Finanzielle Unterstützungen des Staates für Unternehmen

Subventionen sind finanzielle Vorteile, die ein Staat privaten Haushalten, Unternehmen oder anderen Staaten gewährt. In Form direkter Subventionen kann der Staat Zuschüsse, günstige Kredite, Bürgschaften oder Förderungskapital vergeben. An indirekten Subventionen zu nennen sind Steuererlasse, Zollbefreiungen, Rückvergütungen, Erstattungen sowie der Verzicht auf Abgaben und sonstige Verbindlichkeiten.

Zu 348.

C. Einen Rückgang der Wirtschaftskraft

„Rezession" steht für einen wirtschaftlichen Abschwung, eine anhaltende konjunkturelle Schwäche. Kennzeichen von Rezessionsphasen sind: pessimistische wirtschaftliche Erwartungen, fallende Börsenkurse, eine schrumpfende Nachfrage, überfüllte Lager, ein Überstundenabbau, beginnende Kurzarbeit, ausbleibende Investitionen, eine teilweise Stilllegung von Produktionsanlagen sowie stagnierende oder sinkende Preise, Löhne und Zinsen. Nach herrschender Auffassung besteht eine Rezession, wenn die Wirtschaftsleistung in zwei aufeinanderfolgenden Quartalen im Vergleich zum Vorjahr stagniert oder schrumpft und somit ein gleichbleibendes oder sinkendes Bruttoinlandsprodukt zu erwarten ist.

Zu 349.

D. Dax

Der Dax wurde gemeinsam von der Arbeitsgemeinschaft der deutschen Wertpapierbörsen, der Frankfurter Wertpapierbörse und der Börsen-Zeitung entwickelt und am 1. Juli 1988 eingeführt. Als Leitindex des deutschen Aktienmarkts ist er der wichtigste deutsche Aktienindex. Der Dax gibt Auskunft über den Stand und die Entwicklung der Aktienkurse der 30 größten und umsatzstärksten deutschen Unternehmen an der Frankfurter Wertpapierbörse.

Zu 350.

C. Dienstleistungsbereich

Der primäre Sektor steht für die Gewinnung und der sekundäre für die Verarbeitung von Rohstoffen. Der tertiäre Sektor bezeichnet den Dienstleistungsbereich. Nach der Drei-Sektoren-Hypothese entwickelt sich eine Volkswirtschaft vom Ausgangsstadium mit einer hohen Ausdehnung des primären Sektors (geringer Maschineneinsatz) über das zweite Stadium mit fortschreitender Automatisierung (Manufakturen, Fließbandfertigung) zum dritten Stadium: Hier ist die Rohstoffgewinnung und -verarbeitung so weit automatisiert, dass dafür kaum noch Arbeitskraft benötigt wird – der Übergang zur Dienstleistungsgesellschaft ist vollzogen.

Allgemeinwissen

Richtige Begriffe einsetzen

Bearbeitungszeit 5 Minuten

Welcher Begriff ergänzt die Lücke sachlich korrekt?

Beantworten Sie bitte die folgenden Aufgaben, indem Sie jeweils den richtigen Buchstaben markieren.

351. Eine _____ kann man nur durch 1 und sich selbst teilen.

    A. Primzahl
    B. Kubikzahl
    C. Quadratwurzel
    D. Potenz
    E. Keine Antwort ist richtig.

352. Die _____ des Menschen ist unantastbar. (Artikel 1, Satz 1 des Grundgesetzes)

    A. Freiheit
    B. Seele
    C. Ehre
    D. Würde
    E. Keine Antwort ist richtig.

353. Die menschlichen _____ sind in Chromosomen gebündelt.

    A. Blutkörperchen
    B. Erbinformationen
    C. Zellen
    D. Nervenbahnen
    E. Keine Antwort ist richtig.

354. Eine _____ verbrieft einen Anteil an einer Gesellschaft.

    A. Rendite
    B. Aktie
    C. Subvention
    D. Dividende
    E. Keine Antwort ist richtig.

355. Alle Tiere haben _____ .

    A. Nasen
    B. Ohren
    C. Lungen
    D. einen Stoffwechsel
    E. Keine Antwort ist richtig.

356. Ohne _____ kann Eisen nicht rosten.

    A. Kohlenstoff
    B. Stickstoff
    C. Sauerstoff
    D. Wasserstoff
    E. Keine Antwort ist richtig.

357. Im Rahmen des demografischen Wandels steigt hierzulande der Anteil _____ in der Bevölkerung.

    A. unverheirateter Menschen
    B. konfessionsloser Menschen
    C. jüngerer Menschen
    D. älterer Menschen
    E. Keine Antwort ist richtig.

358. Vitamin D kann der menschliche Körper mithilfe von _____ selbst bilden.

    A. Sonnenlicht
    B. Mineralwasser
    C. sportlicher Betätigung
    D. Getreideprodukten
    E. Keine Antwort ist richtig.

359. Mit einem _____ misst man die Luftfeuchtigkeit.

A. Nanometer

B. Manometer

C. Hygrometer

D. Thermometer

E. Keine Antwort ist richtig.

360. _____ sind Lösungen mit einem niedrigen pH-Wert.

A. Emulsionen

B. Basen

C. Säuren

D. Laugen

E. Keine Antwort ist richtig.

Lösung

Zu 351.

A. Primzahl

Primzahlen sind nur durch 1 und sich selbst ohne Rest teilbar. Die Primzahlen bis 100 lauten: 2, 3, 5, 7, 11, 13, 17, 19, 23, 29, 31, 37, 41, 43, 47, 53, 59, 61, 67, 71, 73, 79, 83, 89, 97.

Zu 352.

D. Würde

Artikel 1 des Grundgesetzes lautet: „Die Würde des Menschen ist unantastbar. Sie zu achten und zu schützen ist Verpflichtung aller staatlichen Gewalt."

Zu 353.

B. Erbinformationen

Die menschlichen Erbinformationen sind in den Genen codiert. Mehrere Gene reihen sich jeweils zu einem langen, dünnen Faden aneinander, der wiederum zu einer kompakten Struktur, einem Chromosom aufgewickelt ist. Der Mensch besitzt 23 verschiedene Chromosomenpaare, also insgesamt 46 Chromosomen. Darunter findet sich nur bei Frauen ein xx-Chromosomenpaar und ausschließlich bei Männern ein xy-Paar.

Zu 354.

B. Aktie

Die Rede ist von der Aktie. Dividenden sind Gewinnbeteiligungen, die Aktiengesellschaften an ihre Aktionäre ausschütten. Subventionen sind finanzielle Vorteile, die ein Staat Privathaushalten, Unternehmen oder anderen Staaten gewährt. Die Rendite beziffert den mit einer Geldanlage erzielten Gewinn im Verhältnis zum eingesetzten Kapital.

Zu 355.

D. einen Stoffwechsel

Einem Tier, das weder Nase, noch Ohren oder Lunge besitzt, begegnet man recht häufig – dem Regenwurm. Wie alle anderen Lebewesen hat er jedoch einen Stoffwechsel, das heißt: Sein Organismus wandelt chemische Stoffe in andere Stoffe um, die er braucht, um seine Körpersubstanz zu erhalten, Energie zu gewinnen und seine Körperfunktionen aufrechtzuerhalten. Ein weiterer Stoffwechsel-Prozess ist die Umwandlung schädlicher Stoffe in ausscheidbare Stoffe.

Zu 356.

C. Sauerstoff

Rost entsteht, wenn Eisen oder Stahl in Gegenwart von Wasser mit Sauerstoff oxidiert. Dabei verliert das Metall Elektronen an eine Wasser-Sauerstoff-Verbindung, wodurch sich seine Eigenschaften und seine Funktionalität verändern. Man nennt diesen Prozess auch Korrosion.

Zu 357.

D. älterer Menschen

Als demografischen Wandel bezeichnet man die hiesigen Tendenzen in der Bevölkerungsentwicklung. Maßgebliche demografische Faktoren sind die Geburten- und Sterbezahlen sowie Zu- und Fortzüge. In Deutschland liegt seit Beginn der 70er-Jahre die Sterberate über der Geburtenrate, sodass die Bevölkerung insgesamt abnimmt. Gleichzeitig steigt der Bevölkerungsanteil der älteren Menschen.

Zu 358.

A. Sonnenlicht

Die Substanz Cholecalciferol – auch als Vitamin D bekannt – kann der menschliche Körper in der Haut selbst herstellen. Eine Voraussetzung dafür ist die Einwirkung von UVB-Strahlung, wie sie im Sonnenlicht vorkommt. Vitamin D übernimmt wichtige Aufgaben im Organismus, beispielsweise beim Knochenaufbau.

Zu 359.

C. Hygrometer

Zur Bestimmung der Luftfeuchtigkeit nutzt man ein Hygrometer. Der Name des Instruments setzt sich zusammen aus den altgriechischen Wörtern „hygrós" („feucht", „nass") und „métron" („Maß", „Maßstab"). Mit einem Thermometer misst man Temperaturen, mit einem Manometer Drücke. Das Nanometer ist eine Längeneinheit und entspricht einem milliardstel Meter.

Zu 360.

C. Säuren

Der pH-Wert gibt an, wie sauer bzw. basisch eine wässrige Lösung ist. Niedrige Werte haben beispielsweise Zitronensaft (pH-Wert 2,4), Magensäure (1–1,5) und Batteriesäure (<1). Am anderen Ende der Skala finden sich Basen wie Seife (9–10), Bleichmittel (12,5) oder Natronlauge (13,5–14). Emulsionen sind Gemische zweier normalerweise nicht mischbarer Flüssigkeiten (ohne sichtbare Entmischung), „Lauge" ist ein umgangssprachlicher Ausdruck für eine bestimmte Art von Basen.

Allgemeinwissen

Aussagen überprüfen   *Bearbeitungszeit 5 Minuten*

Wie gut kennen Sie die Gesellschaft, in der Sie leben?

In diesem Abschnitt erhalten Sie verschiedene statistische Angaben zur Bevölkerung in Deutschland. Welche davon treffen zu und welche nicht?

Beantworten Sie bitte die folgenden Aufgaben, indem Sie „A" für „stimmt" oder „B" für „stimmt nicht" markieren.

361. **Fast 80 Prozent der privaten Haushalte in Deutschland haben einen Internetanschluss.**

    A. stimmt
    B. stimmt nicht

362. **Die Mehrheit der Deutschen befürwortete die Einführung des gesetzlichen Mindestlohns grundsätzlich.**

    A. stimmt
    B. stimmt nicht

363. **Knapp zwei Drittel der Erwachsenen in Deutschland rauchen.**

    A. stimmt
    B. stimmt nicht

364. **Rein statistisch gesehen kommt in Deutschland auf jeden Einwohner mehr als ein Pkw.**

    A. stimmt
    B. stimmt nicht

365. **Fast jeder zweite Jugendliche zwischen 10 und 18 Jahren besitzt ein Mobiltelefon.**

    A. stimmt
    B. stimmt nicht

366. **Wer heute in Deutschland geboren wird, hat eine Lebenserwartung von über 75 Jahren.**

    A. stimmt
    B. stimmt nicht

367. **Mehr als 20 Prozent der deutschen Bevölkerung sind Vegetarier oder Veganer.**

    A. stimmt
    B. stimmt nicht

368. **Die Sportvereine in Deutschland haben zusammen über 20 Millionen Mitglieder.**

    A. stimmt
    B. stimmt nicht

369. **Weniger als ein Viertel der Bevölkerung gehört keiner Religionsgemeinschaft an.**

    A. stimmt
    B. stimmt nicht

370. **Über 40 Prozent der rund 40 Millionen Privathaushalte in Deutschland wohnen im Wohneigentum.**

    A. stimmt
    B. stimmt nicht

Lösung

Zu 361.

B. stimmt nicht

Wie das Statistische Bundesamt anhand von Stichproben ermittelte, verfügen rund 90 Prozent der Privathaushalte in Deutschland über einen Internetanschluss. Darin eingeschlossen sind auch mobile Verbindungen.

Zu 362.

A. stimmt

Zum 1. Januar 2015 wurde in Deutschland ein flächendeckender allgemeiner Mindestlohn von 8,50 Euro brutto pro Stunde eingeführt. Umfragen ergaben dazu eine Zustimmungsquote von über 80 Prozent unter der wahlberechtigten Bevölkerung.

Zu 363.

B. stimmt nicht

Studien zufolge raucht etwa ein Drittel der Erwachsenen in Deutschland, das sind rund 20 Millionen Menschen.

Zu 364.

B. stimmt nicht

Laut Kraftfahrt-Bundesamt sind derzeit rund 45 Millionen Pkw zugelassen, während die Bevölkerungszahl bei gut 81 Millionen Menschen liegt.

Zu 365.

B. stimmt nicht

Verschiedene repräsentative Umfragen haben ergeben, dass hierzulande inzwischen über 90 Prozent der 10- bis 18-Jährigen ein Handy oder Smartphone besitzen.

Zu 366.

A. stimmt

Das Statistische Bundesamt bezifferte 2015 die durchschnittliche Lebenserwartung neugeborener Mädchen mit 83,1 Jahren, diejenige neugeborener Jungen mit 78,2 Jahren. Die durchschnittliche Lebenserwartung nahm in den vergangenen Jahrzehnten stetig zu.

Zu 367.

B. stimmt nicht

Gestützt durch verschiedene Umfragen, rechnet der deutsche Vegetarierbund mit rund 8 Millionen Vegetariern und knapp einer Million Veganern. Bei gut 81 Millionen Einwohnern kommen beide Gruppen zusammen auf einen Bevölkerungsanteil von ungefähr 11 Prozent.

Zu 368.

A. stimmt

Laut der jährlichen Bestandserhebung des Deutschen Olympischen Sportbundes haben die hiesigen Sportvereine zwischen 23 und 24 Millionen Mitglieder.

Zu 369.

B. stimmt nicht

Hierzulande ist etwas mehr als jeder dritte Einwohner konfessionslos, das heißt, er gehört keiner Religionsgemeinschaft an. Ungefähr 60 Prozent der Bevölkerung sind Christen und schätzungsweise 2 bis 5,5 Prozent Muslime. Die übrigen Religionsgemeinschaften – darunter Buddhisten und Juden – kommen zusammen auf einen Bevölkerungsanteil von rund 1 Prozent.

Zu 370.

A. stimmt

Eine Auswertung des Statistischen Bundesamtes zeigt: Rund 28 Prozent der 40 Millionen Privathaushalte in Deutschland leben im eigenen Einfamilienhaus, 15 Prozent in einer Eigentumswohnung bzw. im eigenen Mehrfamilienhaus.

Prüfung · Teil 3

Mathematik

Grundrechenarten ohne Taschenrechner

Bearbeitungszeit 8 Minuten

Die Aufgaben sind **unter Zeitdruck** und **ohne Taschenrechner** zu lösen, **unter Berücksichtigung der Punkt-vor-Strich-Regel**.

Beantworten Sie bitte die folgenden Aufgaben, indem Sie jeweils das richtige Ergebnis eintragen.

371. $0{,}01 + 0{,}03 + 4{,}31 - 0{,}2 =$ _____

372. $314 + 17{,}2 - 7{,}4 =$ _____

373. $243{,}5 - 14 \times 3 =$ _____

374. $(2 \div 2) \times 2 \times 2 + 8 =$ _____

375. $(25 + 7) \times ((0{,}7 \times (2 - 2)) =$ _____

376. $4{,}32 \times 5 \div 3 =$ _____

377. $5{,}6 \div (4{,}5 + 3{,}5) \times 9 =$ _____

378. $6{,}1 + 4{,}9 \div 7 - 5{,}4 =$ _____

379. $57{,}6 \div 2 \div 4 \div 9 =$ _____

380. $8{,}7 \div 30 + 0{,}71 + 27{,}5 =$ _____

381. $(12{,}6 - 237 + 349) \div 2 =$ _____

382. $8{,}85 - (1{,}35 + 2{,}75) \times 2 =$ _____

383. $((64 + 5 \times 3) + 3) \div 5 =$ _____

384. $(2{,}75 + (139 - 13) \div 2) \div 5 =$ _____

385. $72 \div 8 \times 1{,}5 + 1{,}5 =$ _____

Lösung

Zu 371.

$0,01 + 0,03 + 4,31 - 0,2 =$ **4,15**

Zu 372.

$314 + 17,2 - 7,4 =$ **323,8**

Zu 373.

$243,5 - 14 \times 3 =$ **201,5**

Zu 374.

$(2 \div 2) \times 2 \times 2 + 8 =$ **12**

Zu 375.

$(25 + 7) \times ((0,7 \times (2 - 2)) =$ **0**

Zu 376.

$4,32 \times 5 \div 3 =$ **7,2**

Zu 377.

$5,6 \div (4,5 + 3,5) \times 9 =$ **6,3**

Zu 378.

$6,1 + 4,9 \div 7 - 5,4 =$ **1,4**

Zu 379.

$57,6 \div 2 \div 4 \div 9 =$ **0,8**

Zu 380.

$8,7 \div 30 + 0,71 + 27,5 =$ **28,5**

Zu 381.

$(12,6 - 237 + 349) \div 2 =$ **62,3**

Zu 382.

$8,85 - (1,35 + 2,75) \times 2 =$ **0,65**

Zu 383.

$((64 + 5 \times 3) + 3) \div 5 =$ **16,4**

Zu 384.

$(2,75 + (139 - 13) \div 2) \div 5 =$ **13,15**

Zu 385.

$72 \div 8 \times 1,5 + 1,5 =$ **15**

Mathematik

Kopfrechnen   *Bearbeitungszeit 10 Minuten*

Bei dieser Aufgabe geht es darum, einfache Rechnungen im Kopf zu lösen.

Bitte benutzen Sie **keinen Taschenrechner** und machen Sie **keine schriftlichen Nebenrechnungen!**

Beantworten Sie bitte die folgenden Aufgaben, indem Sie jeweils den richtigen Buchstaben markieren.

386. $5.400 - 8 + 608 = ?$

    A. 5.992

    B. 5.999

    C. 6.000

    D. 6.012

    E. 6.100

387. $8 - 4 + 3 \times 4 = ?$

    A. 4

    B. 16

    C. 18

    D. 28

    E. Keine Antwort ist richtig.

388. $567.616 - 564.854 = ?$

    A. 2.662

    B. 2.762

    C. 2.862

    D. 3.762

    E. Keine Antwort ist richtig.

389. Wie lautet die Quadratzahl von 16?

    A. 32

    B. 225

    C. 196

    D. 256

    E. Keine Antwort ist richtig.

390. $12 - 6 \div 2 \times 4 = ?$

    A. 0

    B. 6

    C. 12

    D. −10

    E. Keine Antwort ist richtig.

391. $(-8) \times 3 + (-5) \times 7 = ?$

    A. 59

    B. 11

    C. −11

    D. −59

    E. Keine Antwort ist richtig.

392. $8.648 + 9.576 + 978 = ?$

    A. 18.304

    B. 18.302

    C. 19.202

    D. 20.202

    E. Keine Antwort ist richtig.

393. $\dfrac{1}{4} - 2 + 4\dfrac{3}{4} - 0,5 + 7,5 = ?$

    A. 11

    B. 12

    C. 10

    D. 7,5

    E. 8

394. **94.584 ÷ 563 = ?**

    A. 142

    B. 168

    C. 172

    D. 186

    E. Keine Antwort ist richtig.

395. **520.668 ÷ 18 = ?**

    A. 28.916

    B. 28.926

    C. 29.126

    D. 29.326

    E. Keine Antwort ist richtig.

Lösung

Zu 386.

C. 6.000

Am einfachsten erhalten Sie die Lösung, indem Sie geschickt zusammenfassen:

$-8 + 608 = 600$

$5.400 + 600 = 6.000$

Zu 387.

B. 16

Beachten Sie die Punkt-vor-Strich-Regel.

$8 - 4 + 3 \times 4 = 8 - 4 + 12 = 16$

Zu 388.

B. 2.762

Das Ergebnis lautet 2.762.

$$
\begin{array}{r}
567.616 \\
-\quad 564.854 \\
\hline
_{1}\ \ _{1} \\
\hline
=\quad 2.762
\end{array}
$$

Zu 389.

D. 256

Die Quadratzahl von 16 lautet 256.

$16^2 = 16 \times 16 = 256$

Zu 390.

A. 0

Beachten Sie die Punkt-vor-Strich-Regel.

$12 - 6 \div 2 \times 4 = 12 - 3 \times 4 = 12 - 12 = 0$

Zu 391.

D. −59

Beachten Sie die Punkt-vor-Strich-Regel.

$-8 \times 3 = -24$

$(-5) \times 7 = -35$

$-24 + (-35) = -59$

Zu 392.

C. 19.202

Das Ergebnis lautet 19.202.

$$
\begin{array}{r}
8.648 \\
+\quad 9.576 \\
+\quad 978 \\
+\quad {}_{2}\ {}_{2}\,{}_{2} \\
\hline
=\quad 19.202
\end{array}
$$

Zu 393.

C. 10

Rechnen Sie wie folgt:

$\dfrac{1}{4} + 4\dfrac{3}{4} = 5$

$-2 - 0,5 + 7,5 = 5$

$5 + 5 = 10$

Zu 394.

B. 168

Das Ergebnis lautet 168.

$94584 \div 563 = 168$

$$
\begin{array}{l}
563 \\
{}_{1} \\
\hline
3828 \\
3378 \\
{}_{1} \\
\hline
4504 \\
4504 \\
\hline
\quad\quad 0
\end{array}
$$

Zu 395.

B. 28.926

Das Ergebnis lautet 28.926.

$$520668 \div 18 = 28926$$

$$
\begin{array}{l}
\underline{36} \\
160 \\
\underline{144} \\
166 \\
\underline{162} \\
46 \\
\underline{36} \\
108 \\
\underline{108} \\
0
\end{array}
$$

Mathematik

Bruchrechnen   ***Bearbeitungszeit 10 Minuten***

In diesem Abschnitt werden die wesentlichen Zusammenhänge der Bruchrechnung überprüft, wobei der Bruchstrich nichts anderes als ein Geteiltzeichen darstellt.

Beantworten Sie bitte die folgenden Aufgaben, indem Sie jeweils den richtigen Buchstaben markieren.

396. $4\dfrac{8}{4} = ?$

A. 4

B. 6

C. 8

D. 10

E. Keine Antwort ist richtig.

397. $\dfrac{4}{2} + \dfrac{1}{3} = ?$

A. 2

B. $2\dfrac{1}{3}$

C. 2,5

D. $2\dfrac{2}{3}$

E. Keine Antwort ist richtig.

398. $\dfrac{3}{5} \div 5 = ?$

A. $\dfrac{3}{25}$

B. 3

C. $\dfrac{3}{1}$

D. $\dfrac{15}{25}$

E. Keine Antwort ist richtig.

399. $\dfrac{3}{4} - \dfrac{1}{3} = ?$

A. $\dfrac{5}{12}$

B. $\dfrac{2}{1}$

C. $\dfrac{2}{4}$

D. $\dfrac{4}{4}$

E. Keine Antwort ist richtig.

400. $\dfrac{7}{2} - \dfrac{3}{3} = ?$

A. $\dfrac{2}{3}$

B. 3

C. $\dfrac{5}{2}$

D. $\dfrac{3}{2}$

E. Keine Antwort ist richtig.

401. $\dfrac{24}{7} - \dfrac{2}{5} = ?$

    A. $3\dfrac{1}{35}$

    B. $2\dfrac{3}{4}$

    C. $\dfrac{96}{35}$

    D. $4\dfrac{1}{7}$

    E.   Keine Antwort ist richtig.

402. $3\dfrac{3}{4} \times 2\dfrac{1}{3} = ?$

    A.   9,75

    B.   9,5

    C.   10,5

    D.   8,75

    E.   Keine Antwort ist richtig.

403. $3\dfrac{3}{4} + 2\dfrac{1}{3} = ?$

    A.   6,75

    B.   6,08

    C.   8,95

    D.   8,75

    E.   Keine Antwort ist richtig.

404. $4\dfrac{1}{3} \times \dfrac{1}{4} = ?$

    A. $4\dfrac{1}{4}$

    B. $4\dfrac{1}{3}$

    C. $1\dfrac{1}{12}$

    D. $4\dfrac{1}{12}$

    E.   Keine Antwort ist richtig.

405. $\left(2\dfrac{1}{2} + 2\dfrac{2}{4}\right) \div \left(8 - 1\dfrac{4}{2}\right) = ?$

    A.   0,5

    B. $4\dfrac{3}{6}$

    C. $\dfrac{6}{6}$

    D. $4\dfrac{1}{4}$

    E.   Keine Antwort ist richtig.

Lösung

Zu 396.

B. 6

Wandeln Sie die gemischte Zahl in einen reinen Bruch um und kürzen Sie diesen.

$$4\frac{8}{4} = \frac{24}{4} = 6$$

Zu 397.

B. $2\frac{1}{3}$

Brüche werden addiert, indem man den gemeinsamen Nenner findet, die Zähler addiert und den Nenner beibehält. Anschließend ist das Ergebnis hier so weit wie möglich zu kürzen und in eine gemischte Zahl umzuwandeln.

$$\frac{4}{2} + \frac{1}{3} = \frac{12}{6} + \frac{2}{6} = \frac{14}{6} = \frac{7}{3} = 2\frac{1}{3}$$

Zu 398.

A. $\frac{3}{25}$

Ein Bruch wird durch eine ganze Zahl dividiert, indem man die ganze Zahl mit dem Nenner des Bruches multipliziert und den Zähler beibehält. Das Ergebnis ist so weit wie möglich zu kürzen.

$$\frac{3}{5} \div 5 = \frac{3}{5} \times \frac{1}{5} = \frac{3}{25}$$

Zu 399.

A. $\frac{5}{12}$

Brüche werden subtrahiert, indem man den gemeinsamen Nenner findet, diesen beibehält und die Zähler voneinander subtrahiert. Das Ergebnis ist so weit wie möglich zu kürzen.

$$\frac{3}{4} - \frac{1}{3} = \frac{9}{12} - \frac{4}{12} = \frac{5}{12}$$

Zu 400.

C. $\frac{5}{2}$

Brüche werden subtrahiert, indem man einen gemeinsamen Nenner findet, die Zähler subtrahiert und den Nenner beibehält. Das Ergebnis ist so weit wie möglich zu kürzen.

$$\frac{7}{2} - \frac{3}{3} = \frac{21}{6} - \frac{6}{6} = \frac{15}{6} = \frac{5}{2}$$

Zu 401.

A. $3\frac{1}{35}$

Brüche werden subtrahiert, indem man sie auf einen gemeinsamen Nenner bringt, die Zähler subtrahiert und den Nenner beibehält.

$$\frac{24}{7} - \frac{2}{5} = \frac{120}{35} - \frac{14}{35} = \frac{106}{35} = 3\frac{1}{35}$$

Zu 402.

D. 8,75

Brüche werden multipliziert, indem man Zähler und Zähler sowie Nenner und Nenner miteinander multipliziert. Anschließend muss das Ergebnis hier in Dezimalform gebracht werden.

$$3\frac{3}{4} \times 2\frac{1}{3} = \frac{15}{4} \times \frac{7}{3} = \frac{105}{12} = 8,75$$

Zu 403.

B. 6,08

Gemischte Zahlen sollten zunächst in reine Brüche umgewandelt werden. Brüche werden addiert, indem man den gemeinsamen Nenner findet, die Zähler addiert und den Nenner beibehält. Anschließend ist das Ergebnis hier in Dezimalform zu bringen.

$$3\frac{3}{4} + 2\frac{1}{3} = \frac{15}{4} + \frac{7}{3} = \frac{45}{12} + \frac{28}{12} = \frac{73}{12} = 6,08$$

Zu 404.

C. $1\dfrac{1}{12}$

Gemischte Zahlen sollten zunächst in reine Brüche umgewandelt werden. Brüche werden multipliziert, indem man jeweils ihre Zähler und Nenner miteinander malnimmt. Anschließend ist das Ergebnis hier in eine gemischte Zahl umzuwandeln.

$$4\dfrac{1}{3}\times\dfrac{1}{4}=\dfrac{13}{3}\times\dfrac{1}{4}=\dfrac{13}{12}=1\dfrac{1}{12}$$

Zu 405.

C. $\dfrac{6}{6}$

Gemischte Zahlen sollten zunächst in reine Brüche umgewandelt werden:

$$\left(2\dfrac{1}{2}+2\dfrac{2}{4}\right)\div\left(8-1\dfrac{4}{2}\right)=\left(\dfrac{5}{2}+\dfrac{10}{4}\right)\div\left(8-\dfrac{6}{2}\right)$$

Brüche werden addiert bzw. subtrahiert, indem man sie auf einen gemeinsamen Nenner bringt, ihre Zähler addiert bzw. subtrahiert und den Nenner beibehält:

$$\left(\dfrac{5}{2}+\dfrac{10}{4}\right)\div\left(\dfrac{16}{2}-\dfrac{6}{2}\right)=\left(\dfrac{10}{4}+\dfrac{10}{4}\right)\div\left(\dfrac{16}{2}-\dfrac{6}{2}\right)$$

$$=\dfrac{20}{4}\div\dfrac{10}{2}$$

Brüche werden dividiert, indem man den ersten Wert mit dem Kehrwert des zweiten Werts (durch den geteilt werden soll) multipliziert:

$$\dfrac{20}{4}\div\dfrac{10}{2}=\dfrac{20}{4}\times\dfrac{2}{10}$$

Anschließend ist das Ergebnis so weit wie möglich zu kürzen:

$$\dfrac{20}{4}\times\dfrac{2}{10}=\dfrac{40}{40}=1=\dfrac{6}{6}$$

Mathematik

Umrechnen (Maße und Einheiten)   *Bearbeitungszeit 8 Minuten*

Beantworten Sie bitte die folgenden Aufgaben, indem Sie jeweils den richtigen Buchstaben markieren.

406. **Der Abstand zwischen zwei Schienenkörpern wird als „Spurweite" bezeichnet und beträgt 1.435 mm. Wie viele Dezimeter sind das?**

   A. 1,435 dm

   B. 14,35 dm

   C. 0,1435 dm

   D. 143,5 dm

   E. Keine Antwort ist richtig.

407. **Herr Müller möchte ein neues Logistikzentrum bauen lassen und benötigt dafür eine Grundfläche von 100 m × 80 m. Wie vielen Quadratmetern entspricht das?**

   A. 800 m²

   B. 8.000 m²

   C. 80.000 cm²

   D. 800.000 cm²

   E. Keine Antwort ist richtig.

408. **Wie viele Milligramm sind 0,078 Gramm?**

   A. 78

   B. 7,8

   C. 780

   D. 0,78

   E. Keine Antwort ist richtig.

409. **Wie viele Meter sind 41,4 Kilometer?**

   A. 414.000 m

   B. 41.400 m

   C. 4.140 m

   D. 414 m

   E. Keine Antwort ist richtig.

410. **Die Tragkraft einer Hebebühne beträgt 1,05 Tonnen. Wie vielen Kilogramm entspricht das?**

   A. 105 kg

   B. 1.050 kg

   C. 1.500 kg

   D. 15.000 kg

   E. Keine Antwort ist richtig.

411. **Wie viele Deziliter sind 0,25 Liter?**

   A. 250

   B. 25

   C. 2,5

   D. 5

   E. Keine Antwort ist richtig.

412. **Wie viele Zentner sind 425 Kilogramm?**

   A. 8,5

   B. 85

   C. 42,5

   D. 4,25

   E. Keine Antwort ist richtig.

413. **Wie viele Meter pro Sekunde sind 75 Kilometer pro Stunde?**

   A. 20,83

   B. 7,5

   C. 22,5

   D. 18

   E. Keine Antwort ist richtig.

414. **Bei einem Gewitter wurde laut Wetteramt eine Niederschlagshöhe von 41,5 mm pro Stunde erreicht. Wie viele Liter Wasser gingen demnach stündlich auf einen Quadratmeter nieder?**

   A. 0,415

   B. 4,15

   C. 41,5

   D. 415

   E. Keine Antwort ist richtig.

415. **Ein Floh ist 2 Millimeter groß und springt 40 Zentimeter weit. Wie weit könnte ein 1,80 Meter großer Mensch springen, wenn das Verhältnis von Körpergröße zu Sprungkraft dasselbe wäre?**

   A. 360 m

   B. 72 m

   C. 3,6 km

   D. 720 dm

   E. Keine Antwort ist richtig.

Lösung

Zu 406.

B. 14,35 dm

Die Spurweite beträgt 14,35 Dezimeter.

$$1\,mm = \frac{1}{10}\,cm = \frac{1}{100}\,dm$$

$$1.435\,mm = 1.435 \times \frac{1}{100}\,dm = 14,35\,dm$$

Zu 407.

B. 8.000 m²

Die Grundfläche beträgt 8.000 m².

$100\,m \times 80\,m = 8.000\,m^2$

Zu 408.

A. 78

Ein Gramm entspricht 1.000 Milligramm, also ergeben 0,078 Gramm 78 Milligramm:

$0,078 \times 1.000\,mg = 78\,mg$

Zu 409.

B. 41.400 m

Ein Kilometer entspricht 1.000 Metern, also ergeben 41,4 Kilometer 41.400 Meter:

$41,4 \times 1.000\,m = 41.400\,m$

Zu 410.

B. 1.050 kg

Eine Tonne entspricht 1.000 Kilogramm, also ergeben 1,05 Tonnen 1.050 Kilogramm:

$1,05 \times 1.000\,kg = 1.050\,kg$

Zu 411.

C. 2,5

Ein Liter entspricht 10 Dezilitern, also ergeben 0,25 Liter 2,5 Deziliter:

$0,25 \times 10\,dl = 2,5\,dl$

Zu 412.

A. 8,5

Ein Zentner entspricht 50 Kilogramm, also ergeben 425 Kilogramm 8,5 Zentner:

$425\,kg \div 50\,kg = 8,5$

Zu 413.

A. 20,83

Da ein Kilometer 1.000 Metern und eine Stunde 3.600 Sekunden entspricht, entsprechen 75 Kilometer pro Stunde 75.000 Metern in 3.600 Sekunden. Welche Distanz wird nun in einer Sekunde zurückgelegt?

$$\frac{75.000\,m}{3.600\,s} = \frac{750\,m}{36\,s} \approx 20,83\,\frac{m}{s}$$

75 Kilometer pro Stunde entsprechen 20,83 Metern pro Sekunde.

Zu 414.

C. 41,5

Ein Millimeter entspricht 0,001 Metern. Auf einen Quadratmeter gingen demnach 0,0415 Kubikmeter Wasser nieder:

$41,5 \times 0,001\,m \times 1\,m^2 = 0,0415\,m^3$

Ein Kubikmeter entspricht 1.000 Kubikdezimetern bzw. 1.000 Litern, also ergeben 0,0415 Kubikmeter 41,5 Liter:

$0,0415 \times 1.000\,l = 41,5\,l$

Bei dem Gewitter gingen pro Quadratmeter stündlich 41,5 Liter Wasser nieder.

Zu 415.

A. 360 m

Ein Zentimeter entspricht 10 Millimetern, also entspricht eine Sprungweite von 40 Zentimetern dem 200-fachen der Körpergröße eines Flohs:

$40 \times 10 \text{ mm} \div 2 \text{ mm} = 200$

Ein Mensch könnte 360 Meter weit springen:

$1{,}8 \text{ m} \times 200 = 360 \text{ m}$

Mathematik

Gemischte Textaufgaben   *Bearbeitungszeit 15 Minuten*

Beantworten Sie bitte die folgenden Aufgaben, indem Sie jeweils den richtigen Buchstaben markieren.

416. Eine Wohngemeinschaft von drei Personen möchte einen neuen Fernseher kaufen. Der Preis von 1.110 € soll durch drei Personen geteilt werden. Person A zahlt doppelt so viel wie Person C, Person C zahlt 300 €, der Anteil von Person B beträgt 30 % weniger als der von Person C. Wie hoch ist der Anteil von Person A?

    A. 500 €

    B. 1.110 €

    C. 600 €

    D. 400 €

    E. Keine Antwort ist richtig.

417. Ein Käsehersteller möchte einen Käseblock in vier gleiche Stücke teilen. Mit welcher Dezimalzahl muss er das Gewicht des Käseblocks multiplizieren, um auf das Gewicht von einem Stück zu kommen?

    A. 0,25

    B. 0,75

    C. 0,66

    D. 0,50

    E. Keine Antwort ist richtig.

418. Eine Straße wird von beiden Enden gleichzeitig gebaut. Vom einen Ende werden täglich fünf Meter und vom anderen Ende sieben Meter fertig gestellt. Nach wie viel Tagen ist der Straßenbau beendet, wenn 1.200 Meter zu fertigen sind?

    A. 70 Tage

    B. 90 Tage

    C. 100 Tage

    D. 120 Tage

    E. Keine Antwort ist richtig.

419. Frau Müller hat für eine kleine Betriebsfeier 25 kg Obst für 65 € gekauft. Neben 12 kg Birnen hat sie 13 kg Äpfel für 2,60 € das Kilo gekauft. Was kostet ein Kilogramm Birnen?

    A. 1,50 €

    B. 2,60 €

    C. 3,20 €

    D. 4,10 €

    E. Keine Antwort ist richtig.

420. In einer Kleinstadt gibt es 9.000 Haushalte. In drei Vierteln der Haushalte leben Kinder. In drei Fünfteln der Haushalte mit Kindern leben Jungen. In wie vielen Haushalten leben Jungen?

    A. 4.100

    B. 4.700

    C. 3.500

    D. 4.050

    E. Keine Antwort ist richtig.

421. Addiert man zu einer Zahl 3 und multipliziert die Summe daraus mit 3, so erhält man die Zahl 33. Welche Zahl wird gesucht?

    A. 6

    B. 7

    C. 8

    D. 9

    E. Keine Antwort ist richtig.

422. Ein 80 Meter langes Seil soll so zweigeteilt werden, dass der längere Teil 4-mal so lang ist wie der kürzere. Wie lang ist der kurze Teil?

   A. 10 m

   B. 40 m

   C. 20 m

   D. 16 m

   E. Keine Antwort ist richtig.

423. John ist vier Jahre älter als Ivana. Zusammen kommen sie auf 40 Jahre. Wie alt ist John?

   A. 16 Jahre

   B. 18 Jahre

   C. 20 Jahre

   D. 22 Jahre

   E. Keine Antwort ist richtig.

424. Eine Mathematik-Prüfung hat insgesamt 60 Aufgaben. $2/6$ der Rechenaufgaben sind einfach, $2/12$ der Rechenaufgaben sind sehr schwer. Wie viele Aufgaben sind entweder leicht oder sehr schwer?

   A. 20

   B. 30

   C. 40

   D. 50

   E. Keine Antwort ist richtig.

425. Herr Müller hat 62 € im Portemonnaie und seine Frau 38 €. Welchen Betrag muss Herr Müller seiner Frau geben, damit beide gleich viel Geld haben?

   A. 10 €

   B. 12 €

   C. 16 €

   D. 14 €

   E. Keine Antwort ist richtig.

426. Der vierte Teil einer Zahl ist um 28 kleiner als das Dreifache von 13. Wie lautet die gesuchte Zahl?

   A. 24

   B. 38

   C. 44

   D. 56

   E. Keine Antwort ist richtig.

427. In einem Käfig befinden sich Gänse und Ziegen. Die Tiere haben zusammen 53 Köpfe und 166 Beine. Wie viele Ziegen befinden sich in dem Käfig?

   A. 30

   B. 53

   C. 40

   D. 36

   E. Keine Antwort ist richtig.

428. Zwei alkoholhaltige Getränke werden zu gleichen Teilen zu einem Cocktail vermengt. Der Alkoholgehalt des einen Getränks liegt bei 17,5 %, der des anderen Getränks bei 30 %. Wie viel Prozent Alkohol enthalten 100 ml des Cocktails?

   A. 25 %

   B. 47,5 %

   C. 23,75 %

   D. 21,25 %

   E. Keine Antwort ist richtig.

429. Ein Kegelverein hat insgesamt 72 Mitglieder – $5/8$ von ihnen lesen gerne, $6/9$ gehen gerne ins Kino. Wie viele Kinogänger gibt es mehr oder weniger als Lesefreunde?

   A. 2 Kinogänger weniger als Lesefreunde

   B. 6 Kinogänger mehr als Lesefreunde

   C. 3 Kinogänger mehr als Lesefreunde

   D. 4 Kinogänger weniger als Lesefreunde

   E. Keine Antwort ist richtig.

430. Die Hauptbestandteile der menschlichen Nahrung sind Kohlenhydrate, Eiweiße und Fette. Sie liefern unterschiedliche Mengen an Energie, die in Joule oder häufig auch in Kalorien (1 Kalorie entspricht rund 4,2 Joule) angegeben wird: So besitzt 1 Gramm Kohlenhydrat oder Eiweiß einen Brennwert von rund 17 Kilojoule, 1 Gramm Fett kommt auf 39 Kilojoule. Der tägliche Energiebedarf sollte höchstens bis zu etwa 30 Prozent durch Fett gedeckt werden. Wie viel Fett dürfte ein erwachsener Mann mit einem durchschnittlichen Tagesbedarf von 2.500 Kilokalorien pro Tag demnach täglich zu sich nehmen?

A. Rund 18 Gramm

B. Rund 126 Gramm

C. Rund 54 Gramm

D. Rund 320 Gramm

E. Rund 81 Gramm

Lösung

Zu 416.

C. 600 €

Der Anteil von Person A beträgt 600 €.

$2 \times 300\ € = 600\ €$

Zu 417.

A. 0,25

$$\frac{1}{4} = 0,25$$

Zu 418.

C. 100 Tage

Die Straße ist nach 100 Tagen fertig gestellt.

$5\ m + 7\ m = 12\ m$

$1.200\ m \div 12\ m/Tag = 100\ Tage$

Zu 419.

B. 2,60 €

Das Kilogramm Birnen kostet 2,60 €.

Äpfel = 13 kg × 2,60 €/kg = 33,80 €

Birnen = 65 € – 33,80 € = 31,20 €

31,20 € ÷ 12 kg = 2,60 € pro kg Birnen

Zu 420.

D. 4.050

In 4.050 Haushalten leben Jungen.

9.000 × ¾ = 6.750 Haushalte mit Kindern

6.750 × ⅗ = 4.050 Haushalte mit Jungen

Zu 421.

C. 8

Rechnen Sie rückwärts:

$33 \div 3 = 11$

$11 - 3 = 8$

Zu 422.

D. 16 m

Das kurze Seil ist 16 Meter lang.

Langes Seil = 4 Teile

Kurzes Seil = 1 Teil

Insgesamt = 5 Teile

80 m ÷ 5 = 16 m

Zu 423.

D. 22 Jahre

John ist 22 Jahre alt. Setzt man für Johns Alter die Variable x, kann man die Textangaben in folgender Gleichung zusammenfassen:

$x + (x - 4) = 40$

Nun kann man nach x auflösen:

$x + x - 4 = 40$	$\mid\ + 4$
$2x = 44$	$\mid \div 2$
$x = 22$	

Zu 424.

B. 30

30 Aufgaben sind entweder leicht oder sehr schwer.

Das Ergebnis berechnet sich durch die Addition der leichten und sehr schweren Aufgaben:

$$\frac{2}{6} \times 60 + \frac{2}{12} \times 60 = 20 + 10 = 30$$

Zu 425.

B. 12 €

Herr Müller muss seiner Frau zwölf Euro geben, damit beide gleich viel Geld im Portemonnaie haben.

62 € + 38 € = 100 €

100 € ÷ 2 = 50 €

62 € – 50 € = 12 €

Zu 426.

C. 44

Die gesuchte Zahl lautet 44. Anhand der Aufgabenstellung lässt sich folgende Gleichung aufstellen:

$y \div 4 = 3 \times 13 - 28 = 39 - 28 = 11$

$y = 44$

Zu 427.

A. 30

Da Gänse und Ziegen zusammen auf 53 Köpfe kommen, handelt es sich folglich auch um 53 Tiere. Nimmt man für die Anzahl der Gänse die Variable x und für die Zahl der Ziegen die Variable y, lassen sich folgende Gleichungen aufstellen:

$x + y = 53$ (Anzahl der Köpfe)

$2x + 4y = 166$ (Anzahl der Beine)

Nun kann man die erste Gleichung nach x auflösen und sie in die zweite Gleichung einsetzen:

$x = 53 - y$

$2 (53 - y) + 4y = 166$

$106 - 2y + 4y = 166 \qquad | -106$

$2y = 60 \qquad | \div 2$

$y = 30$

Im Käfig befinden sich 30 Ziegen.

Zu 428.

C. 23,75 %

Da die Getränke zu gleichen Teilen vermengt werden, enthält das Endprodukt einen Alkoholanteil, der genau in der Mitte beider Werte liegt:

$(30 + 17,5) \div 2 - 47,5 \div 2 - 23,75$

Der Cocktail enthält 23,75 % Alkohol. Der Prozentanteil ist unabhängig von der Menge.

Zu 429.

C. 3 Kinogänger mehr als Lesefreunde

45 Vereinsmitglieder lesen gerne:

$\frac{5}{8} \times 72 = 45$

48 Vereinsmitglieder gehen gerne ins Kino:

$\frac{6}{9} \times 72 = 48$

Da ein Vereinsmitglied sowohl gerne lesen als auch gerne ins Kino gehen kann, kann die Summe beider Gruppen über der Gesamtzahl der Vereinsmitglieder liegen. Es gibt aber 3 Vereinsmitglieder mehr, die gerne ins Kino gehen, als solche, die sich fürs Lesen interessieren.

Zu 430.

E. Rund 81 Gramm

Der Tagesbedarf von 2.500 Kilokalorien entspricht 10.500 Kilojoule:

$2.500 \times 4,2 = 10.500$

30 Prozent von 10.500 Kilojoule sind 3.150 Kilojoule:

$$\text{Prozentwert} = \frac{\text{Prozentsatz} \times \text{Grundwert}}{100}$$

$$\text{Prozentwert} = \frac{30 \times 10.500}{100} = 3.150$$

Da ein Gramm Fett einen Brennwert von rund 39 Kilojoule besitzt, entsprechen 3.150 Kilojoule dem Brennwert von ca. 81 Gramm Fett:

$3.150 \div 39 \approx 81$

Ein erwachsener Mann sollte höchstens rund 81 Gramm Fett pro Tag zu sich nehmen.

Mathematik

Dreisatz   *Bearbeitungszeit 10 Minuten*

Beantworten Sie bitte die folgenden Aufgaben, indem Sie jeweils den richtigen Buchstaben markieren.

431. **Für die Kundschaft liegen Überweisungsvordrucke aus. Bei einem täglichen Verbrauch von 200 Vordrucken reicht der Vorrat für 20 Tage. Wie lange würde der Vorrat reichen, wenn der tägliche Verbrauch auf 400 steigen würde?**

   A. 5 Tage

   B. 10 Tage

   C. 15 Tage

   D. 20 Tage

   E. Keine Antwort ist richtig.

432. **In einer Goldmine werden aus einer Tonne Erz sechs Gramm Gold gewonnen. Wie viel Tonnen Erz werden für drei kg Gold benötigt?**

   A. 500 t

   B. 550 t

   C. 600 t

   D. 625 t

   E. Keine Antwort ist richtig.

433. **Drei Maler brauchen 1,5 Stunden, um eine Fläche von 63 Quadratmetern zu streichen. Wie lange brauchen fünf Maler dafür?**

   A. 60 Minuten

   B. 54 Minuten

   C. 48 Minuten

   D. 36 Minuten

   E. Keine Antwort ist richtig.

434. **Ein Schiff ist im Packeis eingeschlossen. Die Lebensmittelvorräte reichen den 72 Besatzungsmitgliedern noch für 15 Tage. Wie lange würden die Vorräte für 90 Mitglieder reichen?**

   A. 12 Tage

   B. 18 Tage

   C. 11,5 Tage

   D. 10 Tage

   E. Keine Antwort ist richtig.

435. **Für die Fertigstellung eines Auftrages werden gewöhnlich neun Mitarbeiter jeweils acht Stunden eingesetzt. Wie viele Überstunden muss jeder Mitarbeiter leisten, wenn krankheitsbedingt nur acht Mitarbeiter zu Verfügung stehen?**

   A. 1

   B. 2

   C. 3

   D. 4

   E. Keine Antwort ist richtig.

436. In einer Lagerhalle werden 500 Glühbirnen mit 50 Watt Stundenleistung je Glühbirne täglich 8 Stunden eingesetzt. Um den Energieverbrauch zu senken, möchte Firmenchef Müller in Zukunft die gleiche Anzahl an Energiesparlampen mit einer Leistung von 10 Watt pro Stück nur sechs Stunden täglich einsetzen. Wie viel Kilowattstunden spart Herr Müller durch die Umstellung täglich?

A. 170.000 kWh

B. 170 kWh

C. 160 kWh

D. 150 kWh

E. Keine Antwort ist richtig.

437. In einer Kantine wird von der Belegschaft, bestehend aus 140 Personen, in 5 Tagen 266 kg Obst verzehrt. Wie viel Kilogramm Obst würden im gleichen Zeitraum verbraucht, wenn die Belegschaft um 10 Personen aufgestockt würde?

A. 192 kg

B. 195 kg

C. 285 kg

D. 290 kg

E. Keine Antwort ist richtig.

438. Für eine Veranstaltung werden an zwei Tagen sechs Popcornmaschinen aufgestellt. Insgesamt kommen die Maschinen dabei auf einen Stromverbrauch von 420 kWh. Wie hoch wäre der Stromverbrauch, wenn man drei Tage lang acht Maschinen betreiben würde?

A. 800 kWh

B. 820 kWh

C. 840 kWh

D. 900 kWh

E. Keine Antwort ist richtig.

439. 12 Pferde fressen pro Woche 504 kg Heu. Wie viel Heu frisst ein Pferd in 30 Tagen?

A. 160 kg

B. 1.400 kg

C. 140 kg

D. 180 kg

E. Keine Antwort ist richtig.

440. 3 Fliesenleger verlegen die Fliesen in einem Badezimmer in 3,5 Stunden. Wie lange benötigen 7 Fliesenleger für dieselbe Arbeit?

A. 54 Minuten

B. 30 Minuten

C. 1,4 Stunden

D. 1,5 Stunden

E. Keine Antwort ist richtig.

Lösung

Zu 431.

B. 10 Tage

Die Vordrucke würden für 10 Tage ausreichen.

20 Tage × 200 Stk./Tag = 4.000 Stk. Vorrat

4.000 Stk. ÷ 400 Stk./Tag = 10 Tage

Zu 432.

A. 500 t

Zur Gewinnung von drei kg Gold benötigt man 500 t Erz.

3.000 g ÷ 6 g × 1 t = 500 t

Zu 433.

B. 54 Minuten

Ein einziger Maler benötigt für das Anstreichen derselben Fläche das Dreifache der Zeit:

3 × 1,5 h = 4,5 h

Fünf Maler benötigen wiederum ein Fünftel dieser Zeit:

4,5 h ÷ 5 = 0,9 h

Fünf Maler brauchen 0,9 Stunden – oder 54 Minuten – um eine Fläche von 63 Quadratmetern zu streichen.

Zu 434.

A. 12 Tage

Wenn 15 Menschen von den Vorräten 72 Tage leben können, könnte ein einziges Besatzungsmitglied davon 1.080 Tage leben:

15 × 72 = 1.080

Für 90 Besatzungsmitglieder beträgt die Zeit ¹⁄₉₀ davon:

1.080 ÷ 90 = 12

Die Vorräte reichen 90 Besatzungsmitgliedern für 12 Tage.

Zu 435.

A. 1

Jeder Mitarbeiter müsste eine Überstunde machen.

9 (Mitarbeiter) × 8 h = 72 h

72 h ÷ 8 (Mitarbeiter) = 9 h

9 h – 8 h = 1 Überstunde pro Mitarbeiter

Zu 436.

B. 170 kWh

Herr Müller würde durch die Umstellung 170 kWh einsparen.

500 × 50 W × 8 h = 200.000 Wattstunden (Wh)

500 × 10 W × 6 h = 30.000 Wattstunden (Wh)

200.000 Wh – 30.000 Wh = 170.000 Wh

170.000 Wh = 170 kWh

Zu 437.

C. 285 kg

Es werden 285 kg Obst benötigt.

140 + 10 = 150 Personen

266 kg ÷ 140 × 150 = 285 kg Obst

Zu 438.

C. 840 kWh

Der Stromverbrauch würde 840 kWh betragen.

420 kWh ÷ 6 Maschinen ÷ 2 d = 35 kWh pro Maschine pro Tag

35 kWh × 8 (Maschinen) × 3 (Tage) = 840 kWh

Zu 439.

D. 180 kg

Wenn 12 Pferde pro Woche 504 kg Heu fressen, liegt der Tagesbedarf eines Pferds bei:

504 kg ÷ 12 (Pferde) ÷ 7 (Tage) = 6 kg

In 30 Tagen frisst ein Pferd 180 kg Heu:

6 kg × 30 = 180 kg

Zu 440.

D. 1,5 Stunden

Ein einziger Fliesenleger würde für die gleiche Arbeit das Dreifache an Zeit benötigen:

3 × 3,5 h = 10,5 h

7 Fliesenleger erledigen die Arbeit in ½ dieser Zeit:

10,5 h ÷ 7 = 1,5 h

7 Fliesenleger verlegen die Fliesen im Badezimmer in 1,5 Stunden.

Mathematik

Fläche und Volumen

Beantworten Sie bitte die folgenden Aufgaben, indem Sie jeweils den richtigen Buchstaben markieren.

441. **Wie groß ist das Volumen (V) eines Würfels mit einer Kantenlänge von 7 Metern?**

 A. 4.900 m^3

 B. 212 m^3

 C. 646 m^3

 D. 343 m^3

 E. 767 m^3

442. **Ein Kreis hat einen Durchmesser von 20 Metern. Wie groß ist sein Flächeninhalt? Der Flächeninhalt eines Kreises berechnet sich nach der Formel: $A = \pi \times r^2$.**

 A. 400 m^2

 B. 314 m^2

 C. 3.256 m^2

 D. 3.640 m^2

 E. 269 m^2

443. **Ein Versandkarton ist 12 Zentimeter lang, 6 Zentimeter breit und 5 Zentimeter hoch. Wie groß ist die Oberfläche (A) des Kartons?**

 A. 280 cm^2

 B. 246 cm^2

 C. 162 cm^2

 D. 418 cm^2

 E. 324 cm^2

444. **Herr Klein möchte in seinem rechteckigen Wohnzimmer neue Parkettleisten verlegen. Das Zimmer ist 5,40 Meter lang und 4,50 Meter breit. Die Tür – Breite: 1,20 Meter – will er aussparen. Wie viele Meter Parkettleiste benötigt er?**

 A. 11,50 m

 B. 15,20 m

 C. 17,40 m

 D. 18,60 m

 E. 19,30 m

445. **Eine Kugel hat einen Durchmesser (d) von 12 Zentimetern. Wie groß ist ihr Volumen? Das Kugelvolumen berechnet sich nach der Formel:**

 $$V = \frac{4}{3}\pi \times r^3 .$$

 A. Rund $1.609,02 \text{ cm}^2$

 B. Rund $1.309,18 \text{ cm}^3$

 C. Rund $210,34 \text{ cm}^2$

 D. Rund $486,46 \text{ cm}^3$

 E. Rund $904,32 \text{ cm}^3$

446. **Alle Kanten eines Würfels ergeben zusammengenommen eine Länge von 120 cm. Wie groß ist der Flächeninhalt (A) einer Seitenfläche?**

 A. 40 cm^2

 B. 64 cm^2

 C. 100 cm^2

 D. 120 cm^2

 E. 136 cm^2

447. Ein quaderförmiges Zimmer ist 6 Meter lang, 3,50 Meter breit und 3 Meter hoch. Wie viele Kubikmeter Sauerstoff befinden sich im Zimmer, wenn der Sauerstoffanteil der Luft bei 21 Prozent liegt?

A. $13,23 \ m^3$

B. $16,76 \ m^3$

C. $19,87 \ m^3$

D. $21,63 \ m^3$

E. $23,67 \ m^3$

448. Herr Kerner legt seinen Garten neu an und lässt sich 4,5 Kubikmeter Erde liefern, die auf die Gartenfläche verteilt eine Schicht von 15 Zentimetern Dicke ergeben. Wie groß ist die Fläche seines Gartens?

A. $56 \ m^2$

B. $42 \ m^2$

C. $30 \ m^2$

D. $67,5 \ m^2$

E. $45 \ m^2$

449. Frau Fleischer möchte ihren Swimmingpool auffüllen. Das quaderförmige Becken ist 3,3 Meter breit, 6,5 Meter lang, 2 Meter hoch und bereits zu einem Wasserstand von 20 Zentimetern Höhe gefüllt. Wie viele Liter Wasser muss Frau Fleischer einfüllen, damit das Becken komplett gefüllt ist?

A. 38.610 Liter

B. 3.630 Liter

C. 43,420 Liter

D. 43.800 Liter

E. 390.000 Liter

450. In einem rechtwinkligen Dreieck ist die Ankathete 4 cm und die Gegenkathete 3 cm lang. Wie lang ist die Hypotenuse?

A. 4 cm

B. 8 cm

C. 5 cm

D. 3 cm

E. Keine Antwort ist richtig.

Lösung

Zu 441.

D. 343 m³

Alle 12 Kanten eines Würfels sind gleich lang. Wie bei jedem Quader berechnet sich auch der Rauminhalt eines Würfels durch die Multiplikation von Länge, Breite und Höhe – da in diesem Fall alle drei Maße identisch sind, ergibt sich für das Volumen:

$V = l \times b \times h = a \times a \times a = 7\,m \times 7\,m \times 7\,m$
$= 343\,m^3$

Das Volumen des Würfels beträgt 343 Kubikmeter.

Zu 442.

B. 314 m²

Die angegebene Formel bezieht sich auf den Radius (r) des Kreises. In der Aufgabenstellung wird jedoch der Durchmesser (d) genannt, der die doppelte Länge des Radius besitzt:

$r = \dfrac{d}{2} = \dfrac{20\,m}{2} = 10\,m$

Nun lässt sich die Fläche durch Einsetzen berechnen:

$A = \pi \times r^2 \approx 3{,}14 \times (10\,m)^2 \approx 3{,}14 \times 100\,m^2 \approx$
$314\,m^2$

Der Kreis hat einen Flächeninhalt von rund 314 Quadratmetern.

Zu 443.

E. 324 cm²

Die gesamte Oberfläche des Kartons besteht aus 6 rechteckigen Einzelflächen, wobei jeweils gegenüberliegende Flächen gleiche Abmessungen und dementsprechend auch den gleichen Flächeninhalt besitzen. Man muss also nicht den Inhalt aller 6 Flächen einzeln ausrechnen, sondern nur die 3 unterschiedlichen Flächeninhalte, die anschließend verdoppelt und addiert werden:

$O = 2\,(l \times b) + 2\,(b \times h) + 2\,(l \times h)$

Durch Einsetzen ergibt sich:

$O = 2\,(12\,cm \times 6\,cm) + 2\,(6\,cm \times 5\,cm)$
$+ 2\,(12\,cm \times 5\,cm) = 2 \times 72\,cm^2 + 2 \times 30\,cm^2$
$+ 2 \times 60\,cm^2 = 144\,cm^2 + 60\,cm^2 + 120\,cm^2$
$= 324\,cm^2$

Die Gesamtoberfläche des Kartons beträgt 324 Quadratzentimeter.

Zu 444.

D. 18,60 m

Der Umfang (U) des Zimmers ergibt sich aus der doppelten Länge und doppelten Breite:

$U = 2 \times l + 2 \times b$

Durch Einsetzen erhält man:

$U = 2 \times 5{,}4\,m + 2 \times 4{,}5\,m = 10{,}8\,m + 9\,m$
$= 19{,}8\,m$

Nun muss noch die Türbreite abgezogen werden:

$19{,}8\,m - 1{,}2\,m = 18{,}6\,m$

Herr Klein benötigt 18,60 Meter Parkettleiste.

Zu 445.

E. Rund 904,32 cm³

Die angegebene Formel bezieht sich auf den Radius (r) des Kreises. In der Aufgabenstellung wird jedoch der Durchmesser genannt, der die doppelte Länge des Radius besitzt:

$r = \dfrac{d}{2} = 6\,cm$

Nun lässt sich das Volumen der Kugel durch Einsetzen berechnen:

$$V = \frac{4}{3}\pi \times r^3 = \frac{4}{3}\pi \times (6\,cm)^3 \approx 4,19 \times 216\,cm^3$$
$$\approx 904,32\,cm^3$$

Das Volumen der Kugel beträgt rund 904,32 Kubikzentimeter.

Zu 446.

C. 100 cm²

Da ein Würfel 12 gleich lange Kanten hat, lässt sich seine Kantenlänge (a) einfach berechnen, wenn die Gesamtlänge aller Kanten bekannt ist:

a = 120 cm ÷ 12 = 10 cm

Die 6 Seitenflächen eines Würfels sind quadratisch und gleich groß. Ihr Inhalt ergibt sich aus dem Quadrat der Kanten- bzw. Seitenlänge:

A = a × a = 10 cm × 10 cm = 100 cm²

Eine Seitenfläche ist 100 Quadratzentimeter groß.

Zu 447.

A. 13,23 m³

Das Volumen des rechteckigen Zimmers berechnet sich durch die Multiplikation von Länge, Breite und Höhe:

V = l × b × h = 6 m × 3,5 m × 3 m = 63 m³

Die Sauerstoffmenge im Zimmer – bei einem Anteil von 21 Prozent – berechnet sich nun nach folgender Formel:

$$Prozentwert = \frac{Grundwert \times Prozentsatz}{100}$$

$$Prozentwert = \frac{63\,m^3 \times 21}{100} = 13,23\,m^3$$

Im Zimmer befinden sich 13,23 Kubikmeter Sauerstoff.

Zu 448.

C. 30 m²

Das Volumen der Erdschicht berechnet sich durch Grundfläche mal Höhe:

V = l × b × h = A × h

Da das Volumen und die Höhe – bzw. Dicke – der Erdschicht bekannt sind, kann die Grundfläche wie folgt berechnet werden:

$$A = \frac{V}{h} = \frac{4,5\,m^3}{15\,cm} = \frac{4,5\,m^3}{0,15\,m} = 30\,m^2$$

Herrn Kerners Garten hat eine Fläche von 30 Quadratmetern.

Zu 449.

A. 38.610 Liter

Das Becken ist ein Quader, dessen Rauminhalt sich durch die Multiplikation seiner Länge, Breite und Höhe ergibt – diese reduziert sich jedoch um 20 Zentimeter, da das Becken ja schon bis zu dieser Höhe gefüllt ist. Das noch aufzufüllende Volumen des Beckens beträgt demnach:

Volumen = l × b × (h − 0,2 m) = 6,5 m × 3,3 m
× 1,8 m = 38,61 m³

Frau Fleischer muss noch 38,61 Kubikmeter Wasser in das Becken einfüllen. Dies entspricht einer Menge von 38.610 Litern Wasser (1 Kubikmeter = 1.000 Liter).

Zu 450.

C. 5 cm

Die Hypotenuse ist 5 cm lang.

$$a^2 + b^2 = c^2$$
$$4^2 + 3^2 = c^2$$
$$16 + 9 = c^2$$
$$c = \sqrt{25} = 5$$

Mathematik

Prozentrechnen   *Bearbeitungszeit 10 Minuten*

Bei der Prozentrechnung sind drei Größen zu beachten: der Prozentsatz, der Prozentwert und der Grundwert. Zwei dieser Größen müssen gegeben sein, um die dritte Größe berechnen zu können.

Beantworten Sie bitte die folgenden Aufgaben, indem Sie jeweils den richtigen Buchstaben markieren.

451. Durch seine langjährige Erfahrung im Handel konnte Herr Mayer den Preis für sein neues Fahrzeug von 20.000 € auf 18.000 € drücken. Wie viel Prozent Rabatt konnte Herr Mayer durch sein geschicktes Verhandeln erzielen?

A. 5 %

B. 10 %

C. 15 %

D. 20 %

E. Keine Antwort ist richtig.

452. Herr Mayer möchte eine Maschine für 16.000 € erwerben. Wie viel Euro würde Herr Mayer bei einem Rabatt von 15 Prozent sparen?

A. 2.440 €

B. 2.250 €

C. 2.400 €

D. 2.450 €

E. Keine Antwort ist richtig.

453. Bei der letzten Betriebsratswahl lag die Wahlbeteiligung bei 90 % und es haben 81 Beschäftigte gewählt. Wie viele wahlberechtigte Beschäftigte hatte die Firma damals?

A. 80 wahlberechtigte Beschäftigte

B. 82 wahlberechtigte Beschäftigte

C. 88 wahlberechtigte Beschäftigte

D. 90 wahlberechtigte Beschäftigte

E. Keine Antwort ist richtig.

454. Herr Mayer hat die im Lager eingesetzten Maschinen angemietet. Nach einer fünfprozentigen Mietpreiserhöhung erhöht sich der Betrag an Mietaufwand für Maschinen um 80 €. Wie hoch ist der neue Mietpreis für die Maschinen?

A. 1.200 €

B. 1.400 €

C. 1.680 €

D. 1.600 €

E. Keine Antwort ist richtig.

455. Herr Müller hat seine im Lager eingesetzten Maschinen angemietet. Nach einer sechsprozentigen Mietpreisanhebung erhöht sich der Mietaufwand um 108 €. Wie hoch ist der neue Mietpreis für die Maschinen?

A. 1.800 €

B. 1.908 €

C. 1.916 €

D. 1.924 €

E. Keine Antwort ist richtig.

456. Herr Mayer möchte sich einen neuen Pkw kaufen. Nach Abzug von 12 % Rabatt würde ihn das Fahrzeug nur noch 35.200 € kosten. Wie hoch war der ursprüngliche Preis des Fahrzeuges?

A. 38.000 €

B. 40.000 €

C. 42.000 €

D. 45.000 €

E. Keine Antwort ist richtig.

457. Herr Mayer hat für eine 52.000 € teure Werbekampagne 25 Prozent des Jahres-Werbebudgets seiner Firma ausgegeben. Wie hoch ist dieses Budget?

- A. 200.000 €
- B. 212.000 €
- C. 208.000 €
- D. 214.000 €
- E. Keine Antwort ist richtig.

458. Das Bruttogewicht einer Lieferung beträgt inklusive Verpackung 52,5 kg. Der Gewichtsanteil der Verpackung liegt bei fünf Prozent. Wie lautet das Nettogewicht der Ware ohne Verpackung?

- A. 45 kg
- B. 50 kg
- C. 55 kg
- D. 60 kg
- E. Keine Antwort ist richtig.

459. Herr Müller erhält 6.000 € Gehalt. Hiervon muss er ca. 19 % an Sozialversicherungsbeiträgen abführen – wie viele Euro sind das?

- A. 1.050 €
- B. 1.070 €
- C. 1.100 €
- D. 1.140 €
- E. Keine Antwort ist richtig.

460. In einer Firma fahren 60 % der Männer und 30 % der Frauen mit dem Pkw zur Arbeit. Wie viel Prozent der Belegschaft kommen mit dem Pkw zur Arbeit, wenn die Belegschaft zu 60 % aus Männern besteht?

- A. 40 %
- B. 48 %
- C. 58 %
- D. 65 %
- E. Keine Antwort ist richtig.

Lösung

Zu 451.

B. 10 %

Herr Mayer konnte durch sein Verhandlungsgeschick 10 Prozent Rabatt erzielen.

$$\text{Prozentsatz} = \frac{\text{Prozentwert} \times 100}{\text{Grundwert}}$$

$$\text{Prozentsatz} = \frac{2.000\,€ \times 100}{20.000\,€} = 10\%$$

Zu 452.

C. 2.400 €

Herr Mayer würde einen Betrag von 2.400 € sparen.

$$\text{Prozentwert} = \frac{\text{Grundwert} \times \text{Prozentsatz}}{100}$$

$$\text{Prozentwert} = \frac{16.000\,€ \times 15\%}{100} = 2.400\,€$$

Zu 453.

D. 90 wahlberechtigte Beschäftigte

Die Firma hatte 90 wahlberechtigte Beschäftigte.

$$\text{Grundwert} = \frac{\text{Prozentwert} \times 100}{\text{Prozentsatz}}$$

$$\text{Grundwert} = \frac{81 \times 100}{90\%} = 90$$

Zu 454.

C. 1.680 €

Der neue Mietpreis für die Maschinen beträgt 1.680 €.

$$\text{Grundwert} = \frac{\text{Prozentwert} \times 100}{\text{Prozentsatz}}$$

$$\frac{80\,€ \times 100}{5\%} = 1.600\,€$$

1.600 € + 80 € = 1.680 €

Zu 455.

B. 1.908 €

Der neue Mietpreis für die Maschinen beträgt 1.908 €.

$$\text{Grundwert} = \frac{\text{Prozentwert} \times 100}{\text{Prozentsatz}}$$

$$\text{Grundwert} = \frac{108\,€ \times 100}{6} = 1.800\,€$$

1.800 € + 108 € = 1.908 €

Zu 456.

B. 40.000 €

Das Fahrzeug hätte ohne Abzug von 12 % Rabatt 40.000 € gekostet.

$$\text{Grundwert} = \frac{\text{Prozentwert} \times 100}{\text{Prozentsatz}}$$

$$\frac{35.200\,€ \times 100}{88\%} = 40.000\,€$$

Zu 457.

C. 208.000 €

Das jährliche Werbebudget der Max Mayer Handels GmbH beträgt 208.000 €.

$$\text{Grundwert} = \frac{\text{Prozentwert} \times 100}{\text{Prozentsatz}}$$

$$\text{Grundwert} = \frac{52.000\,€ \times 100}{25} = 208.000\,€$$

Zu 458.

B. 50 kg

Das Nettogewicht der Ware beträgt 50 kg.

$$\text{Grundwert} = \frac{\text{Prozentwert} \times 100}{\text{Prozentsatz}}$$

$$\text{Grundwert} = \frac{52,5\,\text{kg} \times 100}{105} = 50\,\text{kg}$$

Zu 459.

D. 1.140 €

Herr Mayer muss 1.140 € an Sozialversiche-rungsbeiträgen abführen.

$$\text{Prozentwert} = \frac{\text{Grundwert} \times \text{Prozentsatz}}{100}$$

$$\frac{6.000 \, € \times 19}{100} = 1.140 \, €$$

Zu 460.

B. 48 %

Insgesamt fahren 48 % der Belegschaft mit dem Pkw zur Arbeit.

$$\text{Männer} = \frac{60 \% \text{ der Belegschaft} \times 60}{100} = 36 \%$$

$$\text{Frauen} = \frac{40 \% \text{ der Belegschaft} \times 30}{100} = 12 \%$$

Insgesamt = 36 % + 12 % = 48 % der Beleg-schaft

Mathematik

Schätzaufgaben

Bearbeitungszeit 10 Minuten

Bei dieser Aufgabe zählen Ihre Kopfrechenkünste. Einen Taschenrechner dürfen Sie hier daher nicht benutzen, auch Nebenrechnungen sind unzulässig.

Sie müssen die Aufgaben nicht vollständig ausrechnen – geschicktes Schätzen genügt, um die richtigen Ergebnisse zu finden.

Beantworten Sie bitte die folgenden Aufgaben, indem Sie jeweils den richtigen Buchstaben markieren.

461. $34 \times 34 = ?$

- A. 1.155
- B. 1.255
- C. 1.158
- D. 1.156
- E. 11.156

462. $22.226 + \dfrac{3}{10} + 1.724 + \dfrac{6}{10} + 49 + \dfrac{1}{10} = ?$

- A. 22.500
- B. 24.000
- C. 26.500
- D. 28.000
- E. 30.500

463. $8.306.258 + 2.118.987 = ?$

- A. 10.245.524
- B. 104.425
- C. 104.254
- D. 10.425.245
- E. Keine Antwort ist richtig.

464. $8.348 - 6.405,66 + 1.671 = ?$

- A. 3.613,34
- B. 3.505,33
- C. 2.958,45
- D. 3.905,34
- E. Keine Antwort ist richtig.

465. In welchem Bereich liegt das Ergebnis von: $8.576.725 - 4.392.124?$

- A. Zwischen 4.170.000 und 4.180.000
- B. Zwischen 4.180.000 und 4.190.000
- C. Zwischen 4.190.000 und 4.200.000
- D. Zwischen 4.200.000 und 4.210.000
- E. Zwischen 4.210.000 und 4.220.000

466. 77 % von 130 % = ?

- A. 95,2 %
- B. 100,1 %
- C. 114 %
- D. 112,8 %
- E. Keine Antwort ist richtig.

467. $6,7^2 - 1,4^2 = ?$

- A. 42,93
- B. 37,65
- C. 32,78
- D. 10,77
- E. Keine Antwort ist richtig.

468. In welchem Bereich liegt das Ergebnis von: $21.533 + 12.678 + 2.041?$

- A. Zwischen 34.000 und 34.500
- B. Zwischen 34.500 und 35.000
- C. Zwischen 35.000 und 35.500
- D. Zwischen 35.500 und 36.000
- E. Zwischen 36.000 und 36.500

469. In welchem Bereich liegt das Ergebnis von: $4,1 \times 3,7$?

- **A.** Zwischen 12,5 und 13
- **B.** Zwischen 13 und 13,8
- **C.** Zwischen 13,9 und 14,6
- **D.** Zwischen 14,6 und 15,5
- **E.** Zwischen 15,5 und 15,9

470. In welchem Bereich liegt das Ergebnis von: $125 \div 35$?

- **A.** Zwischen 2,8 und 3,1
- **B.** Zwischen 3,1 und 3,4
- **C.** Zwischen 3,4 und 3,7
- **D.** Zwischen 3,7 und 4,0
- **E.** Zwischen 4,0 und 4,3

Lösung

Zu 461.
D. 1.156

Hier erhält man die Lösung am schnellsten, indem man nur die letzten Ziffern betrachtet: $4 \times 4 = 16$ – die Endziffer des Ergebnisses lautet 6. Da das Ergebnis einer Multiplikation von zwei zweistelligen Zahlen maximal vier Stellen haben kann, kommt nur Antwort D in Betracht.

Zu 462.
B. 24.000

Durch Addition der Tausender und Hunderter $(22,2 + 1,7 = 23,9)$ kommt man schnell zum richtigen Ergebnis. Die Brüche fallen hier kaum ins Gewicht, sie ergeben zusammen den Wert 1.

Zu 463.
D. 10.425.245

Die letzte Ziffer der Lösung lässt sich berechnen, indem man nur die Endziffern der einzelnen Werte betrachtet:

$8 + 7 = 15$

Die Endziffer der Lösung lautet also 5. Mit gerundeten Millionenwerten lässt sich der Wert außerdem wie folgt überschlagen:

$8,3 + 2,1 = 10,4$

Beide dieser Bedingungen erfüllt nur Antwort D.

Zu 464.
A. 3.613,34

Dem angegebenen Rechenweg zu folgen, wäre umständlich. Fassen Sie die Werte stattdessen geschickt zusammen und schätzen Sie nach folgendem Schema:

$8.348 + 1.671 \approx 10.000$

$10.000 - 6.405,66 \approx 3.600$

Zu 465.
B. Zwischen 4.180.000 und 4.190.000

Die angegebenen Zahlenblöcke decken jeweils 10.000er-Bereiche ab, daher empfiehlt sich der Überschlag mit Tausenderwerten: $8.576 - 4.392 = 4.184$. Durch die vernachlässigten Hunderter, Zehner und Einer kann das Ergebnis auf keinen Fall kleiner als 4.180.000 oder größer als 4.190.000 werden. Antwort B stimmt.

Zu 466.
B. 100,1 %

77 % entsprechen ungefähr drei Vierteln (75 %). 130 % entsprechen ungefähr vier Dritteln (133 %). Bringt man die Werte in Bruchform, lässt sich das Ergebnis schnell abschätzen:

$^3/_4 \times {}^4/_3 = {}^{12}/_{12} = 1 = 100\ \%$

Zu 467.
A. 42,93

Die letzte Ziffer der Lösung lässt sich berechnen, indem man nur die Endziffern der einzelnen Werte betrachtet: Diese Endziffern lauten 9 ($7 \times 7 = 49$) und 6 ($4 \times 4 = 16$). Die letzte Ziffer des Endergebnisses ergibt sich demnach aus der Rechnung:

$9 - 6 = 3$

Zu 468.
E. Zwischen 36.000 und 36.500

Die angegebenen Zahlenblöcke decken jeweils 500er-Bereiche ab, daher empfiehlt sich der Überschlag mit Hunderterwerten: $215 + 126 + 20 = 361$ (also 36.100). Somit muss die richtige Antwort E lauten: Alle übrigen Lösungsvorschläge liegen unter dem geschätzten Wert, doch das tatsächliche Ergebnis ist aufgrund der vernachlässigten Zehner und Einer sogar noch etwas höher.

Zu 469.

D. Zwischen 14,6 und 15,5

Runden Sie zunächst den Faktor, der am nächsten an einer ganzen Zahl liegt, und multiplizieren Sie ihn mit dem anderen Faktor: $4 \times 3,7 = 14,8$. Somit kommen Sie dem tatsächlichen Ergebnis ausreichend nahe, da die vernachlässigte Nachkommastelle 0,1 nur zu einer geringen Erhöhung führen kann ($0,1 \times 3,7 = 0,37$).

Zu 470.

C. Zwischen 3,4 und 3,7

Die erste Stelle des Ergebnisses muss 3 lauten, da der Divisor dreimal vollständig in den Dividenden hineinpasst: $3 \times 35 = 105$. Es verbleibt ein Rest von 20 ($125 - 105$). Die erste Nachkommastelle des Ergebnisses berechnen Sie, indem Sie den Rest mit 10 multiplizieren und prüfen, wie oft der Divisor in den erhaltenen Wert hineinpasst: $200 \div 35 = 5$, Rest 25. Das Ergebnis beginnt also mit 3,5 und liegt demnach zwischen 3,4 und 3,7; Antwort C stimmt.

Mathematik

Diagramme, Tabellen und Statistiken

Bearbeitungszeit 15 Minuten

Beantworten Sie bitte die folgenden Aufgaben, indem Sie jeweils den richtigen Buchstaben markieren.

Trinkwasserverwendung im Haushalt

Durchschnittswerte in Deutschland 2008 pro Einwohner und Tag, Angaben in Liter.

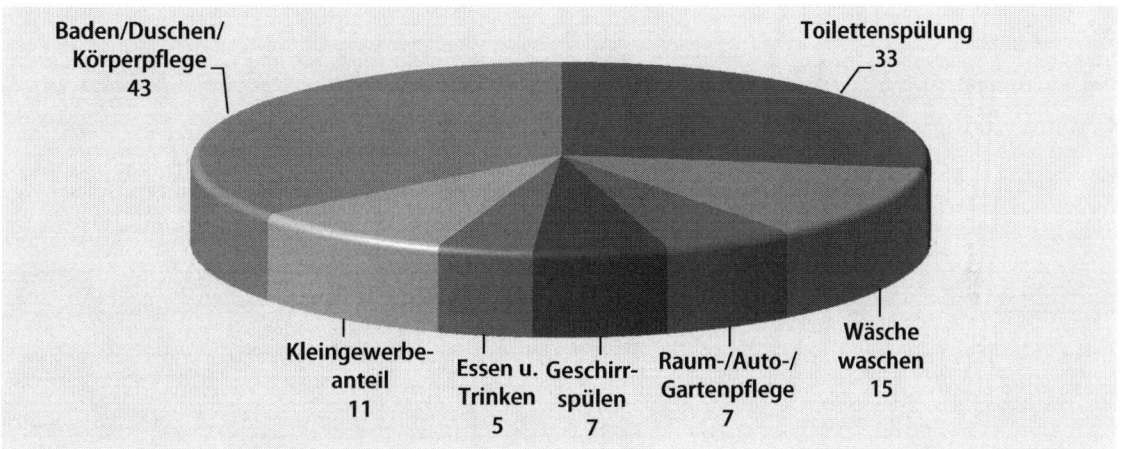

Quelle: Bundesverband der Energie- und Wasserwirtschaft e. V.

471. Wie viele Liter Wasser werden pro Kopf und Tag durchschnittlich verbraucht?

A. 121 l

B. 95 l

C. 143 l

D. 105 l

E. Keine Antwort ist richtig.

472. Wie groß ist der Anteil der Toilettenspülung am durchschnittlichen Wasserverbrauch (in Prozent)? Runden Sie das Ergebnis bitte auf zwei Nachkommastellen.

A. 30,25 %

B. 19,75 %

C. 23,54 %

D. 27,27 %

E. Keine Antwort ist richtig.

473. Wie viele Liter Wasser verbraucht eine vierköpfige Familie im Monat (30 Tage) allein zum Essen und Trinken?

A. 450 l

B. 600 l

C. 720 l

D. 780 l

E. Keine Antwort ist richtig.

474. Der Wasserpreis liegt bei 3,90 € pro Kubikmeter. Wie viel Geld gibt eine vierköpfige Familie durchschnittlich am Tag für Baden, Duschen und Körperpflege aus? Runden Sie bitte auf ¹/₁₀ Cent.

A. 101,5 Cent

B. 84,8 Cent

C. 76,4 Cent

D. 67,1 Cent

E. Keine Antwort ist richtig.

475. **Wie hoch sind die Ausgaben der Familie
für den jährlichen Wasserverbrauch
(365 Tage)?**

    A. 753,60 €

    B. 688,97 €

    C. 430,36 €

    D. 980,67 €

    E. Keine Antwort ist richtig.

Tarifvergleich

Um Telefongespräche zu führen, können verschiedene Netzanbieter genutzt werden. Hierzu liegen Ihnen zwei Alternativen vor.

Anton Call by Call Tarife			
Minutenpreis in €-Cents	0–8 Uhr	8–18 Uhr	18–24 Uhr
Ortsgespräche			
Mo.–Fr.	1,07 ct	1,58 ct	1,07 ct
Sa.–So. u. Feiertage	1,07 ct	1,07 ct	1,07 ct
Ferngespräche			
Mo.–Fr.	1,48 ct	2,09 ct	1,48 ct
Sa.–So. u. Feiertage	1,48 ct	1,48 ct	1,48 ct
Europäisches Ausland			
Täglich	30,60 ct	30,60 ct	30,60 ct

Berta Call by Call Tarife			
Minutenpreis in €-Cents	0–7 Uhr	7–19 Uhr	19–24 Uhr
Ortsgespräche			
Mo.–Fr.	1,48 ct	4,50 ct	0,95 ct
Sa.–So. u. Feiertage	0,99 ct	0,99 ct	0,99 ct
Ferngespräche			
Mo.–Fr.	1,48 ct	9,20 ct	0,95 ct
Sa.–So. u. Feiertage	0,99 ct	0,99 ct	0,99 ct
Europäisches Ausland			
Täglich	15,00 ct	15,00 ct	15,00 ct

Bei den Tarifen wird jede angebrochene Minute als volle Minute abgerechnet. Eine Ausnahme ist das europäische Ausland, hier wird sekundengenau abgerechnet. Unter „Werktag" wird Montag bis Freitag verstanden.

476. Wie viel Cent zahlen Sie für ein Gespräch, das an einem Werktag (kein Feiertag) um 19:10 Uhr beginnt und 8:26 Minuten dauert, wenn es sich dabei um ein Ortsgespräch handelt und Sie Tarif Anton wählen?

A. 7,62 ct

B. 8,12 ct

C. 8,14 ct

D. 9,63 ct

E. Keine Antwort ist richtig.

477. Wie viel Cent zahlen Sie für ein Gespräch, das an einem Werktag (kein Feiertag) um 18:10 Uhr beginnt und 8:26 Minuten dauert, wenn es sich dabei um ein Ortsgespräch handelt und Sie Tarif Berta wählen?

A. 37,17 ct

B. 39,12 ct

C. 40,14 ct

D. 40,50 ct

E. Keine Antwort ist richtig.

478. Um wie viel Cent ist ein Gespräch von 12:23 Minuten, das an einem Feiertag und als Ferngespräch mit Tarif Anton geführt wird, teurer als mit Tarif Berta?

A. 19,24 ct

B. 12,87 ct

C. 6,37 ct

D. 9,29 ct

E. Keine Antwort ist richtig.

479. Wie viel Euro zahlen Sie für ein Gespräch, das an einem Werktag (kein Feiertag) um 14:10 Uhr beginnt und 5:20 Minuten dauert, wenn es sich dabei um ein Gespräch ins europäische Ausland handelt und Sie Tarif Anton wählen?

A. 1,85 €

B. 1,97 €

C. 1,63 €

D. 1,78 €

E. Keine Antwort ist richtig.

480. Wie viel Cent zahlen Sie für ein Gespräch, das an einem Feiertag um 16:50 Uhr beginnt und 3:30 Minuten dauert, wenn es sich dabei um ein Gespräch ins europäische Ausland handelt und Sie Tarif Berta wählen?

A. 42,2 ct

B. 52,5 ct

C. 82,5 ct

D. 69,8 ct

E. Keine Antwort ist richtig.

Mengenkalkulation mit Schaubild

Zur Herstellung des Fertigerzeugnisses F1 braucht man verschiedene Elemente E und Bauteile B. Das folgende Schaubild gibt Aufschluss über alle benötigten Materialien

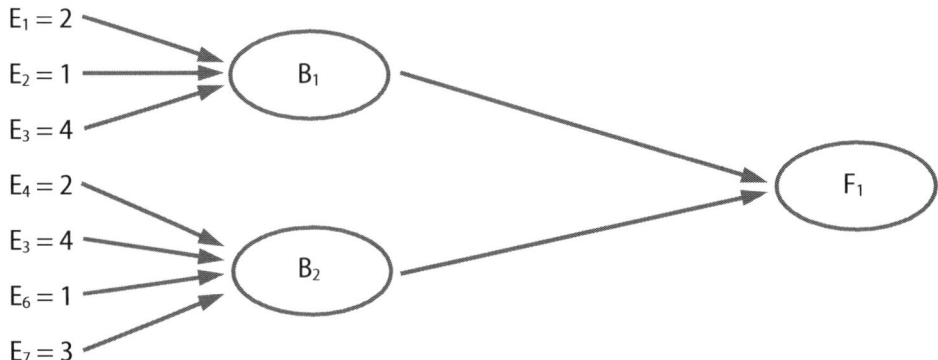

Hinweis: E = Elemente in Stk. | B = Bauteile in Stk. | F = Fertigerzeugnis in Stk.

481. Wie viele Elemente E werden zur Herstellung des Bauteils B_1 insgesamt benötigt?

A. 4

B. 5

C. 6

D. 7

E. Keine Antwort ist richtig.

482. Wie viele Elemente E werden zur Herstellung jeweils eines Bauteils B_1 und B_2 insgesamt benötigt?

A. 7

B. 10

C. 15

D. 17

E. Keine Antwort ist richtig.

483. Wie viele Elemente E_3 werden zur Herstellung eines Fertigerzeugnisses F_1 benötigt?

A. 4

B. 8

C. 12

D. 20

E. Keine Antwort ist richtig.

484. Für einen Kundenauftrag werden fünf Fertigerzeugnisse F_1 benötigt. Wie viele Elemente E_5 braucht man dafür insgesamt?

A. 1

B. 3

C. 4

D. 6

E. Keine Antwort ist richtig.

485. Wie viele Elemente E_1 würden für ein neues Fertigerzeugnis F_2 benötigt, das aus zwei Fertigerzeugnissen F_1 besteht?

A. 4

B. 8

C. 12

D. 60

E. Keine Antwort ist richtig.

Lösung

Trinkwasserverwendung im Haushalt

Zu 471.

A. 121 l

Der Gesamtverbrauch berechnet sich durch die Addition der Einzelposten:

43 l + 11 l + 5 l + 7 l + 7 l + 15 l + 33 l = 121 l

Im Durchschnitt werden pro Kopf und Tag 121 Liter Wasser verbraucht.

Zu 472.

D. 27,27 %

Der Gesamtverbrauch liegt bei 121 Litern täglich, die Toilettenspülung verbraucht im Schnitt 33 Liter davon. Der Prozentanteil berechnet sich wie folgt:

$$\text{Prozentsatz} = \frac{\text{Prozentwert} \times 100}{\text{Grundwert}}$$

$$\text{Prozentsatz} = \frac{33 \times 100}{121} = 27,27\,\%$$

Die Toilettenspülung verbraucht im Schnitt 27,27 % des insgesamt pro Kopf und Tag verbrauchten Wassers.

Zu 473.

B. 600 l

Der Durchschnittswert des Verbrauchs für Essen und Trinken pro Kopf und Tag wird mit der Anzahl der Köpfe (4) und Tage (30) multipliziert:

5 l × 4 × 30 = 600 l

In einem Monat verbraucht die Familie im Schnitt 600 Liter Wasser zum Essen und Trinken.

Zu 474.

D. 67,1 Cent

Eine vierköpfige Familie verbraucht im Schnitt 4 × 43 Liter = 172 Liter pro Tag für Baden, Duschen und Körperpflege. Ein Kubikmeter entspricht 1.000 Litern; die Ausgaben berechnen sich wie folgt:

172 ÷ 1.000 × 3,90 € = 0,6708 €

Die Familie hat pro Tag rund 67,1 Cent Wasserkosten für Baden, Duschen und Körperpflege.

Zu 475.

B. 688,97 €

Pro Jahr verbraucht die Familie 176.600 Liter bzw. 176,6 Kubikmeter Wasser.

121 l × 4 × 365 = 176.660 l = 176,66 m^3

176,66 × 3,90 € = 688,97 €

Die Familie zahlt 688,97 € für ihren Jahreswasserverbrauch.

Tarifvergleich

Zu 476.

D. 9,63 ct

Das Gespräch würde 9,63 Cent kosten.

9 min × 1,07 ct/min = 9,63 ct

Zu 477.

D. 40,50 ct

Das Gespräch würde 40,50 Cent kosten.

9 min × 4,5 ct/min = 40,5 ct

Zu 478.

C. 6,37 ct

Das Gespräch ist mit Tarif Berta 6,37 Cent günstiger als mit Tarif Anton.

Tarif Anton: 13 min × 1,48 ct/min = 19,24 ct

Tarif Berta: 13 min $\times$ 0,99 ct/min = 12,87 ct

19,24 ct − 12,87 ct = 6,37 ct Differenz

Zu 479.

C. 1,63 €

Das Gespräch ins europäische Ausland würde mit Tarif Anton 1,63 € kosten.

30,6 ct ÷ 60 s = 0,51 Cent pro Sekunde

320 s $\times$ 0,51 ct/s = 163,2 ct ≈ 1,63 €

Zu 480.

B. 52,5 ct

Das Gespräch ins europäische Ausland würde mit Tarif Berta 53 Cent kosten.

15 ct ÷ 60 s = 0,25 Cent pro Sekunde

210 s $\times$ 0,25 ct/s = 52,5 ct

Mengenkalkulation mit Schaubild

Zu 481.

D. 7

Zur Herstellung von B_1 werden 7 Elemente E benötigt.

$2 (E_1) + 1 (E_2) + 4 (E_3) = 7$

Zu 482.

D. 17

Zur Herstellung von B_1 und B_2 werden 17 Elemente E benötigt.

B_1: $2 (E_1) + 1 (E_2) + 4 (E_3) = 7$

B_2: $2 (E_4) + 4 (E_3) + 1 (E_6) + 3 (E_7) = 10$

$7 + 10 = 17$

Zu 483.

D. 20

Zur Herstellung eines Fertigerzeugnisses F_1 werden 20 Elemente E_3 benötigt.

B_1: $4 \times 2 = 8$

B_2: $4 \times 3 = 12$

$8 + 12 = 20$

Zu 484.

E. Keine Antwort ist richtig.

Zur Herstellung eines Fertigerzeugnisses F_1 wird kein Element E_5 benötigt.

Zu 485.

B. 8

Zur Herstellung von 2 Fertigerzeugnissen F_1 werden 8 Elemente E_1 benötigt.

$2 \times 2 \times 2 = 8$

Mathematik

Rechenaufgaben mit Hindernis *Aufgabenerklärung*

Nun lösen Sie pro Aufgabe zwei einfache Rechnungen und führen anschließend – je nach Ergebnis – eine bestimmte Rechenoperation durch.

Ist das Ergebnis der oberen Rechenzeile größer als jenes der unteren Zeile, so muss das untere Teilergebnis vom oberen abgezogen werden. Ansonsten müssen beide Teilergebnisse addiert werden.

Hierzu ein Beispiel

Fall 1: Das Ergebnis der oberen Zeile ist größer als das der unteren

1. $5 + 5 - 1$

    $2 + 2 - 3$ _____

    $=$ _____

Antwort

_____

$= 8$ _____

$5 + 5 - 1 = 9$ (größeres Ergebnis)

$2 + 2 - 3 = 1$ (kleineres Ergebnis)

$9 - 1 = 8$ (größeres Ergebnis – kleineres Ergebnis)

Fall 2: Das Ergebnis der unteren Zeile ist größer als das der oberen

2. $2 + 2 - 3$

    $5 + 5 - 1$ _____

    $=$ _____

Antwort

_____

$= 10$ _____

$2 + 2 - 3 = 1$ (kleineres Ergebnis)

$5 + 5 - 1 = 9$ (größeres Ergebnis)

$9 + 1 = 10$ (größeres Ergebnis + kleineres Ergebnis)

Rechenaufgaben mit Hindernis

Bearbeitungszeit 5 Minuten

Beginnen Sie bitte jetzt mit den Aufgaben: Berechnen Sie jeweils die richtige Lösung.

486. $15 + 18 - 3$

$12 + 8 - 5$

$=$

487. $21 + 14 - 3$

$16 + 15 - 9$

$=$

488. $17 - 18 + 19$

$6 - 17 + 12$

$=$

489. $4 + 18 + 7$

$15 + 12 + 7$

$=$

490. $16 - 19 - 6$

$14 - 18 + 11$

$=$

491. $24 + 17 - 21$

$17 + 21 - 28$

$=$

492. $17 + 13 + 9$

$12 + 2 + 8$

$=$

493. $7 + 4 - 3$

$14 + 8 - 2$

$=$

494. $17 + 13 - 16$

$14 + 17 - 9$

$=$

495. $22 + 17 + 15$

$24 + 9 - 17$

$=$

Lösung

Zu 486. 30
− 15
= **15**

Zu 487. 32
− 22
= **10**

Zu 488. 18
− 1
= **17**

Zu 489. 29
+ 34
= **63**

Zu 490. −9
+ 7
= **−2**

Zu 491. 20
− 10
= **10**

Zu 492. 39
− 22
= **17**

Zu 493. 8
+ 20
= **28**

Zu 494. 14
+ 22
= **36**

Zu 495. 54
− 16
= **38**

Mathematik

Geometrische Skizzen

Bearbeitungszeit 5 Minuten

In diesem Abschnitt werden Ihre Geometriekenntnisse auf die Probe gestellt.

Beantworten Sie bitte die folgenden Aufgaben, indem Sie jeweils den richtigen Buchstaben markieren.

496. **Welchen Umfang hat das abgebildete Parallelogramm?**

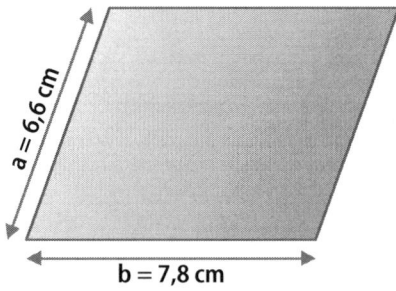

A. Rund 30,4 cm

B. 28,8 cm

C. Rund 29,6 cm

D. 24,5 cm

E. 14,4 cm

497. **Welche Länge hat die Seite c im abgebildeten Dreieck?**

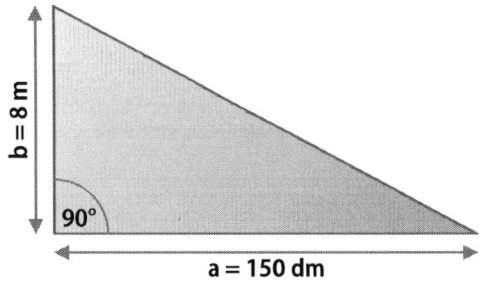

A. 166 dm

B. Rund 18 m

C. 195 dm

D. 17 m

E. Rund 184 dm

498. **Wie groß sind die Winkel α und β im abgebildeten gleichschenkligen Dreieck?**

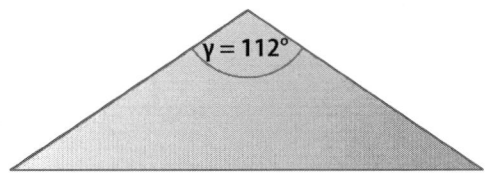

A. 25°

B. 40°

C. 30°

D. 60°

E. 34°

499. **Welchen Durchmesser hat der abgebildete Kreis?**

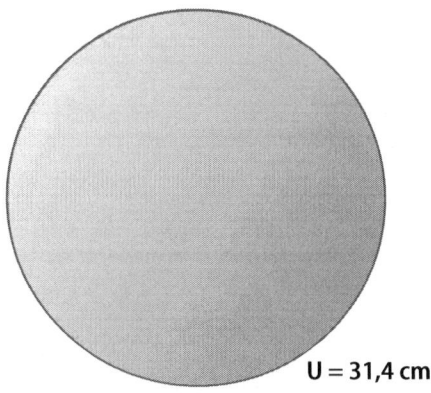

A. Rund 10 cm

B. Rund 12 cm

C. Rund 9 cm

D. Rund 13 cm

E. Rund 8 cm

500. **Welches Volumen hat der abgebildete Zylinder?**

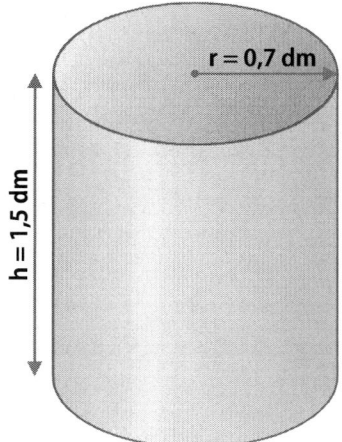

A. Rund 2,58 dm³

B. Rund 2,50 dm³

C. Rund 2,31 dm³

D. Rund 1,94 dm³

E. Rund 3,63 dm³

Lösung

Zu 496.

B. 28,8 cm

Ein Parallelogramm ist ein Viereck, dessen gegenüberliegende Seiten parallel verlaufen und gleich lang sind. Da man die Längen der unterschiedlichen Seiten des skizzierten Parallelogramms kennt, lässt sich sein Umfang (U) schnell berechnen:

$U = 2 \times (a + b) = 2 \times (6,6\,cm + 7,8\,cm) = 2 \times 14,4\,cm = 28,8\,cm$

Der Umfang des Parallelogramms beträgt 28,8 Zentimeter.

Zu 497.

D. 17 m

Da es sich hier um ein rechtwinkliges Dreieck handelt, gilt der Satz des Pythagoras: $a^2 + b^2 = c^2$. Nachdem man die in Dezimetern angegebene Seitenlänge in Meter umgeformt hat, lässt sich der gesuchte Wert wie folgt berechnen:

$c^2 = a^2 + b^2 = (15\,m)^2 + (8\,m)^2 = 225\,m^2 + 64\,m^2 = 289\,m^2$

$c = \sqrt{289\,m^2} = 17\,m$

Die Seite c – die Hypotenuse des rechtwinkligen Dreiecks – ist 17 Meter lang.

Zu 498.

E. 34°

Ein gleichschenkliges Dreieck hat zwei gleich lange Seiten, denen zwei gleich große Winkel – im abgebildeten Dreieck α und β – gegenüberliegen. Da die Summe aller Winkel im Dreieck 180° ergibt, lassen sich die gesuchten Winkel wie folgt berechnen:

$α = β = (180° − 112°) ÷ 2 = 34°$

Die Winkel α und β betragen jeweils 34°.

Zu 499.

A. Rund 10 cm

Der Kreisumfang (U) berechnet sich nach der Formel $U = 2 \times π \times r$. Da der Radius (r) der Hälfte des Durchmessers entspricht, besteht zwischen Umfang und Durchmesser folgender Zusammenhang:

$U = 2 \times π \times r$

$U = π \times d \qquad | ÷ π$

$\dfrac{U}{π} = d$

Durch Einsetzen ergibt sich:

$d = \dfrac{U}{π} \approx \dfrac{31,4\,cm}{3,14} = 10\,cm$

Der Durchmesser des abgebildeten Kreises beträgt rund 10 Zentimeter.

Zu 500.

C. Rund 2,31 dm³

Das Zylindervolumen (V) berechnet sich nach der Formel $V = π \times r^2 \times h$. Durch Einsetzen ergibt sich:

$V = π \times r^2 \times h = π \times (0,7\,dm)^2 \times 1,5\,dm = π \times 0,49\,dm^2 \times 1,5\,dm = π \times 0,735\,dm^3 \approx 2,31\,dm^3$

Das Volumen des abgebildeten Zylinders beträgt rund 2,31 Kubikdezimeter.

Mathematik

Gleichungen und Funktionen

Bearbeitungszeit 5 Minuten

Nun müssen Sie mathematische Zusammenhänge untersuchen.

Beantworten Sie bitte die folgenden Aufgaben, indem Sie jeweils den richtigen Buchstaben markieren.

501. Welche Formel sagt das Gleiche aus wie $[A \times (B + C)]$?

   A. $(A + B) \times (A + C)$

   B. $(A + B) + (A \times C)$

   C. $AB + AC$

   D. $(B \times C) + A$

   E. Keine Antwort ist richtig.

502. Welche der Funktionen entspricht dem Graphen im Koordinatensystem?

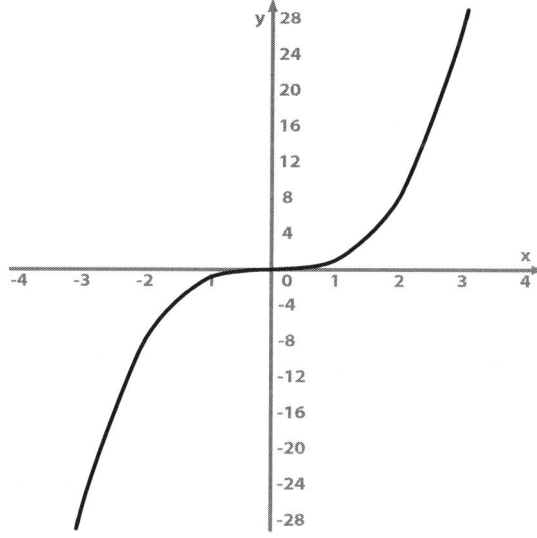

   A. $y = 2x^2$

   B. $y = x^2$

   C. $y = -2x$

   D. $y = x^3$

   E. Keine Antwort ist richtig.

503. Berechnen Sie bitte die Variable x, indem Sie die Gleichung nach x auflösen.

$6x - 12 = 8 + 2x$

   A. 2

   B. 3

   C. 4

   D. 5

   E. Keine Antwort ist richtig.

504. Welcher Graph im Koordinatensystem gehört zu der Funktion $y = 2^x$?

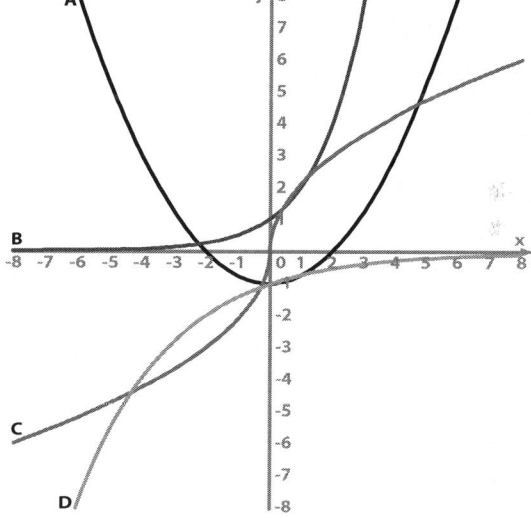

   A. Graph A

   B. Graph B

   C. Graph C

   D. Graph D

   E. Keine Antwort ist richtig.

505. **In welchem Punkt P eines Koordinatensystems schneiden sich die beiden Geraden, die durch folgende Funktionsgleichungen beschrieben werden?**
Gerade I: $y = 3x - 3$
Gerade II: $y = -4x + 25$

    A. $P (4 \mid 9)$

    B. $P (3 \mid 8)$

    C. $P (7 \mid 2)$

    D. $P (2 \mid 7)$

    E. Keine Antwort ist richtig.

Lösung

Zu 501.

C. AB + AC

Ausdruck C stimmt: Steht vor einer eingeklammerten Addition ein Faktor (hier A), so wird beim Auflösen der Klammer jeder Summand in der Klammer (hier B und C) mit diesem Faktor multipliziert.

Zu 502.

D. $y = x^3$

Setzt man in die Gleichung $y = x^3$ für x probeweise die Werte 1, 2 und 3 ein, dann erhält man für y die Werte 1, 8 und 27. Dies entspricht dem Graphen im Koordinatensystem.

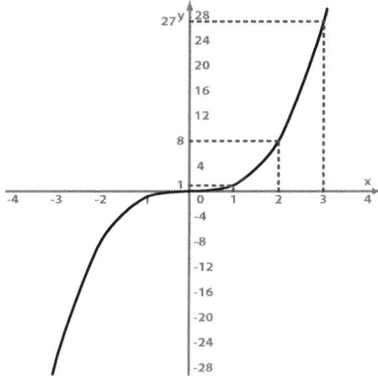

Zu 503.

D. 5

Das Ergebnis für x lautet 5.

$$6x - 12 = 8 + 2x \qquad | -2x \, | +12$$
$$4x = 20 \qquad | \div 4$$
$$x = 5$$

Zu 504.

B. Graph B

Setzt man in der Funktionsgleichung $y = 2^x$ für x probeweise die Werte 0, 1, 2 und 3 ein, dann erhält man für y die Werte 1, 2, 4 und 8. Dies entspricht dem Graphen B im Koordinatensystem.

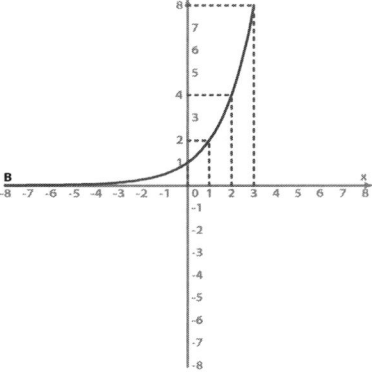

Zu 505.

A. P (4 | 9)

Die x-Koordinate des Schnittpunktes P erhalten Sie, indem Sie beide Funktionen gleichsetzen und dann nach x auflösen:

$$3x - 3 = -4x + 25 \qquad | +4x$$
$$7x - 3 = 25 \qquad | +3$$
$$7x = 28 \qquad | \div 7$$
$$x = 4$$

Die y-Koordinate des Schnittpunktes P erhalten Sie, indem Sie den soeben berechneten x-Wert in eine der beiden Ausgangsgleichungen einsetzen:

$$y = 3x - 3$$
$$y = 3 \times 4 - 3$$
$$y = 9$$

Die Geraden schneiden sich im Punkt P (4 | 9).

Mathematik

Zahlenmatrizen und Zahlenpyramiden　　　　　　　　　　　*Aufgabenerklärung*

Die folgenden Matrizen und Pyramiden sind nach festen Regeln aufgebaut.

Ihre Aufgabe besteht darin, eine Zahl zu finden, die im sinnvollen Verhältnis zu den übrigen Zahlen steht.

Hierzu ein Beispiel

Aufgabe

1. **Durch welche Zahl muss das Fragezeichen ersetzt werden, damit die Zahlen in der Tabelle in einem sinnvollen Verhältnis zueinander stehen?**

1	2	2
3	2	?
3	4	12

A.　4
B.　2
C.　8
D.　6
E.　Keine Antwort ist richtig.

Antwort

(D.) 6

Die beiden linken Zahlen jeder Reihe ergeben multipliziert die jeweils rechte Zahl. Die beiden oberen Zahlen jeder Spalte ergeben multipliziert die jeweils untere Zahl.

Zahlenmatrizen und Zahlenpyramiden

Bearbeitungszeit 5 Minuten

Beantworten Sie bitte die folgenden Aufgaben, indem Sie jeweils den richtigen Buchstaben markieren.

506. Die weißen Zahlen in den dunkelgrauen Feldern müssen addiert jeweils von oben nach unten, diagonal und von links nach rechts die schwarzen Zahlen in den hellgrauen Feldern ergeben.

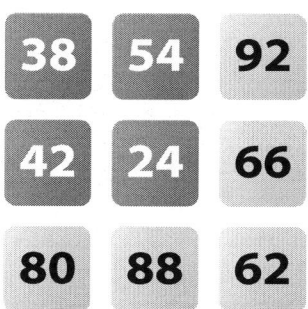

Welche Zahl im Quadrat ist falsch?

A. 80

B. 88

C. 66

D. 92

E. 62

508. Durch welche Zahl muss das Fragezeichen ersetzt werden, damit die Pyramide sinnvoll aufgestellt ist? Hinweis: Berücksichtigen Sie die Quersummen der einzelnen Zahlen.

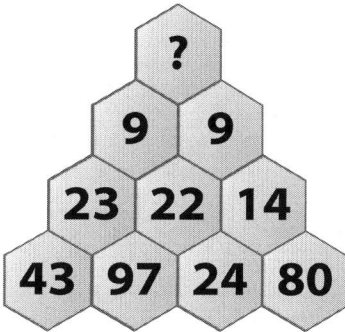

A. 9

B. 21

C. 18

D. 27

E. Keine Antwort ist richtig.

507. Durch welche Zahl muss das Fragezeichen ersetzt werden, damit die Zahlen in der Tabelle in einem sinnvollen Verhältnis zueinander stehen?

143	145	147	149
23	21	19	17
64	32	16	8
6	12	?	48

A. 16

B. 18

C. 24

D. 32

E. Keine Antwort ist richtig.

509. Durch welche Zahl muss das Fragezeichen ersetzt werden, damit die Zahlen in der Tabelle in einem sinnvollen Verhältnis zueinander stehen?

7	2	13	12
9	16	3	6
4	5	?	15
14	11	8	1

A. 7

B. 12

C. 15

D. 10

E. Keine Antwort ist richtig.

510. **Durch welche Zahl muss das Fragezeichen ersetzt werden, damit die Pyramide sinnvoll aufgestellt ist?**

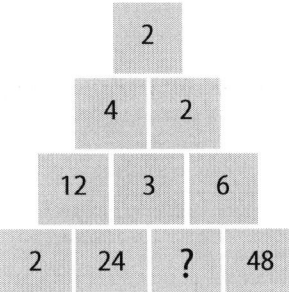

A. 3

B. 4

C. 8

D. 6

E. Keine Antwort ist richtig.

Lösung

Zu 506.

B. 88

$54 + 24 = 78$

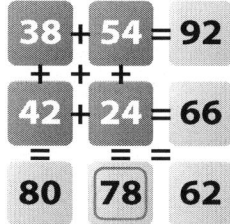

Zu 507.

C. 24

Die Reihen werden waagerecht nach folgendem Prinzip gebildet: In der obersten Reihe wird von links nach rechts immer 2 addiert, in der zweiten Reihe 2 subtrahiert, in der dritten Reihe durch 2 geteilt und in der vierten Reihe mit 2 multipliziert.

Zu 508.

C. 18

Die Quersummen zweier benachbarten Zahlen einer Ebene ergeben addiert die jeweils die darüber stehende Zahl. Beispiel links unten: (4 + 3) + (9 + 7) = 23. An der Spitze ergibt 9 + 9 = 18.

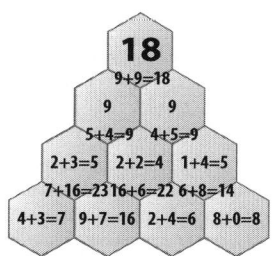

Zu 509.

D. 10

Die Addition der Zahlen einer Spalte, einer Zeile oder einer Diagonalen führt immer zum Ergebnis 34. Das Quadrat ist zudem ein magisches Quadrat, das heißt jede Zahl von 1 bis 16 kommt nur einmal vor.

Zu 510.

C. 8

Das Fragezeichen wird durch die Zahl 8 sinnvoll ersetzt. Die Pyramide ist nach folgendem Prinzip aufgebaut:

Der Wert einer Zelle ergibt sich, indem der größere von beiden Werten der darunter liegenden Zellen durch den kleineren geteilt wird.

1. Reihe: $2 = 4 \div 2$

2. Reihe: $4 = 12 \div 3; 2 = 6 \div 3$

3. Reihe: $12 = 24 \div 2; 3 = 24 \div 8; 6 = 48 \div 8$

Mathematik

Dominosteine *Aufgabenerklärung*

In diesem Abschnitt wird Ihr Sinn für Zahlenlogik getestet.

Ergänzen Sie bitte den jeweils passenden Dominostein.

Hierzu ein Beispiel

Aufgabe

1. **Die Dominosteine sind nach einer bestimmten Logik angeordnet.**

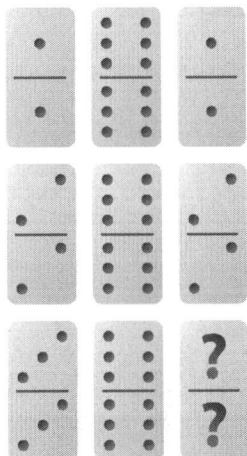

Welcher Dominostein fehlt?

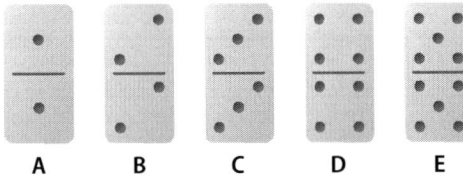

A   B   C   D   E

Antwort

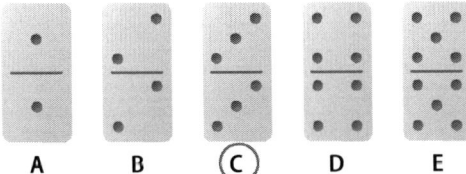

A   B   Ⓒ   D   E

Der linke und der rechte Stein jeder Reihe sind gleich. Darüber hinaus nimmt die Augenzahl bei den Steinen der linken und der rechten Spalte von oben nach unten um eins zu.

Dominosteine

Beantworten Sie bitte die folgenden Aufgaben, indem Sie jeweils den richtigen Buchstaben markieren.

511. Die Dominosteine sind nach einer bestimmten Logik angeordnet.

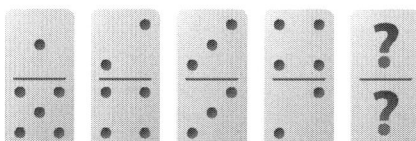

Welcher Dominostein fehlt?

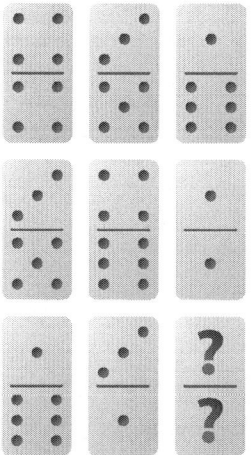

A   B   C   D   E

512. Die Dominosteine sind nach einer bestimmten Logik angeordnet.

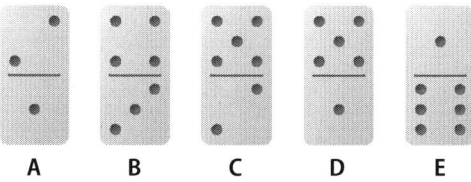

Welcher Dominostein fehlt?

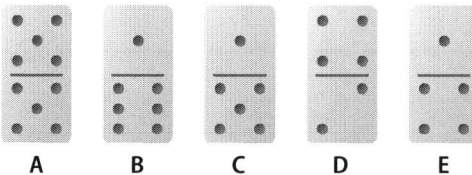

A   B   C   D   E

513. Die Dominosteine sind nach einer bestimmten Logik angeordnet.

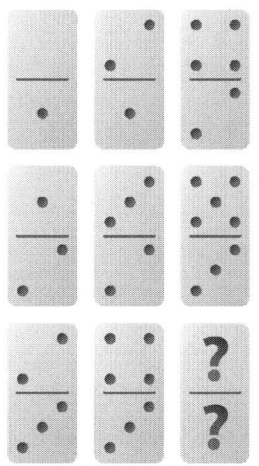

Welcher Dominostein fehlt?

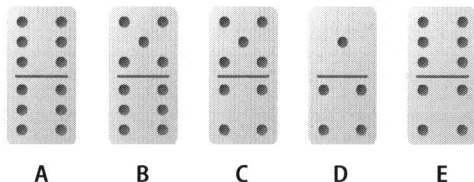

A   B   C   D   E

514. Die Dominosteine sind nach einer
bestimmten Logik angeordnet.

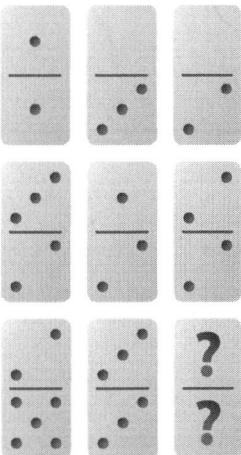

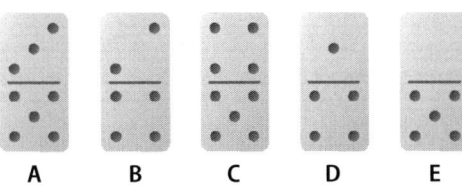

Welcher Dominostein fehlt?

A   B   C   D   E

515. Die Dominosteine sind nach einer
bestimmten Logik angeordnet.

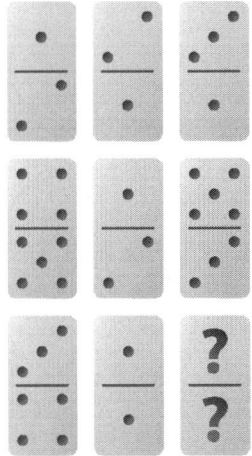

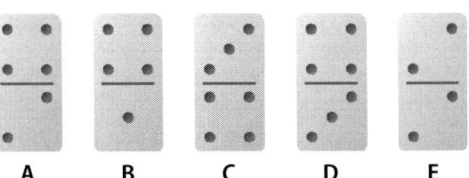

Welcher Dominostein fehlt?

A   B   C   D   E

Lösung

Zu 511.

D

Die oberen Felder ergeben die Zahlenfolge 1/2/3/4/5, die unteren Felder ergeben die Reihe 5/4/3/2/1.

Zu 512.

D

In den oberen Feldern der Dominosteine kommen pro Reihe die Zahlen 1, 3 und 4 genau einmal vor. Das obere Feld des gesuchten Steins muss demnach die Augenzahl 4 zeigen. Darüber hinaus bilden die unteren Felder der Steine in jeder Reihe eine aufsteigende Zahlenfolge, bei der nach 6 wieder mit 1 begonnen wird: 4/5/6 (1. Reihe), 5/6/1 (2. Reihe), 6/1/2 (3. Reihe). Die untere Zahl des gesuchten Steins lautet also 2.

Zu 513.

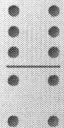

E

Die obere Augenzahl der Steine nimmt in einer Reihe von links nach rechts immer um 2 zu, der gesuchte Stein muss also im oberen Feld die Augenzahl 6 zeigen. Im unteren Feld zeigen alle Steine der rechten Spalte eine Zahl, die um 1 größer ist als bei den Steinen links davon – in der betreffenden Reihe ist das die 4.

Zu 514.

B

Betrachten Sie jede Spalte für sich: Im oberen Feld des jeweils unteren Steins steht die Augensumme des oberen Steins, im unteren Feld des unteren Steins steht die Augensumme des mittleren Steins.

Zu 515.

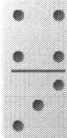

D

Die Augenzahl des oberen Felds des jeweils rechten Steins ergibt sich, indem man die oberen Zahlen der beiden anderen Steine derselben Reihe addiert: $1 + 2 = 3$ (1. Reihe), $4 + 1 = 5$ (2. Reihe). In der dritten Reihe erhält man für den gesuchten Stein: $(3 + 1 =) 4$.

Die Augenzahl des unteren Felds des jeweils rechten Steins erhält man, indem man die unteren Zahlen der beiden anderen Steine derselben Reihe subtrahiert: $2 - 1 = 1$ (1. Reihe), $5 - 2 = 3$ (2. Reihe). In der dritten Reihe ergibt sich für den gesuchten Stein: $(4 - 1 =) 3$.

Prüfung · Teil 4

Logisches Denkvermögen

Zahlenreihen *Aufgabenerklärung*

Die Zahlenfolgen in diesem Abschnitt sind nach festen Regeln aufgestellt.

Bitte markieren Sie den Lösungsbuchstaben derjenigen Zahl, von der Sie denken, dass sie die Reihe am sinnvollsten ergänzt.

Hierzu ein Beispiel

Aufgabe

1.

- A. 6
- B. 7
- C. 8
- D. 9
- E. Keine Antwort ist richtig.

Antwort

(A.) 6

Bei dieser Zahlenreihe wird von Schritt zu Schritt um eins erhöht. Die gesuchte Zahl lautet somit $5 + 1 = 6$, also stimmt Antwort A.

Zahlenreihen

Beantworten Sie bitte die folgenden Aufgaben, indem Sie jeweils den richtigen Buchstaben markieren.

516.

16	22	27	31	34	?

A. 17
B. 36
C. 32
D. 13
E. Keine Antwort ist richtig.

517.

300	200	300	220	300	240	300	?

A. 260
B. 280
C. 300
D. 320
E. Keine Antwort ist richtig.

518.

2	4	6	9	12	16	?

A. 20
B. 24
C. 27
D. 17
E. Keine Antwort ist richtig.

519.

| 44 | 40 | 43 | 39 | 42 | ? |

- A. 38
- B. 34
- C. 44
- D. 42
- E. Keine Antwort ist richtig.

520.

| 1 | 1 | 2 | 3 | 5 | ? |

- A. 8
- B. 9
- C. 10
- D. 14
- E. Keine Antwort ist richtig.

521.

| 6 | 7 | 9 | 6 | 10 | 15 | ? |

- A. 20
- B. 9
- C. 19
- D. 11
- E. Keine Antwort ist richtig.

522.

| 99 | 67 | 51 | 43 | 39 | ? |

- A. 39
- B. 35
- C. 33
- D. 37
- E. Keine Antwort ist richtig.

523.

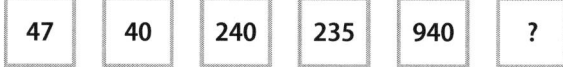

| 2 | 3 | 5 | 7 | ? |

A. 10

B. 11

C. 12

D. 13

E. Keine Antwort ist richtig.

524.

| 47 | 40 | 240 | 235 | 940 | ? |

A. 937

B. 823

C. 62

D. 1.500

E. Keine Antwort ist richtig.

525.

| 223 | 216 | 207 | 198 | ? |

A. 188

B. 189

C. 178

D. 180

E. Keine Antwort ist richtig.

Lösung

Zu 516.

B. 36

$+6 \mid +5 \mid +4 \mid +3 \mid +2$

Zu 517.

A. 260

$300 \mid 200 \mid 300 \mid 200 + 20 \mid 300 \mid 200 + 40 \mid 300 \mid 200 + 60$

Zu 518.

A. 20

$+2 \mid +2 \mid +3 \mid +3 \mid +4 \mid +4$

Zu 519.

A. 38

$-4 \mid +3 \mid -4 \mid +3 \mid -4$

Zu 520.

A. 8

Die jeweils nächste Zahl ergibt sich aus der Addition ihrer beiden Vorgänger.

$1 + 1 = 2; 1 + 2 = 3; 2 + 3 = 5; 3 + 5 = 8$

Zu 521.

B. 9

$+1 \mid +2 \mid -3 \mid +4 \mid +5 \mid -6$

Zu 522.

D. 37

$-32 \mid -16 \mid -8 \mid -4 \mid -2$

Zu 523.

B. 11

Es handelt sich um Primzahlen. Die nächst größere Primzahl ist 11. Primzahlen sind nur durch sich selbst und 1 teilbar.

Zu 524.

A. 937

$-7 \mid \times 6 \mid -5 \mid \times 4 \mid -3$

Zu 525.

D. 180

$223 - 2 - 2 - 3 \mid 216 - 2 - 1 - 6 \mid 207 - 2 - 7 \mid 198 - 1 - 9 - 8$

Ziehen Sie von einer Zahl ihre Quersumme ab, um die folgende Zahl zu erhalten.

Logisches Denkvermögen

Buchstabenreihen

Die Buchstabenfolgen in diesem Abschnitt sind nach festen Regeln aufgestellt.

Ihre Aufgabe besteht darin, das Bildungsgesetz jeder Reihe herauszufinden, um den unbekannten Buchstaben am Reihenende zu ermitteln.

Hierzu ein Beispiel

Aufgabe

1.

A. D
B. E
C. F
D. G
E. Keine Antwort ist richtig.

Antwort

C. F

Es handelt sich um eine alphabetisch fortlaufende Reihe. Auf das „E" muss daher ein „F" folgen – die richtige Antwort ist C.

Buchstabenreihen

Bearbeitungszeit 10 Minuten

Beantworten Sie bitte die folgenden Aufgaben, indem Sie jeweils den richtigen Buchstaben markieren.

526.

A. D
B. X
C. F
D. W
E. Keine Antwort ist richtig.

527.

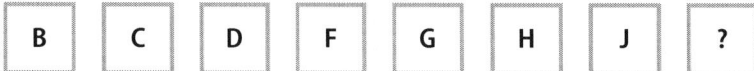

A. I
B. K
C. L
D. M
E. Keine Antwort ist richtig.

528.

A. S
B. X
C. R
D. Q
E. Keine Antwort ist richtig.

529.

| C | D | X | W | E | F | V | U | G | ? |

A. H
B. S
C. T
D. G
E. Keine Antwort ist richtig.

530.

| F | G | O | P | I | J | O | P | L | ? |

A. O
B. P
C. M
D. K
E. Keine Antwort ist richtig.

531.

| Q | O | M | K | I | G | E | ? |

A. D
B. H
C. C
D. F
E. Keine Antwort ist richtig.

532.

| D | E | F | W | V | ? |

A. T
B. S
C. G
D. U
E. Keine Antwort ist richtig.

533.

| W | V | Y | X | D | C | H | ? |

A. I
B. G
C. D
D. Q
E. Keine Antwort ist richtig.

534.

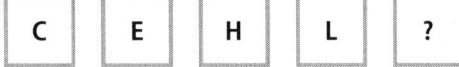

| C | E | H | L | ? |

A. D
B. Q
C. M
D. U
E. Keine Antwort ist richtig.

535.

| F | K | H | M | J | O | ? |

A. Q
B. L
C. J
D. K
E. Keine Antwort ist richtig.

Lösung

Zu 526.

B. X

Eine von A ausgehende, vorwärtsschreitende Buchstabenreihe ist mit einer von Z aus rückwärtslaufenden Buchstabenreihe verschachtelt.

Zu 527.

B. K

Zählen Sie nur die Konsonanten in alphabetischer Folge auf.

Zu 528.

A. S

Gehen Sie von Z aus im Alphabet erst einen Schritt, dann zwei Schritte rückwärts. Wiederholen Sie diese Regel.

Bewegung in alphabetischer Reihenfolge:

$-1 \mid -2 \mid -1 \mid -2 \mid -1$

Zu 529.

A. H

Eine von C ausgehende, voranschreitende Buchstabenreihe ist im Zweierschritt mit einer von X aus rückwärts laufenden Reihe verschachtelt.

Bewegung in alphabetischer Reihenfolge:

$C \mid C + 1 \mid X \mid X - 1 \mid C + 2 \mid C + 3 \mid X - 2 \mid X - 3 \mid C + 4 \mid C + 5$

Zu 530.

C. M

Die Buchstaben O und P sind mit einer von F ausgehenden, im Alphabet vorwärtslaufenden Buchstabenreihe verschachtelt. Die sich wiederholende Grundregel lautet: Gehe einen Buchstaben im Alphabet weiter, füge O und P ein und gehe zwei Buchstaben weiter.

Bewegung in alphabetischer Reihenfolge:

$+1 \mid O \mid P \mid +2 \mid +1 \mid O \mid P \mid +2 \mid +1$

Zu 531.

C. C

Die Reihe beginnt bei Q und läuft in Zweierschritten rückwärts.

Bewegung in alphabetischer Reihenfolge:

$-2 \mid -2 \mid -2 \mid -2 \mid -2 \mid -2 \mid -2$

Zu 532.

D. U

Auf eine in Einerschritten vorwärtslaufende Buchstabenreihe mit drei Elementen (D, E, F) folgt eine in Einerschritten rückwärtslaufende Buchstabenreihe mit drei Elementen (W, V, U).

Bewegung in alphabetischer Reihenfolge:

$D \mid D + 1 \mid D + 1 + 1 \mid W \mid W - 1 \mid W - 1 - 1$

Zu 533.

B. G

Jeder zweite Buchstabe geht dem vorherigen Buchstaben im Alphabet voran.

Bewegung in alphabetischer Reihenfolge:

$-1 \mid +3 \mid -1 \mid -20 \mid -1 \mid +5 \mid -1$

Zu 534.

B. Q

Starten Sie beim Buchstaben C und gehen Sie in alphabetischer Reihenfolge erst zwei, dann drei, daraufhin vier usw. Buchstaben voran.

Bewegung in alphabetischer Reihenfolge:

$+2 \mid +3 \mid +4 \mid +5$

Zu 535.

B. L

Die Reihe beginnt bei F und läuft abwechselnd fünf Buchstaben alphabetisch vorwärts und drei zurück.

Bewegung in alphabetischer Reihenfolge:

+5 | −3 | +5 | −3 | +5 | −3

Logisches Denkvermögen

Eine Figur passt nicht dazu   *Aufgabenerklärung*

In diesem Abschnitt müssen Sie die Gemeinsamkeiten und Unterschiede verschiedener grafischer Objekte herausfinden.

Jede Aufgabenreihe enthält fünf Abbildungen mit Objekten, die nach einer gemeinsamen logischen Regel gebildet wurden. Ein Objekt weicht jedoch davon ab und unterscheidet sich wesentlich von den anderen. Ihr Auftrag lautet, dieses Objekt zu erkennen.

Hierzu ein Beispiel

Aufgabe

1.   **Welches Objekt gehört nicht in die Reihe?**

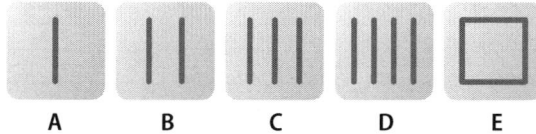

Antwort

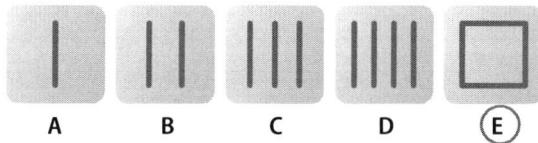

Jedes Objekt besteht aus unverbundenen senkrechten Strichen – nur Objekt E fällt aus der Reihe.

Eine Figur passt nicht dazu

Beantworten Sie bitte die folgenden Aufgaben, indem Sie den Lösungsbuchstaben des aus der Reihe fallenden Objekts markieren.

536. Welches Objekt gehört nicht in die Reihe?

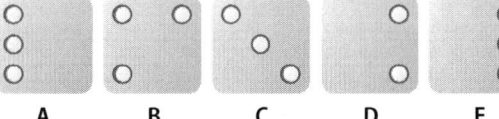

A   B   C   D   E

541. Welches Objekt gehört nicht in die Reihe?

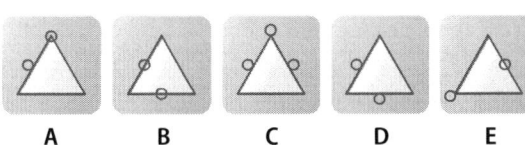

A   B   C   D   E

537. Welches Objekt gehört nicht in die Reihe?

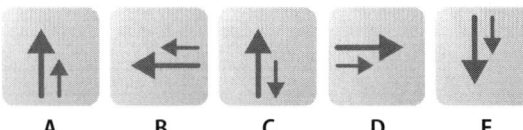

A   B   C   D   E

542. Welches Objekt gehört nicht in die Reihe?

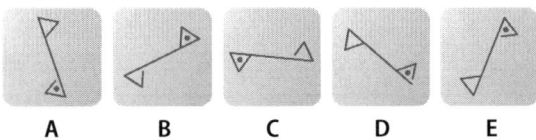

A   B   C   D   E

538. Welches Objekt gehört nicht in die Reihe?

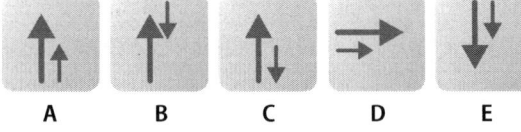

A   B   C   D   E

543. Welches Objekt gehört nicht in die Reihe?

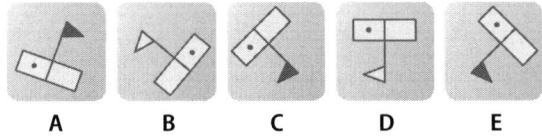

A   B   C   D   E

539. Welches Objekt gehört nicht in die Reihe?

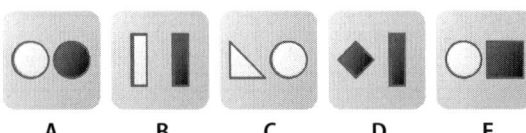

A   B   C   D   E

544. Welches Objekt gehört nicht in die Reihe?

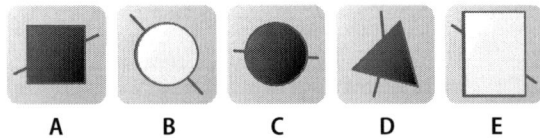

A   B   C   D   E

540. Welches Objekt gehört nicht in die Reihe?

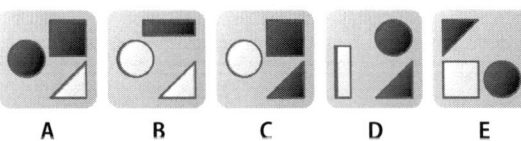

A   B   C   D   E

545. Welches Objekt gehört nicht in die Reihe?

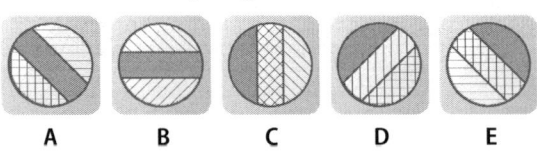

A   B   C   D   E

Lösung

Zu 536.

D

Jede Abbildung enthält drei kleine weiße Kreise, nur Objekt D weicht mit zwei Kreisen davon ab.

Zu 537.

C

Jede Abbildung enthält zwei Pfeile, die in dieselbe Richtung weisen. Nur bei Objekt C sind die Pfeile entgegengesetzt ausgerichtet.

Zu 538.

B

In jeder Abbildung befindet sich der kleine Pfeil hinter der Spitze des großen Pfeils – nur in Objekt B ist er davor platziert.

Zu 539.

C

Jede Abbildung ist jeweils in der Mitte horizontal spiegelbildlich teilbar. Nur das Dreieck in Objekt C lässt sich nicht auf diese Weise spiegeln.

Zu 540.

B

Jedes Objekt besteht aus einem weißen Element und zwei schwarzen. In Objekt B ist dieses Verhältnis umgekehrt.

Zu 541.

C

Jedes Objekt besteht aus einem Dreieck mit zwei kleinen Kreisen – nur Objekt C enthält drei kleine Kreise.

Zu 542.

D

Nur in Objekt D befindet sich die Öffnung des nicht geschlossenen Dreiecks am Ende der langen Hauptlinie.

Zu 543.

A

Dreht man das Objekt so, dass das Fähnchen aufrecht steht, befindet sich der schwarze Punkt immer im rechten Viereck – nur in Objekt A nicht.

Zu 544.

D

In jedem Objekt lassen sich die beiden seitlich ansetzenden Striche zu einer durchgehenden Geraden verbinden – nur in Objekt D nicht.

Zu 545.

B

Jeder Kreis wird von drei verschieden gefüllten Bändern durchzogen: Ein Band ist grau, eines kariert und eines diagonal gestreift. In Kreis B sind jedoch zwei Bänder diagonal gestreift.

Logisches Denkvermögen

Sprachlogik: Analogien   *Aufgabenerklärung*

In diesem Abschnitt wird Ihre Fähigkeit zu logischem Denken im sprachlichen Bereich geprüft.
Pro Aufgabe erhalten Sie zwei Wörter, die in einer bestimmten Beziehung zueinander stehen. Eine ähnliche Beziehung besteht zwischen einem dritten und vierten Wort. Das dritte Wort wird Ihnen vorgegeben, das vierte sollen Sie in den Antworten A bis E selbst ermitteln.

Hierzu ein Beispiel

Aufgabe

1.   **dick : dünn**   wie   **lang : ?**

    A. hell

    B. dunkel

    C. schmal

    D. kurz

    E. schlank

Antwort

    (D.) kurz

Gesucht wird ein Begriff, zu dem sich „lang" genauso verhält wie „dick" zu „dünn". Da „dick" das Gegenteil von „dünn" ist, muss nun ein Gegenbegriff zu „lang" gefunden werden. Von den Wahlwörtern kommt dafür nur „kurz" infrage; Lösungsbuchstabe ist daher das D.

Sprachlogik: Analogien

Bearbeitungszeit 5 Minuten

Beantworten Sie bitte die folgenden Aufgaben, indem Sie jeweils den richtigen Buchstaben markieren.

546. Auto : Straße wie **Zug : ?**

A. Schaffner
B. Fahrkarte
C. Gleis
D. Rad
E. Ampel

550. Getreide : Roggen wie **Gemüse : ?**

A. Apfel
B. Blumenkohl
C. Dattel
D. Gerste
E. Traube

547. Holz : Wald wie **Kohle : ?**

A. Bergmann
B. Verbrennung
C. Ofen
D. Bergwerk
E. Bagger

551. Motor : Verbrennung wie **Pflanze : ?**

A. Energie
B. Fotosynthese
C. Licht
D. Sauerstoff
E. Stickstoff

548. viel : wenig wie **alles : ?**

A. nichts
B. etwas
C. ein wenig
D. ausreichend
E. kaum

552. Erde : Mond wie **Sonne : ?**

A. Galaxie
B. Universum
C. Mond
D. Planet
E. Stern

549. Omelett : Eier wie **Butter : ?**

A. Schinken
B. Zucker
C. Marmelade
D. Milch
E. Öl

553. Kegel : Raum wie **Rechteck : ?**

A. Dimension
B. Fläche
C. Linie
D. Punkt
E. Gerade

554. Entfernung : Meter wie
Stromstärke : ?

A. Watt

B. Ampere

C. Ohm

D. Widerstand

E. Kabel

555. Afrika : Sahara wie **Asien : ?**

A. Karakum

B. Antarktis

C. Kalahari

D. Sonora

E. Gobi

Lösung

Zu 546.

C. Gleis

Der passende Untergrund für Autos sind Straßen, Züge fahren auf Gleisen.

Zu 547.

D. Bergwerk

In Waldgebieten gewinnt man den Rohstoff Holz, Kohle wird in Bergwerken abgebaut.

Zu 548.

A. nichts

Das erste Wortpaar stellt eine große Menge (viel) einer kleinen Menge (wenig) gegenüber. Das zweite Paar korreliert die größtmögliche Menge (alles) mit der kleinstmöglichen Menge (nichts).

Zu 549.

D. Milch

Die Grundzutat eines Omeletts sind Eier, Butter wird aus Milch bzw. Milchrahm hergestellt.

Zu 550.

B. Blumenkohl

Roggen ist ein Getreide, Blumenkohl ein Gemüse.

Zu 551.

B. Fotosynthese

Der Motor erzeugt durch Verbrennungsvorgänge mechanische Energie, die Fotosynthese dient Pflanzen zur Energiegewinnung.

Zu 552.

D. Planet

Die Erde wird vom Mond umkreist, die Sonne von Planeten.

Zu 553.

B. Fläche

Ein Kegel ist ein Körper im Raum, das zweidimensionale geometrische Gebilde Rechteck befindet sich in der Fläche.

Zu 554.

B. Ampere

Meter ist die Einheit zur Messung von Entfernungen, die Maßeinheit zur Bestimmung der Stromstärke ist Ampere.

Zu 555.

E. Gobi

Die Sahara ist eine Wüste in Afrika, die Wüste Gobi liegt in Asien.

Logisches Denkvermögen

Gemeinsame Oberbegriffe

Aufgabenerklärung

Nun ist Ihr Sprachgefühl gefordert.

Zu jeder Aufgabe erhalten Sie sechs Begriffe. Zwei davon können einem gemeinsamen Oberbegriff zugeordnet werden – bitte kreuzen Sie dieses Wortpaar an. **Doch Vorsicht:** Wenn drei oder mehr Wörter zu einem Oberbegriff passen, dürfen Sie diese Gruppe nicht markieren.

Hierzu ein Beispiel

Aufgabe

1.

☐	Koffer	☐	Fenster
☐	Rucksack	☐	Lampe
☐	Löffel	☐	Wasser

Antwort

1.

☒	Koffer	☐	Fenster
☒	Rucksack	☐	Lampe
☐	Löffel	☐	Wasser

Der Koffer und der Rucksack lassen sich dem Oberbegriff „Gepäckstücke" zuordnen.

Gemeinsame Oberbegriffe

Bearbeitungszeit 10 Minuten

Beantworten Sie bitte die folgenden Aufgaben, indem Sie die Wortpaare ankreuzen, die sich einem gemeinsamen Oberbegriff zuordnen lassen.

556.

- [ ] Norden
- [ ] Blatt
- [ ] Weihnachten
- [ ] Löffel
- [ ] Autobahn
- [ ] Osten

557.

- [ ] Würfel
- [ ] Niere
- [ ] Messer
- [ ] Rock
- [ ] Veilchen
- [ ] Leber

558.

- [ ] Nähmaschine
- [ ] Bleistift
- [ ] Stuhl
- [ ] Brot
- [ ] Glas
- [ ] Schrank

559.

- [ ] Wind
- [ ] Hagel
- [ ] Regen
- [ ] Herbst
- [ ] Wetter
- [ ] Wolke

560.

- [ ] Amsel
- [ ] Fink
- [ ] Rotkehlchen
- [ ] Habicht
- [ ] Adler
- [ ] Schwalbe

561.

- [ ] Busch
- [ ] Pilz
- [ ] Tanne
- [ ] Erle
- [ ] Blume
- [ ] Wiese

562.

- [ ] Helligkeit
- [ ] Kerze
- [ ] Polarlicht
- [ ] Merkur
- [ ] Blitz
- [ ] Sonne

563.

- [ ] Subjekt
- [ ] Titel
- [ ] Prädikat
- [ ] Präsens
- [ ] Objekt
- [ ] Grammatik

564.

- [ ] Namen
- [ ] Welten
- [ ] Zahlen
- [ ] Rasen
- [ ] Bogen
- [ ] Morgen

565.

- [ ] Mund
- [ ] Nase
- [ ] Ohr
- [ ] Lupe
- [ ] Auge
- [ ] Tasche

Lösung

Zu 556.

☒ Norden   ☒ Osten

Der Norden und der Osten lassen sich dem Oberbegriff „Himmelsrichtungen" zuordnen.

Zu 557.

☒ Niere   ☒ Leber

Die Niere und die Leber lassen sich dem Oberbegriff „innere Organe" zuordnen.

Zu 558.

☒ Stuhl   ☒ Schrank

Der Stuhl und der Schrank lassen sich dem Oberbegriff „Möbelstücke" zuordnen.

Zu 559.

☒ Regen   ☒ Hagel

Der Regen und der Hagel lassen sich dem Oberbegriff „Niederschläge" zuordnen.

Zu 560.

☒ Adler   ☒ Habicht

Der Adler und der Habicht lassen sich dem Oberbegriff „Greifvögel" zuordnen. Amsel, Rotkehlchen, Fink und Schwalbe könnten als Singvögel eine Gruppe bilden – diese wäre jedoch zu umfangreich.

Zu 561.

☒ Tanne   ☒ Erle

Die Tanne und die Erle lassen sich dem Oberbegriff „Bäume" zuordnen.

Zu 562.

☒ Merkur   ☒ Sonne

Der Planet Merkur und die Sonne lassen sich dem Oberbegriff „Himmelskörper" zuordnen. Theoretisch könnten auch die Lichtquellen Sonne, Blitz, Kerze und Polarlicht eine Gruppe bilden – diese wäre jedoch zu umfangreich.

Zu 563.

☒ Prädikat   ☒ Titel

Das Prädikat und der Titel lassen sich dem Oberbegriff „Auszeichnungen" zuordnen. Der Begriff „Prädikat" könnte in anderer Bedeutung auch für einen Satzbaustein stehen und mit dem Subjekt und dem Objekt eine Gruppe bilden – diese wäre jedoch zu umfangreich.

Zu 564.

☒ Zahlen   ☒ Rasen

Nur die Begriffe „Zahlen" und „Rasen" können hier auch als Verben aufgefasst und dem Oberbegriff „Tätigkeiten" zugeordnet werden.

Zu 565.

☒ Auge   ☒ Lupe

Das Auge und die Lupe lassen sich dem Oberbegriff „Sehen" zuordnen. Theoretisch könnten auch Auge, Nase, Ohr und Mund als Teile des Gesichts eine Gruppe bilden – diese wäre jedoch zu umfangreich.

Logisches Denkvermögen

Logische Schlussfolgerung   **_Bearbeitungszeit 10 Minuten_**

Nun steht Ihr schlussfolgerndes Denken auf dem Prüfstand.

Zu jeder Fragestellung erhalten Sie mehrere Aussagen. Welche Schlussfolgerung lässt sich daraus ziehen? Es geht nicht darum, ob die Behauptungen einen sinnvollen Bezug zur Realität haben, sondern nur darum, welche Folgerung aufgrund der getroffenen Aussagen logisch zwingend korrekt ist. Beantworten Sie bitte die folgenden Aufgaben, indem Sie jeweils den richtigen Buchstaben markieren.

566. **Welche Schlussfolgerung ist logisch richtig, wenn die folgende Behauptung zugrunde gelegt wird? „Alle Vögel können nicht fliegen, alle Vögel haben Füße."**

   A. Alle Vögel, die Füße haben, können fliegen.

   B. Alle Vögel, die Füße haben, können nicht fliegen.

   C. Alles, was Füße besitzt, ist ein Vogel.

   D. Alle Vögel, die keine Füße haben, können fliegen.

   E. Keine Antwort ist richtig.

567. **Welche Schlussfolgerung ist logisch richtig, wenn die folgende Behauptung zugrunde gelegt wird? „Kühe können fliegen, weil sie Flügel haben. Vögel haben keine Flügel. Also ..."**

   A. ist Fliegen ohne Flügel nicht möglich.

   B. können alle Vögel nicht fliegen.

   C. können alle Kühe auch ohne Flügel fliegen.

   D. können Kühe fliegen.

   E. Keine Antwort ist richtig.

568. **Welche Schlussfolgerung ist logisch richtig, wenn die folgende Behauptung zugrunde gelegt wird? „Schuhe können nur lesen. Socken können nur schreiben. Hosen können beides. Also ..."**

   A. können Socken von den Hosen nicht zum Schreiben eingesetzt werden.

   B. können Schuhe von den Hosen nicht zum Lesen eingesetzt werden.

   C. können Socken von den Hosen nicht zum Lesen eingesetzt werden.

   D. können Socken und Schuhe weder lesen noch schreiben.

   E. Keine Antwort ist richtig.

569. **Wer hat das Schachturnier gewonnen?**

   ¬ Paul und Angela haben Remis gespielt.

   ¬ Barbara hat Paul, Martin und Angela geschlagen.

   ¬ Tanja hat gegen Barbara verloren, aber gegen Paul und Angela gewonnen.

   ¬ Martin hat gegen Angela eine Niederlage erlitten.

   ¬ Wilhelm musste sich nur Barbara geschlagen geben und hat alle anderen besiegt.

   A. Angela

   B. Barbara

   C. Martin

   D. Tanja

   E. Keine Antwort ist richtig.

570. Wer ist am jüngsten?

¬ Klaus ist älter als Angela.

¬ Stefan ist jünger als Klaus und Angela.

¬ Stefan ist älter als Petra.

¬ Maria ist nicht die Jüngste und fast genauso alt wie Stefan.

A. Klaus

B. Maria

C. Petra

D. Stefan

E. Keine Antwort ist richtig.

571. Welche Schlussfolgerung ist logisch richtig, wenn die folgende Behauptung zugrunde gelegt wird? „Kleider können sprechen. Fußbälle können sprechen und alles, was sprechen kann, ist rot. Also …"

A. sind nur Kleider rot.

B. sind Kleider rot.

C. sind Fußbälle Kleider.

D. sind Kleider Fußbälle.

E. Keine Antwort ist richtig.

572. Welche Schlussfolgerung ist logisch richtig, wenn die folgende Behauptung zugrunde gelegt wird? „Alle Gegenstände, die verschickt werden sollen, werden ins rote Fach abgelegt. Alle Gegenstände im roten Fach sind zerbrechlich, im grünen Fach nicht. Also …"

A. sind alle Gegenstände, die sich im roten Fach befinden, zu verschicken.

B. befinden sich alle zerbrechlichen Gegenstände im roten Fach.

C. sind die zu verschickenden Gegenstände teils zerbrechlich und teils nicht.

D. sind Gegenstände nicht zu verschicken, wenn sie nicht zerbrechlich sind.

E. Keine Antwort ist richtig.

573. Welche Schlussfolgerung ist logisch richtig, wenn die folgende Behauptung zugrunde gelegt wird? „Alle Löwen sind Fische. Alle Fische können schwimmen. Also …"

A. können Löwen nicht schwimmen.

B. können einige Löwen nicht schwimmen.

C. können nur einige Löwen schwimmen.

D. können alle Löwen schwimmen.

E. Keine Antwort ist richtig.

574. Welche Schlussfolgerung ist logisch richtig, wenn die folgende Behauptung zugrunde gelegt wird? „Hans möchte um 19:00 Uhr entweder Barbara oder Paul besuchen. Hans besucht um 19:00 Uhr Paul. Also …"

A. besucht Hans um 19:00 Uhr Barbara.

B. besucht Hans um 19:00 Uhr Barbara und Paul.

C. besucht Hans um 19:00 Uhr nicht Barbara.

D. besucht Barbara um 19:00 Uhr Paul.

E. Keine Antwort ist richtig.

575. Doris, Kurt, Marta, Paula und Michaela ziehen jeweils ein Stäbchen und legen fest, dass derjenige mit dem kürzesten Stäbchen abwaschen muss. Wer erledigt den Abwasch?

¬ Kurt hätte das längste Stäbchen, wenn Michaela nicht wäre.

¬ Peters Stäbchen ist ein wenig länger als Doris'.

¬ Peter und Marta haben gleich lange Stäbchen gezogen.

A. Marta

B. Kurt

C. Doris

D. Peter

E. Keine Antwort ist richtig.

Lösung

Zu 566.

B. Alle Vögel, die Füße haben, können nicht fliegen.

Beide vorgestellten Aussagen – „Alle Vögel können nicht fliegen" und „Alle Vögel haben Füße" – beziehen sich auf die gleiche Gruppe, nämlich die Gesamtheit der Vögel. Also lässt sich ableiten: Alle Vögel, die Füße haben – d. h. sämtliche Vögel – können nicht fliegen.

Zu 567.

D. können Kühe fliegen.

Die Vorschläge A, B und C sind falsch: Es wird nicht festgestellt, dass Fliegen nur mit Flügeln möglich ist – vielleicht gibt es dafür noch andere Hilfsmittel und Techniken. Somit bleibt nur Antwort D übrig, die den Inhalt der ersten Aussage wiedergibt.

Zu 568.

C. können Socken von den Hosen nicht zum Lesen eingesetzt werden.

Antwort C „Socken können von den Hosen nicht zum Lesen eingesetzt werden" ist korrekt, denn Socken können nicht lesen, sondern nur schreiben. Antwort A ist falsch, weil Socken schreiben können, und Antwort B stimmt nicht, da Schuhe lesen können. So ist auch Antwort D falsch, da Socken und Schuhe sowohl schreiben als auch lesen können.

Zu 569.

B. Barbara

Da Barbara gegen jeden ein Spiel gewonnen hat, ist sie die Siegerin. Die richtige Reihenfolge der Spielstärke nach lautet: Barbara, Wilhelm, Tanja, Angela, Paul, Martin.

Zu 570.

C. Petra

Petra ist die jüngste der genannten Personen. Klaus und Angela sind älter als Stefan und somit nicht die Jüngsten. Maria und Petra sind wiederum jünger als Stefan; da Maria aber laut Prämisse nicht die Jüngste ist, kommt dafür nur Petra in Betracht. Die Reihenfolge der Personen nach Alter lautet: Klaus, Angela, Stefan, Maria, Petra.

Zu 571.

B. sind Kleider rot.

Antwort B „Kleider sind rot" stimmt, da Kleider sprechen können und alles, was sprechen kann, rot ist. Antwort A ist falsch – zwar sind alle Kleider rot, aber andere Dinge könnten ebenfalls rot sein. Auch die Vorschläge C und D stimmen nicht. Zwar teilen Kleider und Fußbälle eine Eigenschaft (sie sind rot), doch das bedeutet nicht, dass beide identisch sind, also in allen Eigenschaften übereinstimmen.

Zu 572.

D. sind Gegenstände nicht zu verschicken, wenn sie nicht zerbrechlich sind.

Antwort A ist falsch: Zwar liegen alle Gegenstände, die verschickt werden sollen, im roten Fach, aber umgekehrt gilt nicht, dass alle Gegenstände im roten Fach zu verschicken sind. Ebenso ist Antwort B falsch, da zwar alle Gegenstände im roten Fach zerbrechlich sind, aber nicht umgekehrt alle Gegenstände, die zerbrechlich sind, im roten Fach liegen müssen. Antwort C ist falsch, da alle zu verschickenden Gegenstände laut den angegebenen Prämissen zerbrechlich sind. Aus „Alle Gegenstände, die verschickt werden sollen, werden ins rote Fach abgelegt" und „Alle Gegenstände im roten Fach sind zerbrechlich" folgt: Wenn etwas nicht zerbrechlich ist, liegt es mit Sicherheit nicht im roten Fach und ist demzufolge auch nicht zu verschicken. Antwort D stimmt.

Zu 573.
D. können alle Löwen schwimmen.

Wenn alle Löwen Fische sind und alle Fische schwimmen können, dann können alle Löwen schwimmen – Antwort D stimmt. Die Vorschläge A, B und C bestreiten die Schwimmfähigkeit der Großkatzen zumindest teilweise und sind deswegen falsch.

Zu 574.
C. besucht Hans um 19:00 Uhr nicht Barbara.

Antwort C ist korrekt, da Hans, wenn er Paul besucht, nicht Barbara besuchen kann. Antwort A scheidet aus, da er Barbara nicht besucht. Ebenso fällt Antwort B weg, da er nur den einen oder anderen besuchen kann, nicht aber beide („entweder … oder"). Antwort D ist nicht korrekt, da über Barbaras Verhalten nichts in den Prämissen steht.

Zu 575.
C. Doris

Doris muss abwaschen. Die Aussage „Kurt hätte das längste Stäbchen, wenn Michaela nicht wäre" gibt die Information, dass Michaela und Kurt die längsten Stäbchen haben, d. h. die anderen haben kürzere. Da Peter und Marta gleichauf sind, aber Doris' Stäbchen kürzer als Peters ist, muss sie die Verliererin sein. Die Reihenfolge nach Stäbchenlänge: Michaela, Kurt, Peter und Marta, Doris.

Logisches Denkvermögen

Bedingungen

Bearbeitungszeit 10 Minuten

Im Folgenden geht es um Ihren mathematischen Scharfsinn.

Welche Angaben brauchen Sie, um die Fragestellung eindeutig zu beantworten? Bitte markieren Sie jeweils den richtigen Lösungsbuchstaben.

576. Wie groß ist Winkel β? Um die Aufgabe zu lösen, brauchen Sie ...

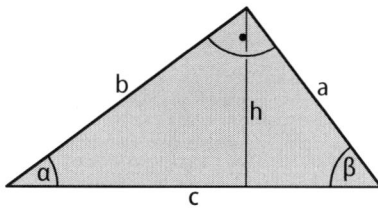

A. die Seiten a und c.

B. die Seiten b und c.

C. Höhe h und Winkel α.

D. nur Winkel α.

E. Keine Antwort ist richtig.

577. Welchen Flächeninhalt hat das Parallelogramm? Um die Aufgabe zu lösen, brauchen Sie ...

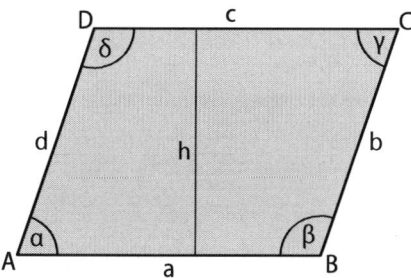

A. nur die Seiten a und c.

B. nur die Seite a und Höhe h.

C. unbedingt die Seiten a und b sowie die Höhe h.

D. unbedingt die Seiten a, b, c und d.

E. Keine Antwort ist richtig.

578. Welches Volumen hat der Zylinder? Um die Aufgabe zu lösen, brauchen Sie die Kreiszahl π und zusätzlich ...

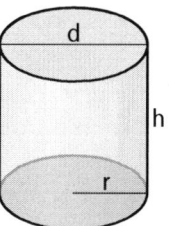

A. nur den Radius r.

B. nur die Höhe h.

C. den Radius r und den Durchmesser d.

D. den Radius r und die Höhe h.

E. Keine Antwort ist richtig.

579. Gegeben sind folgende Gleichungen:

$x + y + z = 18$
$3x = z$
$z = 6y$
$x = 2y$

Um x, y und z zu berechnen, brauchen Sie ...

A. nur eine der angegebenen Gleichungen.

B. nur zwei der angegebenen Gleichungen.

C. nur drei der angegebenen Gleichungen.

D. alle vier angegebenen Gleichungen.

E. Keine Antwort ist richtig.

580. Herr Mayer erhält Zinsen auf sein Tagesgeldkonto. Welcher Zinsbetrag hat sich nach einem Jahr angesammelt? Um die Aufgabe zu lösen, brauchen Sie zusätzlich …

  A. den Anlagebetrag und den Zinssatz.

  B. nur den Zinssatz.

  C. nur den Anlagebetrag.

  D. keine weiteren Angaben.

  E. Keine Antwort ist richtig.

581. Der Boden eines rechteckigen Schwimmbeckens soll mit quadratischen Kacheln gefliest werden. Wie viele Fliesen werden benötigt? Um die Aufgabe zu lösen, brauchen Sie …

  A. nur die Länge des Bodens sowie die Länge der Fliesen.

  B. nur die Länge und Breite des Bodens sowie die Breite der Fliesen.

  C. nur die Höhe des Beckens sowie die Breite der Fliesen.

  D. unbedingt die Länge und Breite des Bodens sowie die Länge und Breite der Fliesen.

  E. Keine Antwort ist richtig.

582. An einem Tag dreht sich die Erde einmal um die eigene Achse. Wie schnell dreht sich ein Haus um die Erdachse, das genau auf der Äquatorlinie steht? Um die Aufgabe zu lösen, brauchen Sie zusätzlich …

  A. keine weiteren Angaben.

  B. den Erdumfang.

  C. die Strecke vom Haus zum Erdmittelpunkt und den Erdumfang.

  D. den Erdumfang und die Strecke vom Haus zur Sonne.

  E. Keine Antwort ist richtig.

583. Ein umzäunter Garten hat die Form eines U. Der gestrichelte Teil des Gartenzauns soll erneuert werden – wie lang ist dieser Abschnitt? Um die Aufgabe zu lösen, brauchen Sie …

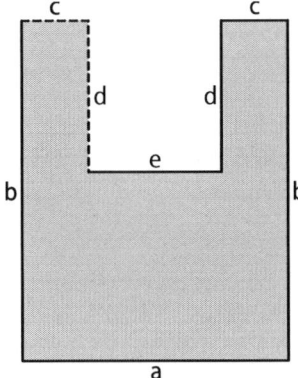

  A. nur die Gesamtlänge des Zauns sowie die Seiten a und b.

  B. nur die Gesamtlänge des Zauns sowie die Seiten a, c und e.

  C. nur die Gesamtlänge des Zauns sowie die Seiten e, b und c.

  D. unbedingt die Gesamtlänge des Zauns sowie die Seiten a, b, c und e.

  E. Keine Antwort ist richtig.

584. Gegeben sind folgende Gleichungen:

$$3x + 4y + 2z = 23$$
$$-6x + 8y + 3z = 5$$
$$x - 3y - 11z = -26$$

Um x, y und z zu berechnen, brauchen Sie …

  A. eine der drei Gleichungen.

  B. zwei der drei Gleichungen.

  C. alle drei Gleichungen.

  D. Die Aufgabe ist anhand der angegebenen Gleichungen nicht lösbar.

  E. Keine Antwort ist richtig.

585. **Gegeben sind folgende Gleichungen:**

$$ax^2 + bx - c = 0$$
$$a = 3b$$

Um alle Lösungen für x zu finden, brauchen Sie …

A. a, b oder c.

B. nur a und b.

C. nur a und c oder b und c.

D. unbedingt a, b und c.

E. Keine Antwort ist richtig.

Lösung

Zu 576.

D. nur Winkel α.

Die Summe der Innenwinkel eines Dreiecks beträgt 180°. Im vorliegenden Fall ist einer der Innenwinkel ein rechter Winkel (erkennbar am Punkt im Viertelkreis), deshalb können Sie Winkel β berechnen, wenn Sie Winkel α kennen: β = 180° − 90° − α.

Zu 577.

B. nur die Seite a und Höhe h.

Um die Fläche eines Parallelogramms zu bestimmen, braucht man eine Seite und die dazugehörige Höhe: $A = a \times h_a$ oder $A = b \times h_b$.

Zu 578.

D. den Radius r und die Höhe h.

Um das Volumen eines Zylinders zu berechnen, braucht man seine Höhe, seinen Radius bzw. Durchmesser und die Kreiszahl π: $V = \pi \times r^2 \times h = \pi \times (d/2)^2 \times h$.

Zu 579.

C. nur drei der angegebenen Gleichungen.

Um alle drei Variablen zu berechnen, brauchen Sie drei der angegebenen Gleichungen – eine davon muss die erste Gleichung sein. Beispielhaft lässt sich die Aufgabe lösen, indem Sie zuerst die Werte für z und x aus der dritten bzw. vierten Gleichung in die erste Gleichung einsetzen und y berechnen:

$x + y + z = 18$

$2y + y + 6y = 18$

$9y = 18 \quad | \div 2$

$y = 2$

Dieses Ergebnis setzen Sie nun in die Gleichungen 3 und 4 ein, um z und x zu bestimmen:

$z = 6y = 6 \times 2 = 12$

$x = 2y = 2 \times 2 = 4$

Zu 580.

A. den Anlagebetrag und den Zinssatz.

Die Laufzeit ist angegeben, sie liegt bei einem Jahr (das entspricht in der kaufmännischen Zinsrechnung 360 Tagen). Zur Berechnung des Zinsbetrags braucht man außerdem das angelegte Kapital und den Zinssatz:

$$\text{Zinsbetrag} = \frac{\text{Anlagebetrag} \times \text{Zinssatz} \times \text{Laufzeit}}{100 \times 360\,\text{d}}$$

Zu 581.

B. nur die Länge und Breite des Bodens sowie die Breite der Fliesen.

Zunächst müssen Sie die zu fliesende Fläche kennen, und die ergibt sich aus der Länge und Breite des Beckenbodens. Außerdem brauchen Sie die Abmessungen der verwendeten Fliese – da diese quadratisch ist, sind Länge und Breite gleich.

Zu 582.

B. den Erdumfang.

Die Geschwindigkeit berechnet sich aus Weg durch Zeit. Die Zeit ist mit einem Tag angegeben, der Weg ist in diesem Fall der Erdumfang (ungefähr 40.000 km). Die Rechnung lautet also: $V = 40.000\,\text{km} \div 24\,\text{h} \approx 1.666,67\,\text{km/h}$.

Zu 583.

C. nur die Gesamtlänge des Zauns sowie die Seiten e, b und c.

Das gesuchte Teilstück (c + d) erhalten Sie, indem Sie die übrigen Teilstücke von der Gesamtlänge (G) abziehen:

$$c + d = G - a - b - b - c - d - e$$

Aus der Skizze geht hervor: Seite a ist genauso lang wie die Summe der zwei Seiten c und der Seite e (a = 2c + e). Sie können die Variable a in der obigen Gleichung also einfach ersetzen:

$$c + d = G - (2c + e) - b - b - c - d - e = G - 2c - e - b - b - c - d - e$$

Die Unbekannte d entfernen Sie geschickt aus der rechten Gleichungsseite, indem Sie die gesuchte Strecke c + d auf beiden Seiten addieren:

$$2 \times (c + d) = G - 2c - e - b - b - e = G - 2c - 2e - 2b$$

Den Faktor 2 auf der linken Gleichungsseite können Sie vernachlässigen, denn die Lösung zeigt sich bereits: Sie können die Länge des gesuchten Zaunabschnitts bestimmen, wenn Sie die Größen G, c, e und b kennen.

Zu 584.

C. alle drei Gleichungen.

Gleichungen mit identischen Unbekannten sind grundsätzlich lösbar, wenn es genauso viele Gleichungen wie Unbekannte gibt. Dabei nutzt man zum Beispiel das Gauß-Verfahren: Man formt die Gleichungen so um, dass man die Unbekannten Schritt für Schritt eliminieren kann, bis nur noch eine übrig bleibt, die dann berechnet wird. Mithilfe dieses Werts bestimmt man anschließend die nächste Unbekannte – und so weiter.

Zu 585.

C. nur a und c oder b und c.

Mithilfe der zweiten Gleichung kann man entweder die Variable a oder die Variable b in der ersten Gleichung ersetzen. Hier bleiben dann nur noch drei Unbekannte übrig: nämlich x und c sowie a oder b. Kennt man a und c oder b und c, kann man x berechnen – anhand der abc-Formel oder der pq-Formel.

Logisches Denkvermögen

Möglich oder unmöglich *Bearbeitungszeit 10 Minuten*

Möglich oder nicht? Darum geht es in diesem Abschnitt.

Ausgehend vom gleichen Satzanfang werden bei jeder Aufgabe fünf Behauptungen aufgestellt. Davon ist nur eine einzige richtig – oder aber falsch. Bitte markieren Sie den Lösungsbuchstaben dieses aus der Reihe fallenden Antwortvorschlags.

586. Es ist möglich, dass Wasser …?

- A. verdampft.
- B. gefriert.
- C. seine Temperatur verändert.
- D. sich in Pfützen sammelt.
- E. in Netzen getragen wird.

587. Unmöglich ist es, dass Holz …?

- A. brennt.
- B. zu Papier weiterverarbeitet wird.
- C. als Werkstoff genutzt wird.
- D. kondensiert.
- E. in heißem Wasser schwimmt.

588. Es ist möglich, dass Katzen …?

- A. sieben Leben haben.
- B. Vögel jagen.
- C. schnurren.
- D. Hundefutter essen.
- E. sich nicht streicheln lassen.

589. Auf keinen Fall kann ein kleiner Magnet …?

- A. große Feuer löschen.
- B. das Licht einer Taschenlampe ablenken.
- C. Kompassnadeln beeinflussen.
- D. potentielle Energie in chemische Energie umwandeln.
- E. aus Wärme Strom erzeugen.

590. Es ist völlig ausgeschlossen, in Südamerika …?

- A. Elefanten in freier Wildbahn zu fotografieren.
- B. Dschungelgebiete zu erkunden.
- C. chinesische Touristen zu treffen.
- D. mit Einheimischen Spanisch zu sprechen.
- E. vor Ort gezüchtetes Geflügel zu essen.

591. Bei Sonnenaufgang ist es unmöglich, …?

- A. nicht aufzuwachen.
- B. Vögel zwitschern zu hören.
- C. dass die Luft sich erwärmt.
- D. dass die Sonne hinter dem Horizont verschwindet.
- E. den Mond zu sehen.

592. Es ist möglich, dass frei lebende Eisbären …?

- A. Menschen angreifen.
- B. Pinguine jagen.
- C. Hunger haben.
- D. früh sterben.
- E. in kaltem Wasser schwimmen.

593. Eine Primzahl kann auf keinen Fall …?

    A. gerade sein.

    B. ungerade sein.

    C. größer als 10.000.000 sein.

    D. auf 7 enden.

    E. auf 15 enden.

594. Keinesfalls kann ein Lehrer …?

    A. niemals falsch liegen.

    B. immer wissen, wovon er redet.

    C. keinen Stoffwechsel haben.

    D. alle seine Fehler zugeben.

    E. kein schlechtes Gedächtnis haben.

595. Es ist nicht völlig auszuschließen, dass kein Mensch …?

    A. noch nie im Weltall war.

    B. etwas von einer unbekannten Tierart weiß.

    C. auf einem fremden Planeten dauerhaft unglücklich wäre.

    D. geboren wurde, ohne vorher im Mutterleib herangewachsen zu sein.

    E. nicht sterben muss.

Lösung

Zu 586.

E. in Netzen getragen wird.

Vorschlag E ergibt hier die einzige falsche Behauptung: Man kann Wasser nicht in Netzen tragen, da es durch die Maschen fließen würde. Alle weiteren Aussagen stimmen: Wasser kann verdampfen, gefrieren, sich erwärmen bzw. abkühlen und sich in Pfützen sammeln.

Zu 587.

D. kondensiert.

Vorschlag D ergibt hier die einzige richtige Behauptung: Beim Kondensieren geht ein Stoff vom gasförmigen in den flüssigen Aggregatzustand über, diesen Prozess kann Holz nicht durchlaufen. Alle weiteren Aussagen sind falsch: Holz kann brennen, zu Papier weiterverarbeitet werden, als Werkstoff dienen und in heißem wie in kaltem Wasser schwimmen.

Zu 588.

A. sieben Leben haben.

Vorschlag A ergibt hier die einzige falsche Behauptung: Auch Katzen haben nur ein Leben. Dass die Stubentiger Vögel jagen, schnurren und Streicheleinheiten verweigern, ist möglich. Gleiches gilt für den Verzehr von Hundefutter – auch wenn das für sie auf Dauer gesundheitsschädlich ist.

Zu 589.

C. Kompassnadeln beeinflussen.

Vorschlag C ergibt hier die einzige falsche Behauptung: Mit einem Magneten kann man Kompassnadeln ablenken, die dazu gedacht sind, sich am irdischen Magnetfeld auszurichten. Alle weiteren Aussagen stimmen: Magneten können weder Licht ablenken noch Wärme in Strom oder potentielle in kinetische Energie umwandeln – geschweige denn Brände löschen.

Zu 590.

A. Elefanten in freier Wildbahn zu fotografieren.

Vorschlag A ergibt hier die einzige falsche Behauptung: Da Elefanten nur in Afrika und Indien heimisch sind, trifft man sie in Südamerika höchstens in Zoos. Alle weiteren Aussagen stimmen: In Südamerika gibt es ausgedehnte Dschungelgebiete, Geflügelzüchter und auch chinesische Touristen. Infolge der spanischen Kolonialherrschaft ist Spanisch heute außerdem in vielen Ländern des Kontinents die offizielle Amtssprache.

Zu 591.

D. dass die Sonne hinter dem Horizont verschwindet.

Vorschlag D ergibt hier die einzige richtige Behauptung: Wenn die Sonne aufgeht, kann sie nicht gleichzeitig untergehen („hinter dem Horizont verschwinden"). Alle weiteren Aussagen sind falsch: Es ist durchaus möglich, bei Sonnenaufgang weiterzuschlafen, Vogelgezwitscher zu hören oder den Mond zu sehen. Und wenn sich Luft nicht durch Sonnenstrahlung erwärmen würde, wäre es tagsüber genauso kühl wie nachts.

Zu 592.

B. Pinguine jagen.

Vorschlag B ergibt hier die einzige falsche Behauptung: Eisbären leben in der Arktis (nördliches Polargebiet), Pinguine in der Antarktis (südliches Polargebiet). Somit treffen beide nie in freier Wildbahn aufeinander. Alle weiteren Aussagen stimmen: Dass Eisbären Menschen attackieren, Hunger haben, früh sterben und eiskaltes Wasser durchschwimmen, ist durchaus möglich.

Zu 593.

E. auf 15 enden.

Vorschlag E ergibt hier die einzige richtige Behauptung: Jede Zahl, die auf 15 endet, kann durch 5 geteilt werden und ist somit keine Primzahl. Alle weiteren Aussagen stimmen nicht: Primzahlen können ungerade sein (3, 5, 7 …) und auf 7 enden (7, 17, 37 …). Die größte bislang bekannte Primzahl ist mit über 17 Millionen Stellen deutlich größer als 10.000.000. Außerdem gibt es genau eine gerade Primzahl – nämlich die 2.

Zu 594.

C. keinen Stoffwechsel haben.

Vorschlag C ergibt hier die einzige richtige Behauptung: Alle Lebewesen haben einen Stoffwechsel, und auch Lehrer sind Lebewesen. Alle weiteren Aussagen stimmen nicht: Dass ein

Lehrer niemals falsch liegt, immer weiß, wovon er redet, alle seine Fehler zugibt und ein gutes Gedächtnis hat, ist zumindest theoretisch möglich.

Zu 595.

A. noch nie im Weltall war.

Knifflig ist hier die Verkettung mehrerer Verneinungen. Zur Vereinfachung lässt sich der Satzbeginn „Es ist nicht völlig auszuschließen" mit „Es ist möglich" übersetzen. Nun können Sie die Sätze überprüfen: Wenn kein Mensch noch nie im Weltall war, war jeder Mensch schon einmal dort – das ist unmöglich, folglich ist Behauptung A falsch. Die weiteren Aussagen stimmen: Dass niemand etwas von einer unbekannten Tierart weiß (Vorschlag B), versteht sich von selbst. Gleiches gilt für die Annahmen, dass jeder Mensch sterblich ist (Antwort E) und vor seiner Geburt im Mutterleib herangewachsen ist (Lösung D). Aussage C bezieht sich auf ein rein fiktives Szenario, kann nicht widerlegt werden und ist zumindest möglich.

Logisches Denkvermögen

Datenanalyse

Bearbeitungszeit 10 Minuten

Bitte sehen Sie sich die folgenden Schaubilder genau an, um die zugehörigen Fragen zu beantworten.

Anteil der Energieträger an der Stromerzeugung in Deutschland

Das Diagramm zeigt den Anteil der verschiedenen Energieträger an der Stromerzeugung in Deutschland in den Jahren 1998, 2008 und 2009 (Angaben in Mrd. kWh).

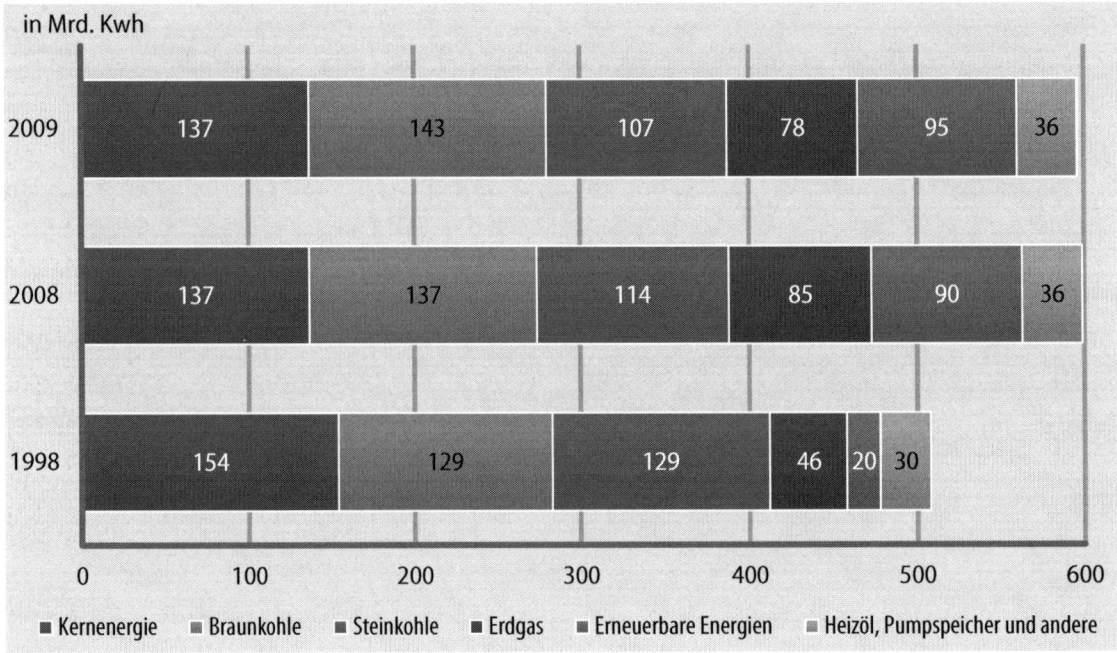

Quelle: Bundesverband der Energie- und Wasserwirtschaft e.V.

Sind die folgenden Aussagen zum abgebildeten Schaubild korrekt? Bitte markieren Sie jeweils den richtigen Buchstaben.

596. Die Gesamtmenge der erzeugten Energie hat von 1998 bis 2009 kontinuierlich zugenommen.

A. stimmt

B. stimmt nicht

597. Die durch Kernenergie erzeugte Energiemenge war 2008 und 2009 gleich.

A. stimmt

B. stimmt nicht

598. Erneuerbare Energien stellten in jedem Jahr den geringsten Anteil an Energie.

A. stimmt

B. stimmt nicht

599. Der Anteil erneuerbarer Energien hat sich von 1998 bis 2009 mehr als vervierfacht.

A. stimmt

B. stimmt nicht

600. **Der Anteil der Braunkohle an der Energie-erzeugung lag stets über dem Anteil der Kernenergie.**

A. stimmt

B. stimmt nicht

Klimadaten

Für Rom; verschiedene Klimadaten im Monatsdurchschnitt

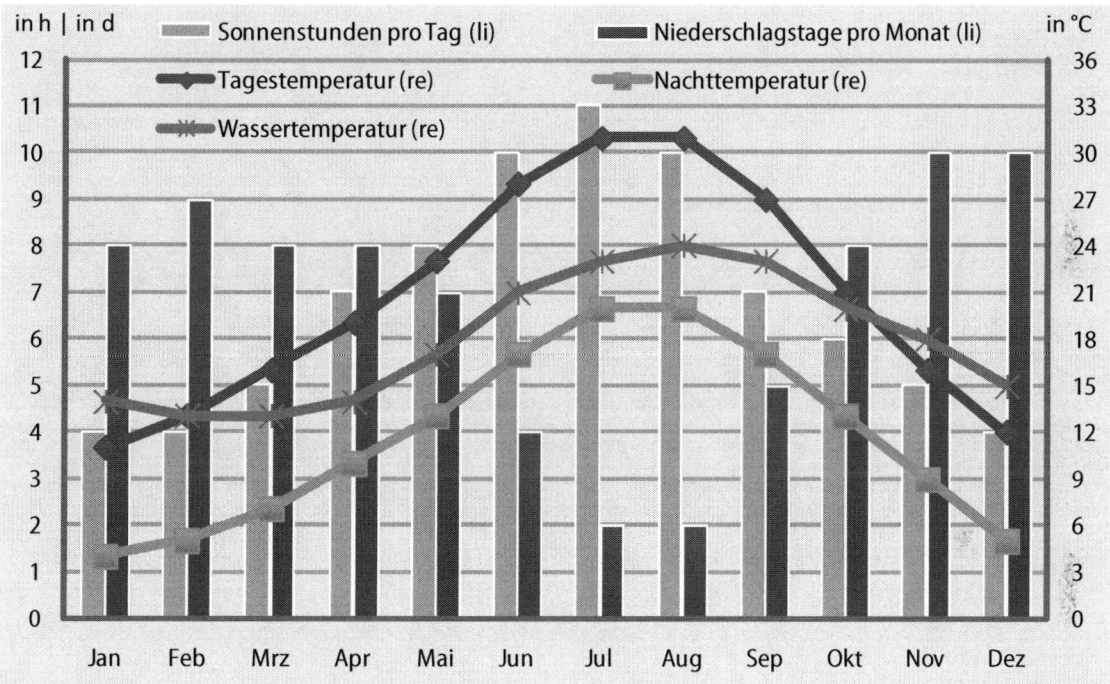

Für jeden Monat sind die durchschnittliche Tages-, Nacht- und Wassertemperatur, die Sonnen-scheindauer pro Tag sowie die monatliche Niederschlagsmenge angegeben. Bitte beantworten Sie anhand dieser Informationen nun die folgenden Fragen.

601. **Wann regnet es in Rom am häufigsten? Wie oft regnet es dann?**

602. Welchen Zusammenhang gibt es zwischen der Sonnenscheindauer und der Niederschlagshäufigkeit?

603. Welcher Zusammenhang besteht zwischen der Sonnenscheindauer und der Wassertemperatur?

604. Welche Temperaturkurven kreuzen sich, und wie lässt sich der Verlauf dieser Kurven erklären?

Hämoglobin und Myoglobin

Die Proteine Hämoglobin und Myoglobin sind für den Sauerstofftransport im Körper verantwortlich. In den Lungen, wo der Partialdruck des Sauerstoffs – d. h. der durch den Sauerstoff ausgeübte Druck in der betreffenden Region – hoch ist, bindet sich der Sauerstoff an Hämoglobin, den Farbstoff der roten Blutkörperchen. Mit dem Blut gelangt er in die Muskelregionen. Dort herrscht ein niedriger Partialdruck des Sauerstoffs, sodass das Hämoglobin an Bindungsfähigkeit verliert. Die Sauerstoffmoleküle lösen sich ab, diffundieren ins Muskelgewebe und binden sich dort ans Myoglobin, das eine besonders hohe Aufnahmekapazität bei niedrigem Partialdruck besitzt.

605. Welches Schaubild stimmt mit den gegebenen Informationen überein?

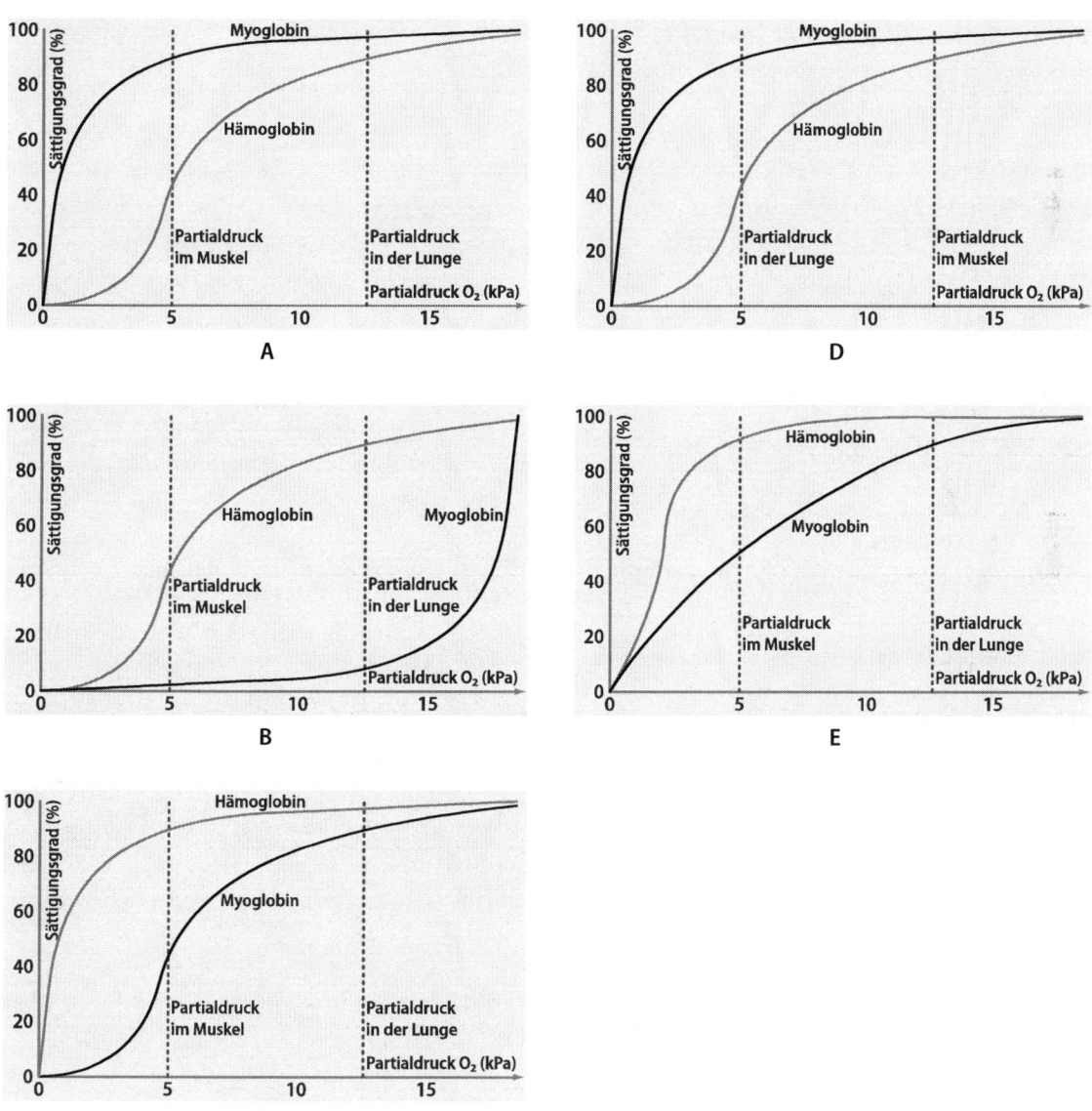

Lösung

Anteil der Energieträger an der Stromerzeugung in Deutschland

Zu 596.

B. stimmt nicht

Die Aussage ist falsch. Im Vergleich zu 1998 ist die Gesamtmenge der in Deutschland erzeugten Energie 2009 zwar gestiegen, aber nicht kontinuierlich. Denn von 2008 auf 2009 war ein leichter Rückgang zu verzeichnen, die Energiemenge sank dabei von 599 auf 596 Mrd. Kilowattstunden.

Zu 597.

A. stimmt

Die Aussage stimmt – die durch Kernenergie erzeugte Energiemenge lag sowohl im Jahr 2008 als auch 2009 bei 137 Mrd. Kilowattstunden.

Zu 598.

B. stimmt nicht

Die Aussage ist falsch. Im Jahr 1998 erzeugten erneuerbare Energien mit 20 Mrd. Kilowattstunden noch den kleinsten Anteil an Energie, doch 2008 waren sie mit 90 Mrd. Kilowattstunden an Erdgas (85 Mrd. Kilowattstunden) sowie Heizöl, Pumpspeichern und anderen (36 Mrd. Kilowattstunden) vorbeigezogen.

Zu 599.

A. stimmt

Die Aussage trifft zu. Im Jahr 2009 kamen 95 Mrd. Kilowattstunden von erneuerbaren Energieträgern – das ist das 4,75-fache der Menge von 1998 (20 Mrd. Kilowattstunden).

Zu 600.

B. stimmt nicht

Die Aussage ist falsch. War im Jahr 1998 der Vorsprung der Kernenergie auf die Braunkohle noch groß – er betrug 25 Mrd. Kilowattstunden –, lagen zehn Jahre später beide mit je 137 Mrd. Kilowattstunden gleichauf. 2009 wurden schließlich durch Braunkohle 6 Mrd. Kilowattstunden mehr erzeugt als durch Kernenergie.

Klimadaten

Zu 601.

Wann regnet es in Rom am häufigsten? Wie oft regnet es dann?

Im November und Dezember kann man durchschnittlich mit jeweils 10 Regentagen im Monat rechnen – so oft regnet es in Rom sonst nicht.

Zu 602.

Welchen Zusammenhang gibt es zwischen der Sonnenscheindauer und der Niederschlagshäufigkeit?

Sonnenscheindauer und Niederschlagshäufigkeit scheinen umgekehrt proportional zu sein: Je mehr Regentage es pro Monat gibt, desto kürzer scheint die Sonne durchschnittlich am Tag – und je weniger Regentage es gibt, desto größer ist die Zahl der Sonnenstunden. Der Zusammenhang ist jedoch nicht unmittelbar. Denn während von Januar bis April die Zahl der Sonnenstunden bereits zunimmt, bleibt die Anzahl der Niederschlagstage zunächst relativ stabil auf hohem Niveau.

Zu 603.

Welcher Zusammenhang besteht zwischen der Sonnenscheindauer und der Wassertemperatur?

Wenn die Sonnenscheindauer steigt, erwärmt sich auch das Wasser, allerdings mit etwas Verzögerung: Während beispielsweise die durchschnittliche Sonnenscheindauer pro Tag schon ab Februar wieder steigt, erwärmt sich das Wasser erst ab April; es erreicht im August sein Jahreshoch, wenn die Zahl der täglichen Sonnenstunden bereits wieder abnimmt.

Zu 604.

Welche Temperaturkurven kreuzen sich, und wie lässt sich der Verlauf dieser Kurven erklären?

Im abgebildeten Diagramm kreuzen sich die Kurve der Wassertemperatur und die Kurve der Tagestemperatur zweimal – im Februar und im Oktober. Zu Jahresbeginn erwärmt sich die Luft schneller als das Wasser und ist bald wärmer als das nasse Element. Im Herbst jedoch kühlt sich die Luft tagsüber auch wieder schneller ab. Die Temperaturschwankungen des Wassers sind also wesentlich träger als die der Luft.

Hämoglobin und Myoglobin

Zu 605.

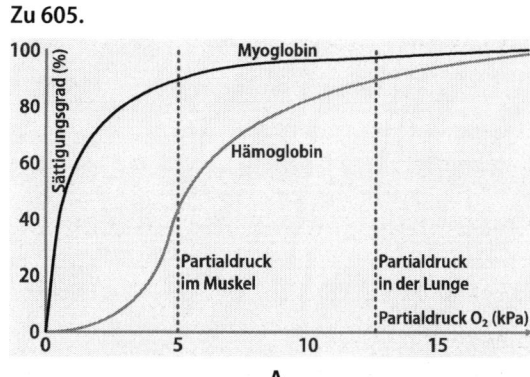

A

Wie in der Aufgabenstellung dargelegt, nimmt das Myoglobin vor allem bei niedrigem Partialdruck Sauerstoff auf. Das Hämoglobin hingegen bindet bei niedrigem Druck (z. B. im Muskelgewebe) schlechter und dafür unter hohem Druck (wie z. B. in der Lunge) besser als das Myoglobin. Diesen Sachverhalt gibt nur Schaubild A korrekt wieder: Während das Myoglobin unter stärkerem Partialdruck schon zu einem hohen Prozentanteil gesättigt ist – und daher kaum noch O_2-Moleküle binden kann –, ist das Hämoglobin noch aufnahmefähig.

Visuelles Denkvermögen

Orientierungsvermögen: Stadtplanaufgabe *Bearbeitungszeit 5 Minuten*

Nun müssen Sie die kürzesten Wege zwischen verschiedenen Punkten auf einem Stadtplan finden.
Welche Einrichtungen liegen entlang der jeweils kürzesten Route? Es zählen nur die Einrichtungen, an deren Eingang Sie direkt vorbeikommen. Alle Eingänge sind mit Pfeilen markiert, manche Einrichtungen haben mehrere Eingänge. Jede Teilstrecke darf mehrmals zurückgelegt werden.

606. Sie nehmen den kürzesten Weg vom Busbahnhof (Eingang Rosengarten) zum
Hauptbahnhof (Eingang Theodor-Heuss-
Straße). An welchen Einrichtungen kommen Sie vorbei?

A. Kindergarten und Bibliothek

B. Feuerwehr

C. Kindergarten

D. Bibliothek

E. Der kürzeste Weg führt an keiner weiteren Einrichtung vorbei.

607. Sie nehmen den kürzesten Weg vom
Flughafen (Eingang Baseler Straße) zur
Tankstelle am Nordring. An welchen Ein-
richtungen kommen Sie vorbei?

A. Golfplatz

B. Golfplatz und Schwimmbad

C. Wasserskiverein

D. Reithof, Fußballstadion und
Schwimmbad

E. Der kürzeste Weg führt an keiner weiteren Einrichtung vorbei.

608. Sie nehmen den kürzesten Weg vom Hos-
pital (Eingang Thomas-Mann-Straße) über
den Dom und die Feuerwehr (beliebiger
Eingang) zur Kirche (beliebiger Eingang).
An welchen Einrichtungen kommen Sie
vorbei?

A. Friedhof und Restaurant

B. Friedhof, Restaurant und Grundschule

C. Friedhof, Restaurant, Hauptbahnhof
und Grundschule

D. Hauptbahnhof und Grundschule

E. Der kürzeste Weg führt an keiner weiteren Einrichtung vorbei.

609. Sie nehmen den kürzesten Weg von der
Grundschule (Eingang Reichswaldallee)
über den Busbahnhof (beliebiger Eingang) zum Fußballstadion (Eingang
Baumweg). An welchen Einrichtungen
kommen Sie vorbei?

A. Kirche, Wasserskiverein, Flughafen und
Reithof

B. Schwimmbad

C. Wasserskiverein

D. Kirche und Schwimmbad

E. Kirche, Kindergarten und
Wasserskiverein

610. Sie nehmen den kürzesten Weg vom Dom
über die Bibliothek (Eingang Blumenstra-
ße) und die Kirche (beliebiger Eingang)
zur Polizeiwache (Eingang Konrad-
Adenauer-Straße). An welchen Einrichtungen kommen Sie vorbei?

A. Hauptbahnhof und Grundschule

B. Busbahnhof

C. Hauptbahnhof, Grundschule und
Busbahnhof

D. Grundschule

E. Grundschule und Busbahnhof

Lösung

Zu 606.

D. Bibliothek

Der kürzeste Weg führt an der Bibliothek vorbei.

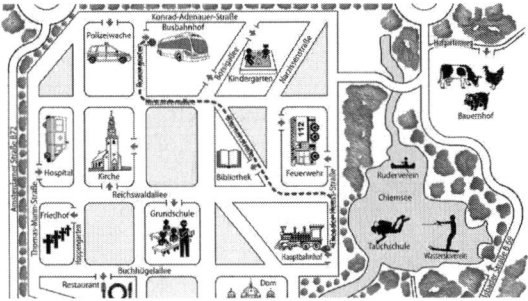

Zu 608.

D. Hauptbahnhof und Grundschule

Der kürzeste Weg führt am Hauptbahnhof und an der Grundschule vorbei.

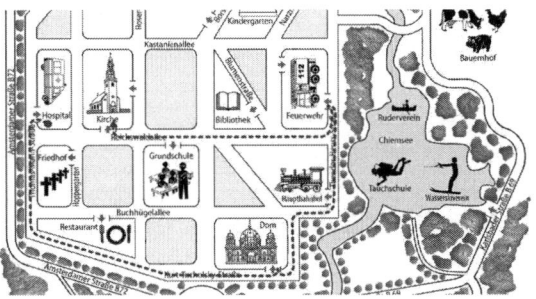

Zu 607.

A. Golfplatz

Der kürzeste Weg führt am Golfplatz vorbei.

Zu 609.

C. Wasserskiverein

Der kürzeste Weg führt am Wasserskiverein vorbei.

Zu 610.

B. Busbahnhof

Der kürzeste Weg führt am Busbahnhof vorbei.

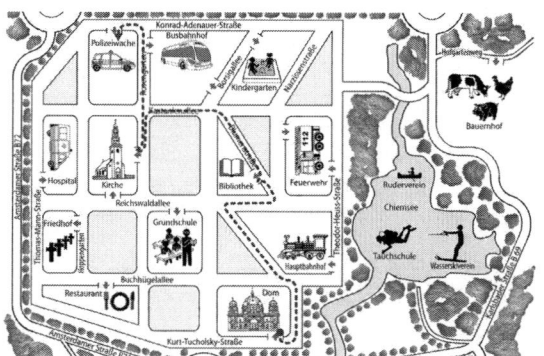

Visuelles Denkvermögen

Musterwürfel zuordnen   *Aufgabenerklärung*

Zu jeder Aufgabe erhalten Sie einen Würfel, dessen Seiten unterschiedlich gemustert sind. Entscheiden Sie, welcher der abgebildeten Musterwürfel dem Aufgabenwürfel entspricht – dieser kann beliebig nach links oder rechts, nach vorne oder hinten, im oder gegen den Uhrzeigersinn gedreht bzw. gekippt werden.

Hierzu ein Beispiel

Aufgabe

1. **Ihnen wird ein Aufgabenwürfel vorgegeben.**

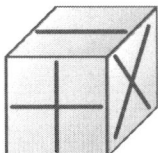

Welcher der Musterwürfel A bis E ist identisch mit dem Aufgabenwürfel?

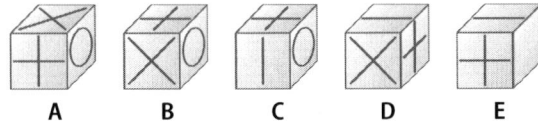

Antwort

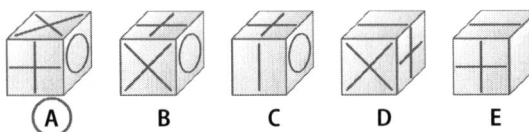

Kippen Sie den Aufgabenwürfel nach links.

Musterwürfel zuordnen

Beantworten Sie bitte die folgenden Aufgaben, indem Sie jeweils den richtigen Buchstaben markieren.

611. Ihnen wird ein Aufgabenwürfel vorgegeben.

Welcher der Musterwürfel A bis E ist identisch mit dem Aufgabenwürfel?

A   B   C   D   E

614. Ihnen wird ein Aufgabenwürfel vorgegeben.

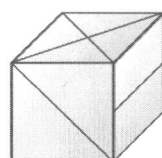

Welcher der Musterwürfel A bis E ist identisch mit dem Aufgabenwürfel?

  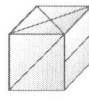 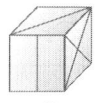 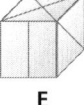

A   B   C   D   E

612. Ihnen wird ein Aufgabenwürfel vorgegeben.

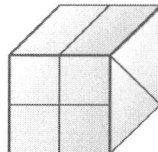

Welcher der Musterwürfel A bis E ist identisch mit dem Aufgabenwürfel?

 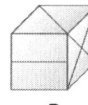 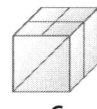 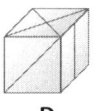 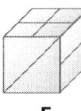

A   B   C   D   E

615. Ihnen wird ein Aufgabenwürfel vorgegeben.

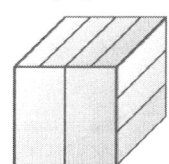

Welcher der Musterwürfel A bis E ist identisch mit dem Aufgabenwürfel?

 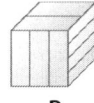 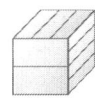 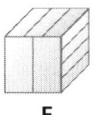

A   B   C   D   E

613. Ihnen wird ein Aufgabenwürfel vorgegeben.

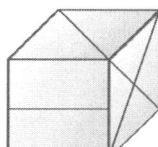

Welcher der Musterwürfel A bis E ist identisch mit dem Aufgabenwürfel?

  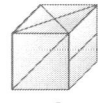  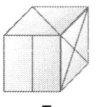

A   B   C   D   E

616. Ihnen wird ein Aufgabenwürfel vorgegeben.

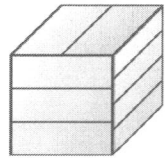

Welcher der Musterwürfel A bis E ist identisch mit dem Aufgabenwürfel?

   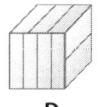 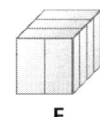

A   B   C   D   E

617. Ihnen wird ein Aufgabenwürfel vorgegeben.

Welcher der Musterwürfel A bis E ist identisch mit dem Aufgabenwürfel?

    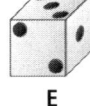

A   B   C   D   E

619. Ihnen wird ein Aufgabenwürfel vorgegeben.

Welcher der Musterwürfel A bis E ist identisch mit dem Aufgabenwürfel?

A   B   C   D   E

618. Ihnen wird ein Aufgabenwürfel vorgegeben.

Welcher der Musterwürfel A bis E ist identisch mit dem Aufgabenwürfel?

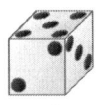 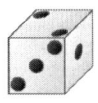   

A   B   C   D   E

620. Ihnen wird ein Aufgabenwürfel vorgegeben.

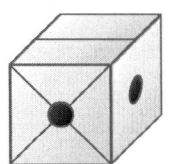

Welcher der Musterwürfel A bis E ist identisch mit dem Aufgabenwürfel?

 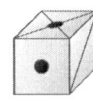 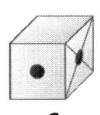  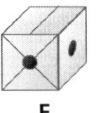

A   B   C   D   E

Lösung

Zu 611.

C

Kippen Sie den Aufgabenwürfel nach links und drehen Sie ihn um 90 Grad gegen den Uhrzeigersinn.

Zu 612.

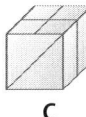

C

Drehen Sie den Aufgabenwürfel um 90 Grad im Uhrzeigersinn und kippen Sie ihn nach rechts.

Zu 613.

B

Drehen Sie den Aufgabenwürfel um 90 Grad im Uhrzeigersinn und kippen Sie ihn nach rechts.

Zu 614.

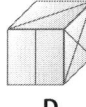

D

Kippen Sie den Aufgabenwürfel nach hinten und drehen Sie ihn um 90 Grad im Uhrzeigersinn.

Zu 615.

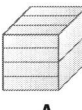

A

Drehen Sie den Aufgabenwürfel um 90 Grad gegen den Uhrzeigersinn und kippen Sie ihn nach vorne.

Zu 616.

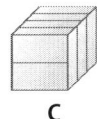

C

Kippen Sie den Aufgabenwürfel nach links und drehen Sie ihn um 90 Grad gegen den Uhrzeigersinn.

Zu 617.

C

Drehen Sie den Aufgabenwürfel um 90 Grad gegen den Uhrzeigersinn und kippen Sie ihn nach vorne.

Zu 618.

A

Kippen Sie den Aufgabenwürfel nach hinten und drehen Sie ihn um 90 Grad im Uhrzeigersinn.

Zu 619.

C

Kippen Sie den Aufgabenwürfel nach hinten und drehen Sie ihn um 90 Grad im Uhrzeigersinn.

Zu 620.

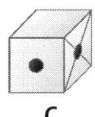

C

Kippen Sie den Aufgabenwürfel zweimal nach vorne und drehen Sie ihn um 90 Grad im Uhrzeigersinn.

Visuelles Denkvermögen

Würfel drehen und kippen   *Aufgabenerklärung*

Die gegenüberliegenden Seiten eines Spielwürfels ergeben in der Summe immer die Augenzahl Sieben: Zeigt beispielsweise die Vorderseite eine „6", muss auf der Rückseite die „1" stehen. Daher können Sie von drei sichtbaren Würfelflächen auf die Lage aller anderen Flächen schließen.

Bitte führen Sie bei jeder Aufgabe die vorgegebenen Operationen durch und markieren Sie den Antwortbuchstaben der korrekten Lösung.

Hierzu ein Beispiel

Aufgabe

1. **Der abgebildete Spielwürfel wird 90 Grad im Uhrzeigersinn gedreht.**

Welche Vorderansicht zeigt der Würfel, nachdem er gedreht und gekippt wurde?

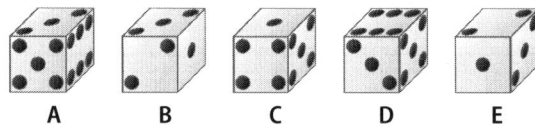

A   B   C   D   E

Antwort

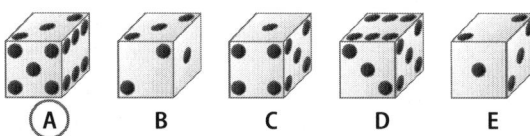

Ⓐ   B   C   D   E

Gegenprobe: Drehen Sie Lösungswürfel A 90 Grad gegen den Uhrzeigersinn.

Würfel drehen und kippen

Beantworten Sie bitte die folgenden Aufgaben, indem Sie jeweils den richtigen Buchstaben markieren.

621. Der abgebildete Spielwürfel wird nach links gekippt und 90 Grad gegen den Uhrzeigersinn gedreht.

Welche Vorderansicht zeigt der Würfel, nachdem er gedreht und gekippt wurde?

 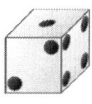  

A   B   C   D   E

623. Der abgebildete Spielwürfel wird nach links gekippt und 90 Grad gegen den Uhrzeigersinn gedreht.

Welche Vorderansicht zeigt der Würfel, nachdem er gedreht und gekippt wurde?

A   B   C   D   E

622. Der abgebildete Spielwürfel wird nach links gekippt und 90 Grad gegen den Uhrzeigersinn gedreht.

Welche Vorderansicht zeigt der Würfel, nachdem er gedreht und gekippt wurde?

A   B   C   D   E

624. Der abgebildete Spielwürfel wird nach hinten gekippt und 90 Grad im Uhrzeigersinn gedreht.

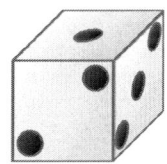

Welche Vorderansicht zeigt der Würfel, nachdem er gedreht und gekippt wurde?

A   B   C   D   E

625. Der abgebildete Spielwürfel wird nach hinten gekippt und 90 Grad im Uhrzeigersinn gedreht.

Welche Vorderansicht zeigt der Würfel, nachdem er gedreht und gekippt wurde?

A   B   C   D   E

628. Der abgebildete Spielwürfel wird nach links gekippt, danach 90 Grad im Uhrzeigersinn gedreht und nach rechts gekippt.

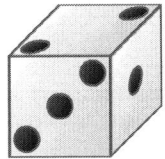

Welche Vorderansicht zeigt der Würfel, nachdem er gedreht und gekippt wurde?

A   B   C   D   E

626. Der abgebildete Spielwürfel wird nach rechts gekippt und 90 Grad im Uhrzeigersinn gedreht.

Welche Vorderansicht zeigt der Würfel, nachdem er gedreht und gekippt wurde?

   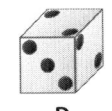 

A   B   C   D   E

629. Der abgebildete Spielwürfel wird zweimal nach hinten gekippt, danach nach links gekippt und 90 Grad im Uhrzeigersinn gedreht.

Welche Vorderansicht zeigt der Würfel, nachdem er gedreht und gekippt wurde?

    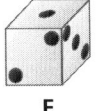

A   B   C   D   E

627. Der abgebildete Spielwürfel wird nach links gekippt und 90 Grad im Uhrzeigersinn gedreht.

Welche Vorderansicht zeigt der Würfel, nachdem er gedreht und gekippt wurde?

    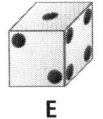

A   B   C   D   E

630. Der abgebildete Spielwürfel wird zweimal nach rechts gekippt und 90 Grad im Uhrzeigersinn gedreht.

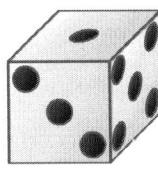

Welche Vorderansicht zeigt der Würfel, nachdem er gedreht und gekippt wurde?

   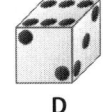 

A   B   C   D   E

Lösung

Zu 621.

B

Gegenprobe: Drehen Sie Lösungswürfel B 90 Grad im Uhrzeigersinn und kippen Sie ihn nach rechts.

Zu 622.

D

Gegenprobe: Drehen Sie Lösungswürfel D 90 Grad im Uhrzeigersinn und kippen Sie ihn nach rechts.

Zu 623.

C

Gegenprobe: Drehen Sie Lösungswürfel C 90 Grad im Uhrzeigersinn und kippen Sie ihn nach rechts.

Zu 624.

C

Gegenprobe: Drehen Sie Lösungswürfel C 90 Grad gegen den Uhrzeigersinn und kippen Sie ihn nach vorne.

Zu 625.

A

Gegenprobe: Drehen Sie Lösungswürfel A 90 Grad gegen den Uhrzeigersinn und kippen Sie ihn nach vorne.

Zu 626.

C

Gegenprobe: Drehen Sie Lösungswürfel C 90 Grad gegen den Uhrzeigersinn und kippen Sie ihn nach links.

Zu 627.

D

Gegenprobe: Drehen Sie Lösungswürfel D 90 Grad gegen den Uhrzeigersinn und kippen Sie ihn nach rechts.

Zu 628.

B

Gegenprobe: Kippen Sie Lösungswürfel B nach links, drehen Sie ihn 90 Grad gegen den Uhrzeigersinn und kippen Sie ihn dann nach rechts.

Zu 629.

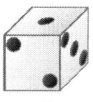

C

Gegenprobe: Drehen Sie Lösungswürfel C 90 Grad gegen den Uhrzeigersinn, kippen Sie ihn nach rechts und anschließend zweimal nach vorne.

Zu 630.

B

Gegenprobe: Drehen Sie Lösungswürfel B 90 Grad gegen den Uhrzeigersinn und kippen Sie ihn zweimal nach links.

Visuelles Denkvermögen

Faltvorlagen zusammenbauen   *Aufgabenerklärung*

In diesem Abschnitt wird Ihr visuelles Denkvermögen getestet.

Sie sehen eine Faltvorlage. Finden Sie heraus, welche der fünf Figuren A bis E daraus hergestellt werden kann.

Hierzu ein Beispiel

Aufgabe

1.   **Diese Faltvorlage ist die Außenseite eines Körpers.**

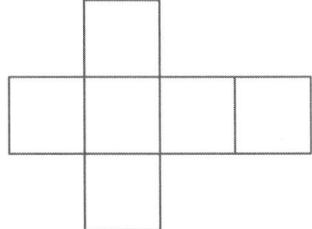

   Welcher der Körper A bis E kann aus der Faltvorlage gebildet werden?

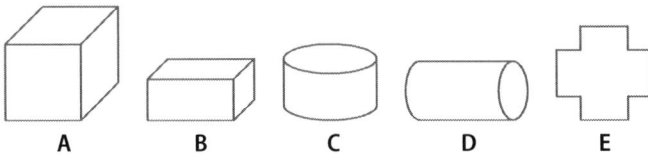

Antwort

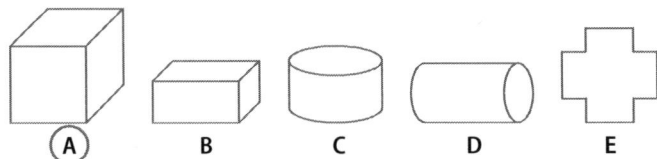

Faltvorlagen zusammenbauen

Bearbeitungszeit 10 Minuten

Beantworten Sie bitte die folgenden Aufgaben, indem Sie jeweils den richtigen Buchstaben markieren.

631. Diese Faltvorlage ist die Außenseite eines Körpers.

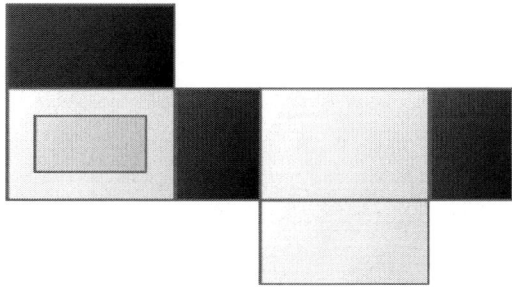

Welcher der Körper A bis E kann aus der Faltvorlage gebildet werden?

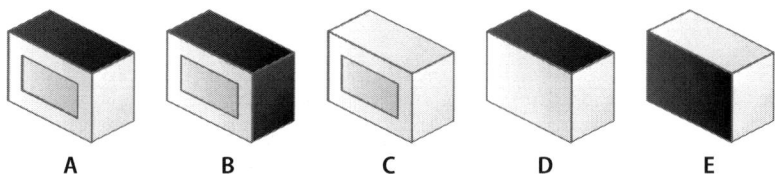

A   B   C   D   E

632. Diese Faltvorlage ist die Außenseite eines Körpers.

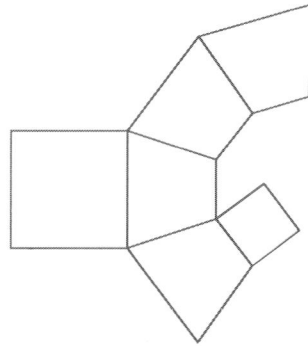

Welcher der Körper A bis E kann aus der Faltvorlage gebildet werden?

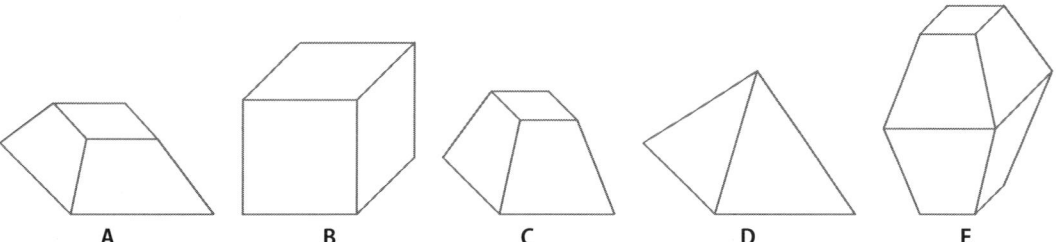

A   B   C   D   E

633. Diese Faltvorlage ist die Außenseite eines Körpers.

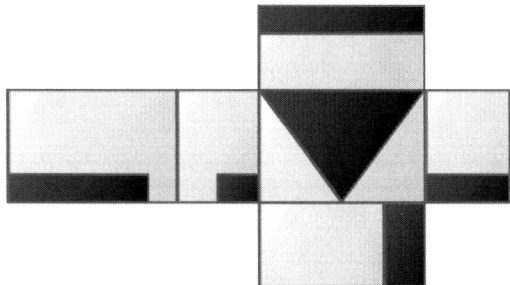

Welcher der Körper A bis E kann aus der Faltvorlage gebildet werden?

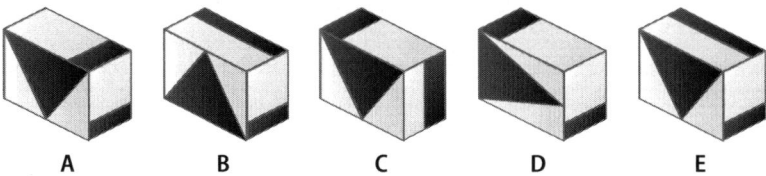

A B C D E

634. Diese Faltvorlage ist die Außenseite eines Körpers.

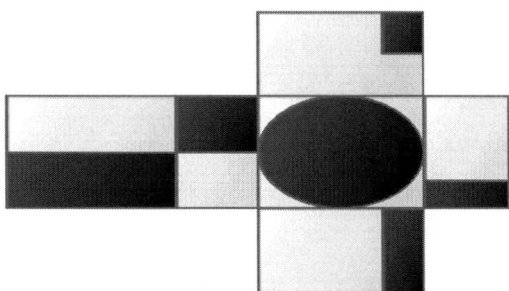

Welcher der Körper A bis E kann aus der Faltvorlage gebildet werden?

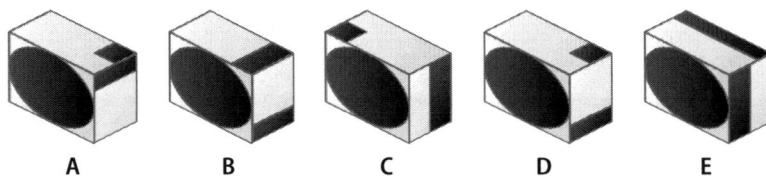

A B C D E

635. Diese Faltvorlage ist die Außenseite eines Körpers.

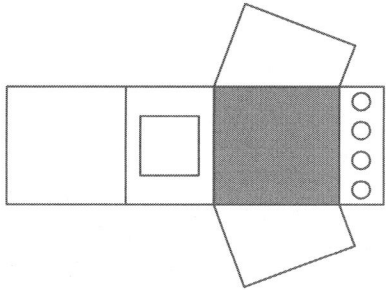

Welcher der Körper A bis E kann aus der Faltvorlage gebildet werden?

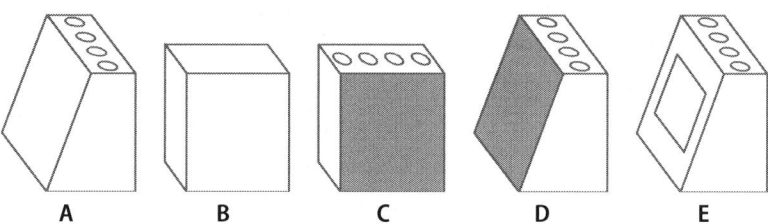

636. Diese Faltvorlage ist die Außenseite eines Körpers.

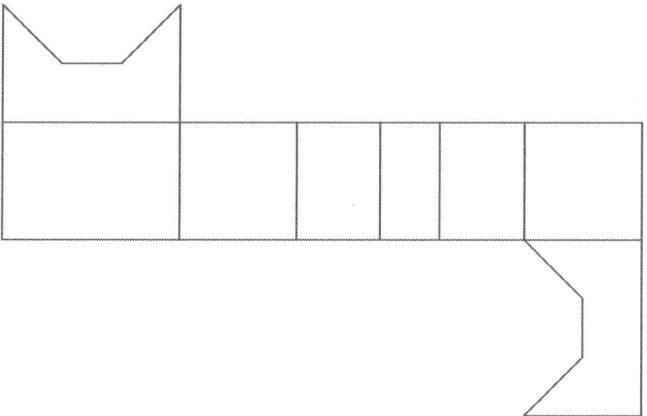

Welcher der Körper A bis E kann aus der Faltvorlage gebildet werden?

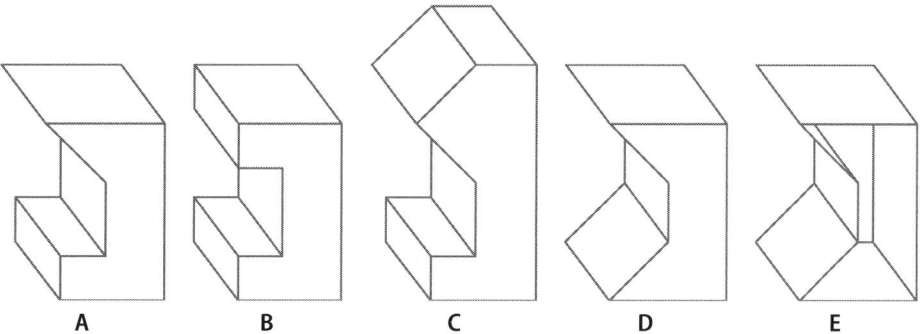

637. Diese Faltvorlage ist die Außenseite eines Körpers.

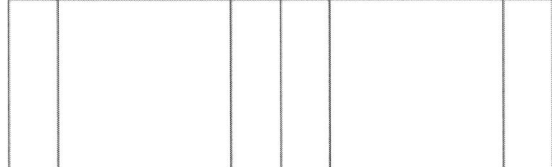

Welcher der Körper A bis E kann aus der Faltvorlage gebildet werden?

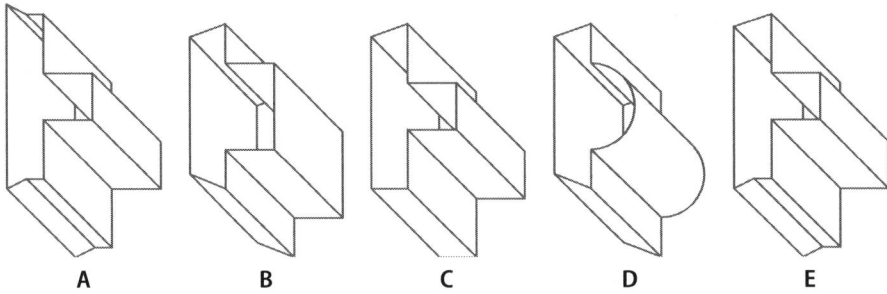

A   B   C   D   E

638. Diese Faltvorlage ist die Außenseite eines Körpers.

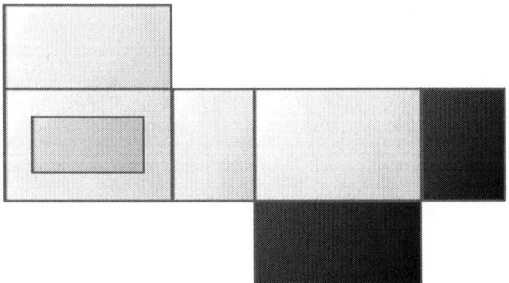

Welcher der Körper A bis E kann aus der Faltvorlage gebildet werden?

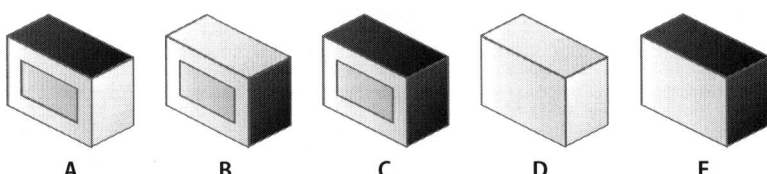

A   B   C   D   E

639. Diese Faltvorlage ist die Außenseite eines Körpers.

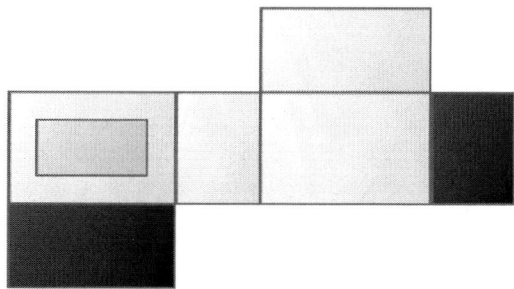

Welcher der Körper A bis E kann aus der Faltvorlage gebildet werden?

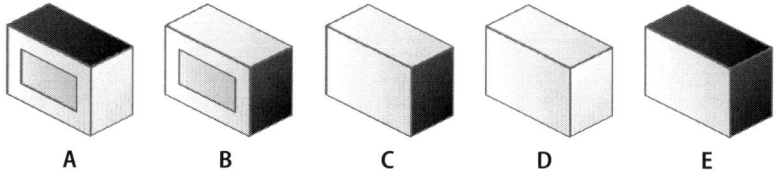

640. Diese Faltvorlage ist die Außenseite eines Körpers.

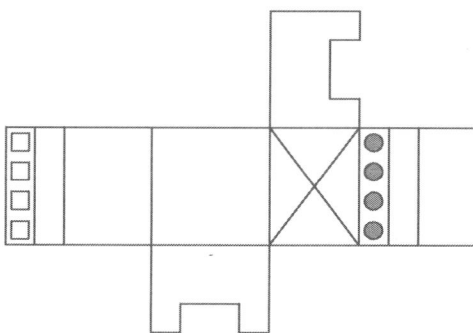

Welcher der Körper A bis E kann aus der Faltvorlage gebildet werden?

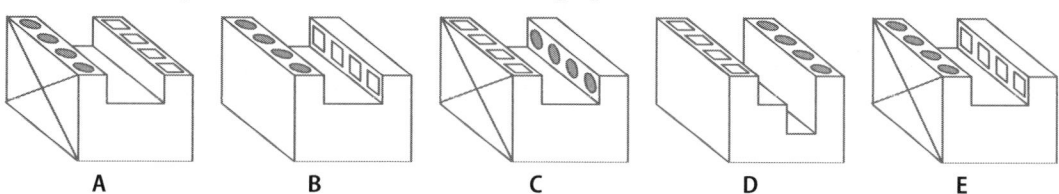

Lösung

Zu 631.

B

Doppelviereck im Fokus behalten, Quader zusammenfalten und 45 Grad im Uhrzeigersinn drehen.

Zu 632.

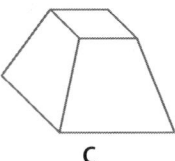

C

Zu 633.

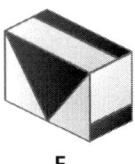

E

Dreieck im Fokus behalten, Quader zusammenfalten und 45 Grad im Uhrzeigersinn drehen.

Zu 634.

D

Oval im Fokus behalten, Quader zusammenfalten und 45 Grad im Uhrzeigersinn drehen.

Zu 635.

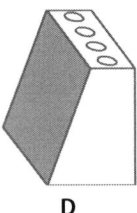

D

Zu 636.

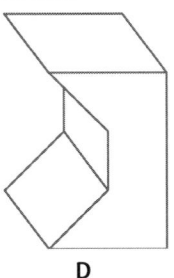

D

Zu 637.

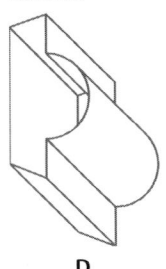

D

Zu 638.

C

Doppelviereck im Fokus behalten, Quader zusammenfalten, zweimal nach rechts kippen und 45 Grad im Uhrzeigersinn drehen.

Zu 639.

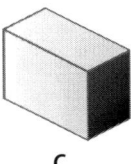

C

Hellgraue Längsseite im Fokus behalten, Quader zusammenfalten und 45 Grad im Uhrzeigersinn drehen.

Zu 640.

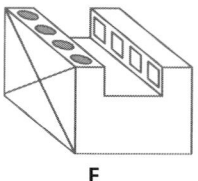

E

Lösungshinweis

Falls Sie nicht durch das Zusammenfalten des Körpers im Geiste auf die richtige Lösung kommen, hilft folgende Strategie: Gleichen Sie die Anzahl der Flächen der Faltvorlage mit der Anzahl der Flächen der Lösungsmöglichkeiten ab. Zusätzlich können Sie die Flächenanordnung der Faltvorlage mit der Anordnung der Außenflächen der vorgeschlagenen Körper abgleichen, z. B.: Auf eine große quadratische Fläche folgt eine schmale rechteckige Fläche, an die sich eine dreieckige Fläche anschließt usw.

Visuelles Denkvermögen

Figurenreihen fortsetzen *Aufgabenerklärung*

Dieser Abschnitt prüft Ihre Fähigkeit zu logischem Denken im visuellen Bereich.

Pro Aufgabe wird Ihnen eine Figurenreihe vorgestellt. Die einzelnen Elemente sind darin logisch so angeordnet, dass sich ein systematischer Zusammenhang zwischen den Abbildungen ergibt. Welche der zur Auswahl gestellten Figuren führt die abgebildete Reihe logisch fort?

Hierzu ein Beispiel

Aufgabe

1. **Sie sehen drei Abbildungen mit verschiedenen Figuren.**

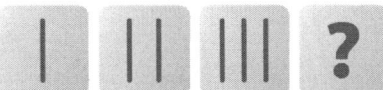

Welche Figur setzt die Reihe logisch fort?

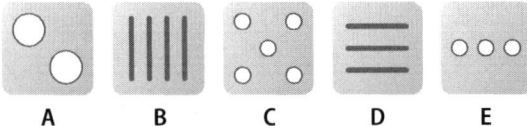

Antwort

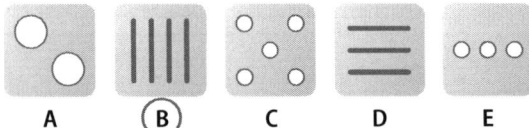

Die Abbildungen zeigen eine steigende Anzahl senkrechter Striche – Figur B setzt diese Reihe logisch fort.

Figurenreihen fortsetzen

Bearbeitungszeit 10 Minuten

Beantworten Sie bitte die folgenden Aufgaben, indem Sie jeweils den richtigen Buchstaben markieren.

641. Sie sehen drei Abbildungen mit verschiedenen Figuren.

Welche Figur setzt die Reihe logisch fort?

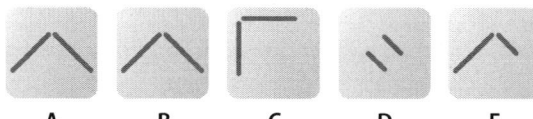

A   B   C   D   E

642. Sie sehen drei Abbildungen mit verschiedenen Figuren.

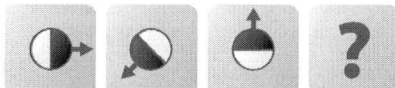

Welche Figur setzt die Reihe logisch fort?

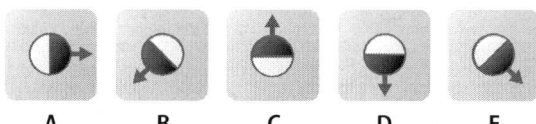

A   B   C   D   E

643. Sie sehen drei Abbildungen mit verschiedenen Figuren.

Welche Figur setzt die Reihe logisch fort?

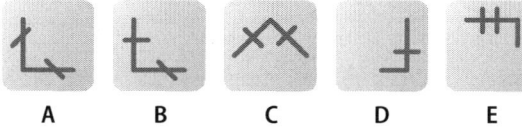

A   B   C   D   E

644. Sie sehen drei Abbildungen mit verschiedenen Figuren.

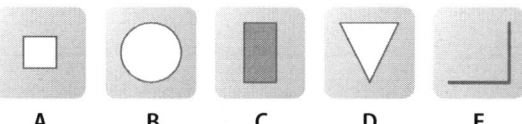

Welche Figur setzt die Reihe logisch fort?

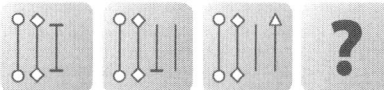

A   B   C   D   E

645. Sie sehen drei Abbildungen mit verschiedenen Figuren.

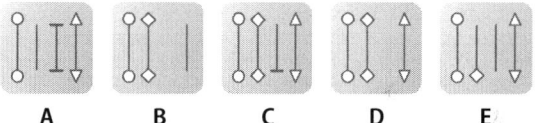

Welche Figur setzt die Reihe logisch fort?

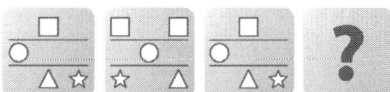

A   B   C   D   E

646. Sie sehen drei Abbildungen mit verschiedenen Figuren.

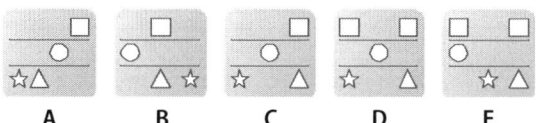

Welche Figur setzt die Reihe logisch fort?

A   B   C   D   E

647. Sie sehen drei Abbildungen mit verschiedenen Figuren.

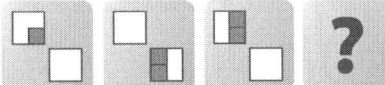

Welche Figur setzt die Reihe logisch fort?

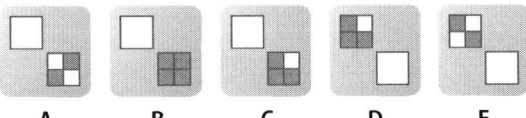

649. Sie sehen drei Abbildungen mit verschiedenen Figuren.

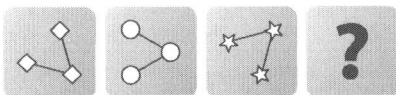

Welche Figur setzt die Reihe logisch fort?

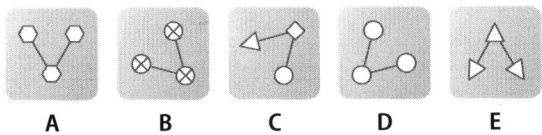

648. Sie sehen drei Abbildungen mit verschiedenen Figuren.

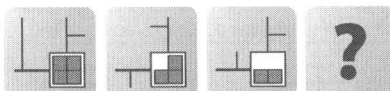

Welche Figur setzt die Reihe logisch fort?

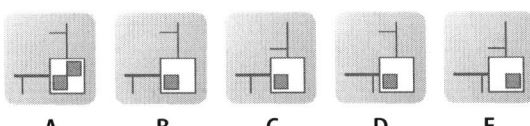

650. Sie sehen drei Abbildungen mit verschiedenen Figuren.

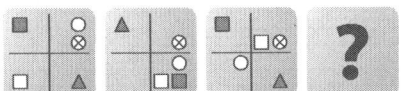

Welche Figur setzt die Reihe logisch fort?

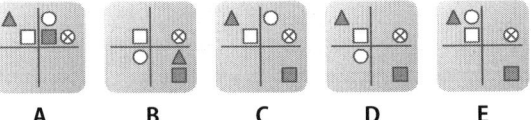

Lösung

Zu 641.

D

In jeder Figur stehen die Linien parallel zueinander.

Zu 642.

E

Jede folgende Figur ist um 135 Grad im Uhrzeigersinn gedreht.

Zu 643.

E

In jeder Figur wird eine von zwei Linien von zwei parallel laufenden kurzen Strichen gekreuzt.

Zu 644.

C

Die Reihe besteht aus Dreiecken und Vierecken, die sich abwechseln, wobei alle Vierecke grau eingefärbt sind.

Zu 645.

D

Die beiden linken Objekte bleiben unverändert. Das dritte Objekt von links – die senkrechte Linie mit zwei Querbalken an ihren Enden –

verliert von Schritt zu Schritt einen Strich und verschwindet schließlich ganz. Dafür kommt ein neues Objekt am rechten Rand hinzu, das stetig um ein Element erweitert wird.

Zu 646.

D

Die Reihe besteht aus zwei Abbildungen, die sich abwechselnd wiederholen.

Zu 647.

C

Das kleine dunkle Quadrat springt zwischen den weißen Quadraten hin und her und ändert darin mit jedem Sprung seine horizontale Ausrichtung. Darüber hinaus wird bei jedem Sprung in das untere mittelgroße Quadrat ein weiteres graues Quadrat hinzugefügt.

Zu 648.

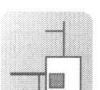

D

Bei jedem Schritt wird eines der kleinen grauen Quadrate rechts unten im Uhrzeigersinn entfernt. Der kurze Querstrich am dicken waagerechten Balken setzt abwechselnd oberhalb und unterhalb des Balkens an und nähert sich schrittweise dem großen Quadrat. Der kurze Querstrich am dünnen senkrechten Balken setzt abwechselnd rechts und links am Balken an, wobei er sich dem großen Quadrat annähert und wieder von ihm entfernt.

Zu 649.

E

Von Schritt zu Schritt dreht sich die Dreiecksform um 45 Grad gegen den Uhrzeigersinn. An den Eckpunkten sitzt innerhalb eines Felds stets das gleiche Element, das jedoch in keinem anderen Feld auftaucht.

Zu 650.

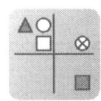

E

Von Schritt zu Schritt wechseln die dunklen Figuren (Viereck und Dreieck) ins jeweils diagonal gegenüberliegende Feld. Der Kreis mit dem Kreuz behält seine Position bei. Der weiße Kreis wandert im, das weiße Viereck gegen den Uhrzeigersinn durch die einzelnen Felder.

Visuelles Denkvermögen

Figurenmatrizen vervollständigen   *Aufgabenerklärung*

In diesem Abschnitt wird Ihr visuelles Denkvermögen getestet.

Sie sehen ein Quadrat mit acht Figuren. Ihre Aufgabe besteht darin, das Fragezeichen durch die entsprechende Figur sinnvoll nach einer bestimmten Regel zu ersetzen.

Hierzu ein Beispiel

Aufgabe

1. Sie sehen ein Quadrat mit acht Figuren.

Durch welche der fünf Figuren wird das Fragezeichen logisch ersetzt?

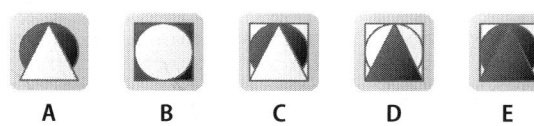

Antwort

Die beiden linken Figuren einer Reihe werden rechts überlagert, wobei sie ihre Farben tauschen.

Figurenmatrizen vervollständigen   *Bearbeitungszeit 10 Minuten*

Beantworten Sie bitte die folgenden Aufgaben, indem Sie jeweils den richtigen Buchstaben markieren.

651. Sie sehen ein Quadrat mit acht Figuren.

Durch welche der fünf Figuren wird das Fragezeichen logisch ersetzt?

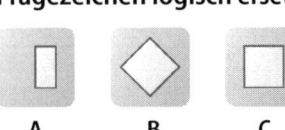

A   B   C   D   E

652. Sie sehen ein Quadrat mit acht Figuren.

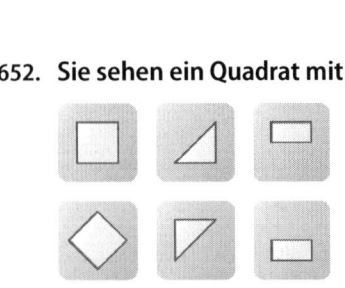

Durch welche der fünf Figuren wird das Fragezeichen logisch ersetzt?

A   B   C   D   E

653. Sie sehen ein Quadrat mit acht Figuren.

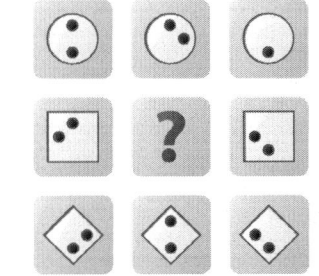

Durch welche der fünf Figuren wird das Fragezeichen logisch ersetzt?

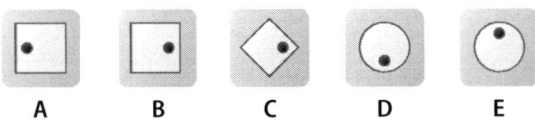

A   B   C   D   E

654. Sie sehen ein Quadrat mit acht Figuren.

Durch welche der fünf Figuren wird das Fragezeichen logisch ersetzt?

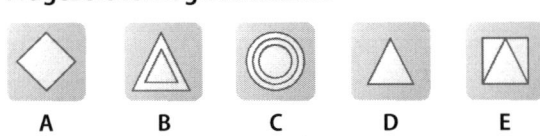

A   B   C   D   E

655. Sie sehen ein Quadrat mit acht Figuren.

Durch welche der fünf Figuren wird das Fragezeichen logisch ersetzt?

A   B   C   D   E

656. Sie sehen ein Quadrat mit acht Figuren.

Durch welche der fünf Figuren wird das Fragezeichen logisch ersetzt?

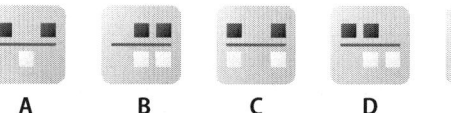

A   B   C   D   E

657. Sie sehen ein Quadrat mit acht Figuren.

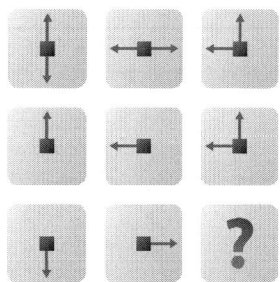

Durch welche der fünf Figuren wird das Fragezeichen logisch ersetzt?

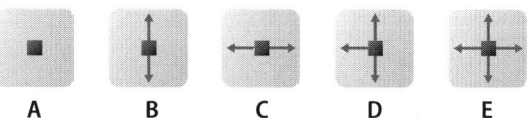

A   B   C   D   E

658. Sie sehen ein Quadrat mit acht Figuren.

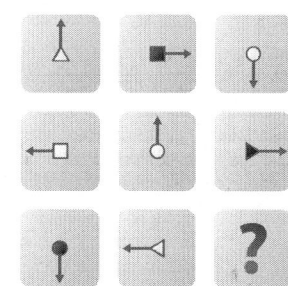

Durch welche der fünf Figuren wird das Fragezeichen logisch ersetzt?

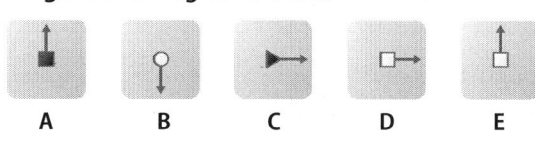

A   B   C   D   E

659. Sie sehen ein Quadrat mit acht Figuren.

  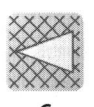

Durch welche der fünf Figuren wird das Fragezeichen logisch ersetzt?

  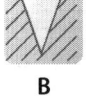 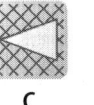 

A   B   C   D   E

660. Sie sehen ein Quadrat mit acht Figuren.

Durch welche der fünf Figuren wird das Fragezeichen logisch ersetzt?

A   B   C   D   E

Lösung

Zu 651.

A

In jeder Spalte und in jeder Reihe wechseln sich waagerechte und senkrechte Linien von Feld zu Feld ab. Zusätzlich verringert sich die Anzahl der Linien von links nach rechts immer um 1.

Zu 652.

C

Gehen Sie von oben nach unten vor: Die beiden oberen Figuren einer Spalte ergeben aufeinandergelegt das jeweils untere Objekt.

Zu 653.

B

Gehen Sie in den einzelnen Reihen von links nach rechts vor. In jeder Reihe kommt nur ein Objekttyp (Viereck, Raute, Kreis) vor. In den Objekten befinden sich zwei Punkte, die mit verschiedenen Geschwindigkeiten innerhalb des Objekts umlaufen: Ein Punkt wandert um 90° im Uhrzeigersinn, der andere um 180°.

Zu 654.

D

Die Objekte unterscheiden sich in ihrer Form (Kreis, Quadrat, Dreieck) und in der Anzahl ihrer Mäntel. In jeder Reihe und jeder Spalte haben alle Objekte eine unterschiedliche Form und Mantelzahl. Das fehlende Objekt ist ein Dreieck mit nur einem Mantel.

Zu 655.

B

Gehen Sie von oben nach unten vor: Die beiden oberen Figuren einer Spalte ergeben aufeinandergelegt das jeweils untere Objekt, wobei die Pfeilspitzen entfernt werden müssen.

Zu 656.

B

Betrachten Sie jede Spalte für sich: Das jeweils untere Objekt enthält genau so viele schwarze und weiße Quadrate wie die beiden anderen Objekte der Spalte zusammen. Schwarze Quadrate sind über dem „Bruchstrich" platziert, weiße Quadrate darunter.

Zu 657.

A

Gehen Sie von oben nach unten vor: Die beiden oberen Figuren einer Spalte ergeben aufeinandergelegt das jeweils untere Objekt, wobei doppelt vorhandene Pfeile entfernt werden müssen.

Zu 658.

E

Gehen Sie von oben nach unten vor. Der Pfeil wird mit jedem Schritt nach unten um 90° gegen den Uhrzeigersinn gedreht. So kommen nur die Antworten A und E in Betracht. Zudem darf in jeder Spalte nur ein schwarzes Objekt sein, sodass nur Antwort E als Lösung bleibt.

Zu 659.

C

Gehen Sie in den einzelnen Spalten von oben nach unten vor. Jedes Feld zeigt ein keilförmiges Objekt vor einem Hintergrund. Von Feld zu Feld werden die Keile nun um 90° im Uhrzeigersinn gedreht. Der Hintergrund des jeweils untersten Feldes ergibt sich aus der „Addition"

der beiden oberen Felder, die übereinandergelegt werden.

Zu 660.

D

Gehen Sie in den Reihen von links nach rechts vor. Die Punkte im inneren Dreieck wandern im Uhrzeigersinn, die im äußeren gegen den Uhrzeigersinn.

Visuelles Denkvermögen

Visuelle Analogien   *Aufgabenerklärung*

In diesem Abschnitt wird Ihre Fähigkeit zu logischem Denken im visuellen Bereich geprüft.

Jede folgende Aufgabe konfrontiert Sie mit zwei Figuren, die in einer bestimmten Beziehung zueinander stehen. Durch eine ähnliche Beziehung ist auch eine dritte mit einer vierten Figur verknüpft – diese müssen Sie jedoch aus einer Menge mehrerer Antwortmöglichkeiten selbst ermitteln.

Hierzu ein Beispiel

Aufgabe

1.   Gegeben ist folgende Figurenrelation:

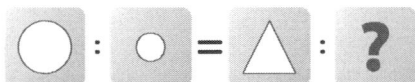

Durch welche Figur wird das Fragezeichen logisch ersetzt?

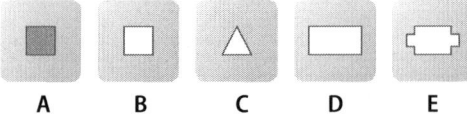

Antwort

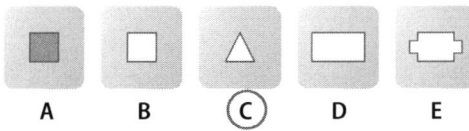

Das Objekt wird in verkleinerter Form wiederholt.

Visuelle Analogien

Beantworten Sie bitte die folgenden Aufgaben, indem Sie jeweils den richtigen Buchstaben markieren.

661. Gegeben ist folgende Figurenrelation:

Durch welche Figur wird das
Fragezeichen logisch ersetzt?

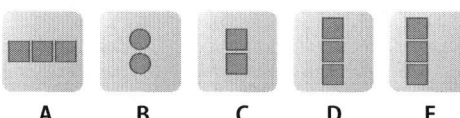

662. Gegeben ist folgende Figurenrelation:

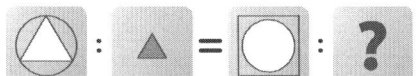

Durch welche Figur wird das
Fragezeichen logisch ersetzt?

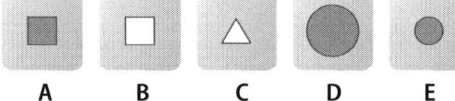

663. Gegeben ist folgende Figurenrelation:

Durch welche Figur wird das
Fragezeichen logisch ersetzt?

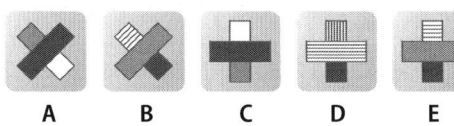

664. Gegeben ist folgende Figurenrelation:

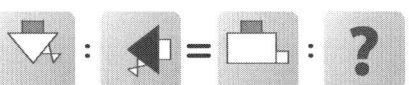

Durch welche Figur wird das
Fragezeichen logisch ersetzt?

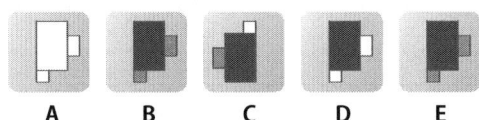

665. Gegeben ist folgende Figurenrelation:

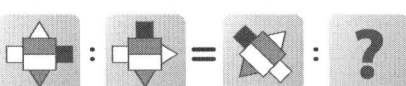

Durch welche Figur wird das
Fragezeichen logisch ersetzt?

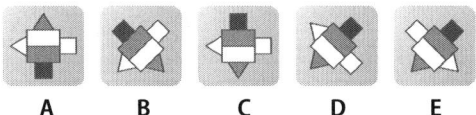

666. Gegeben ist folgende Figurenrelation:

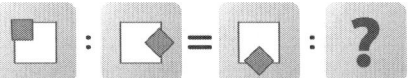

Durch welche Figur wird das
Fragezeichen logisch ersetzt?

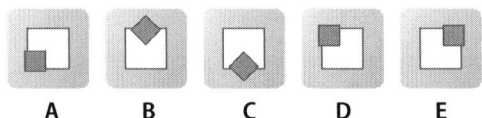

667. Gegeben ist folgende Figurenrelation:

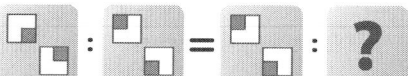

Durch welche Figur wird das
Fragezeichen logisch ersetzt?

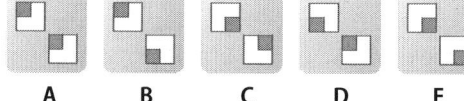

A   B   C   D   E

669. Gegeben ist folgende Figurenrelation:

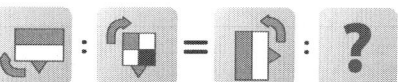

Durch welche Figur wird das
Fragezeichen logisch ersetzt?

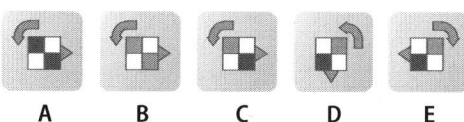

A   B   C   D   E

668. Gegeben ist folgende Figurenrelation:

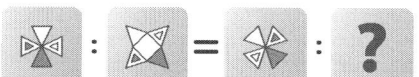

Durch welche Figur wird das
Fragezeichen logisch ersetzt?

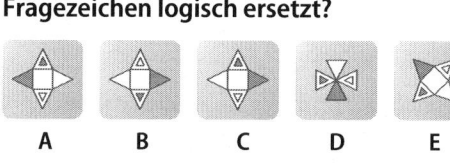

A   B   C   D   E

670. Gegeben ist folgende Figurenrelation:

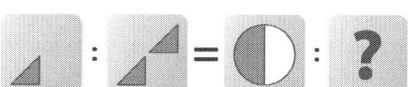

Durch welche Figur wird das
Fragezeichen logisch ersetzt?

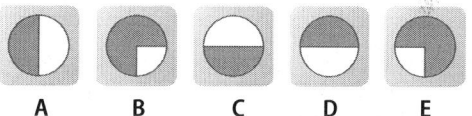

A   B   C   D   E

Lösung

Zu 661.

D

Die Objekte (Kreise bzw. Vierecke) werden größer, ihre Anzahl halbiert sich, und sie werden mittig abgebildet.

Zu 662.

E

Die äußere Figur (Kreis bzw. Viereck) verschwindet, während sich die innere Figur verdunkelt und verkleinert.

Zu 663.

E

Die Figuren werden 135 Grad gegen den Uhrzeigersinn gedreht.

Zu 664.

D

Die Figuren werden 90 Grad im Uhrzeigersinn gedreht, zusätzlich wird der große helle Körper (Dreieck, Viereck) dunkel und das kleine dunkle Viereck hell. Das kleine weiße Quadrat der rechten Figur entspricht der Sanduhr der linken Figuren und bleibt unverändert.

Zu 665.

D

Die Figuren werden an der Senkrechten gespiegelt und 45 Grad im Uhrzeigersinn gedreht.

Zu 666.

D

Das kleine graue Quadrat dreht sich um den Mittelpunkt des weißen Quadrats um 135 Grad im Uhrzeigersinn.

Zu 667.

C

Von der ersten Figur zur zweiten werden die kleinen grauen Quadrate innerhalb der weißen Rechtecke diagonal gespiegelt. Dementsprechend müssen die kleinen Quadrate auch von der dritten zur vierten Figur diagonal gespiegelt werden.

Zu 668.

C

Die Figuren drehen sich 45 Grad gegen den Uhrzeigersinn. Innerhalb der Figuren ändern die kleinen Dreiecke – nicht aber die vollen Flächen – ihre Farbe von hell zu dunkel bzw. umgekehrt.

Zu 669.

C

Die Figuren werden 90 Grad im Uhrzeigersinn gedreht und anschließend horizontal gespiegelt.

Zu 670.

B

Die ursprüngliche Figur bleibt bestehen und wird mit ihrer diagonalen Spiegelung überlagert. Die Spiegelachse verläuft von der linken oberen zur rechten unteren Ecke des Hintergrund-Quadrats.

Visuelles Denkvermögen

Eine Figur ist gespiegelt   *Bearbeitungszeit 1 Minute*

Diese Aufgaben prüfen Ihre visuelle Auffassungsgabe.

Jede Reihe enthält eine Figur in fünf Variationen – viermal unterschiedlich weit gedreht, einmal jedoch gespiegelt.

Beantworten Sie bitte die folgenden Aufgaben, indem Sie den Antwortbuchstaben der gespiegelten Figur markieren.

Welche der fünf Figuren ist gespiegelt?

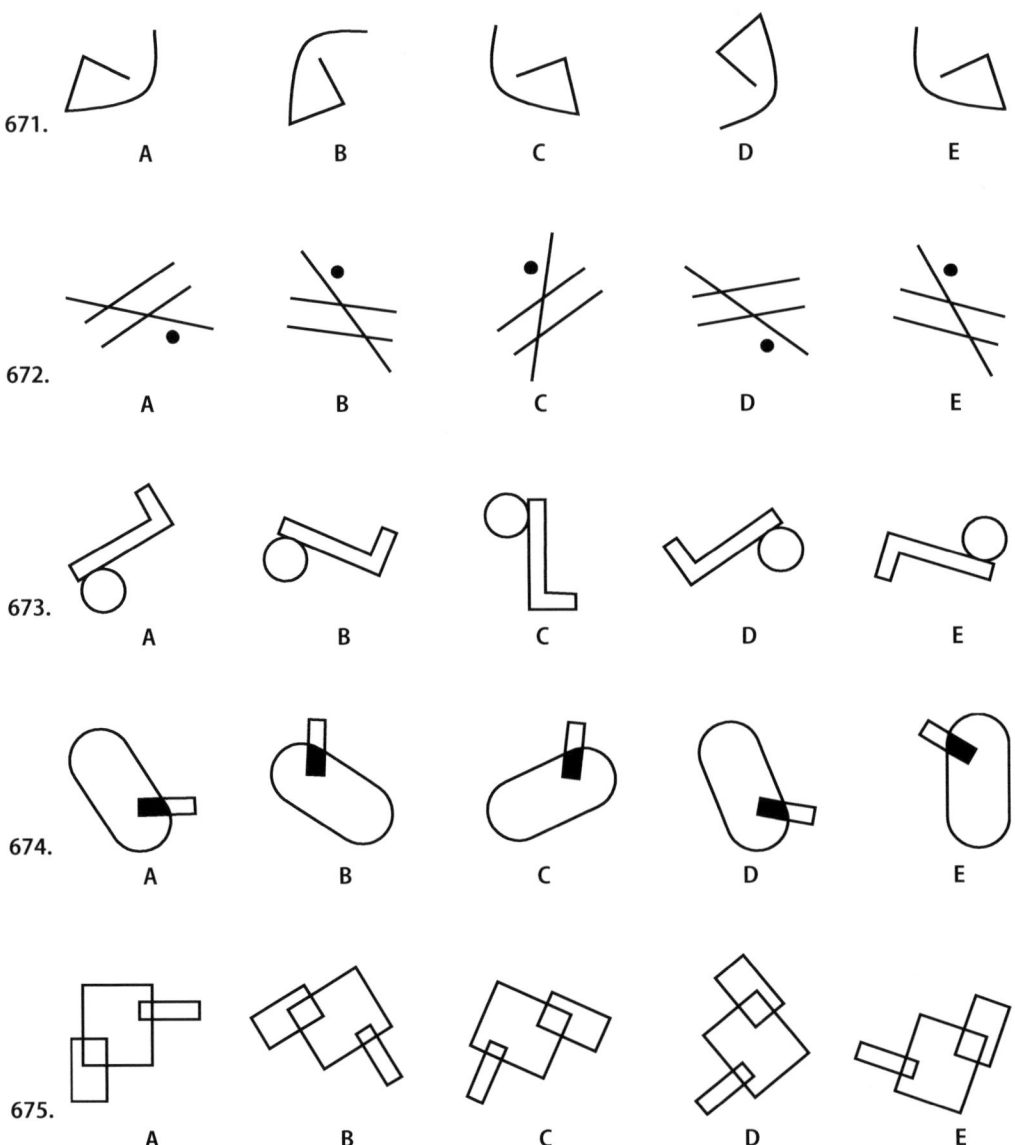

Lösung

Zu 671.

A

Zu 672.

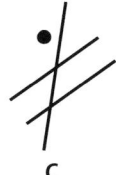

C

Zu 673.

D

Zu 674.

B

Zu 675.

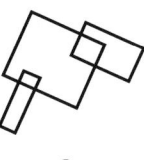

C

Visuelles Denkvermögen

Figuren drehen   *Bearbeitungszeit 5 Minuten*

Die Herausforderung lautet, verschiedene Figuren im Geiste zu drehen.

Zu jeder Aufgabe erhalten Sie eine Figur, die beliebig im oder gegen den Uhrzeigersinn gedreht werden kann. Bitte entscheiden Sie, welche Lösungsfigur der vorgegebenen Aufgabenfigur entspricht.

676. Sie erhalten folgende Aufgabenfigur:

Welche Lösungsfigur ist identisch mit der Aufgabenfigur?

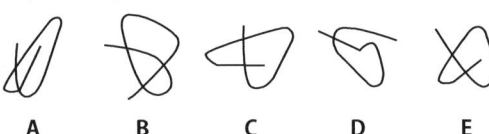

A   B   C   D   E

679. Sie erhalten folgende Aufgabenfigur:

Welche Lösungsfigur ist identisch mit der Aufgabenfigur?

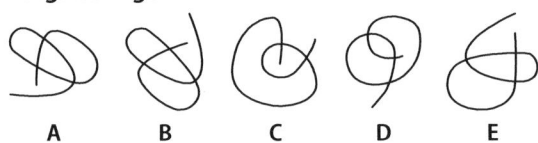

A   B   C   D   E

677. Sie erhalten folgende Aufgabenfigur:

Welche Lösungsfigur ist identisch mit der Aufgabenfigur?

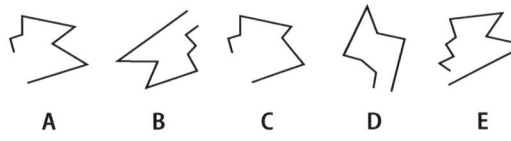

A   B   C   D   E

680. Sie erhalten folgende Aufgabenfigur:

Welche Lösungsfigur ist identisch mit der Aufgabenfigur?

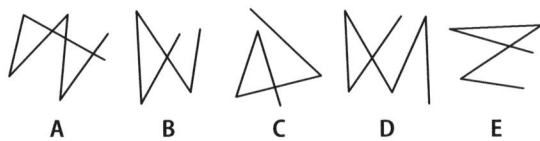

A   B   C   D   E

678. Sie erhalten folgende Aufgabenfigur:

Welche Lösungsfigur ist identisch mit der Aufgabenfigur?

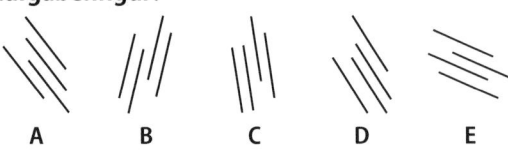

A   B   C   D   E

Lösung

Zu 676.

C

Drehen Sie die Aufgabenfigur um ca. 108 Grad gegen den Uhrzeigersinn.

Zu 677.

B

Drehen Sie die Aufgabenfigur um ca. 136 Grad gegen den Uhrzeigersinn.

Zu 678.

E

Drehen Sie die Aufgabenfigur um ca. 104 Grad gegen den Uhrzeigersinn.

Zu 679.

A

Drehen Sie die Aufgabenfigur um ca. 90 Grad gegen den Uhrzeigersinn.

Zu 680.

B

Drehen Sie die Aufgabenfigur um ca. 155 Grad im Uhrzeigersinn.

Visuelles Denkvermögen

Finden Sie den Fehler

Bearbeitungszeit 2 Minuten

Mit diesen Aufgaben wird Ihre Fähigkeit zur Erkennung visueller Details geprüft.

Sie erhalten eine Reihe mit scheinbar identischen Figuren. Aber eine Figur unterscheidet sich geringfügig von den anderen.

Beantworten Sie bitte die folgenden Aufgaben, indem Sie in jeder Reihe die fehlerhafte Figur erkennen und markieren.

Welche der fünf Figuren unterscheidet sich von den anderen in der Reihe?

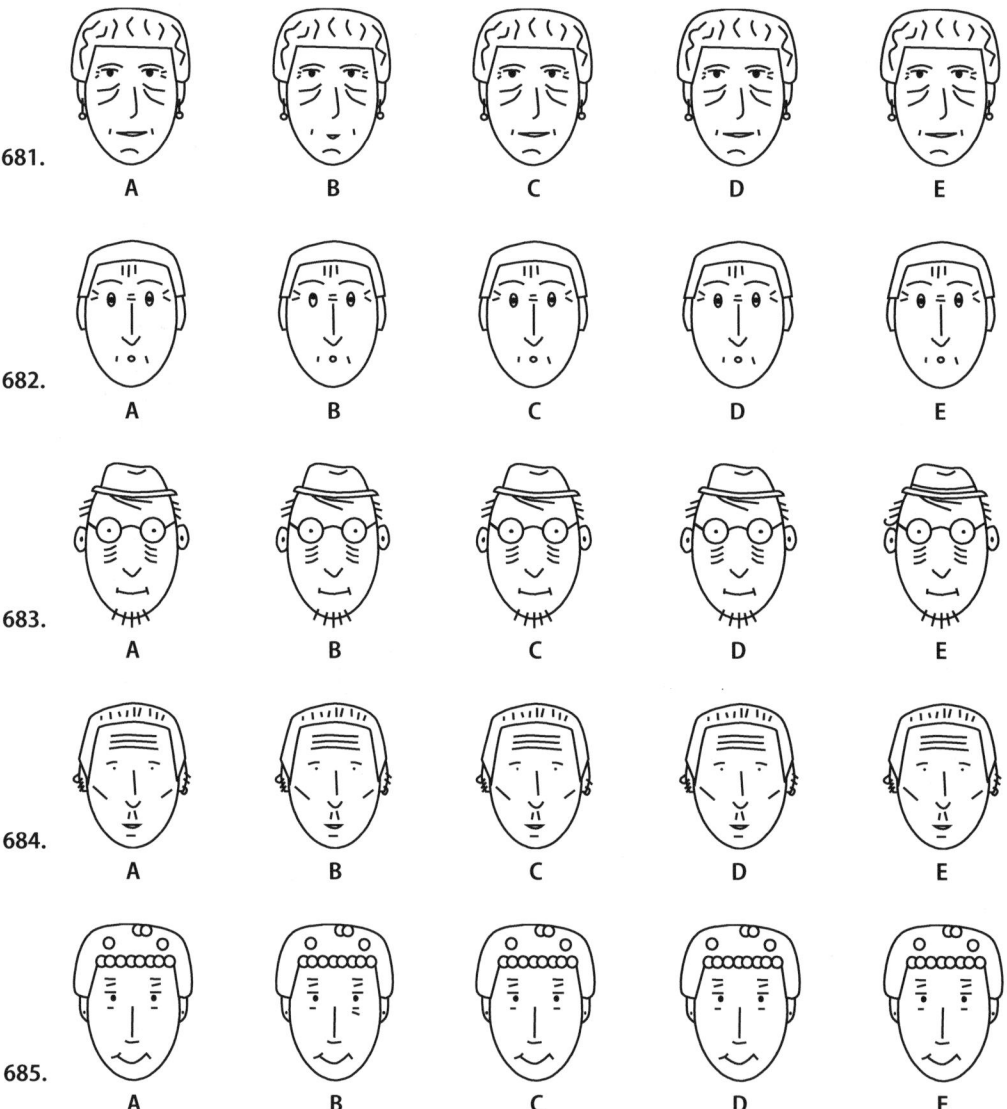

681.   A   B   C   D   E

682.   A   B   C   D   E

683.   A   B   C   D   E

684.   A   B   C   D   E

685.   A   B   C   D   E

Lösung

Zu 681. A B C D E

Zu 682. A B C D E

Zu 683. A B C D E

Zu 684. A B C D E

Zu 685. A B C D E

Visuelles Denkvermögen

Formenpuzzle

Aufgabenerklärung

In diesem Abschnitt wird Ihre visuelle Auffassungsgabe geprüft.

Zu jeder Aufgabe erhalten Sie fünf Flächenformen. Welche Puzzleteile A–E lassen sich zu welcher Grundform zusammensetzen?

Hierzu ein Beispiel

Aufgabe

1.   Ihnen werden die Grundformen 1 bis 5 vorgegeben:

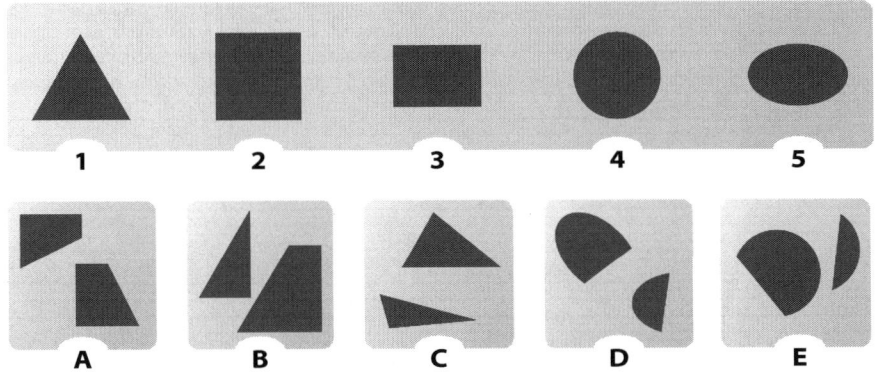

Ordnen Sie die zerstückelten Formen A bis E der entsprechenden Grundform zu.

1. _____   2. _____   3. _____   4. _____   5. _____

Antwort

1. __C__   2. __B__   3. __A__   4. __E__   5. __D__

Formenpuzzle

Beantworten Sie bitte die folgenden Aufgaben, indem Sie jeweils die richtigen Buchstaben in die Lösungsfelder eintragen.

686. Ihnen werden die Grundformen 1 bis 5 vorgegeben:

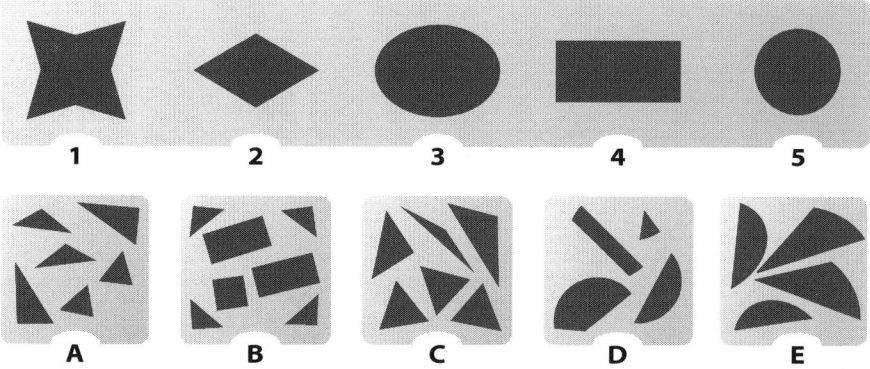

Ordnen Sie die zerstückelten Formen A bis E der entsprechenden Grundform zu.

1. _____   2. _____   3. _____   4. _____   5. _____

687. Ihnen werden die Grundformen 1 bis 5 vorgegeben:

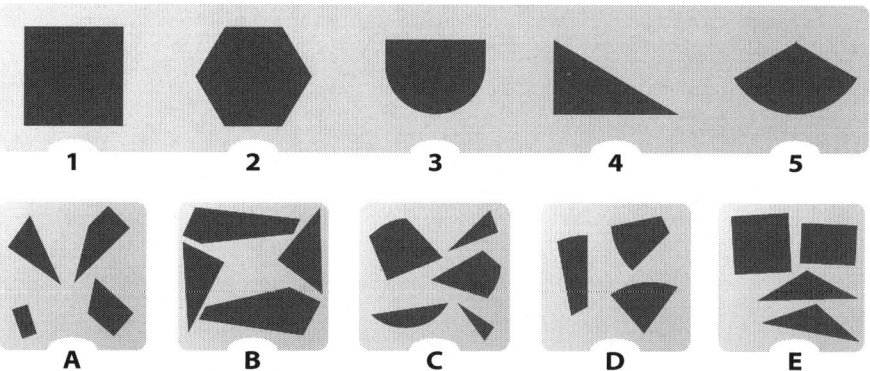

Ordnen Sie die zerstückelten Formen A bis E der entsprechenden Grundform zu.

1. _____   2. _____   3. _____   4. _____   5. _____

688. Ihnen werden die Grundformen 1 bis 5 vorgegeben:

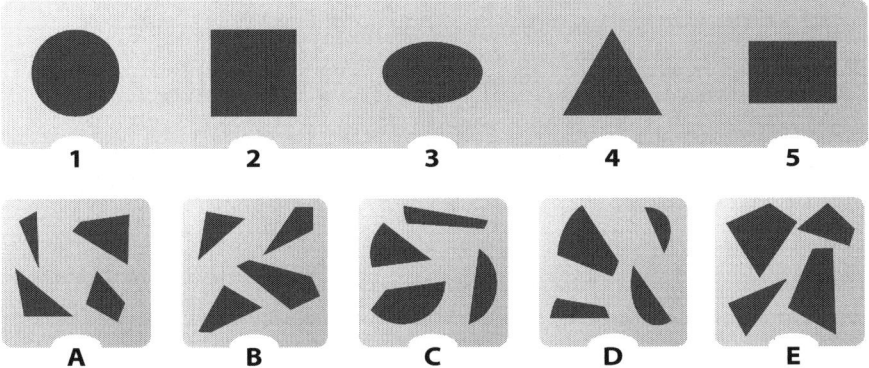

Ordnen Sie die zerstückelten Formen A bis E der entsprechenden Grundform zu.

1. _____   2. _____   3. _____   4. _____   5. _____

689. Ihnen werden die Grundformen 1 bis 5 vorgegeben:

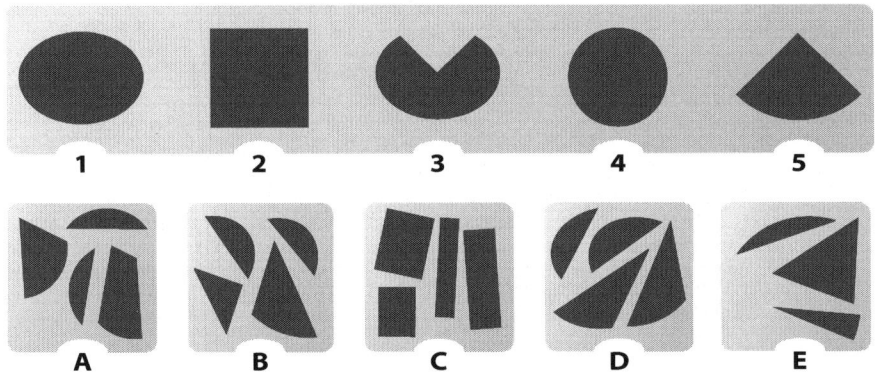

Ordnen Sie die zerstückelten Formen A bis E der entsprechenden Grundform zu.

1. _____   2. _____   3. _____   4. _____   5. _____

690. **Ihnen werden die Grundformen 1 bis 5 vorgegeben:**

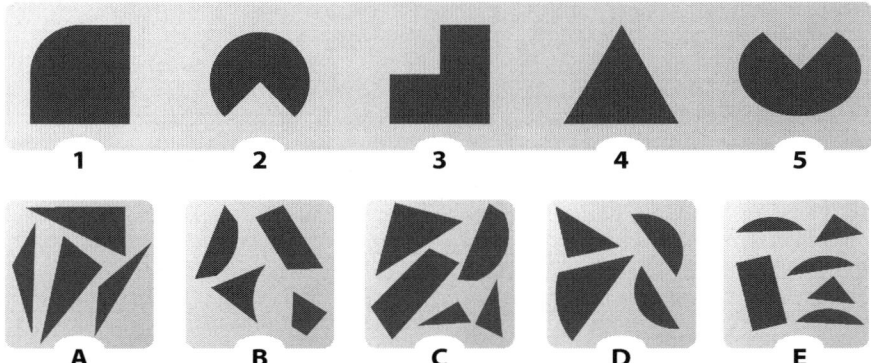

Ordnen Sie die zerstückelten Formen A bis E der entsprechenden Grundform zu.

1. _____   2. _____   3. _____   4. _____   5. _____

Lösung

Zu 686.
1C | 2A | 3E | 4B | 5D

Zu 687.
1B | 2E | 3C | 4A | 5D

Zu 688.
1C | 2E | 3D | 4A | 5B

Zu 689.
1D | 2C | 3B | 4A | 5E

Zu 690.
1C | 2E | 3A | 4B | 5D

Visuelles Denkvermögen

Formen legen *Aufgabenerklärung*

Diese Aufgabe ähnelt einem Tangram-Spiel, einer chinesischen Version des Puzzles.

Mehrere Einzelteile werden zu einer vorgegebenen Form zusammengelegt; sie dürfen dazu nach Belieben gedreht und gespiegelt werden. Bitte zeichnen Sie in der fertigen Form die Umrisse der Einzelteile ein.

Einzelteile:

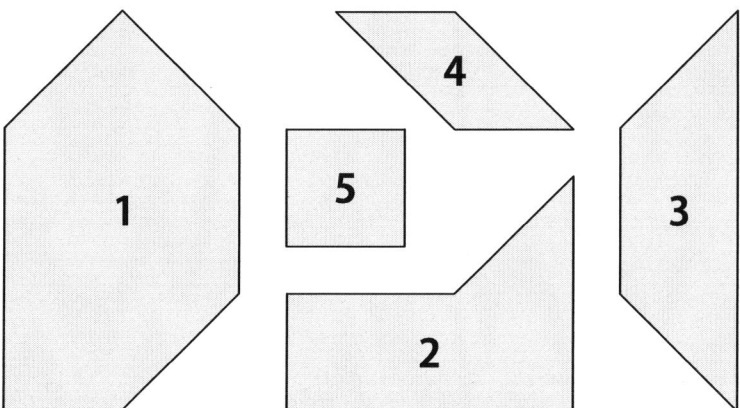

Hierzu ein Beispiel

Aufgabe

1. **Bitte skizzieren Sie die Umrisse der Einzelteile.**

Antwort

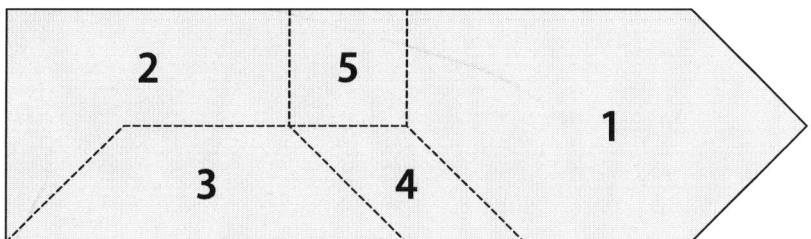

Die horizontal spiegelbildliche Anordnung wäre hier auch möglich – im Folgenden gibt es jedoch immer nur eine richtige Lösung.

Formen legen   *Bearbeitungszeit 5 Minuten*

Bearbeiten Sie nun bitte die folgenden Aufgaben.

691. Bitte skizzieren Sie die Umrisse der Einzelteile.

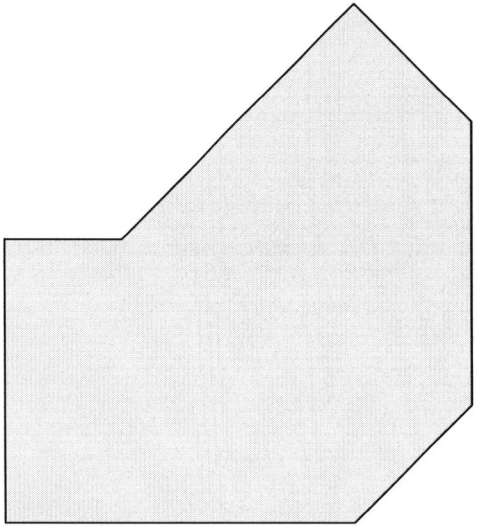

692. Bitte skizzieren Sie die Umrisse der Einzelteile.

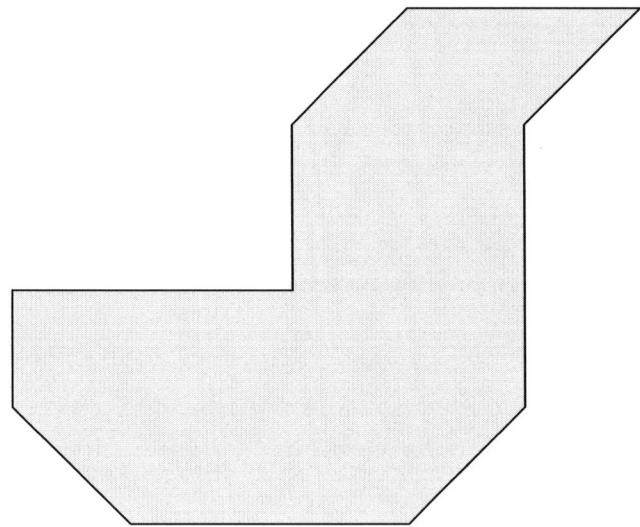

693. Bitte skizzieren Sie die Umrisse der Einzelteile.

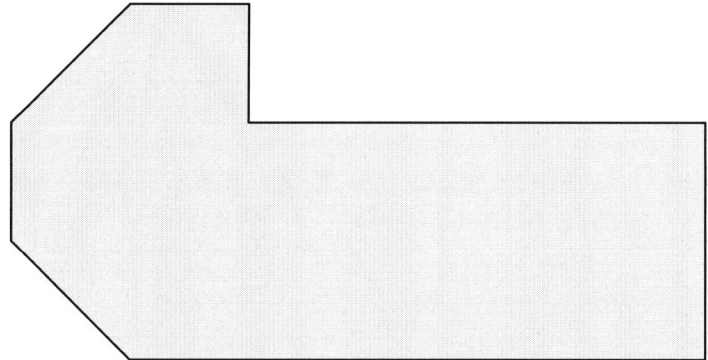

694. Bitte skizzieren Sie die Umrisse der Einzelteile.

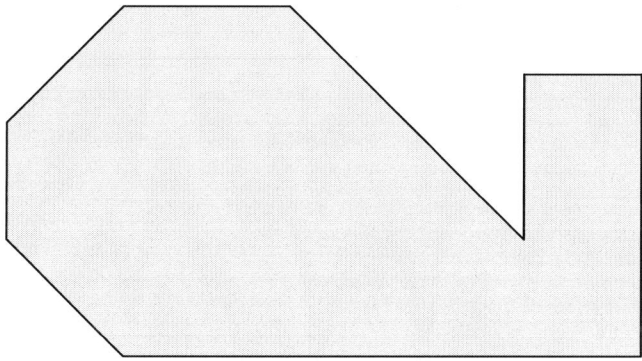

695. Bitte skizzieren Sie die Umrisse der Einzelteile.

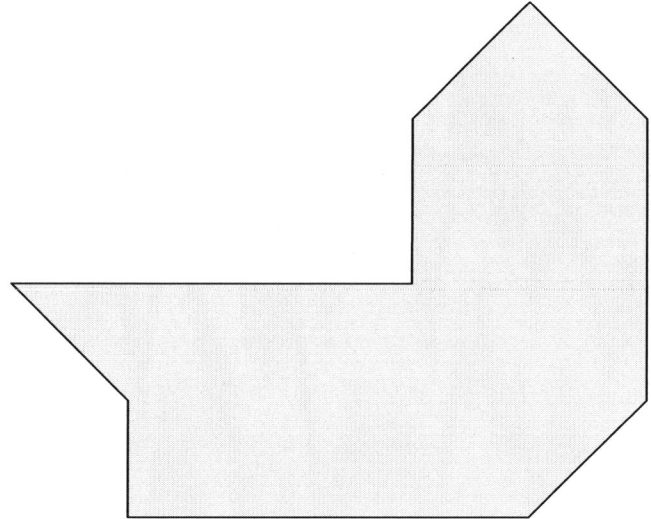

Lösung

Zu 691.

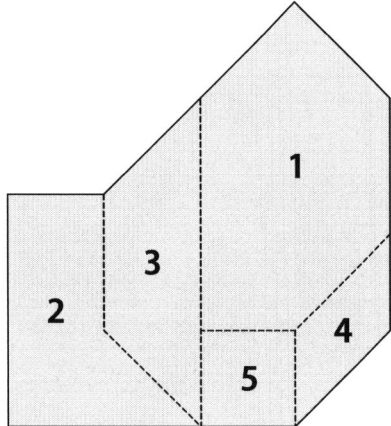

Zu 692.

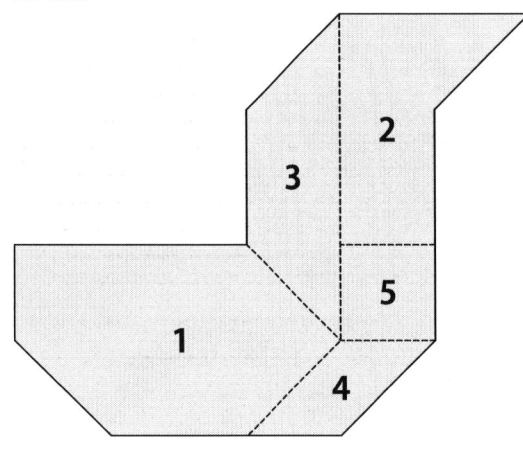

Zu 693.

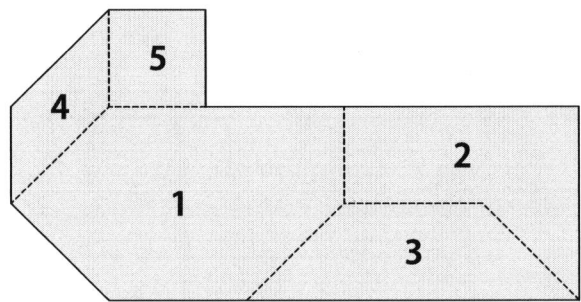

Zu 694.

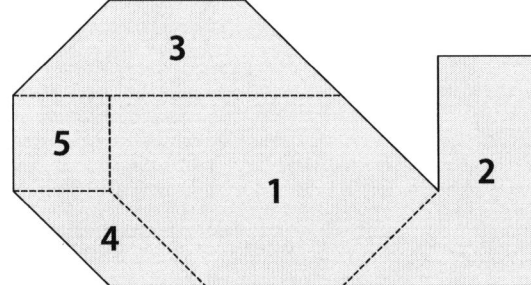

Zu 695.

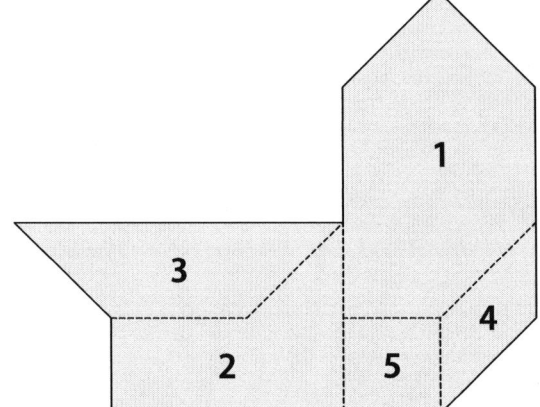

Prüfung · Teil 5

Konzentrationsvermögen

Zahlensuche nach Rechenregel   *Aufgabenerklärung*

Diese Aufgabe prüft Ihre Konzentration und Ihr mathematisches Verständnis unter Zeitdruck.
Zu jedem Aufgabenblock erhalten Sie eine mathematische Regel.
Unterstreichen Sie jeweils alle Zahlen, die diese Regel erfüllen.

Hierzu ein Beispiel

Aufgabe

Unterstreichen Sie alle Zahlen, die durch die Zahl 2 teilbar sind.

1.	4	8	9	25	67	86	3	81	43	32
2.	76	90	27	69	76	45	55	61	44	18

Antwort

1.	<u>4</u>	<u>8</u>	9	25	67	<u>86</u>	3	81	43	<u>32</u>
2.	<u>76</u>	<u>90</u>	27	69	<u>76</u>	45	55	61	<u>44</u>	<u>18</u>

Zahlensuche nach Rechenregel

Unterstreichen Sie jeweils alle Zahlen, für die die vorgegebene Regel gilt.

Unterstreichen Sie alle Primzahlen, d. h. alle Zahlen, die genau durch zwei natürliche Zahlen – nämlich die Zahl 1 und sich selbst – teilbar sind.

696.	4	12	2	9	6	3	15	11	21	22
697.	24	8	7	10	25	13	5	26	27	44
698.	32	23	33	36	35	19	38	17	50	45
699.	49	55	29	48	51	39	46	37	40	52
700.	56	41	54	43	57	68	47	58	62	69
701.	70	64	59	80	65	76	63	67	78	81
702.	71	75	82	85	73	88	77	86	79	91
703.	83	74	84	89	90	92	97	93	87	94
704.	95	96	99	98	61	18	14	18	20	15
705.	28	30	53	34	16	42	31	48	50	54

Unterstreichen Sie alle Zahlen, die um 8 kleiner sind als ihr linker Nachbar.

706.	1	36	28	9	11	38	15	7	50	53
707.	33	25	7	19	23	15	5	41	33	44
708.	32	25	17	12	35	10	3	17	9	2
709.	55	49	39	48	51	43	46	38	26	18
710.	56	39	31	43	35	68	47	39	62	54
711.	70	64	56	88	65	76	68	67	74	66
712.	71	63	61	53	53	45	77	86	78	91
713.	83	75	68	89	81	92	84	93	85	94
714.	95	87	5	–3	82	18	14	6	–2	–9
715.	28	22	14	34	26	42	34	26	50	42

Lösung

Zu 696.	4	12	**2**	9	6	**3**	15	**11**	21	22
Zu 697.	24	8	**7**	10	25	**13**	**5**	26	27	44
Zu 698.	32	**23**	33	36	35	**19**	38	**17**	50	45
Zu 699.	49	55	**29**	48	51	39	46	**37**	40	52
Zu 700.	56	**41**	54	**43**	57	68	**47**	58	62	69
Zu 701.	70	64	**59**	80	65	76	63	**67**	78	81
Zu 702.	**71**	75	82	85	**73**	88	77	86	**79**	91
Zu 703.	**83**	74	84	**89**	90	92	**97**	93	87	94
Zu 704.	95	96	99	98	**61**	18	14	18	20	15
Zu 705.	28	30	**53**	34	16	42	**31**	48	50	54

Die Primzahlen bis 100 lauten:

2, 3, 5, 7, 11, 13, 17, 19, 23, 29, 31, 37, 41, 43, 47, 53, 59, 61, 67, 71, 73, 79, 83, 89, 97

Zu 706.	1	36	**28**	9	11	38	15	**7**	50	53
Zu 707.	33	**25**	7	19	23	**15**	5	41	**33**	44
Zu 708.	32	25	**17**	12	35	10	3	17	**9**	2
Zu 709.	55	49	39	48	51	**43**	46	**38**	26	**18**
Zu 710.	56	39	**31**	43	**35**	68	47	**39**	62	**54**
Zu 711.	70	64	**56**	88	65	76	**68**	67	74	**66**
Zu 712.	71	**63**	61	**53**	53	**45**	77	86	**78**	91
Zu 713.	83	**75**	68	89	**81**	92	**84**	93	**85**	94
Zu 714.	95	**87**	5	**–3**	82	18	14	**6**	**–2**	–9
Zu 715.	28	22	**14**	34	**26**	42	**34**	**26**	50	**42**

Konzentrationsvermögen

Tempo-Rechnen mit Symbolen   *Aufgabenerklärung*

Nun müssen Sie Ihre Rechenkünste unter Zeitdruck unter Beweis stellen.

Auf der nächsten Seite finden Sie eine Aufgabentabelle: Addieren Sie dort jeweils die Zahlenwerte zweier Symbole, die in einer Spalte übereinanderstehen. Die Summe notieren Sie im Kästchen zwischen beiden Symbolen. Doch aufgepasst: Hat eine Lösung zwei Stellen, notieren Sie nur die Einerstelle.

Hierzu ein Beispiel

Zuordnungstabelle:

0	1	2	3	4	5	6	7	8	9
の	ん	ワ	シ	ミ	カ	ヨ	ル	ヘ	ヌ

Aufgabe   **Antwort**

Aufgabe: ミ, □, ル, □, ん, □, ヨ

Antwort: ミ, 1, ル, 8, ん, 7, ヨ

Wandeln Sie zuerst die Symbole in Zahlenwerte um:

$$\text{ミ} = 4 \quad \text{ル} = 7 \quad \text{ん} = 1 \quad \text{ヨ} = 6$$

Nun bilden Sie die Summen:

$4 + 7 = 11$ (hier wird nur die Einerstelle 1 berücksichtigt)

$7 + 1 = 8$

$1 + 6 = 7$

Die erhaltenen Zahlen schreiben Sie zwischen die betreffenden Symbole in das weiße Kästchen.

Tempo-Rechnen mit Symbolen *Bearbeitungszeit 7 Minuten*

716. Bitte beginnen Sie nun mit der Aufgabe.

Zuordnungstabelle:

0	1	2	3	4	5	6	7	8	9
の	ん	ワ	シ	ミ	カ	ヨ	ル	ヘ	ヌ

ワ	の	ん	ヨ	ヘ	ん	ワ	ん	カ	ヨ	ル	ミ	シ	ヨ	シ	シ	ヌ
9	5	6	8	1	4	1	7	0	0	5	7	9	9	6	0	3

ル	カ	カ	ミ	ミ	シ	ヌ	ヨ	カ	ミ	ワ	シ	ん	シ	シ	ル	ミ
7	6	3	0	8	3	3	0	2	3	9	2	5	0	9	5	

ミ	ん	ヘ	ヨ	ヨ	カ	カ	の	ル	カ	ヘ	ん	ヨ	ん	ワ	ル	ワ	ん
5	5	1	1	2	4	9	9	1	3	1	4	7	5	9			

ん	ミ	シ	カ	ん	ワ	ミ	ワ	ミ	ん	の	ル	の	ワ	ミ	シ	ル
5	7	7	4	8	1	8	7	4	0	2	9	9	5	1	3	

ミ	シ	ミ	ワ	シ	ル	ル	ヨ	シ	シ	の	カ	ヌ	ル	ん	ヘ	ヨ
0	5	4	0	6	5	8	1	1	9	9	6	2	8	0	4	9

ヨ	ワ	の	ヘ	シ	ヘ	ん	カ	ヘ	カ	ヌ	ん	シ	ん	ヌ	ヨ	シ
5	3	2	5	3	8	9	8	9	2	8	5	7	5	4	6	5

ヌ	ん	ワ	ル	の	の	ヘ	シ	ん	ル	ヌ	ミ	ミ	ミ	カ	の	ワ
4	7	0	2	5	4	7	2	1	6	7	4	1	6	1	1	2

カ	ヨ	ヘ	カ	カ	ミ	シ	ヌ	の	ヌ	ヘ	の	ル	ワ	ヨ	ん	の
2	3	2	9	1	6	2	8	6	0	2	9	8	8	3	5	0

ル	ル	ミ	シ	ヨ	ワ	ヌ	の	ヨ	ん	ミ	ヌ	ん	ル	ル	ミ	の
8	2	5	3	3	9	1	1	3	7	7	5	3	0	9	8	

ん	カ	カ	の	ル	ヨ	ワ	ん	カ	ワ	シ	シ	ミ	ヨ	シ	カ	ヘ
6	5	0	1	5	3	6	6	9	6	1	7	5	7	8	2	1

カ	の	カ	ん	ヘ	ル	ミ	カ	ミ	ミ	ル	ミ	ん	ん	カ	ル	シ
3	6	8	4	7	2	9	2	7	0	8	2	9	3	9	0	5

ヘ	ヨ	シ	シ	ヌ	カ	ヨ	ル	シ	ヨ	ん	ヘ	ヘ	ワ	ミ	シ	ワ
7	0	0	7	0	0	3	0	1	4	5	6	2	5	5	4	4

シ	シ	ル	ミ	ん	カ	ル	シ	ヘ	ヘ	ミ	ヘ	ミ	シ	ん	ん	ワ

Lösung

Zu 716.

Zuordnungstabelle:

0	1	2	3	4	5	6	7	8	9
の	ん	ワ	シ	ミ	カ	ヨ	ル	ヘ	ヌ

ワ	の	ん	ヨ	ヘ	ん	ワ	ん	カ	ヨ	ル	ミ	シ	ヨ	シ	シ	ヌ
9	5	6	0	2	4	1	7	0	0	9	7	4	9	6	0	3
ル	カ	カ	ミ	ミ	シ	ヌ	ヨ	カ	ミ	ワ	シ	ん	シ	シ	ル	ミ
1	6	3	0	9	8	9	3	0	2	3	9	2	5	0	9	5
ミ	ん	ヘ	ヨ	カ	カ	の	ル	カ	ヘ	ん	ヨ	ん	ワ	ル	ワ	ん
5	5	1	1	6	7	4	9	9	9	1	3	1	4	1	5	8
ん	ミ	シ	カ	ん	ワ	ミ	ワ	ミ	ん	の	ル	の	ワ	ミ	シ	ル
5	7	7	7	4	9	1	8	7	4	0	2	9	9	5	1	3
ミ	シ	ミ	ワ	シ	ル	ル	ヨ	シ	シ	の	カ	ヌ	ル	ん	ヘ	ヨ
0	5	4	0	6	5	8	1	1	8	9	6	2	8	0	4	9
ヨ	ワ	の	ヘ	シ	ヘ	ん	カ	ヘ	カ	ヌ	ん	シ	ん	ヌ	ヨ	シ
5	3	2	5	3	8	9	8	9	2	8	5	7	5	4	6	5
ヌ	ん	ワ	ル	の	の	ヘ	シ	ん	ル	ヌ	ミ	ミ	ミ	カ	の	ワ
4	7	0	2	5	4	1	2	1	6	7	4	1	6	1	1	2
カ	ヨ	ヘ	カ	カ	ミ	シ	ヌ	の	ヌ	ヘ	の	ル	ワ	ヨ	ん	の
2	3	2	8	1	6	2	9	6	0	2	9	8	9	3	5	0
ル	ル	ミ	シ	ヨ	ワ	ヌ	の	ヨ	ん	ミ	ヌ	ん	ル	ル	ミ	の
8	2	9	3	3	8	1	1	1	3	7	2	5	3	0	9	8
ん	カ	カ	の	ル	ヨ	ワ	ん	カ	ワ	シ	シ	ミ	ヨ	シ	カ	ヘ
6	5	0	1	5	3	6	6	9	6	0	7	5	7	8	2	1
カ	の	カ	ん	ヘ	ル	ミ	カ	ミ	ミ	ル	ミ	ん	ん	カ	ル	シ
3	6	8	4	7	2	0	2	7	0	8	2	9	3	9	0	5
ヘ	ヨ	シ	シ	ヌ	カ	ヨ	ル	シ	ヨ	ん	ヘ	ヘ	ワ	ミ	シ	ワ
1	9	0	7	0	0	3	0	1	4	5	6	2	5	5	4	4
シ	シ	ル	ミ	ん	カ	ル	シ	ヘ	ヘ	ミ	ヘ	ミ	シ	ん	ん	ワ

Konzentrationsvermögen

Reaktionstest

Eine Raute ist in vier Felder unterteilt: Norden (oben), Osten (rechts), Süden (unten) und Westen (links). In zwei Feldern befindet sich jeweils ein Pfeil.

Bestimmen Sie zuerst die Position des gestrichelten Pfeils – in welchem Feld liegt er? Danach ermitteln Sie die Pfeilrichtung des durchgehenden Pfeils – in welche Himmelsrichtung zeigt er?

Die Antworten schreiben Sie – in der richtigen Reihenfolge – in das Feld unter der Aufgabe. Die Himmelsrichtungen kürzen Sie mit „N", „O", „S" und „W" ab.

Hierzu ein Beispiel

Aufgabe   *Antwort*

1.   1.

_____   <u>O S</u>

Der gestrichelte Pfeil liegt im östlichen Feld („O"). Der durchgehende Pfeil zeigt nach Süden („S"). Die richtige Lösung lautet also „OS".

Reaktionstest

Bitte beginnen Sie nun mit den Aufgaben: Notieren Sie die Position des gestrichelten Pfeils und die Richtung des durchgehenden Pfeils.

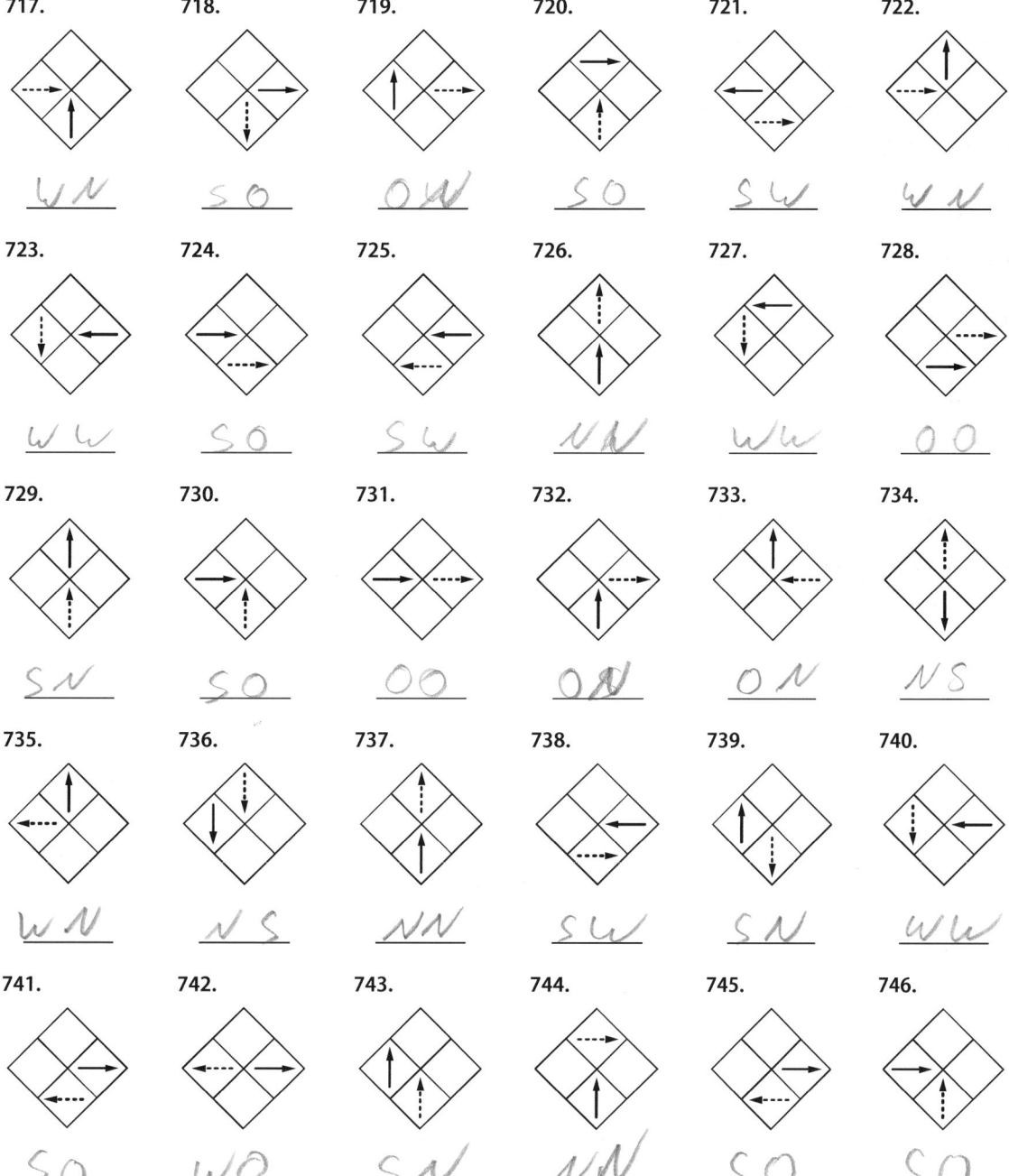

717. _W N_

718. _S O_

719. _O W_

720. _S O_

721. _S W_

722. _W N_

723. _W W_

724. _S O_

725. _S W_

726. _N N_

727. _W W_

728. _O O_

729. _S N_

730. _S O_

731. _O O_

732. _O N_

733. _O N_

734. _N S_

735. _W N_

736. _N S_

737. _N N_

738. _S W_

739. _S N_

740. _W W_

741. _S O_

742. _W O_

743. _S N_

744. _N N_

745. _S O_

746. _S O_

747.

WN

748.

WO

749.

NO

750.

SO

751.

SN

752.

O S S

753.

OW

754.

SN

755.

WN

756.

NO

757.

WW

758.

OS

759.

WS

760.

SO

761.

WS

762.

NS

763.

WS

764.

SN

765.

SN

766.

SO

767.

OS

768.

NO

769.

NO

770.

NSX
NN

771.

ON

772.

WN

773.

OW

774.

SS

775.

NO

776.

OW

777.

WS

778.

ON

779.

ON

780.

ON

781.

WO

782.

NW

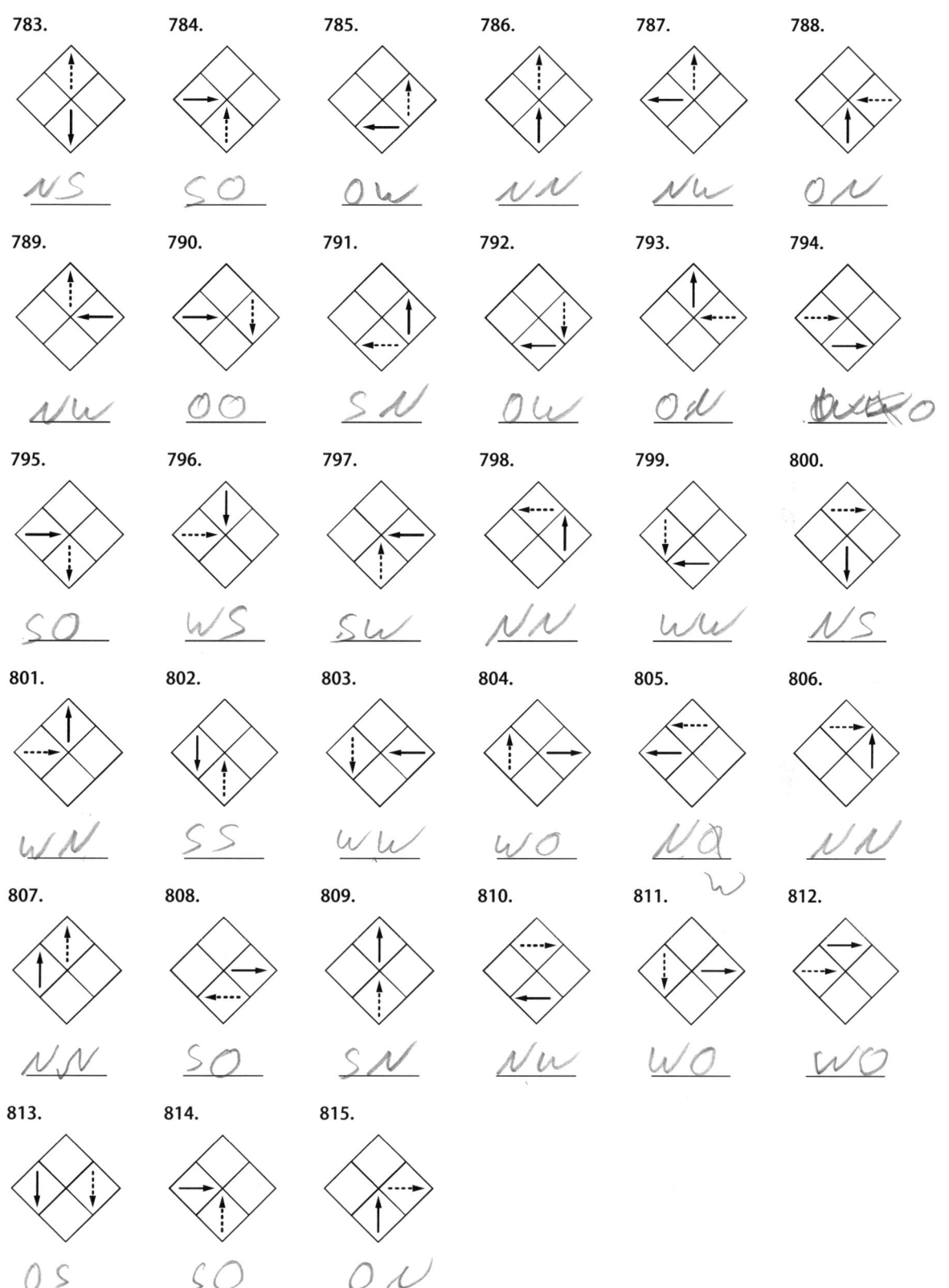

783. _NS_

784. _SO_

785. _OW_

786. _NN_

787. _NW_

788. _ON_

789. _NW_

790. _OO_

791. _SN_

792. _OW_

793. _ON_

794. _OWO x_

795. _SO_

796. _WS_

797. _SW_

798. _NN_

799. _WW_

800. _NS_

801. _WN_

802. _SS_

803. _WW_

804. _WO_

805. _NO_ W

806. _NN_

807. _NN_

808. _SO_

809. _SN_

810. _NW_

811. _WO_

812. _WO_

813. _OS_

814. _SO_

815. _ON_

Lösung

Zu 717. W N	Zu 737. N N	Zu 757. W W	Zu 777. W S	Zu 797. S W
Zu 718. S O	Zu 738. S W	Zu 758. O S	Zu 778. O N	Zu 798. N N
Zu 719. O N	Zu 739. S N	Zu 759. W S	Zu 779. O N	Zu 799. W W
Zu 720. S O	Zu 740. W W	Zu 760. S O	Zu 780. O N	Zu 800. N S
Zu 721. S W	Zu 741. S O	Zu 761. W S	Zu 781. W O	Zu 801. W N
Zu 722. W N	Zu 742. W O	Zu 762. N S	Zu 782. N W	Zu 802. S S
Zu 723. W W	Zu 743. S N	Zu 763. W S	Zu 783. N S	Zu 803. W W
Zu 724. S O	Zu 744. N N	Zu 764. S N	Zu 784. S O	Zu 804. W O
Zu 725. S W	Zu 745. S O	Zu 765. S N	Zu 785. O W	Zu 805. N W
Zu 726. N N	Zu 746. S O	Zu 766. S O	Zu 786. N N	Zu 806. N N
Zu 727. W W	Zu 747. W N	Zu 767. O S	Zu 787. N W	Zu 807. N N
Zu 728. O O	Zu 748. W O	Zu 768. N O	Zu 788. O N	Zu 808. S O
Zu 729. S N	Zu 749. N O	Zu 769. N O	Zu 789. N W	Zu 809. S N
Zu 730. S O	Zu 750. S O	Zu 770. N N	Zu 790. O O	Zu 810. N W
Zu 731. O O	Zu 751. S N	Zu 771. O N	Zu 791. S N	Zu 811. W O
Zu 732. O N	Zu 752. O S	Zu 772. W N	Zu 792. O W	Zu 812. W O
Zu 733. O N	Zu 753. O W	Zu 773. O W	Zu 793. O N	Zu 813. O S
Zu 734. N S	Zu 754. S N	Zu 774. S S	Zu 794. W O	Zu 814. S O
Zu 735. W N	Zu 755. W N	Zu 775. N O	Zu 795. S O	Zu 815. O N
Zu 736. N S	Zu 756. N O	Zu 776. O W	Zu 796. W S	

Konzentrationsvermögen

Original und Abschrift   *Bearbeitungszeit 3 Minuten*

Bei dieser Aufgabe geht es darum, Zeichenfolgen zu vergleichen.

Sie erhalten pro Aufgabe jeweils eine Originalreihe und eine Abschrift.

Überprüfen Sie die Abschriften bitte – Stelle für Stelle – auf Tippfehler und notieren Sie die Anzahl der in einer Zeile gefundenen Fehler im rechten Feld.

	Original	Abschrift	Fehler		Original	Abschrift	Fehler
816.	2158318	2156316	2	836.	HGRFLED	HGRFLEB	1
817.	6458482	6258284	3	837.	RAGSEFA	RAGBEEA	2
818.	1859782	1869762	2	838.	JAHWERS	JAHVERS	1
819.	3587197	3287187	2	839.	HATWRSD	HATWBSD	1
820.	5784986	5789486	2	840.	ÖAJRSFAJ	OAJRSEAJ	2
821.	2258791	2258797	1	841.	JAHWNMN	JAHVMNN	3
822.	5478615	5478916	2	842.	MNMNNMM	MNNNMMM	2
823.	7945874	7943874	1	843.	kjhdHJGG	kjhbHJgG	2
824.	6487459	6481456	2	844.	lkjdsURT	lkjDsuRT	2
825.	3124587	8124531	3	845.	ncHgsTG	ncHgStg	3
826.	5487951	5487851	1	846.	jbdEF>E=	jdbEE>E=	3
827.	6547894	6541894	1	847.	QoOqbpBD	QOOqdpbD	3
828.	3249782	3248788	2	848.	JA54zR7CD	JJA54zR7C	2
829.	3597874	3597824	1	849.	JY23BDQO	JYY23BDO	5
830.	3549872	3649612	3	850.	GA+32BBD>	GA+82BDD>	2
831.	0054862	0005486	5	851.	&%G?ARV	&%$%§RV	3
832.	0010124	0010012	3	852.	FIE§§!5 668	FIE§$!5 868	2
833.	1115482	1154822	4	853.	ÜüÖöOoUu	ÜüöÖoOUu	5
834.	2211223	2221113	3	854.	ÖöÜüQqOo	ÖöÜüObOo	2
835.	3344556	3344456	1	855.	bddbdbdb	bdbbdddb	2

Lösung

	Original	Abschrift	Fehler		Original	Abschrift	Fehler
Zu 816.	2158318	2156316	2	Zu 836.	HGRFLED	HGRFLE**B**	1
Zu 817.	6458482	6258284	3	Zu 837.	RAGSEFA	RAG**BE**EA	2
Zu 818.	1859782	1869762	2	Zu 838.	JAHWERS	JAH**V**ERS	1
Zu 819.	3587197	3287187	2	Zu 839.	HATWRSD	HATW**B**SD	1
Zu 820.	5784986	5789486	2	Zu 840.	ÖAJRSFAJ	**O**AJRS**E**AJ	2
Zu 821.	2258791	2258797	1	Zu 841.	JAHWNMN	JAH**VMN**N	3
Zu 822.	5478615	5478916	2	Zu 842.	MNMNNMM	MN**N**N**M**MM	2
Zu 823.	7945874	7943874	1	Zu 843.	kjhdHJGG	kjh**b**HJ**g**G	2
Zu 824.	6487459	6481456	2	Zu 844.	lkjdsURT	lkj**D**s**u**RT	2
Zu 825.	3124587	8124531	3	Zu 845.	ncHgsTG	ncHg**Stg**	3
Zu 826.	5487951	5487851	1	Zu 846.	jbdEF>E=	j**db**E**E**>E=	3
Zu 827.	6547894	6541894	1	Zu 847.	QoOqbpBD	Q**O**Oq**dpb**D	3
Zu 828.	3249782	3248788	2	Zu 848.	JA54zR7CD	**JJA54zR7C**	8
Zu 829.	3597874	3597824	1	Zu 849.	JY23BDQO	J**YY23BD**O	5
Zu 830.	3549872	3649612	3	Zu 850.	GA+32BBD>	GA+**82**B**D**D>	2
Zu 831.	0054862	0005486	5	Zu 851.	&%G?ARV	&%**$%§**RV	3
Zu 832.	0010124	0010012	3	Zu 852.	FIE§§!5 668	FIE**$**§!5 **8**68	2
Zu 833.	1115482	1154822	4	Zu 853.	ÜüÖöOoUu	Üü**öOoO**Uu	4
Zu 834.	2211223	2221113	3	Zu 854.	ÖöÜüQqOo	ÖöÜü**Ob**Oo	2
Zu 835.	3344556	3344456	1	Zu 855.	bddbdbdb	bd**b**bd**d**db	2

Konzentrationsvermögen

Verschlüsselte Zeichen   *Aufgabenerklärung*

Zu jedem folgenden Aufgabenblock erhalten Sie eine Code-Tabelle, die mehreren Ausgangszeichen bestimmte Codezeichen zuweist.

Um eine Aufgabe zu lösen, müssen Sie zuerst die vorgegebenen Ausgangszeichen mithilfe der Code-Tabelle in Codezeichen umwandeln. Anschließend überprüfen Sie die Code-Reihe – Stelle für Stelle, von links nach rechts: Immer dann, wenn Sie einem soeben erhaltenen Codezeichen begegnen, notieren Sie bitte das Nachbarzeichen links davon. So erhalten Sie schließlich eine weitere Zeichenfolge als Lösungsreihe.

Hierzu ein Beispiel

Code-Tabelle

Ausgangszeichen:	a	b	c
Codezeichen:	x	y	z

Aufgabe

1.   **Code-Reihe:**   u v w x y z

     Vorgegebene Ausgangszeichen: a | b

     Lösungsreihe: _____

Antwort

     Lösungsreihe: __w x_____

Zuerst wandeln Sie die Ausgangszeichen „a" und „b" in die richtigen Codezeichen um. Welche das sind, zeigt die Code-Tabelle: Aus „a" wird „x" und aus „b" wird „y". Nun gehen Sie die Code-Reihe durch: Unmittelbar links neben dem „x" steht ein „w", und der linke Nachbar des „y" ist ein „x" – somit ergibt sich die Lösungsreihe „w x".

Verschlüsselte Zeichen

Bearbeitungszeit 3 × 3 Minuten

Bitte beginnen Sie nun mit den Aufgaben.

Block A

Die Bearbeitungszeit für diesen Aufgabenblock beträgt **3 Minuten**.

Code-Tabelle

Ausgangszeichen:	g	h	i	j	k
Codezeichen:	a	b	c	d	e

856. **Code-Reihe:** a c f h e j l

     Vorgegebene Ausgangszeichen: i | k

     Lösungsreihe: _____

857. **Code-Reihe:** a d c d f d

     Vorgegebenes Ausgangszeichen: j

     Lösungsreihe: _____

858. **Code-Reihe:** e b c g b e g

     Vorgegebenes Ausgangszeichen: h

     Lösungsreihe: _____

859. **Code-Reihe:** x g a h b j k

     Vorgegebene Ausgangszeichen: g | h

     Lösungsreihe: _____

860. **Code-Reihe:** g h n i j e k u e

     Vorgegebene Ausgangszeichen: h | k

     Lösungsreihe: _____

Block B

Die Bearbeitungszeit für diesen Aufgabenblock beträgt **3 Minuten**.

Code-Tabelle

Ausgangszeichen:	f	x	v	r	m	h	y	u	j	k	t	p	q
Codezeichen:	a	b	c	d	e	f	g	h	i	j	k	l	m

861. Code-Reihe: e r j g a o d j v h s d r o k e j

Vorgegebene Ausgangszeichen: f | tm

Lösungsreihe: _____

862. Code-Reihe: m j a d h g f s u z t o s d n j

Vorgegebene Ausgangszeichen: x | m | k

Lösungsreihe: _____

863. Code-Reihe: w a f f s g a f k v h d a k i s h r z p h

Vorgegebene Ausgangszeichen: fh | t

Lösungsreihe: _____

864. Code-Reihe: a o p c i j k d e g r s t h f g n b l m

Vorgegebene Ausgangszeichen: r | y | p | q

Lösungsreihe: _____

865. Code-Reihe: f h l b w a q m y d x e r c k h g i k a

Vorgegebene Ausgangszeichen: f | u | q

Lösungsreihe: _____

Block C

Die Bearbeitungszeit für diesen Aufgabenblock beträgt **3 Minuten**.

Code-Tabelle

Ausgangszeichen:	6	o	1	a	8	n	m	ö	0	d	7	l	q	t	p
Codezeichen:	g	e	l	w	1	ö	m	5	i	j	a	0	9	r	q

866. Code-Reihe: t 1 4 9 0 c 9 n s h b q q m a c b m y x k x ö 4 5 m k x p 3 n x b

Vorgegebene Ausgangszeichen: 8 | n | d | p

Lösungsreihe: _____

867. Code-Reihe: 5 j a 0 9 r g w e o 1 ö m q g e o 1 ö m i l j a ö m 5 i l 0 w q 1

Vorgegebene Ausgangszeichen: 6 | o | 1 | nm

Lösungsreihe: _____

868. Code-Reihe: j 5 f 5 3 7 l 1 l 7 1 5 3 j r l 1 j q q

Vorgegebene Ausgangszeichen: 1 | 8 | ö | t

Lösungsreihe: _____

869. Code-Reihe: w e 5 y 2 u 1 i a 3 b n e 5 c d n b v 1 i 8 a e q k e 5 d 0 1

Vorgegebene Ausgangszeichen: 80 | l | oö | 7 | p

Lösungsreihe: _____

870. Code-Reihe: e k c v p l a ö 4 v j 9 y m h i s l q n ü 1 f m ü m w i g e ü

Vorgegebene Ausgangszeichen: 0 | p | q | m

Lösungsreihe: _____

Lösung

Block A

Zu 856.
Lösungsreihe: a, h

Zu 857.
Lösungsreihe: a, c, f

Zu 858.
Lösungsreihe: e, g

Zu 859.
Lösungsreihe: g, h

Zu 860.
Lösungsreihe: j, u

Block B

Zu 861.
Lösungsreihe: g, o

Zu 862.
Lösungsreihe: m, n

Zu 863.
Lösungsreihe: w, g, f, a

Zu 864.
Lösungsreihe: k, e, f, b, l

Zu 865.
Lösungsreihe: f, w, q, k, k

Block C

Zu 866.
Lösungsreihe: t, b, q, x

Zu 867.
Lösungsreihe: r, w, 1, q, g, 1, i, a, i

Zu 868.
Lösungsreihe: j, f, 7, l, 1, 7, 1, j, r, l

Zu 869.
Lösungsreihe: w, u, i, n, v, 8, e, k, d

Zu 870.
Lösungsreihe: j, y, h, l, f, ü, w

Konzentrationsvermögen

„b/d"-Test
Aufgabenerklärung

Dieser Abschnitt prüft Ihre Schnelligkeit und Genauigkeit.

Jede Aufgabenzeile enthält die Buchstaben „b" und „d".

Bitte finden Sie in jeder Zeile alle „b"s und schreiben Sie die ermittelte Anzahl ans Zeilenende.

Hierzu ein Beispiel

Aufgabe

1. b d d d b d d d b d d d b d d d b d d d ____
2. d d b d d d b d d d b d d d b d d d b d ____
3. b d d d b d d d b d d d b d d d b d d d ____

Antwort

1. **b** d d d **b** d d d **b** d d d **b** d d d **b** d d d   5
2. d d **b** d d d **b** d d d **b** d d d **b** d d d **b** d   5
3. **b** d d d **b** d d d **b** d d d **b** d d d **b** d d d   5

„b/d"-Test

Bearbeitungszeit 3 Minuten

Bitte beginnen Sie nun mit dem „b/d"-Test und notieren Sie die Zahl der pro Zeile gefundenen „b"s in der rechten Spalte.

871.	d	d	b	d	d	b	d	d	b	d	d	b	d	d	d	d	b	d	d	d	d	d	5
872.	d	d	d	d	d	d	b	d	d	b	d	d	d	b	d	d	d	d	d	d	d	d	
873.	d	d	d	b	d	d	d	d	b	d	d	d	b	d	d	b	d	d	d	d	d	d	
874.	d	d	d	d	d	b	d	d	d	d	d	d	d	d	d	d	d	d	d	d	d	d	
875.	d	d	b	d	d	b	d	d	b	d	d	d	d	d	d	d	d	d	d	d	d	d	
876.	d	d	d	d	d	d	d	d	d	d	b	d	b	d	d	b	b	d	b	d	d	d	
877.	d	d	d	b	d	b	d	d	d	d	d	d	d	d	d	d	d	d	d	d	d	d	
878.	d	d	d	d	d	d	b	d	b	d	b	b	d	d	d	d	d	d	d	d	d	d	
879.	d	d	b	b	d	b	d	d	d	d	d	d	d	d	d	d	d	d	d	d	d	d	
880.	d	d	d	d	b	d	d	b	d	d	b	d	b	d	d	d	d	d	d	d	d	d	
881.	d	d	d	d	d	d	d	d	d	d	d	d	b	d	b	d	b	b	b	b			
882.	d	d	d	d	d	d	d	d	d	d	d	d	b	d	d	b	d	d	d	d	d		
883.	d	d	d	d	d	d	d	d	d	d	d	d	d	d	d	d	d	d	d	d	d	d	
884.	d	d	d	d	d	d	d	d	d	b	d	d	d	d	d	d	d	d	d	d	d		
885.	d	d	d	d	d	d	d	d	d	d	d	b	b	d	d	b	d	d	d	d			
886.	d	d	d	d	b	d	d	d	d	d	d	d	d	d	d	b	d	d	d	d			
887.	d	d	b	d	b	d	b	d	d	d	d	d	d	d	d	d	d	d	d	d			
888.	d	d	d	d	d	d	d	b	d	b	d	d	d	d	d	d	d	d	d	d			
889.	d	d	d	d	d	d	d	d	d	b	d	d	d	d	d	d	d	d	d	d			
890.	d	d	d	d	d	d	d	b	d	b	d	d	d	d	d	d	d	d	d	d			
891.	d	d	d	b	d	d	d	d	d	d	d	d	d	d	d	d	d	d	d	d			
892.	d	d	b	b	d	d	b	b	d	d	d	d	d	d	d	d	d	d	d	d			
893.	d	d	d	d	d	d	d	b	d	b	d	b	d	d	d	d	d	d	d	d			
894.	d	d	d	d	d	d	d	d	d	b	b	d	d	d	d	d	d	d	d	d			
895.	d	d	d	d	d	d	d	d	d	d	d	d	b	b	d	b	d	b	d	b			
896.	d	d	d	d	d	d	d	d	d	b	d	d	d	b	d	b	d	b	d	d			
897.	d	d	d	d	d	d	d	d	b	d	b	d	b	d	d	d	d	d	d	d			
898.	d	d	d	d	d	b	d	d	b	d	d	d	b	d	d	d	d	d	d	d			
899.	d	d	d	d	d	d	d	d	d	d	d	d	d	d	d	d	d	d	d	d			
900.	d	b	d	b	d	b	d	b	d	d	d	d	d	d	d	d	d	d	d	d			
901.	d	d	d	d	d	b	d	b	d	b	d	d	d	d	d	d	d	d	d	d			
902.	d	d	d	d	d	d	d	d	b	d	d	b	b	b	d	d	d	d	d	d			
903.	d	d	d	d	d	d	d	d	d	d	d	d	d	b	b	d	b	d	b	d			
904.	b	d	b	d	b	b	d	d	d	d	d	d	d	d	d	d	d	d	d	d			
905.	d	b	b	d	d	b	b	d	d	d	d	d	d	d	d	d	d	d	d	d			
906.	d	d	d	b	b	d	b	b	b	d	d	d	d	d	d	d	d	d	d	d			
907.	b	b	b	d	b	d	b	d	d	d	d	d	d	d	d	d	d	d	d	d			
908.	d	b	d	d	d	b	d	d	d	d	d	d	d	d	d	d	d	d	d	d			
909.	d	d	b	d	d	d	d	d	d	d	d	d	d	d	d	d	d	d	d	d			
910.	d	d	b	d	d	d	d	d	d	d	d	d	d	d	d	d	d	d	d	d			

Lösung

	Antworten	Punkte
Zu 871.	d d **b** d d **b** d d **b** d d **b** d d d **b** d d d d	5
Zu 872.	d d d d d d **b** d d **b** d d d **b** d d d d d d	3
Zu 873.	d d d **b** d d d d **b** d d d **b** d d **b** d d d d	4
Zu 874.	d d d d d **b** d d d d d d d d d d d d d d d	1
Zu 875.	d d **b** d d **b** d d **b** d d d **b** d d d d **b** d d	5
Zu 876.	d d d d d d d d d **b** d d **b** d d **b** **b** d **b** d d	5
Zu 877.	d d d **b** d **b** d d d d d d d d d d d d d d d	2
Zu 878.	d d d d d **b** d **b** d **b** **b** d d d d d d d d d d	4
Zu 879.	d d **b** **b** d **b** d d d d d d d d d d d d d d d	3
Zu 880.	d d d d **b** d d **b** d d **b** d **b** d d d d d d d	4
Zu 881.	d d d d d d d d d d d d d d **b** d **b** d **b** **b** **b**	5
Zu 882.	d d d d d d d d d d d **b** d d **b** d d **b** d	3
Zu 883.	d d d d d d d d **b** d d d d d d d d d d d	1
Zu 884.	d d d d d d d d **b** d d d d d d d d d d d	1
Zu 885.	d d d d d d d d d d **b** **b** d d **b** d d d	3
Zu 886.	d d d d **b** d d d d **b** d d d d **b** d d d d	3
Zu 887.	d d **b** d **b** d d **b** d d d d d d d d d d d	3
Zu 888.	d d d d d **b** d **b** d **b** d d d d d d d d d	3
Zu 889.	d d d d d d d d d **b** d d d d d d d d d d	1
Zu 890.	d d d d d d **b** d **b** d d d d d d d d d d d	2
Zu 891.	d d d **b** d d **b** d d d d d d d d d d d d d	2
Zu 892.	d d **b** **b** d d **b** **b** d d d d d d d d d d d d	4
Zu 893.	d d d d d d d **b** d **b** d **b** d d d d d d d	3
Zu 894.	d d d d d d d d d **b** **b** **b** d d d d d d	3
Zu 895.	d d d d d d d d d d d **b** **b** d d **b** d **b**	4
Zu 896.	d d d d d d d d d d **b** d d d d **b** d **b** d d	3
Zu 897.	d d d d d d d **b** d d **b** d **b** d d d d d d	3
Zu 898.	d d d d d **b** d d d **b** d d d **b** d d d d	3
Zu 899.	d **b** d d d d d d d d d d d d d d d d d d	1
Zu 900.	d **b** d **b** d **b** d d d d d d d d d d d d d d	3
Zu 901.	d d d d d d **b** d d **b** d d **b** d d d d d d	3
Zu 902.	d d d d d d d d d **b** d d **b** **b** **b** d d d d	4
Zu 903.	d d d d d d d d d d d d d d d **b** **b** d **b** d	3
Zu 904.	**b** d **b** **b** **b** **b** d d d d d d d d d d d d d d	5
Zu 905.	d **b** **b** d d **b** **b** d d d d d d d d d d d d d	4
Zu 906.	d d d **b** **b** d **b** **b** **b** d d d d d d d d d d d	5
Zu 907.	**b** **b** **b** d **b** d **b** d d d d d d d d d d d d d	5
Zu 908.	d **b** d d **b** d d d d d d d d d d d d d d d	2
Zu 909.	d d **b** d d d d d d d d d d d d d d d d d	1
Zu 910.	d d **b** d d d d d d d d d d d d d d d d d	1

Konzentrationsvermögen

„3/6/8/9"-Test

Aufgabenerklärung

Dieser Abschnitt prüft Ihre Schnelligkeit und Genauigkeit.

In der folgenden Tabelle sind die Zahlen 3, 6, 8 und 9 verteilt.

Bitte finden Sie in jeder Zeile alle vorkommenden 8en und notieren Sie ihre Anzahl im rechten Feld.

Hierzu ein Beispiel

Aufgabe

1.	8	3	6	9	8	3	6	9	8	3	6	9	8	3	6	9	8	3	6	9	____
2.	9	6	3	8	9	6	3	8	9	6	3	8	9	6	3	8	9	6	3	8	____
3.	6	9	8	3	6	9	8	3	6	9	8	3	6	9	8	3	6	9	8	3	____

Antwort

1.	**8**	3	6	9	**8**	3	6	9	**8**	3	6	9	**8**	3	6	9	**8**	3	6	9	5
2.	9	6	3	**8**	9	6	3	**8**	9	6	3	**8**	9	6	3	**8**	9	6	3	**8**	5
3.	6	9	**8**	3	6	9	**8**	3	6	9	**8**	3	6	9	**8**	3	6	9	**8**	3	5

„3/6/8/9"-Test

Bitte beginnen Sie nun mit den Aufgaben und notieren Sie die Zahl der pro Zeile gefundenen 8en im rechten Feld.

911.	8	6	6	8	9	8	3	9	8	3	9	8	9	8	3	8	9	8	9	3	____
912.	8	8	6	8	6	8	9	8	9	8	6	8	9	9	3	8	3	8	9	9	____
913.	8	9	9	8	9	8	6	8	6	8	8	6	9	8	8	6	8	3	9	8	____
914.	8	3	8	6	6	8	6	8	8	9	8	6	8	9	8	3	8	3	8	9	____
915.	8	3	3	8	6	8	6	8	8	9	6	9	8	9	9	6	8	9	8	8	____
916.	8	8	6	8	3	8	3	3	8	6	8	8	9	9	8	6	6	8	9	9	____
917.	8	6	8	3	9	8	3	9	8	9	8	3	9	9	8	6	6	8	9	9	____
918.	8	8	9	8	9	8	9	3	8	9	9	6	9	8	9	6	9	8	9	8	____
919.	8	8	3	3	8	6	9	8	9	9	9	8	6	6	8	3	9	8	3	8	____
920.	8	8	8	3	8	3	6	8	6	8	9	8	3	9	8	9	3	8	8		____
921.	8	8	3	8	3	8	6	9	8	9	8	8	9	9	8	6	3	8	9	9	____
922.	8	8	9	3	8	9	8	3	9	8	8	9	3	9	8	6	8	9	8	9	____
923.	8	8	3	6	8	8	9	8	6	9	8	9	6	9	8	3	8	9	8	8	____
924.	8	3	8	9	8	6	6	8	9	8	3	8	9	6	9	8	6	8	9	8	____
925.	8	6	8	3	8	9	8	8	3	8	9	8	9	9	8	6	9	8	9	9	____
926.	8	6	8	8	6	9	8	3	9	8	9	3	9	6	9	8	9	6	9	8	____
927.	6	8	8	6	8	3	3	8	6	8	8	9	9	9	8	9	8	9	9	8	____
928.	3	8	6	9	8	9	8	6	8	8	9	6	9	8	3	9	8	9	9		____
929.	6	8	6	8	8	9	8	9	3	9	9	8	3	6	8	8	9	8	6	8	____
930.	8	9	8	9	3	9	8	3	8	6	9	6	9	9	8	3	9	8	9	9	____
931.	8	8	3	6	6	9	3	9	8	9	8	6	9	8	6	3	8	8	9	8	____
932.	8	8	8	8	6	3	6	8	3	9	8	3	9	9	8	8	3	8	9	9	____
933.	8	8	8	3	8	3	6	8	6	8	8	6	8	8	9	8	6	8	8	8	____
934.	9	8	9	9	9	9	8	6	8	9	8	8	8	9	8	8	6	3	3	9	____
935.	8	9	9	8	8	9	9	8	6	9	8	8	9	8	6	3	3	8	9	8	____
936.	8	6	8	9	9	8	9	9	9	8	3	6	8	8	3	6	8	8			____
937.	9	9	9	8	9	8	9	6	9	6	9	3	9	8	3	8	9	8	9	8	____
938.	8	9	8	8	9	9	8	8	9	8	9	8	3	8	9	3	9	8	3	8	____
939.	8	9	8	9	9	8	8	9	8	3	8	3	6	9	8	8	6	8	9		____
940.	8	9	8	9	8	8	8	3	6	3	8	3	8	9	6	8	6	9	8		____
941.	8	8	9	9	6	9	9	8	9	8	6	8	3	8	9	3	8	6	8	6	____
942.	8	8	3	9	8	3	9	8	9	9	9	8	9	8	6	8	6	8	9	8	____
943.	8	8	9	9	8	3	9	9	8	3	9	9	8	6	6	8	9	9	8	8	____
944.	8	8	8	3	8	8	3	9	3	8	9	8	9	6	9	8	8	9	8		____
945.	8	6	8	3	8	6	8	8	3	8	8	9	9	9	8	3	8	9	9	9	____
946.	3	8	3	8	6	8	6	8	6	8	8	3	8	9	9	8	3	6	9		____
947.	8	3	8	3	3	8	8	6	9	8	9	3	9	9	8	8	9	8	9		____
948.	8	6	8	3	8	8	3	8	9	8	9	8	9	8	6	8	9	8	8		____
949.	9	8	9	9	8	8	9	8	8	8	9	8	8	8	9	8	8	8	8	9	____
950.	8	9	8	6	8	6	8	3	3	8	9	8	9	8	3	6	9	8	9	8	____

Lösung

Zu 911.	**8**	6	6	**8**	9	**8**	3	9	**8**	3	9	**8**	9	**8**	3	**8**	9	**8**	9	3		8
Zu 912.	**8**	**8**	6	**8**	6	**8**	9	**8**	9	**8**	6	**8**	9	9	3	**8**	3	**8**	9	9		9
Zu 913.	**8**	9	9	**8**	9	**8**	6	**8**	6	**8**	**8**	6	9	**8**	**8**	6	**8**	3	9	**8**		10
Zu 914.	**8**	3	**8**	6	6	**8**	6	**8**	**8**	9	**8**	6	**8**	9	**8**	3	**8**	3	**8**	9		10
Zu 915.	**8**	3	3	**8**	6	**8**	6	**8**	**8**	9	6	9	**8**	9	9	6	**8**	9	**8**	9		8
Zu 916.	**8**	**8**	6	**8**	3	**8**	3	3	**8**	6	**8**	**8**	9	**8**	6	6	**8**	9	9			9
Zu 917.	**8**	6	**8**	3	9	**8**	3	9	**8**	9	**8**	3	9	9	**8**	6	6	**8**	9	9		7
Zu 918.	**8**	**8**	9	**8**	9	**8**	9	3	**8**	9	9	6	9	**8**	9	6	9	**8**	9	**8**		8
Zu 919.	**8**	**8**	3	3	**8**	6	9	**8**	9	9	9	**8**	6	6	**8**	3	9	**8**	3	**8**		8
Zu 920.	**8**	**8**	**8**	3	**8**	3	6	**8**	6	**8**	9	**8**	3	**8**	9	**8**	9	3	**8**	**8**		11
Zu 921.	**8**	**8**	3	**8**	3	**8**	6	9	**8**	9	**8**	**8**	9	9	**8**	6	3	**8**	9	9		9
Zu 922.	**8**	**8**	9	3	**8**	9	**8**	3	9	**8**	**8**	9	3	9	**8**	6	**8**	9	**8**	9		9
Zu 923.	**8**	**8**	3	6	**8**	**8**	9	**8**	6	9	**8**	9	6	9	**8**	3	**8**	9	**8**	9		9
Zu 924.	**8**	3	**8**	9	**8**	6	6	**8**	9	**8**	3	**8**	9	6	9	**8**	6	**8**	9	**8**		9
Zu 925.	**8**	6	**8**	3	**8**	9	**8**	**8**	3	**8**	9	**8**	9	9	**8**	6	9	**8**	9	9		9
Zu 926.	**8**	6	9	**8**	6	9	**8**	3	9	**8**	9	3	9	6	**8**	9	6	9	**8**			6
Zu 927.	6	**8**	**8**	6	**8**	3	3	**8**	6	**8**	9	**8**	9	9	9	**8**	9	**8**	9	9		8
Zu 928.	3	**8**	6	9	**8**	9	**8**	6	**8**	**8**	9	6	9	9	**8**	3	9	**8**	9	9		7
Zu 929.	6	**8**	6	**8**	**8**	9	**8**	9	3	9	9	**8**	3	6	**8**	**8**	9	**8**	6	**8**		9
Zu 930.	**8**	9	**8**	9	3	9	**8**	3	**8**	6	9	6	9	9	**8**	3	9	**8**	9	9		6
Zu 931.	**8**	**8**	3	6	6	9	3	9	**8**	9	**8**	6	9	**8**	6	3	**8**	9	**8**			8
Zu 932.	**8**	**8**	**8**	**8**	6	3	6	**8**	3	9	**8**	3	9	9	9	**8**	3	**8**	9	9		8
Zu 933.	**8**	**8**	**8**	3	**8**	3	6	**8**	6	**8**	**8**	6	**8**	**8**	9	**8**	6	**8**	**8**	**8**		13
Zu 934.	9	**8**	9	9	9	9	**8**	6	**8**	9	**8**	**8**	**8**	9	**8**	**8**	6	3	3	9		8
Zu 935.	**8**	9	9	**8**	**8**	9	9	**8**	6	9	**8**	9	**8**	6	3	3	**8**	9	**8**	**8**		9
Zu 936.	**8**	6	**8**	9	9	**8**	9	9	9	**8**	3	6	**8**	**8**	9	**8**	3	6	6	**8**		8
Zu 937.	9	9	9	**8**	9	**8**	9	6	9	6	9	3	9	**8**	3	**8**	9	**8**	9	**8**		6
Zu 938.	**8**	9	**8**	**8**	9	9	**8**	9	9	**8**	3	**8**	9	3	**8**	9	3	**8**				10
Zu 939.	**8**	**8**	9	9	9	**8**	**8**	9	**8**	3	**8**	3	6	6	9	**8**	**8**	6	**8**	**8**		10
Zu 940.	**8**	**8**	9	**8**	**8**	**8**	**8**	**8**	3	6	3	**8**	3	**8**	9	**8**	6	6	**8**	**8**		12
Zu 941.	**8**	**8**	9	9	6	9	9	**8**	9	**8**	6	**8**	3	**8**	9	3	**8**	6	**8**	6		8
Zu 942.	**8**	**8**	3	9	**8**	3	9	**8**	9	9	**8**	9	**8**	6	**8**	6	**8**	9	**8**	**8**		10
Zu 943.	**8**	**8**	9	9	**8**	3	9	9	**8**	3	9	9	**8**	6	6	**8**	9	9	**8**	**8**		8
Zu 944.	**8**	**8**	**8**	3	**8**	3	**8**	9	3	9	**8**	9	6	9	**8**	6	**8**	9	**8**	9		9
Zu 945.	**8**	6	**8**	3	**8**	6	**8**	**8**	3	**8**	**8**	9	9	9	**8**	3	**8**	9	9	9		9
Zu 946.	3	**8**	3	**8**	6	**8**	6	**8**	6	**8**	**8**	3	**8**	9	9	**8**	**8**	3	6	9		9
Zu 947.	**8**	3	**8**	3	3	**8**	**8**	6	9	**8**	9	3	9	9	**8**	6	9	**8**	9	9		7
Zu 948.	**8**	6	**8**	3	**8**	**8**	3	**8**	9	**8**	9	**8**	9	**8**	6	**8**	9	**8**	9	**8**		11
Zu 949.	9	**8**	9	9	**8**	**8**	9	**8**	9	**8**	**8**	**8**	9	**8**	**8**	**8**	**8**	**8**	9			13
Zu 950.	**8**	9	**8**	6	**8**	6	**8**	3	3	**8**	9	**8**	9	**8**	3	6	9	**8**	9	**8**		9

Konzentrationsvermögen

Figuren finden

Nun geht es darum, vorgegebene Figuren wiederzufinden.

Gesucht werden diese zwei Figuren:

Hierzu ein Beispiel

Aufgabe

Bitte finden Sie die vorgestellten Figuren und kreuzen Sie sie an.

1.

Antwort

1.

Figuren finden

Bitte finden Sie die vorgestellten Figuren und kreuzen Sie sie an.

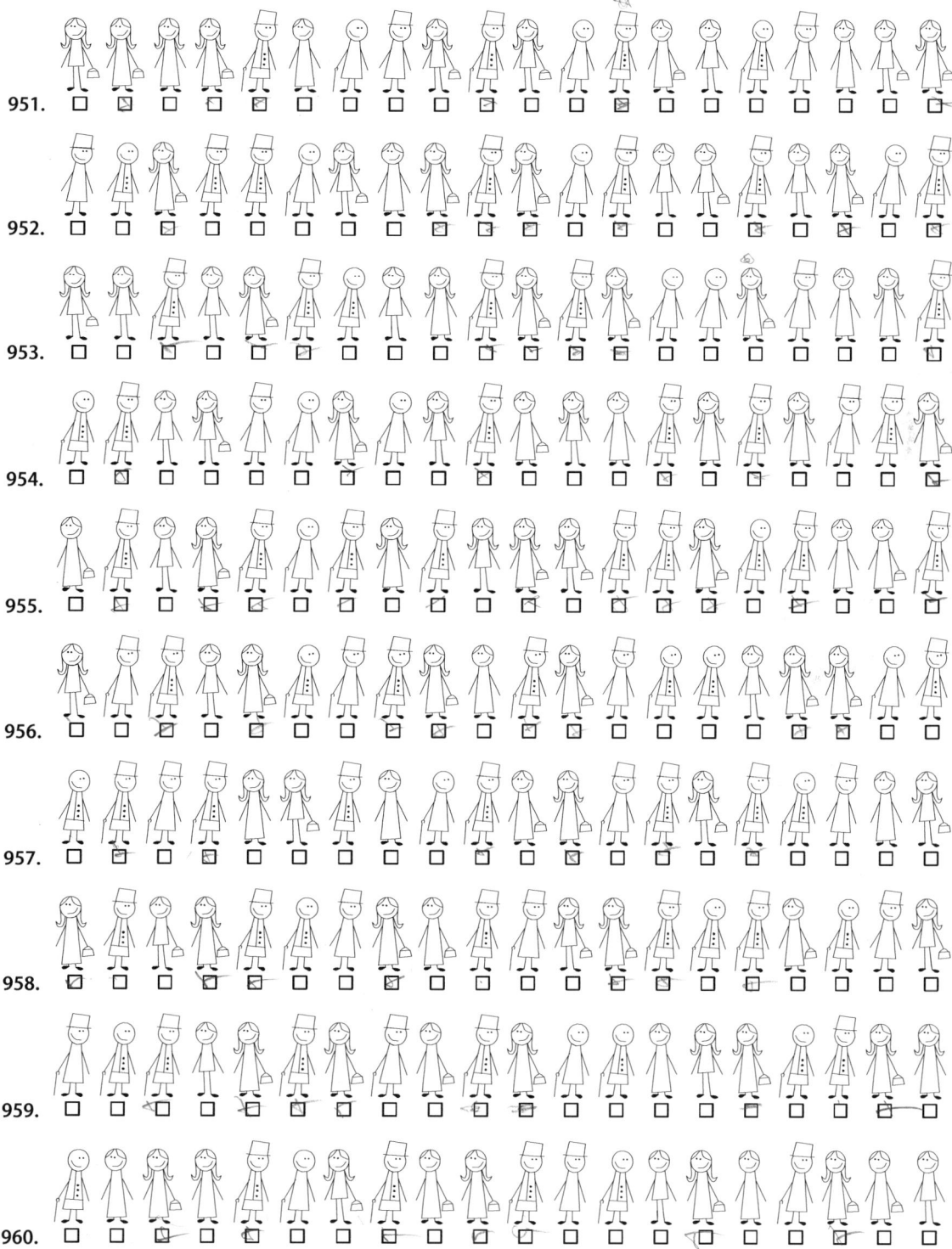

Lösung

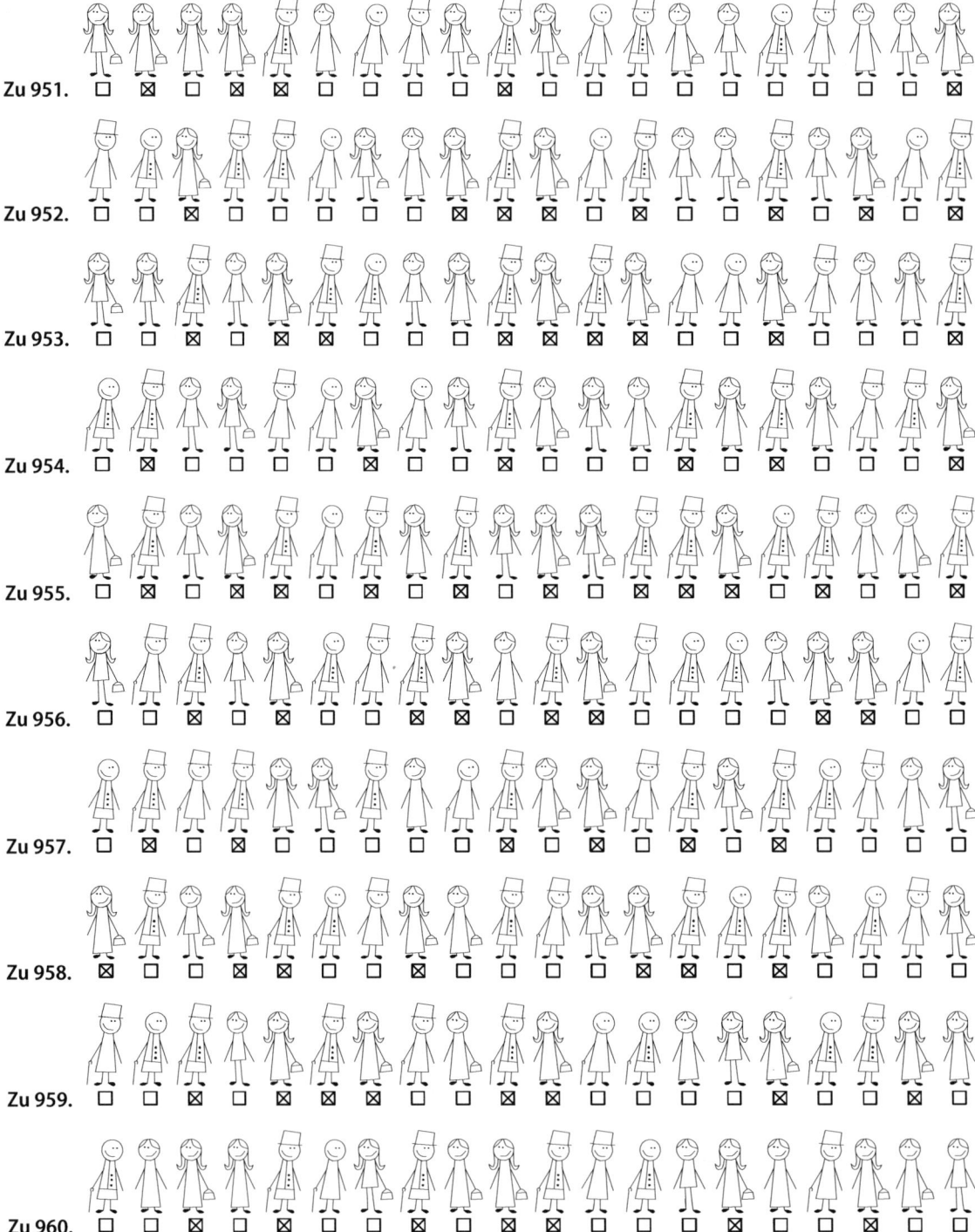

Zu 951. ☐ ☒ ☐ ☐ ☒ ☐ ☐ ☐ ☐ ☒ ☐ ☐ ☐ ☐ ☐ ☐ ☐ ☐ ☐ ☒

Zu 952. ☐ ☐ ☒ ☐ ☐ ☐ ☐ ☐ ☒ ☒ ☒ ☐ ☒ ☐ ☐ ☐ ☒ ☐ ☒ ☐

Zu 953. ☐ ☐ ☒ ☐ ☒ ☒ ☐ ☐ ☐ ☒ ☒ ☒ ☒ ☐ ☐ ☐ ☐ ☐ ☐ ☒

Zu 954. ☐ ☒ ☐ ☐ ☐ ☐ ☒ ☐ ☐ ☒ ☐ ☐ ☒ ☐ ☒ ☐ ☐ ☐

Zu 955. ☐ ☒ ☐ ☐ ☒ ☒ ☐ ☒ ☐ ☒ ☐ ☒ ☐ ☒ ☒ ☐ ☐ ☐ ☒

Zu 956. ☐ ☐ ☒ ☐ ☐ ☐ ☐ ☒ ☒ ☐ ☐ ☒ ☐ ☐ ☐ ☒ ☒ ☐ ☒ ☐

Zu 957. ☐ ☐ ☒ ☐ ☐ ☐ ☐ ☐ ☐ ☐ ☒ ☐ ☐ ☒ ☐ ☒ ☐ ☐ ☒ ☐

Zu 958. ☒ ☐ ☐ ☐ ☒ ☐ ☐ ☒ ☐ ☐ ☐ ☐ ☒ ☒ ☐ ☐ ☐ ☐

Zu 959. ☐ ☐ ☒ ☐ ☒ ☒ ☒ ☐ ☐ ☒ ☒ ☐ ☐ ☐ ☒ ☐ ☐ ☒ ☐

Zu 960. ☐ ☐ ☒ ☐ ☒ ☐ ☐ ☒ ☐ ☒ ☒ ☐ ☐ ☒ ☐ ☐ ☒ ☐ ☐

Konzentrationsvermögen

Links- und Rechtsknicke zählen　　　　　　　　*Aufgabenerklärung*

In diesem Abschnitt wird Ihre Genauigkeit unter Zeitdruck geprüft.

Folgen Sie dem Pfeilverlauf und zählen Sie sämtliche Linksknicke (Block „Linksknicke") bzw. Rechtsknicke (Block „Rechtsknicke"). Die ermittelte Anzahl schreiben Sie ins Feld darunter.

Hierzu ein Beispiel

Aufgabe (Block „Linksknicke")　　　*Antwort (Block „Linksknicke")*

1.

1.

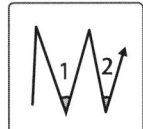

_____　　　　　　　　　　　　　　_2_

Aufgabe (Block „Rechtsknicke")　　　*Antwort (Block „Rechtsknicke")*

2.

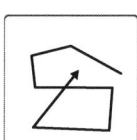

2.

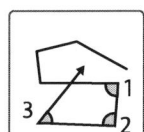

_____　　　　　　　　　　　　　　_3_

Links- und Rechtsknicke zählen

Bearbeitungszeit 10 Minuten

Beginnen Sie bitte jetzt mit den Aufgaben: Zählen Sie alle Linsknicke bzw. Rechtsknicke.

Block Linksknicke

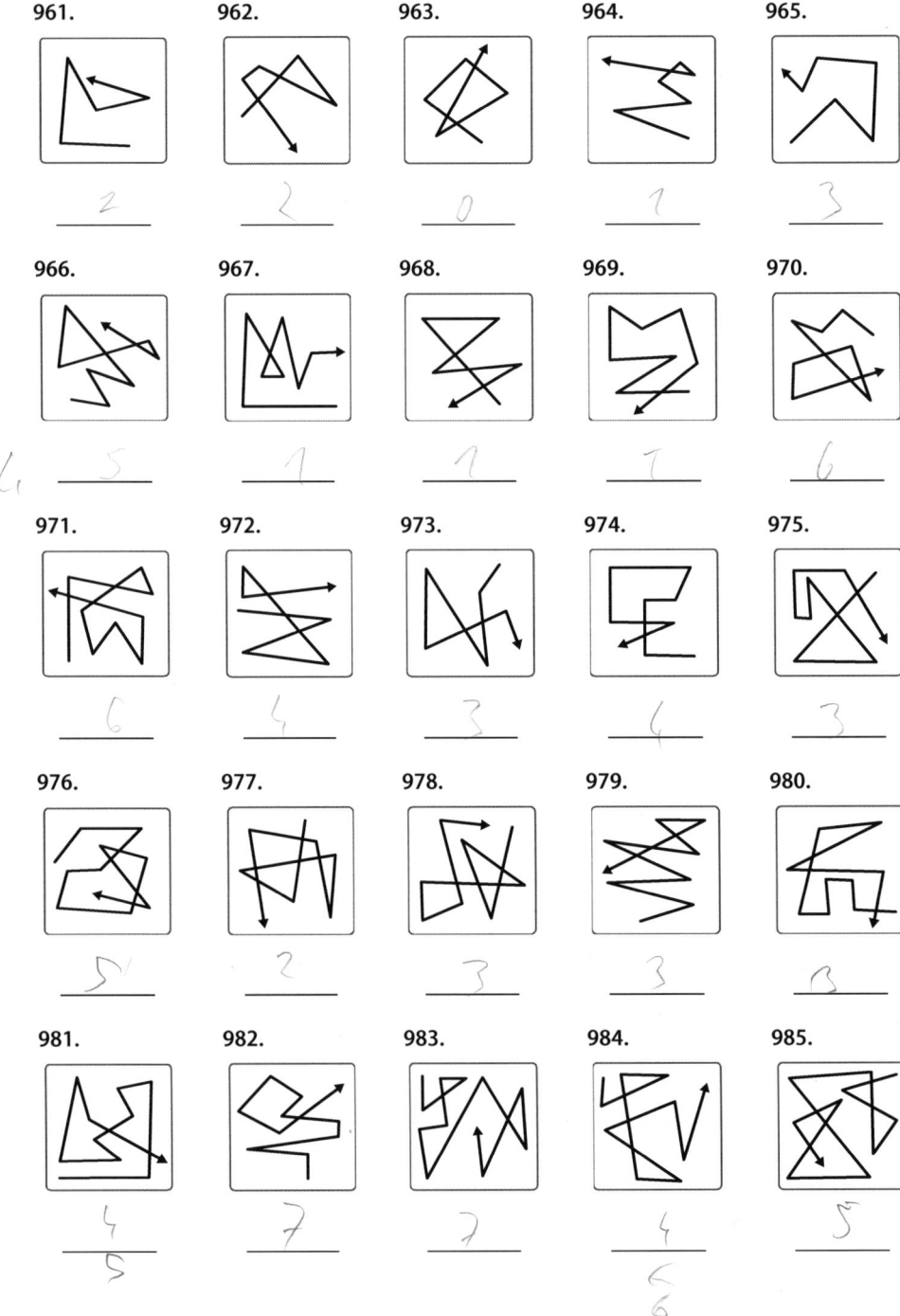

961.   962.   963.   964.   965.

2   2   0   1   3

966.   967.   968.   969.   970.

5   1   1   1   6

971.   972.   973.   974.   975.

6   4   3   4   3

976.   977.   978.   979.   980.

5   2   3   3   3

981.   982.   983.   984.   985.

4/5   7   7   4/6   5

Block Rechtsknicke

986.
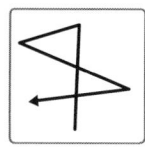

987.
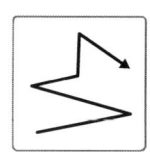

988.

989.
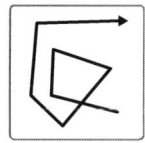

990.
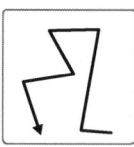

1   2   1   6   2

991.

992.

993.
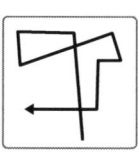

994.
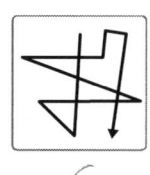

995.

4   1   3   5   3

996.
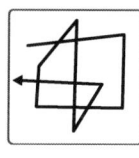

997.
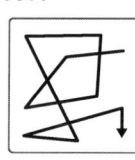

998.

999.

1000.

5   3   7   4   4

1001.

1002.
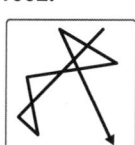

1003.
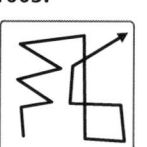

1004.
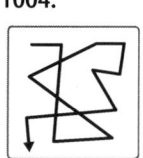

1005.
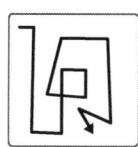

6   1   5 / 6   6   8

1006.

1007.
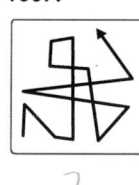

1008.
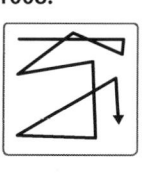

1009.

1010.

8   3   6   4   4 / 5

Lösung

Block Linksknicke

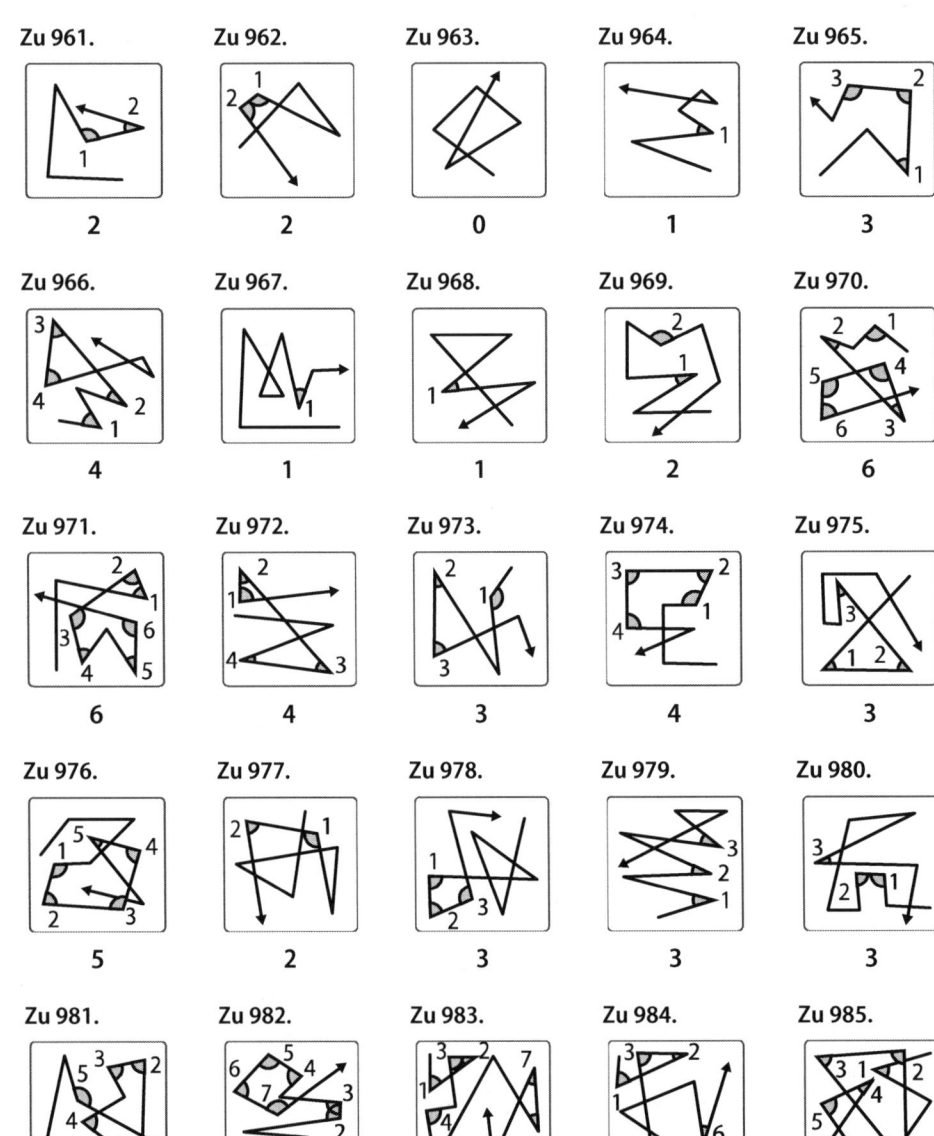

Zu 961.	Zu 962.	Zu 963.	Zu 964.	Zu 965.
2	2	0	1	3

Zu 966.	Zu 967.	Zu 968.	Zu 969.	Zu 970.
4	1	1	2	6

Zu 971.	Zu 972.	Zu 973.	Zu 974.	Zu 975.
6	4	3	4	3

Zu 976.	Zu 977.	Zu 978.	Zu 979.	Zu 980.
5	2	3	3	3

Zu 981.	Zu 982.	Zu 983.	Zu 984.	Zu 985.
5	7	7	6	5

Block Rechtsknicke

Zu 986.	Zu 987.	Zu 988.	Zu 989.	Zu 990.
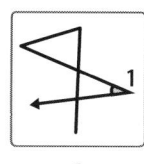	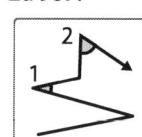		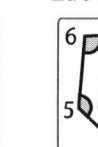	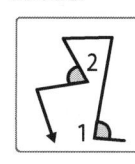
1	2	1	6	2

Zu 991.	Zu 992.	Zu 993.	Zu 994.	Zu 995.
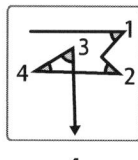	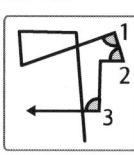	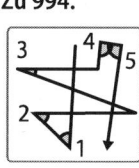		
4	1	3	5	3

Zu 996.	Zu 997.	Zu 998.	Zu 999.	Zu 1000.
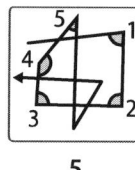	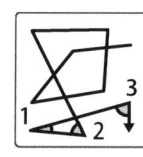	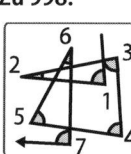	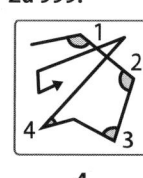	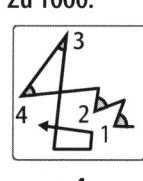
5	3	7	4	4

Zu 1001.	Zu 1002.	Zu 1003.	Zu 1004.	Zu 1005.
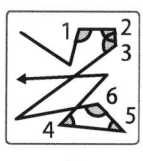	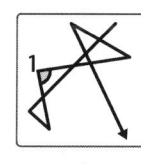	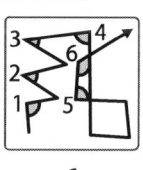	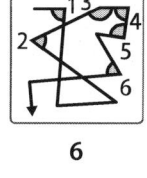	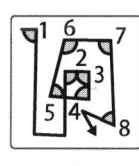
6	1	6	6	8

Zu 1006.	Zu 1007.	Zu 1008.	Zu 1009.	Zu 1010.
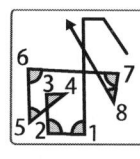	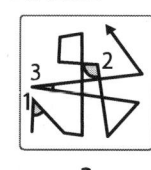	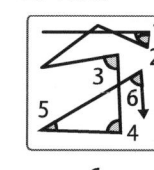	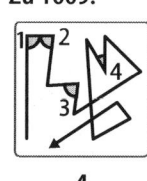	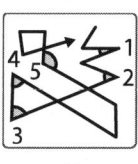
8	3	6	4	5

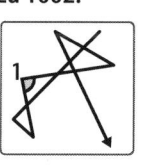

Konzentrationsvermögen

Laufpfade verfolgen

Bearbeitungszeit 5 × 30 Sekunden

Diese Aufgabe prüft Ihre Schnelligkeit und Konzentration. Sie erhalten jeweils 5 Linien, die vom Start bis zum Ziel verfolgt werden müssen.

Versuchen Sie, zu jedem Startpunkt den richtigen Zielpunkt zu finden. Arbeiten Sie schnell und konzentriert. In einer realen Prüfungssituation kann dieser Test am Computer durchgeführt werden.

1011. Laufpfad 1

Notieren Sie bitte zu jeder Zahl den richtigen Lösungsbuchstaben.

1. _____ 2. _____ 3. _____ 4. _____ 5. _____

1012. Laufpfad 2

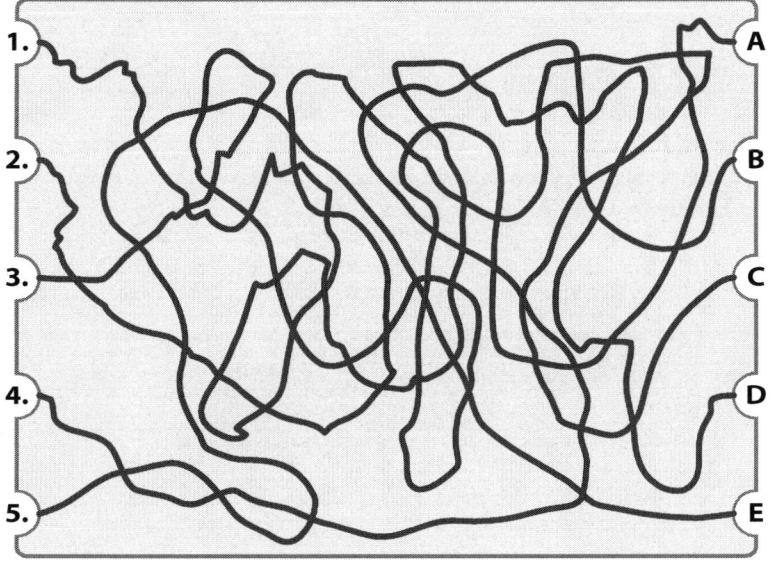

Notieren Sie bitte zu jeder Zahl den richtigen Lösungsbuchstaben.

1. _____D_____   2. _____C_____   3. _____A_____   4. _____B_____   5. _____E_____

1013. Laufpfad 3

Notieren Sie bitte zu jeder Zahl den richtigen Lösungsbuchstaben.

1. _____E_____   2. _____C_____   3. _____D_____   4. _____B_____   5. _____A_____

1014. Laufpfad 4

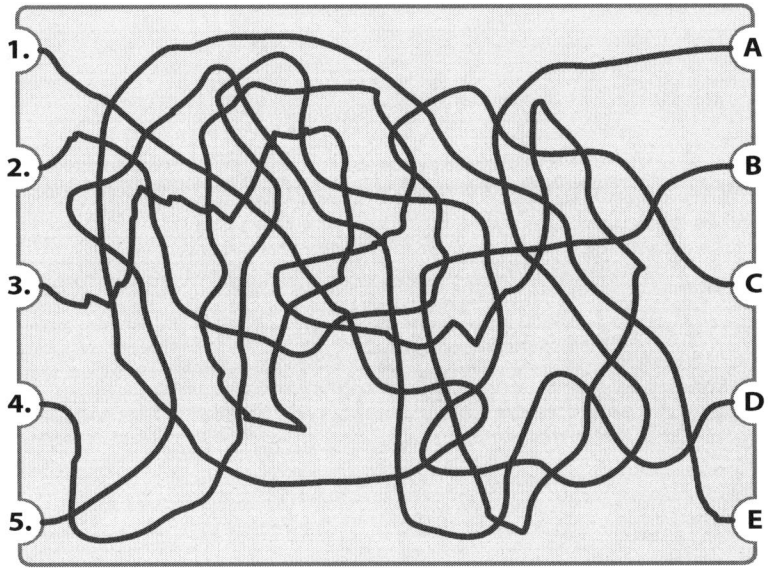

Notieren Sie bitte zu jeder Zahl den richtigen Lösungsbuchstaben.

1. ___A___   2. ___C___   3. ___D___   4. ___A___   5. _____

1015. Laufpfad 5

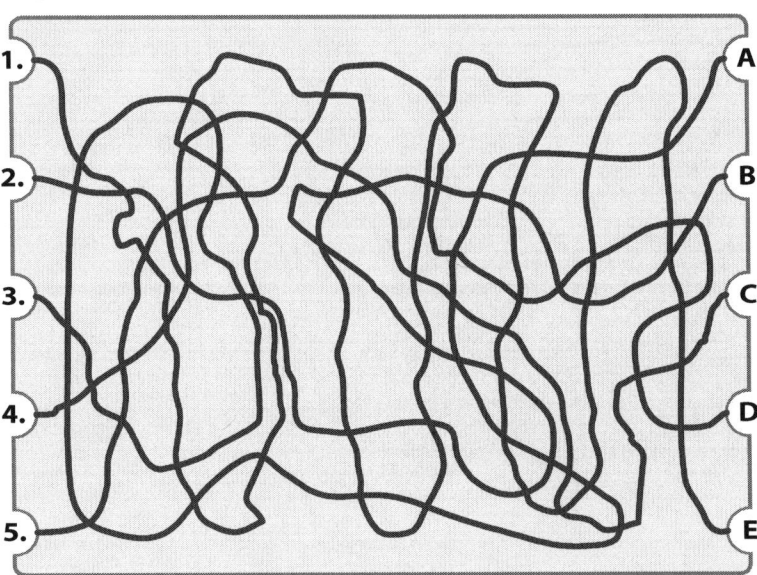

Notieren Sie bitte zu jeder Zahl den richtigen Lösungsbuchstaben.

1. _____   2. _____   3. ___A___   4. ___C___   5. ___D___

Lösung

Zu 1011.
1A | 2E | 3C | 4D | 5B

Zu 1012.
1D | 2C | 3A | 4B | 5E

Zu 1013.
1E | 2C | 3D | 4B | 5A

Zu 1014.
1E | 2C | 3B | 4A | 5D

Zu 1015.
1E | 2B | 3A | 4C | 5D

Erinnerungsvermögen

Dispositionsliste einprägen   *Aufgabenerklärung*

Im Folgenden müssen Sie sich Angaben aus einer Dispositionsliste einprägen.

Auf der nächsten Seite finden Sie eine Dispositionsliste mit den Bestelldaten von zwölf Artikeln: Aufgeführt sind der jeweilige Lieferantenname, die Artikelbezeichnung, die Bestellmenge und das Lieferdatum. Prägen Sie sich diese Informationen möglichst gut ein.

Hierzu ein Beispiel

Dispositionsliste

Lieferantenname	Artikelbezeichnung	Bestellmenge	Lieferdatum
Lambo	Stuhl	200 Stück	Mitte März
Subati	Vase	120 Stück	Anfang Juni
Matalis	Zahnbürste	350 Stück	Ende November
Wilko	Hose	600 Stück	Anfang Mai
Fabit	Säge	40 Stück	Anfang März

Aufgabe

1.   **Welcher Artikel wird über den Lieferanten Lambo bestellt?**

    A. Vase

    B. Zahnbürste

    C. Stuhl

    D. Hose

    E. Säge

Antwort

    C. Stuhl

Merkhilfe:

¬ Alle zwölf Artikel auf der folgenden Dispositionsliste lassen sich in vier Warengruppen einordnen: nämlich in Lebensmittel, Elektrogeräte, Textilien und Möbel.

¬ Innerhalb einer Warengruppe sind die letzten beiden Buchstaben des jeweiligen Lieferantennamens, der Liefermonat sowie die Bestellmenge stets identisch.

Dispositionsliste einprägen

Einprägezeit 5 Minuten

Hier nun die Dispositionsliste.

Zum Einprägen haben Sie **5 Minuten** Zeit.

Hierbei dürfen Sie sich keine Notizen machen. Legen Sie daher bitte alle Schreibgeräte zur Seite.

Dispositionsliste

Lieferant	Artikelbezeichnung	Bestellmenge	Lieferdatum
Lato	Tisch	20 Stück	Mitte April
Ramba	Brot	90 Stück	Anfang November
Sila	Rasiergerät	10 Stück	Ende Februar
Molo	Pullover	70 Stück	Ende Mai
Kato	Bett	20 Stück	Ende April
Mamba	Käse	90 Stück	Mitte November
Mila	Lampe	10 Stück	Mitte Februar
Falo	Hose	70 Stück	Mitte Mai
Rato	Schrank	20 Stück	Anfang April
Tamba	Butter	90 Stück	Ende November
Gila	Bügeleisen	10 Stück	Anfang Februar
Lalo	Hemd	70 Stück	Anfang Mai

(!) *Hinweis*

Nachdem Sie sich die Dispositionsliste eingeprägt haben, sollten Sie sich 5 Minuten mit etwas anderem beschäftigen, bevor Sie die dazugehörigen Fragen aus dem Gedächtnis beantworten.

Dispositionsliste einprägen

Soeben lag Ihnen eine Dispositionsliste vor, deren Inhalte Sie sich einprägen sollten.

Beantworten Sie bitte die folgenden Aufgaben, indem Sie jeweils den richtigen Buchstaben markieren.

1016. Wie lautet der Lieferant für die Schränke?

- A. Molo
- B. Sila
- C. Ramba
- D. Rato
- E. Lalo

1017. Wie lautet der Lieferant für den Käse?

- A. Kato
- B. Mamba
- C. Rato
- D. Falo
- E. Mila

1018. Wie lautet der Lieferant für die Lampen?

- A. Ramba
- B. Lato
- C. Mila
- D. Gila
- E. Tamba

1019. Wie lautet der Lieferant für die Bügeleisen?

- A. Ramba
- B. Gila
- C. Tamba
- D. Lato
- E. Mila

1020. Wie lautet der Lieferant für die Rasiergeräte?

- A. Sila
- B. Lato
- C. Tamba
- D. Ramba
- E. Mila

1021. Wie lautet der Lieferant für das Brot?

- A. Sila
- B. Lato
- C. Tamba
- D. Ramba
- E. Mila

1022. Welchen Artikel liefert die Firma Mamba?

- A. Bügeleisen
- B. Käse
- C. Rasiergerät
- D. Hemd
- E. Pullover

1023. Welchen Artikel liefert die Firma Lalo?

- A. Schrank
- B. Butter
- C. Hemd
- D. Bügeleisen
- E. Rasiergerät

1024. Welchen Artikel liefert die Firma Ramba?

- A. Brot
- B. Rasiergerät
- C. Pullover
- D. Tisch
- E. Schraubenschlüssel

1025. Welchen Artikel liefert die Firma Lato?

- A. Brot
- B. Rasiergerät
- C. Pullover
- D. Tisch
- E. Schraubenschlüssel

1026. Welchen Artikel liefert die Firma Molo?

- A. Brot
- B. Rasiergerät
- C. Pullover
- D. Tisch
- E. Käse

1027. Welchen Artikel liefert die Firma Sila?

- A. Brot
- B. Rasiergerät
- C. Hose
- D. Tisch
- E. Käse

1028. Von welchem Artikel wurden 20 Stück bestellt?

- A. Käse
- B. Rasiergerät
- C. Pullover
- D. Tisch
- E. Hose

1029. Von welchem Artikel wurden 10 Stück bestellt?

- A. Schrank
- B. Butter
- C. Hemd
- D. Bügeleisen
- E. Käse

1030. Von welchem Artikel wurden 90 Stück bestellt?

- A. Schrank
- B. Lampe
- C. Käse
- D. Bett
- E. Hose

1031. Von welchem Artikel wurden 70 Stück bestellt?

- A. Schrank
- B. Lampe
- C. Brot
- D. Bett
- E. Hose

1032. Wie lautet das Lieferdatum für die Lampen?

- A. Mitte Februar
- B. Mitte April
- C. Mitte November
- D. Mitte Mai
- E. Anfang Mai

1033. Wie lautet das Lieferdatum für die Pullover?

- A. Mitte Februar
- B. Ende April
- C. Ende Mai
- D. Anfang November
- E. Anfang Februar

1034. **Wie lautet das Lieferdatum für die Rasiergeräte?**

    A. Mitte April

    B. Ende November

    C. Mitte November

    D. Anfang Mai

    E. Ende Februar

1035. **Wie lautet das Lieferdatum für die Bügeleisen?**

    A. Mitte April

    B. Anfang Februar

    C. Mitte November

    D. Ende November

    E. Ende Mai

Lösung

Zu 1016.
D. Rato

Zu 1017.
B. Mamba

Zu 1018.
C. Mila

Zu 1019.
B. Gila

Zu 1020.
A. Sila

Zu 1021.
D. Ramba

Zu 1022.
B. Käse

Zu 1023.
C. Hemd

Zu 1024.
A. Brot

Zu 1025.
D. Tisch

Zu 1026.
C. Pullover

Zu 1027.
B. Rasiergerät

Zu 1028.
D. Tisch

Zu 1029.
D. Bügeleisen

Zu 1030.
C. Käse

Zu 1031.
E. Hose

Zu 1032.
A. Mitte Februar

Zu 1033.
C. Ende Mai

Zu 1034.
E. Ende Februar

Zu 1035.
B. Anfang Februar

Erinnerungsvermögen

Wortgruppen merken   *Einprägezeit 3 Minuten*

In dieser Aufgabe wird Ihr Kurzzeitgedächtnis geprüft.

Die Tabelle enthält fünf Wortgruppen (Namen, Berufe, Städte, Länder und Pflanzen) mit je fünf Begriffen. Prägen Sie sich die Wortgruppen und Begriffe so ein, dass Sie sie anschließend möglichst sicher zuordnen können.

Zum Einprägen haben Sie **3 Minuten** Zeit.

Hierbei dürfen Sie sich keine Notizen machen. Legen Sie daher bitte alle Schreibgeräte zur Seite.

Wortgruppentabelle

Namen:				
Weber	Müller	Finke	Berger	Hartmann
Berufe:				
Autor	Notar	Schreiner	Elektroniker	Chemiker
Städte:				
Yokohama	Leipzig	Venedig	Turin	Köln
Länder:				
Griechenland	Ungarn	Israel	Japan	Dänemark
Pflanzen:				
Orchidee	Zypresse	Quitte	Rose	Pappel

(!) *Hinweis*

Nachdem Sie sich die Tabelle eingeprägt haben, sollten Sie sich 5 Minuten mit etwas anderem beschäftigen, bevor Sie die dazugehörigen Fragen aus dem Gedächtnis beantworten.

Bitte decken Sie dafür diese Seite ab.

Wortgruppen merken

Bearbeitungszeit 10 Minuten

Soeben lag Ihnen eine Tabelle mit Wörtern vor, die bestimmten Wortgruppen zugeordnet waren.

Beantworten Sie bitte die folgenden Aufgaben, indem Sie jeweils den richtigen Buchstaben markieren.

1036. **In welche Begriffsgruppe gehört das Wort mit dem Anfangsbuchstaben „Q"?**

A. Namen
B. Berufe
C. Städte
D. Länder
E. Pflanzen

1037. **In welche Begriffsgruppe gehört das Wort mit dem Anfangsbuchstaben „H"?**

A. Namen
B. Berufe
C. Städte
D. Länder
E. Pflanzen

1038. **In welche Begriffsgruppe gehört das Wort mit dem Anfangsbuchstaben „I"?**

A. Namen
B. Berufe
C. Städte
D. Länder
E. Pflanzen

1039. **In welche Begriffsgruppe gehört das Wort mit dem Anfangsbuchstaben „J"?**

A. Namen
B. Berufe
C. Städte
D. Länder
E. Pflanzen

1040. **In welche Begriffsgruppe gehört das Wort mit dem Anfangsbuchstaben „M"?**

A. Namen
B. Berufe
C. Städte
D. Länder
E. Pflanzen

1041. **In welche Begriffsgruppe gehört das Wort mit dem Anfangsbuchstaben „L"?**

A. Namen
B. Berufe
C. Städte
D. Länder
E. Pflanzen

1042. **In welche Begriffsgruppe gehört das Wort mit dem Anfangsbuchstaben „E"?**

A. Namen
B. Berufe
C. Städte
D. Länder
E. Pflanzen

1043. **In welche Begriffsgruppe gehört das Wort mit dem Anfangsbuchstaben „P"?**

A. Namen
B. Berufe
C. Städte
D. Länder
E. Pflanzen

1044. In welche Begriffsgruppe gehört das Wort mit dem Anfangsbuchstaben „G"?

A. Namen

B. Berufe

C. Städte

D. Länder

E. Pflanzen

1045. In welche Begriffsgruppe gehört das Wort mit dem Anfangsbuchstaben „T"?

A. Namen

B. Berufe

C. Städte

D. Länder

E. Pflanzen

1046. Der Name, der im Alphabet am weitesten hinten steht, beginnt mit …?

A. T

B. W

C. X

D. Y

E. Z

1047. Der Beruf, der im Alphabet am weitesten vorne steht, beginnt mit …?

A. A

B. B

C. C

D. D

E. F

1048. Die Stadt, die im Alphabet am weitesten hinten steht, beginnt mit …?

A. T

B. V

C. V

D. X

E. Y

1049. Das Land, das im Alphabet am weitesten vorne steht, beginnt mit …?

A. B

B. D

C. J

D. I

E. L

1050. Das Land, das im Alphabet am weitesten hinten steht, beginnt mit …?

A. Y

B. Z

C. V

D. U

E. T

1051. Die Pflanze, die im Alphabet am weitesten hinten steht, beginnt mit …?

A. Z

B. Y

C. V

D. Q

E. R

1052. Der Name, der im Alphabet am weitesten vorne steht, beginnt mit ...?

    A. A

    B. B

    C. C

    D. E

    E. F

1053. Die Pflanze, die im Alphabet am weitesten vorne steht, beginnt mit ...?

    A. A

    B. F

    C. M

    D. O

    E. Q

1054. Der Beruf, der im Alphabet am weitesten hinten steht, beginnt mit ...?

    A. R

    B. S

    C. V

    D. W

    E. N

1055. Die Stadt, die im Alphabet am weitesten vorne steht, beginnt mit ...?

    A. B

    B. D

    C. F

    D. J

    E. K

Lösung

Zu 1036.

E. Pflanzen

Das gesuchte Wort lautet Quitte und zählt zur Gruppe „Pflanzen".

Zu 1037.

A. Namen

Das gesuchte Wort lautet Hartmann und zählt zur Gruppe „Namen".

Zu 1038.

D. Länder

Das gesuchte Wort lautet Israel und zählt zur Gruppe „Länder".

Zu 1039.

D. Länder

Das gesuchte Wort lautet Japan und zählt zur Gruppe „Länder".

Zu 1040.

A. Namen

Das gesuchte Wort lautet Müller und zählt zur Gruppe „Namen".

Zu 1041.

C. Städte

Das gesuchte Wort lautet Leipzig und zählt zur Gruppe „Städte".

Zu 1042.

B. Berufe

Das gesuchte Wort lautet Elektroniker und zählt zur Gruppe „Berufe".

Zu 1043.

E. Pflanzen

Das gesuchte Wort lautet Pappel und zählt zur Gruppe „Pflanzen".

Zu 1044.

D. Länder

Das gesuchte Wort lautet Griechenland und zählt zur Gruppe „Länder".

Zu 1045.

C. Städte

Das gesuchte Wort lautet Turin und zählt zur Gruppe „Städte".

Zu 1046.

B. W

Der Name, der im Alphabet am weitesten hinten steht, lautet Weber.

Zu 1047.

A. A

Der Beruf, der im Alphabet am weitesten vorne steht, lautet Autor.

Zu 1048.

E. Y

Die Stadt, die im Alphabet am weitesten hinten steht, lautet Yokohama.

Zu 1049.

B. D

Das Land, das im Alphabet am weitesten vorne steht, lautet Dänemark.

Zu 1050.

D. U

Das Land, das im Alphabet am weitesten hinten steht, lautet Ungarn.

Zu 1051.

A. Z

Die Pflanze, die im Alphabet am weitesten hinten steht, lautet Zypresse.

Zu 1052.

B. B

Der Name, der im Alphabet am weitesten vorne steht, lautet Berger.

Zu 1053.

D. O

Die Pflanze, die im Alphabet am weitesten vorne steht, lautet Orchidee.

Zu 1054.

B. S

Der Beruf, der im Alphabet am weitesten hinten steht, lautet Schreiner.

Zu 1055.

E. K

Die Stadt, die im Alphabet am weitesten vorne steht, lautet Köln.

Erinnerungsvermögen

Eingeprägte Begriffe zuordnen

Einprägezeit 10 Minuten

In dieser Aufgabe wird Ihr Kurzzeitgedächtnis geprüft.

Prägen Sie sich die Wörter aus der folgenden Tabelle ein, so dass Sie sie anschließend in einer nach Kategorien geordneten Liste unter verschiedenen Wörtern wiederfinden können.

Zum Einprägen haben Sie **10 Minuten** Zeit.

Hierbei dürfen Sie sich keine Notizen machen. Legen Sie daher bitte alle Schreibgeräte zur Seite.

Begriffe

Nelke	Schröder	Polen	Brot
Bayern	Helium	Dreizehn	Ingenieur
Türkis	Peter	Löwe	Eiche
Motorrad	Donau	Forelle	Tennis
Stuttgart	Birkenfurnier	Musik	Saft

(!) *Hinweis*

Bei dieser Aufgabe ist keine Unterbrechung notwendig, beginnen Sie direkt mit den Antworten!

Bitte decken Sie dafür diese Seite ab.

Eingeprägte Begriffe zuordnen

Bearbeitungszeit 5 Minuten

Haben Sie sich die soeben vorgelegten Begriffe gut eingeprägt, sollten Sie sie nun leicht finden können.

Beantworten Sie bitte die folgenden Aufgaben, indem Sie jeweils den richtigen Buchstaben markieren.

1056. Namen:

A. Werner   B. Burkhart   C. Bernhard   D. Schröder

1057. Vornamen:

A. Dieter   B. Peter   C. Müller   D. Dennis

1058. Berufe:

A. Ingenieur   B. Arzt   C. Polizist   D. Lehrer

1059. Städte:

A. Jena   B. Bregenz   C. Frankfurt   D. Stuttgart

1060. Bundesländer:

A. Berlin   B. Bremen   C. Bayern   D. Thüringen

1061. Länder:

A. Polen   B. Türkei   C. Schweden   D. Russland

1062. Flüsse:

A. Elbe   B. Donau   C. Weser   D. Ruhr

1063. Blumen:

A. Geranie   B. Rose   C. Nelke   D. Tulpe

1064. Bäume:

A. Eiche   B. Esche   C. Erle   D. Buche

1065. Holzsorten:

A. Tannen-Spanplatte   B. Birkenfurnier   C. Fichtepoliert   D. Eibenatur

1066. Farben:

A. Türkis   B. Blau   C. Braun   D. Rot

1067. Elemente:

A. Neon   B. Aluminium   C. Kupfer   D. Helium

1068. Getränke:

A. Milch   B. Bier   C. Saft   D. Wein

1069. Lebensmittel:

A. Butter   B. Brot   C. Käse   D. Schinken

1070. Sportarten:

A. Golf   B. Tennis   C. Fußball   D. Schwimmen

1071. Fahrzeuge:

A. Schiff   B. Auto   C. Mofa   D. Motorrad

1072. Hobbys:

A. Angeln   B. Musik   C. Radfahren   D. Lesen

1073. Fische:

A. Forelle   B. Lachs   C. Scholle   D. Flunder

1074. Tiere:

A. Tiger   B. Mücke   C. Löwe   D. Nashorn

1075. Zahlen:

A. Sieben   B. Elf   C. Dreizehn   D. Zwanzig

Lösung

Zu 1056. Namen:
D. Schröder

Zu 1057. Vornamen:
B. Peter

Zu 1058. Berufe:
A. Ingenieur

Zu 1059. Städte:
D. Stuttgart

Zu 1060. Bundesländer:
C. Bayern

Zu 1061. Länder:
A. Polen

Zu 1062. Flüsse:
B. Donau

Zu 1063. Blumen:
C. Nelke

Zu 1064. Bäume:
A. Eiche

Zu 1065. Holzsorten:
B. Birkenfurnier

Zu 1066. Farben:
A. Türkis

Zu 1067. Elemente:
D. Helium

Zu 1068. Getränke:
C. Saft

Zu 1069. Lebensmittel:
B. Brot

Zu 1070. Sportarten:
B. Tennis

Zu 1071. Fahrzeuge:
D. Motorrad

Zu 1072. Hobbys:
B. Musik

Zu 1073. Fische:
A. Forelle

Zu 1074. Tiere:
C. Löwe

Zu 1075. Zahl:
C. Dreizehn

Erinnerungsvermögen

Textinformationen merken *Einprägezeit 5 Minuten*

Diese Aufgabe prüft, wie gut Sie sich Textinhalte merken können.

Prägen Sie sich dazu die vorliegende Pressemeldung möglichst detailliert ein.

Zum Einprägen haben Sie **5 Minuten** Zeit.

Hierbei dürfen Sie sich keine Notizen machen. Legen Sie daher bitte alle Schreibgeräte zur Seite.

Frankfurt am Main – 30.06.2016

Verkehrsunfall mit Sachschaden, Personenschaden und Unfallflucht
Frankfurt am Main, Ferdinand-Happ-Str. 12, Parkplatz Ramba-Supermarkt

Donnerstag, den 30.06.2016, 13:45 Uhr

Heute Morgen gegen 9:15 Uhr befuhr ein 78-jähriger Kleinwagenfahrer den Parkplatz des Ramba-Supermarkts im Frankfurter Ostend. Dort schrammte er die vordere Stoßstange und den linken Kotflügel einer geparkten blauen Limousine, wodurch ein Sachschaden in Höhe von 4.600 Euro entstand. Ohne sich darum zu kümmern, verließ der Fahrer den Unfallort. Dabei kollidierte er mit einem 34-jährigen Fahrradfahrer, der infolgedessen stürzte und schwere Verletzungen erlitt. Der Radfahrer zog sich eine schwere Gehirnerschütterung, zwei Rippenbrüche und eine große Platzwunde am Hinterkopf zu, er musste mit dem Rettungsdienst in das Klinikum der Johannes-Gutenberg-Universität in Mainz gebracht werden. Der Kleinwagenfahrer beging auch diesmal Unfallflucht. Dank der Aufmerksamkeit von drei Zeugen, allesamt Schüler einer nahegelegenen Realschule, konnte er jedoch inzwischen ermittelt werden. Den Aussagen der Zeugen zufolge erhöhte der Kleinwagenfahrer sein Tempo nach dem Zusammenprall mit der Limousine deutlich. Beim Verlassen des Parkplatzes rammte er den Radfahrer, sodass dieser zu Boden fiel und mit dem Kopf auf den Asphalt stieß. Die sofort eingeleiteten polizeilichen Untersuchungen haben ergeben, dass es sich bei dem Unfallverursacher um einen Rentner aus Wiesbaden handelt.

Dieser Text ist frei erfunden.

(!) *Hinweis*

Nachdem Sie sich den Text eingeprägt haben, sollten Sie sich 5 Minuten mit etwas anderem beschäftigen, bevor Sie die dazugehörigen Fragen aus dem Gedächtnis beantworten.

Bitte decken Sie dafür diese Seite ab.

Textinformationen merken

Bearbeitungszeit 10 Minuten

Soeben lag Ihnen eine Pressemeldung vor, die Sie sich einprägen sollten.

Beantworten Sie bitte die folgenden Aufgaben, indem Sie jeweils den richtigen Buchstaben markieren.

1076. Am Donnerstag, dem 30.06.2016, verursachte ein Kleinwagenfahrer einen Unfall.

    A. stimmt

    B. stimmt nicht

1077. Der Unfall ereignete sich auf dem Parkplatz des Lambo-Supermarkts in Frankfurt am Main.

    A. stimmt

    B. stimmt nicht

1078. Bei dem beschädigten Pkw handelt es sich um eine schwarze Limousine.

    A. stimmt

    B. stimmt nicht

1079. Bei dem Unfall wurden der linke Kotflügel und der linke Außenspiegel der Limousine beschädigt.

    A. stimmt

    B. stimmt nicht

1080. Es gab zwei Unfallzeugen, nämlich zwei Schüler einer nahegelegenen Realschule.

    A. stimmt

    B. stimmt nicht

1081. Laut den Zeugenaussagen hat der Kleinwagenfahrer nach der Kollision mit der Limousine kurz angehalten, bevor er langsam weiterfuhr.

    A. stimmt

    B. stimmt nicht

1082. Bei dem Täter handelt es sich um einen 78-jährigen Rentner aus Frankfurt.

    A. stimmt

    B. stimmt nicht

1083. Auf der Flucht verletzte der Rentner einen 34-jährigen Radfahrer schwer.

    A. stimmt

    B. stimmt nicht

1084. Der Radfahrer wurde schwer verletzt in das Klinikum der Mainzer Johann-Wolfgang-Goethe-Universität gebracht.

    A. stimmt

    B. stimmt nicht

1085. Der Radfahrer zog sich eine schwere Gehirnerschütterung, zwei Rippenbrüche und eine große Platzwunde an der Stirn zu.

    A. stimmt

    B. stimmt nicht

Lösung

Zu 1076.

A. stimmt

Diese Angaben stimmen: Der in der Pressemeldung bezeichnete Unfall wurde von einem Kleinwagenfahrer verursacht und geschah am Morgen des 30.06.2016 (einem Donnerstag).

Zu 1077.

B. stimmt nicht

Der Supermarkt, auf dessen Parkplatz sich der Vorfall abspielte, heißt „Ramba" und nicht „Lambo".

Zu 1078.

B. stimmt nicht

Die beschädigte Limousine war nicht schwarz, sondern blau.

Zu 1079.

B. stimmt nicht

Beschädigt wurden die vordere Stoßstange und der linke Kotflügel der Limousine.

Zu 1080.

B. stimmt nicht

Dass es sich bei den Zeugen um Schüler einer nahegelegenen Realschule handelt, stimmt. Sie waren allerdings nicht zu zweit, sondern zu dritt.

Zu 1081.

B. stimmt nicht

Die Zeugen haben ausgesagt, dass der Unfallfahrer nach dem Zusammenstoß mit der parkenden Limousine nicht angehalten, sondern im Gegenteil stark beschleunigt hat.

Zu 1082.

B. stimmt nicht

Der Unfallfahrer ist tatsächlich ein 78-jähriger Rentner; er stammt jedoch aus Wiesbaden.

Zu 1083.

A. stimmt

Bei seiner rasanten Flucht vom Parkplatz rammte der Kleinwagenfahrer einen 34-jährigen Fahrradfahrer, der daraufhin stürzte und sich schwer verletzte.

Zu 1084.

B. stimmt nicht

Namenspatron der Mainzer Universität – und ihres Klinikums – ist nicht Johann Wolfgang von Goethe, sondern Johannes Gutenberg.

Zu 1085.

B. stimmt nicht

Die Platzwunde befindet sich am Hinterkopf des Radfahrers – alle anderen Angaben stimmen.

Erinnerungsvermögen

Zeitungsbericht wiedergeben *Einprägezeit 5 Minuten*

Bitte lesen Sie sich die abgedruckte Meldung aufmerksam durch.

Anschließend schildern Sie den Sachverhalt möglichst genau in einem eigenen Bericht.

Zum Lesen und Einprägen haben Sie **5 Minuten** Zeit.

Hierbei dürfen Sie sich keine Notizen machen. Legen Sie daher bitte alle Schreibgeräte zur Seite.

Feuerwehr im Dauereinsatz – turbulente Nacht in Freiburg

Nicht zu beneiden waren die Angehörigen der Berufsfeuerwehr Freiburg am Samstagabend: Gleich zwei Großeinsätze hielten Mensch und Material auf Trab. Gegen 2:15 alarmierten Anwohner nach einer Explosion im Gewerbegebiet West die Leitstelle, die sofort vier Löschzüge der Hauptfeuerwache zum Einsatzort beorderte. Bei ihrer Ankunft stand ein Lagerhaus bereits im Vollbrand, zwei andere Gebäude waren akut bedroht. Unter dem Einsatz von Atemschutzgeräten und vier großen C-Rohren gelang es schließlich, das Feuer unter Kontrolle zu bringen.

Neben den Löschzügen der Hauptfeuerwache beteiligten sich die Freiwilligen Feuerwehren verschiedener Stadtteile an dem Einsatz, insgesamt waren 14 Fahrzeuge und rund 70 Mann vor Ort. Nach Polizeiangaben beläuft sich der Gesamtschaden auf rund 100.000 Euro. Über die Explosionsursache herrscht Ungewissheit, die Kriminalpolizei ermittelt.

Gegen 3:35 dann der nächste Alarm: Noch während des Brandes im Gewerbegebiet wurde ein schwerer Verkehrsunfall mit Lkw-Beteiligung auf der Autobahn A 5 gemeldet. Sofort eilten die restlichen verfügbaren Freiburger Einsatzkräfte und ihre Kollegen aus Emmendingen mit sechs Fahrzeugen zum Unfallort, wo sie einen auf der Fahrerseite liegenden Sattelzug vorfanden. Nur mithilfe von hydraulischem Rettungsgerät gelang es, den Fahrer aus dem Fahrzeugwrack zu befreien. Aus dem beschädigten Tank des Lkw liefen mehrere hundert Liter Dieselkraftstoff, der durch Ölbinder zum größten Teil unschädlich gemacht werden konnte. Die Autobahn war noch bis in die frühen Morgenstunden für Aufräumarbeiten in beide Richtungen gesperrt.

Dieser Text ist frei erfunden.

⚠ *Hinweis*

Bei dieser Aufgabe ist keine Unterbrechung notwendig, beginnen Sie direkt mit Ihrem Bericht!

Erläuterung

Versuchen Sie besser nicht, die vorliegende Meldung auswendig zu lernen: In erster Linie geht es hier nicht um Ihr Erinnerungsvermögen. Gehen Sie vom Wichtigen zum Unwichtigen und prägen Sie sich erst dann weitere Details ein, wenn Ihnen das Handlungsgerüst klar ist (wer hat wann was warum und wie gemacht?). Konzentrieren Sie sich dabei besonders auf Schlüsselbegriffe wie „Explosion", „Verkehrsunfall", Orts- oder Zeitangaben – wenn Ihr Bericht per PC ausgewertet wird, kommt es auf bestimmte Wörter an. Achten Sie beim Schreiben Ihres Berichts auf einen strukturierten Aufbau des Texts, eine korrekte Rechtschreibung und einen präzisen, flüssigen Schreibstil.

Zeitungsbericht wiedergeben

Bearbeitungszeit 10 Minuten

Soeben lag Ihnen ein Zeitungsbericht vor, den Sie sich einprägen sollten.

1086. Bitte verfassen Sie nun Ihren eigenen Bericht.

Erinnerungsvermögen

Stadtplan: Route einprägen   *Einprägezeit 1 Minute*

Im vorliegenden Stadtplan ist eine Route eingezeichnet.

Bitte prägen Sie sich den Wegverlauf (gestrichelte Linie) gut ein.

Route A

Die Route beginnt am Hotel und endet nach einer kleinen Stadtbesichtigung im Restaurant.

Zum Einprägen des Streckenverlaufs haben Sie **1 Minute** Zeit.

⚠ *Hinweis*

Bei dieser Aufgabe ist keine Unterbrechung notwendig, beginnen Sie direkt mit der Bearbeitung!

Bitte decken Sie dafür diese Seite ab.

Stadtplan: Route einprägen

Soeben lag Ihnen ein Stadtplan vor, in den eine Route eingezeichnet war.

Bitte zeichnen Sie die Wegstrecke nun im unten abgebildeten Stadtplan nach.

1087. Route A

Zum Lösen der Aufgabe haben Sie **1 Minute** Zeit.

Stadtplan: Route einprägen

Route B

Die Route beginnt an der Grundschule und endet am Hauptbahnhof.

Zum Einprägen des Streckenverlaufs haben Sie **1 Minute** Zeit.

(!) Hinweis

Bei dieser Aufgabe ist keine Unterbrechung notwendig, beginnen Sie direkt mit der Bearbeitung!

Bitte decken Sie dafür diese Seite ab.

Stadtplan: Route einprägen

1088. Route B

Zum Lösen der Aufgabe haben Sie **1 Minute** Zeit.

Lösung

Zu 1087.

Route A

Die Route beginnt am Hotel und endet nach einer kleinen Stadtbesichtigung im Restaurant.

Zu 1088.

Route B

Die Route beginnt an der Grundschule und endet am Hauptbahnhof.

Erinnerungsvermögen

Geländekarte merken

Dieser Aufgabenblock prüft Ihre Merkfähigkeit im visuellen Bereich.

In den folgenden Geländekarten markieren grafische Symbole den Standort verschiedener Einrichtungen. Bitte merken Sie sich die genaue Lage dieser Symbole, um anschließend möglichst viele davon in einer Blanko-Geländekarte einzeichnen zu können.

Hierzu ein Beispiel

Aufgabe

Bitte prägen Sie sich diese Geländekarte ein.

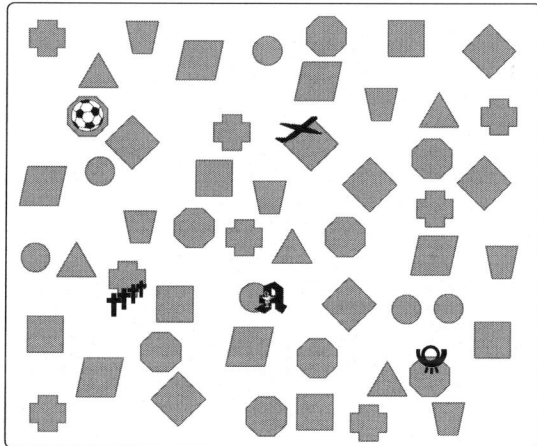

Antwort

Wo liegt welche Einrichtung? Skizzieren Sie die Symbole an der richtigen Stelle.

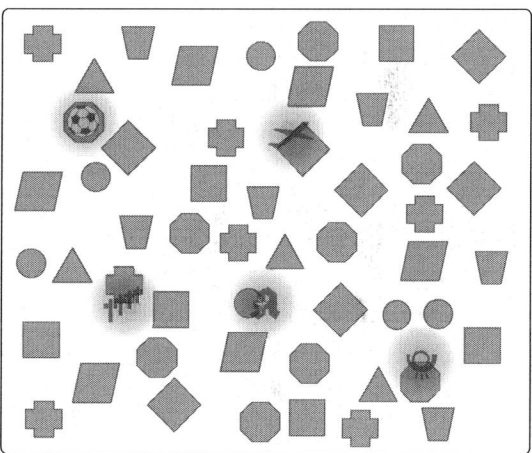

Erläuterung

Sie müssen die Symbole nicht detailgetreu nachzeichnen und millimetergenau platzieren: Eine schnelle Skizze im Toleranzbereich von einem halben Zentimeter genügt. Auch im Einstellungstest – hier findet die Aufgabe am Computer statt – sind geringe Abweichungen erlaubt.

Geländekarte merken

Geländekarte A

Zum Einprägen der Geländekarte haben Sie **2 Minuten** Zeit.

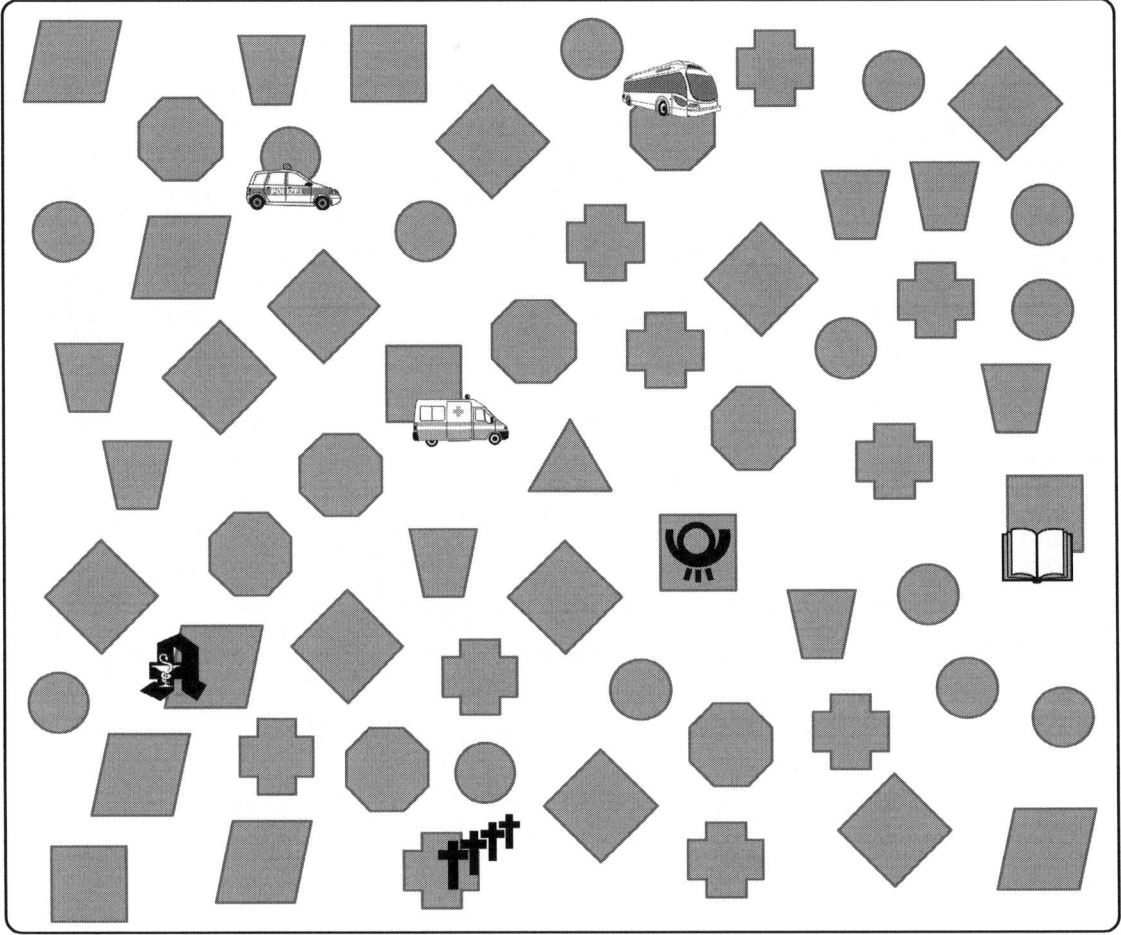

(!) *Hinweis*

Bei dieser Aufgabe ist keine Unterbrechung notwendig, beginnen Sie direkt mit der Bearbeitung!

Bitte decken Sie dafür diese Seite ab.

Geländekarte merken

Bearbeitungszeit 2 Minuten

Wo liegt welche Einrichtung? Skizzieren Sie die Symbole an der richtigen Stelle.

1089. Geländekarte A

Zum Lösen der Aufgabe haben Sie **2 Minuten** Zeit.

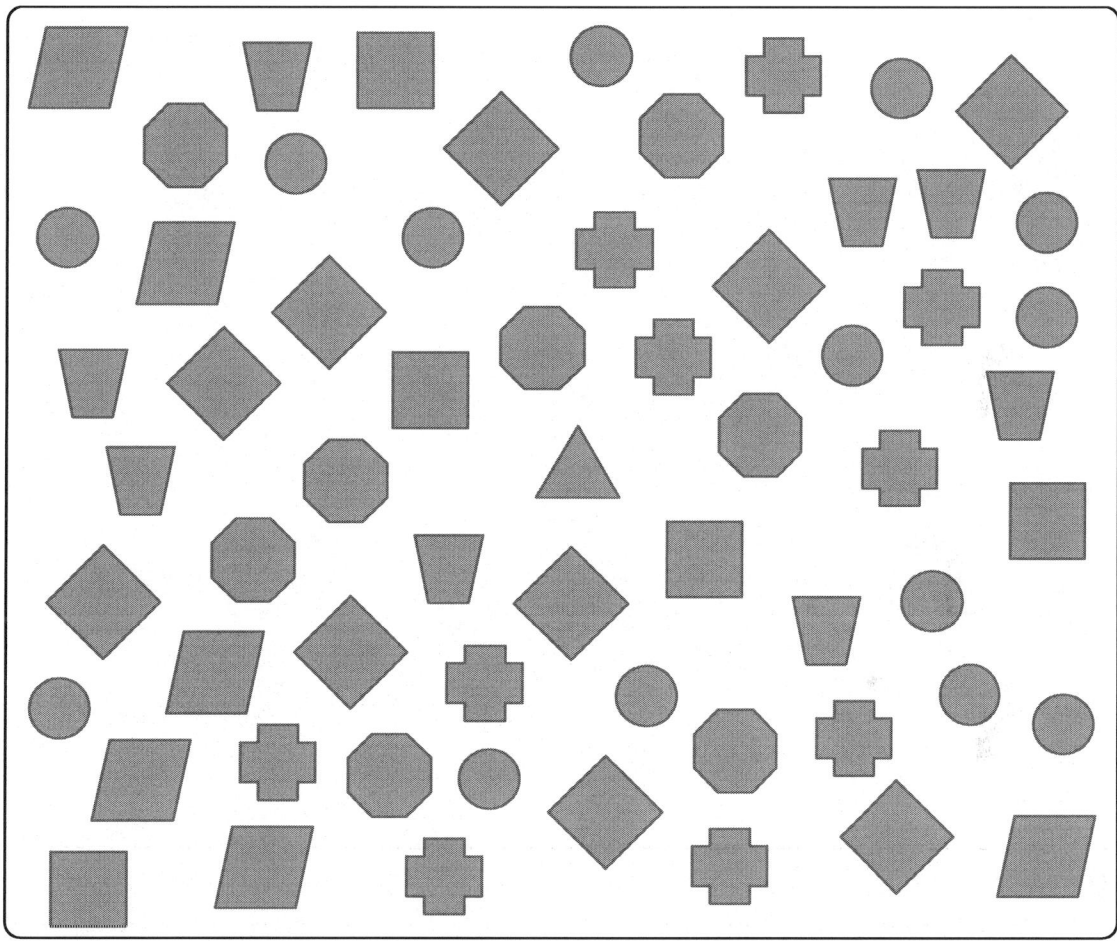

Geländekarte merken

Geländekarte B

Zum Einprägen der Geländekarte haben Sie **2 Minuten** Zeit.

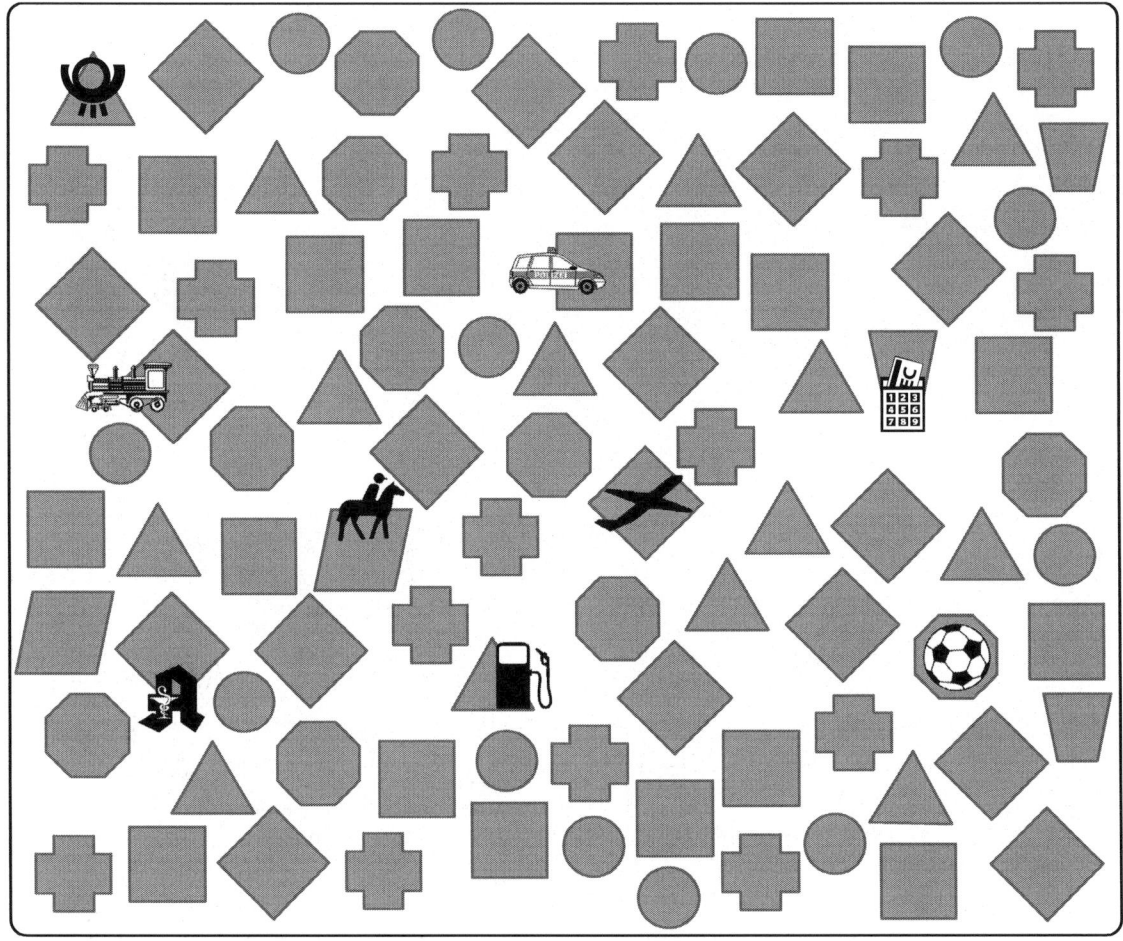

ⓘ *Hinweis*

Bei dieser Aufgabe ist keine Unterbrechung notwendig, beginnen Sie direkt mit der Bearbeitung!

Bitte decken Sie dafür diese Seite ab.

Geländekarte merken

1090. Geländekarte B

Zum Lösen der Aufgabe haben Sie **2 Minuten** Zeit.

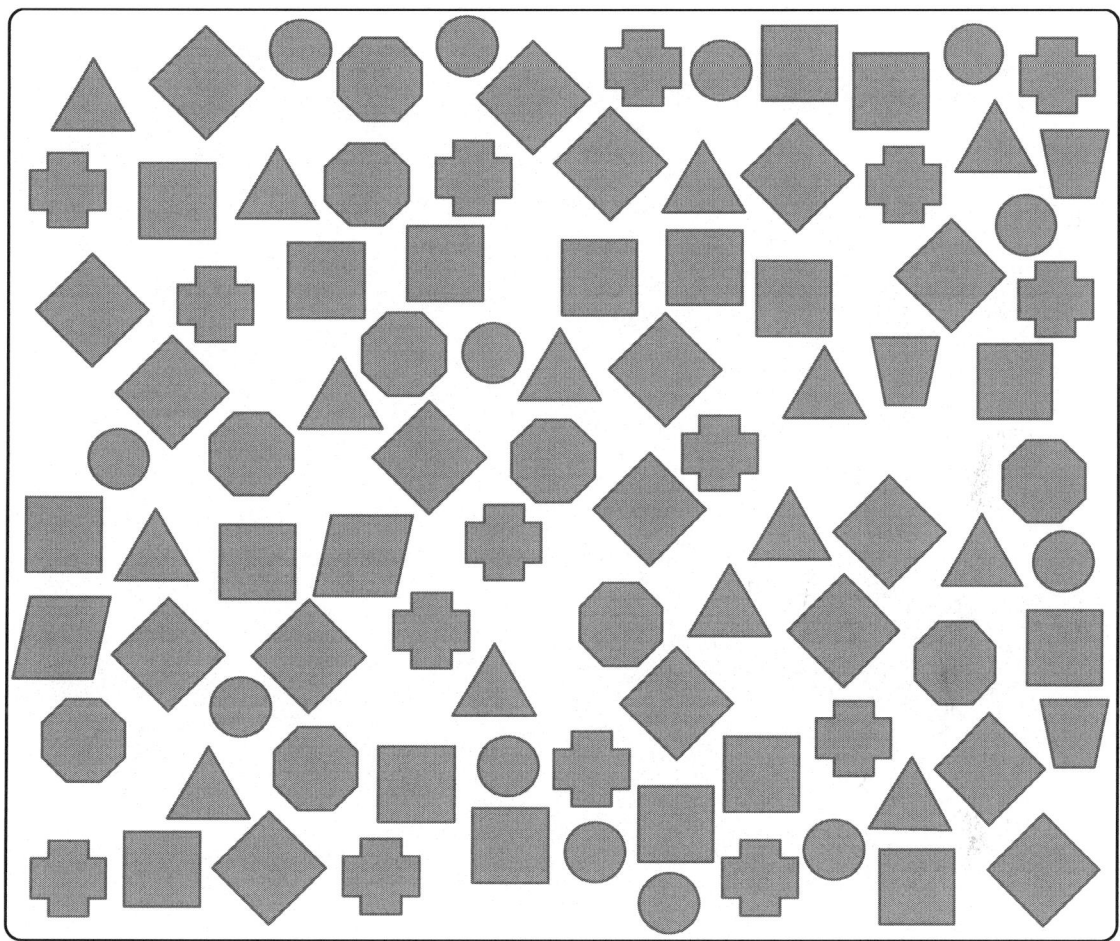

Lösung

Zu 1089.

Geländekarte A

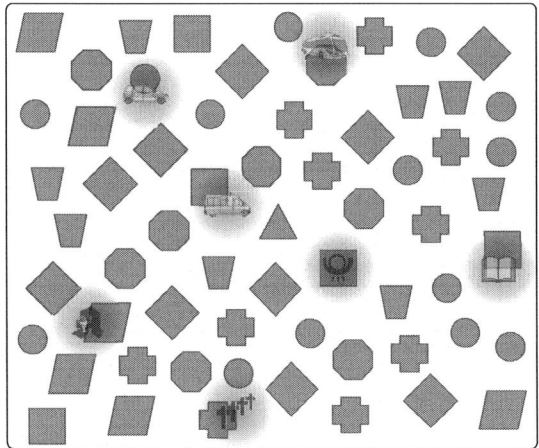

Zu 1090.

Geländekarte B

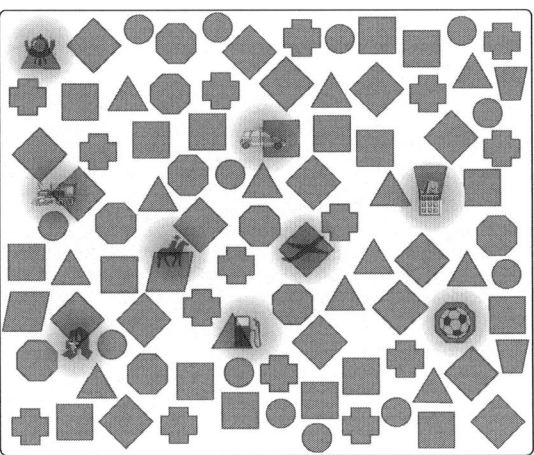

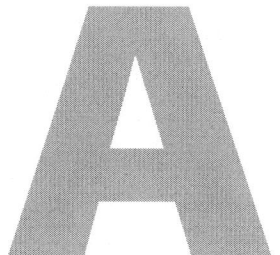

Anhang

Alle Lösungen im Überblick

Teil 1 · Sprachbeherrschung und Fremdsprachenkenntnisse

Frage	Antwort	Frage	Antwort	Frage	Antwort
1.	siehe Diktat	46.	A	91.	0
2.	siehe Lückendiktat	47.	A	92.	1
3.	siehe Bearbeitungshilfe	48.	D	93.	3
4.	siehe Musterantwort	49.	A	94.	2
5.	Koffer	50.	A	95.	0
6.	Fieber	51.	C	96.	B
7.	Brille	52.	D	97.	B
8.	Schleuse	53.	C	98.	B
9.	Börse	54.	C	99.	A
10.	Onkel	55.	C	100.	D
11.	Ernte	56.	A	101.	D
12.	Dschungel	57.	B	102.	C
13.	Sirene	58.	A	103.	D
14.	Premiere	59.	B	104.	C
15.	Dekade	60.	A	105.	D
16.		61.	B	106.	, | ,
17.		62.	D	107.	, | , | ,
18.	siehe Musterantworten	63.	B	108.	, | , | , | _
19.		64.	A	109.	, | , | _
20.		65.	D	110.	, | ,
21.	B	66.	ß	111.	, | , | ,
22.	B	67.	ss	112.	, | , | ,
23.	A	68.	ß	113.	_ | _ | ,
24.	B	69.	ss	114.	_ | , | ,
25.	A	70.	ss	115.	, | , | ,
26.	D	71.	ss	116.	A
27.	C	72.	ss	117.	C
28.	E	73.	ss | ss	118.	D
29.	B	74.	ss | ss	119.	B
30.	D	75.	ß | ss	120.	D
31.	C	76.	ß | ß	121.	A
32.	D	77.	ss | s	122.	C
33.	B	78.	s | s	123.	A
34.	C	79.	ss | ß | ss	124.	C
35.	D	80.	ß | ß | ss	125.	B
36.	B	81.	1	126.	Als
37.	C	82.	2	127.	weil
38.	B	83.	1	128.	wie
39.	C	84.	3	129.	doch
40.	A	85.	4	130.	ehe
41.	B	86.	2	131.	weil
42.	C	87.	4	132.	falls
43.	D	88.	3	133.	als
44.	B	89.	2	134.	als
45.	C	90.	1	135.	während

Frage	Antwort	Frage	Antwort	Frage	Antwort	Frage	Antwort
136.	D	151.	C	166.	B	181.	C
137.	C	152.	G	167.	B	182.	D
138.	C	153.	E	168.	A	183.	D
139.	E	154.	H	169.	E	184.	E
140.	A	155.	A	170.	E	185.	A
141.	B	156.	C	171.	A	186.	C
142.	B	157.	B	172.	D	187.	C
143.	C	158.	C	173.	D	188.	A
144.	B	159.	C	174.	C	189.	B
145.	C	160.	B	175.	C	190.	C
146.	B	161.	E	176.	A	191.	A
147.	F	162.	C	177.	B	192.	A
148.	D	163.	C	178.	C	193.	D
149.	I	164.	D	179.	C	194.	C
150.	J	165.	E	180.	D	195.	C

Teil 2 · Fachbezogenes Wissen und Allgemeinwissen

Frage	Antwort	Frage	Antwort	Frage	Antwort	Frage	Antwort
196.	A	221.	E	246.	B	271.	B
197.	E	222.	E	247.	C	272.	A
198.	B	223.	B	248.	D	273.	C
199.	B	224.	C	249.	D	274.	D
200.	E	225.	B	250.	B	275.	A
201.	A	226.	A	251.	A	276.	3 | 1 | 4 | 2
202.	D	227.	A	252.	A	277.	
203.	A	228.	E	253.	B	278.	siehe
204.	E	229.	D	254.	B	279.	Musterantworten
205.	B	230.	D	255.	C	280.	
206.	C	231.	D	256.	B	281.	B
207.	B	232.	C	257.	C	282.	A
208.	A	233.	A	258.	D	283.	D
209.	E	234.	D	259.	D	284.	A
210.	A	235.	A	260.	D	285.	D
211.	D	236.	B	261.	C	286.	B
212.	C	237.	B	262.	B	287.	C
213.	E	238.	C	263.	B	288.	B
214.	A	239.	B	264.	D	289.	B
215.	B	240.	B	265.	C	290.	C
216.	E	241.	C	266.	C	291.	C
217.	A	242.	C	267.	B	292.	A
218.	E	243.	A	268.	A	293.	D
219.	D	244.	C	269.	A	294.	B
220.	C	245.	A	270.	B	295.	C

Frage	Antwort	Frage	Antwort	Frage	Antwort	Frage	Antwort
296.	B	316.	B	336.	C	356.	C
297.	A	317.	A	337.	B	357.	D
298.	D	318.	C	338.	A	358.	A
299.	B	319.	D	339.	D	359.	C
300.	C	320.	C	340.	A	360.	C
301.	C	321.	B	341.	B	361.	B
302.	B	322.	B	342.	D	362.	A
303.	B	323.	C	343.	B	363.	B
304.	A	324.	B	344.	D	364.	B
305.	D	325.	A	345.	A	365.	B
306.	B	326.	C	346.	D	366.	A
307.	C	327.	C	347.	D	367.	B
308.	C	328.	A	348.	C	368.	A
309.	B	329.	C	349.	D	369.	B
310.	E	330.	B	350.	C	370.	A
311.	B	331.	B	351.	A		
312.	A	332.	C	352.	D		
313.	C	333.	D	353.	B		
314.	D	334.	C	354.	B		
315.	A	335.	A	355.	D		

Teil 3 · Mathematik

Frage	Antwort	Frage	Antwort	Frage	Antwort	Frage	Antwort
371.	4,15	391.	D	411.	C	431.	B
372.	323,8	392.	C	412.	A	432.	A
373.	201,5	393.	C	413.	A	433.	B
374.	12	394.	B	414.	C	434.	A
375.	0	395.	B	415.	A	435.	A
376.	7,2	396.	B	416.	C	436.	B
377.	6,3	397.	B	417.	A	437.	C
378.	1,4	398.	A	418.	C	438.	C
379.	0,8	399.	A	419.	B	439.	D
380.	28,5	400.	C	420.	D	440.	D
381.	62,3	401.	A	421.	C	441.	D
382.	0,65	402.	D	422.	D	442.	B
383.	16,4	403.	B	423.	D	443.	E
384.	13,15	404.	C	424.	B	444.	D
385.	15	405.	C	425.	B	445.	E
386.	C	406.	B	426.	C	446.	C
387.	B	407.	B	427.	A	447.	A
388.	B	408.	A	428.	C	448.	C
389.	D	409.	B	429.	C	449.	A
390.	A	410.	B	430.	E	450.	C

Frage	Antwort	Frage	Antwort	Frage	Antwort	Frage	Antwort
451.	B	471.	A	491.	10	511.	D
452.	C	472.	D	492.	17	512.	D
453.	D	473.	B	493.	28	513.	E
454.	C	474.	D	494.	36	514.	B
455.	B	475.	B	495.	38	515.	D
456.	B	476.	D	496.	B		
457.	C	477.	D	497.	D		
458.	B	478.	C	498.	E		
459.	D	479.	C	499.	A		
460.	B	480.	B	500.	C		
461.	D	481.	D	501.	C		
462.	B	482.	D	502.	D		
463.	D	483.	D	503.	D		
464.	A	484.	E	504.	B		
465.	B	485.	B	505.	A		
466.	B	486.	15	506.	B		
467.	A	487.	10	507.	C		
468.	E	488.	17	508.	C		
469.	D	489.	63	509.	D		
470.	C	490.	−2	510.	C		

Teil 4 · Logisches Denkvermögen und Visuelles Denkvermögen

Frage	Antwort	Frage	Antwort	Frage	Antwort	Frage	Antwort
516.	B	536.	D	556.	Norden | Osten	576.	D
517.	A	537.	C	557.	Niere | Leber	577.	B
518.	A	538.	B	558.	Stuhl | Schrank	578.	D
519.	A	539.	C	559.	Regen | Hagel	579.	C
520.	A	540.	B	560.	Adler | Habicht	580.	A
521.	B	541.	C	561.	Tanne | Erle	581.	B
522.	D	542.	D	562.	Merkur | Sonne	582.	B
523.	B	543.	A	563.	Prädikat | Titel	583.	C
524.	A	544.	D	564.	Zahlen | Rasen	584.	C
525.	D	545.	B	565.	Auge | Lupe	585.	C
526.	B	546.	C	566.	B	586.	E
527.	B	547.	D	567.	D	587.	D
528.	A	548.	A	568.	C	588.	A
529.	A	549.	D	569.	B	589.	C
530.	C	550.	B	570.	C	590.	A
531.	C	551.	B	571.	B	591.	D
532.	D	552.	D	572.	D	592.	B
533.	B	553.	B	573.	D	593.	E
534.	B	554.	B	574.	C	594.	C
535.	B	555.	E	575.	C	595.	A

Frage	Antwort	Frage	Antwort	Frage	Antwort
596.	B	631.	B	666.	D
597.	A	632.	C	667.	C
598.	B	633.	E	668.	C
599.	A	634.	D	669.	C
600.	B	635.	D	670.	B
601.		636.	D	671.	A
602.	siehe Musterantworten	637.	D	672.	C
603.		638.	C	673.	D
604.		639.	C	674.	B
605.	A	640.	E	675.	C
606.	D	641.	D	676.	C
607.	A	642.	E	677.	B
608.	D	643.	E	678.	E
609.	C	644.	C	679.	A
610.	B	645.	D	680.	B
611.	C	646.	D	681.	B
612.	C	647.	C	682.	B
613.	B	648.	D	683.	E
614.	D	649.	E	684.	C
615.	A	650.	E	685.	B
616.	C	651.	A	686.	1C | 2A | 3E | 4B | 5D
617.	C	652.	C	687.	1B | 2E | 3C | 4A | 5D
618.	A	653.	B	688.	1C | 2E | 3D | 4A | 5B
619.	C	654.	D	689.	1D | 2C | 3B | 4A | 5E
620.	C	655.	B	690.	1C | 2E | 3A | 4B | 5D
621.	B	656.	B	691.	
622.	D	657.	A	692.	
623.	C	658.	E	693.	siehe Formen legen
624.	C	659.	C	694.	
625.	A	660.	D	695.	
626.	C	661.	D		
627.	D	662.	E		
628.	B	663.	E		
629.	C	664.	D		
630.	B	665.	D		

Teil 5 · Konzentrationsvermögen und Erinnerungsvermögen

Frage	Antwort	Frage	Antwort	Frage	Antwort	Frage	Antwort
696.		701.		706.		711.	
697.		702.		707.		712.	
698.	siehe Zahlensuche nach Rechenregel	703.	siehe Zahlensuche nach Rechenregel	708.	siehe Zahlensuche nach Rechenregel	713.	siehe Zahlensuche nach Rechenregel
699.		704.		709.		714.	
700.		705.		710.		715.	

Frage	Antwort	Frage	Antwort	Frage	Antwort
716.	siehe Tempo-Rechnen mit Symbolen	761.	W S	806.	N N
717.	W N	762.	N S	807.	N N
718.	S O	763.	W S	808.	S O
719.	O N	764.	S N	809.	S N
720.	S O	765.	S N	810.	N W
721.	S W	766.	S O	811.	W O
722.	W N	767.	O S	812.	W O
723.	W W	768.	N O	813.	O S
724.	S O	769.	N O	814.	S O
725.	S W	770.	N N	815.	O N
726.	N N	771.	O N	816.	2
727.	W W	772.	W N	817.	3
728.	O O	773.	O W	818.	2
729.	S N	774.	S S	819.	2
730.	S O	775.	N O	820.	2
731.	O O	776.	O W	821.	1
732.	O N	777.	W S	822.	2
733.	O N	778.	O N	823.	1
734.	N S	779.	O N	824.	2
735.	W N	780.	O N	825.	3
736.	N S	781.	W O	826.	1
737.	N N	782.	N W	827.	1
738.	S W	783.	N S	828.	2
739.	S N	784.	S O	829.	1
740.	W W	785.	O W	830.	3
741.	S O	786.	N N	831.	5
742.	W O	787.	N W	832.	3
743.	S N	788.	O N	833.	4
744.	N N	789.	N W	834.	3
745.	S O	790.	O O	835.	1
746.	S O	791.	S N	836.	1
747.	W N	792.	O W	837.	2
748.	W O	793.	O N	838.	1
749.	N O	794.	W O	839.	1
750.	S O	795.	S O	840.	2
751.	S N	796.	W S	841.	3
752.	O S	797.	S W	842.	2
753.	O W	798.	N N	843.	2
754.	S N	799.	W W	844.	2
755.	W N	800.	N S	845.	3
756.	N O	801.	W N	846.	3
757.	W W	802.	S S	847.	3
758.	O S	803.	W W	848.	8
759.	W S	804.	W O	849.	5
760.	S O	805.	N W	850.	2

Frage	Antwort	Frage	Antwort	Frage	Antwort
851.	3	896.	3	941.	8
852.	2	897.	3	942.	10
853.	4	898.	3	943.	8
854.	2	899.	1	944.	9
855.	2	900.	3	945.	9
856.	a, h	901.	3	946.	9
857.	a, c, f	902.	4	947.	7
858.	e, g	903.	3	948.	11
859.	g, h	904.	5	949.	13
860.	j, u	905.	4	950.	9
861.	g, o	906.	5	951.	
862.	m, n	907.	5	952.	
863.	w, g, f, a	908.	2	953.	
864.	k, e, f, b, l	909.	1	954.	
865.	f, w, q, k, k	910.	1	955.	siehe Figuren finden
866.	t, b, q, x	911.	8	956.	
867.	r, w, 1, q, g, 1, i, a, i	912.	9	957.	
868.	j, f, 7, l, 1, 7, 1, j, r, l	913.	10	958.	
869.	w, u, i, n, v, 8, e, k, d	914.	10	959.	
870.	j, y, h, l, f, ü, w	915.	8	960.	
871.	5	916.	9	961.	2
872.	3	917.	7	962.	2
873.	4	918.	8	963.	0
874.	1	919.	8	964.	1
875.	5	920.	11	965.	3
876.	5	921.	9	966.	4
877.	2	922.	9	967.	1
878.	4	923.	9	968.	1
879.	3	924.	9	969.	2
880.	4	925.	9	970.	6
881.	5	926.	6	971.	6
882.	3	927.	8	972.	4
883.	1	928.	7	973.	3
884.	1	929.	9	974.	4
885.	3	930.	6	975.	3
886.	3	931.	8	976.	5
887.	3	932.	8	977.	2
888.	3	933.	13	978.	3
889.	1	934.	8	979.	3
890.	2	935.	9	980.	3
891.	2	936.	8	981.	5
892.	4	937.	6	982.	7
893.	3	938.	10	983.	7
894.	3	939.	10	984.	6
895.	4	940.	12	985.	5

Frage	Antwort	Frage	Antwort	Frage	Antwort
986.	1	1021.	D	1056.	D
987.	2	1022.	B	1057.	B
988.	1	1023.	C	1058.	A
989.	6	1024.	A	1059.	D
990.	2	1025.	D	1060.	C
991.	4	1026.	C	1061.	A
992.	1	1027.	B	1062.	B
993.	3	1028.	D	1063.	C
994.	5	1029.	D	1064.	A
995.	3	1030.	C	1065.	B
996.	5	1031.	E	1066.	A
997.	3	1032.	A	1067.	D
998.	7	1033.	C	1068.	C
999.	4	1034.	E	1069.	B
1000.	4	1035.	B	1070.	B
1001.	6	1036.	E	1071.	D
1002.	1	1037.	A	1072.	B
1003.	6	1038.	D	1073.	A
1004.	6	1039.	D	1074.	C
1005.	8	1040.	A	1075.	C
1006.	8	1041.	C	1076.	A
1007.	3	1042.	B	1077.	B
1008.	6	1043.	E	1078.	B
1009.	4	1044.	D	1079.	B
1010.	5	1045.	C	1080.	B
1011.	1A | 2E | 3C | 4D | 5B	1046.	B	1081.	B
1012.	1D | 2C | 3A | 4B | 5E	1047.	A	1082.	B
1013.	1E | 2C | 3D | 4B | 5A	1048.	E	1083.	A
1014.	1E | 2C | 3B | 4A | 5D	1049.	B	1084.	B
1015.	1E | 2B | 3A | 4C | 5D	1050.	D	1085.	B
1016.	D	1051.	A	1086.	freie Antwort
1017.	B	1052.	B	1087.	siehe Stadtplan: Route
1018.	C	1053.	D	1088.	einprägen
1019.	B	1054.	B	1089.	
1020.	A	1055.	E	1090.	siehe Geländekarte merken

Tabelle: Maße und Einheiten

Einheit	Einheitenzeichen	Umrechnung
Länge		
Kilometer	km	1 km = 1.000 m
Meter	m	1 m = 10 dm = 100 cm
Dezimeter	dm	1 dm = 10 cm = 100 mm
Zentimeter	cm	1 cm = 10 mm
Millimeter	mm	1 mm = 1.000 µm
Mikrometer	µm	
Fläche		
Quadratkilometer	km^2	1 km^2 = 100 ha
Hektar	ha	1 ha = 10.000 m^2
Quadratmeter	m^2	1 m^2 = 100 dm^2
Quadratdezimeter	dm^2	1 dm^2 = 100 cm^2
Quadratzentimeter	cm^2	1 cm^2 = 100 mm^2
Quadratmillimeter	mm^2	
Volumen		
Kubikkilometer	km^3	1 km^3 = 1.000.000.000 m^3
Kubikmeter	m^3	1 m^3 = 1.000 dm^3
Kubikdezimeter	dm^3	1 dm^3 = 1.000 cm^3
Kubikzentimeter	cm^3	1 cm^3 = 1.000 mm^3
Kubikmillimeter	mm^3	
Hektoliter	hl	1 hl = 100 l
Liter	l	1 l = 10 dl
Deziliter	dl	1 dl = 10 cl
Zentiliter	cl	1 cl = 10 ml
Milliliter	ml	1 ml = 1.000 µl
Mikroliter	µl	

Einheit	Einheitenzeichen	Umrechnung
Masse		
Tonne	t	1 t = 20 z = 1.000 kg
Zentner	z	1 z = 50 kg
Kilogramm	kg	1 kg = 1.000 g
Pfund	pf	1 pf = 500 g
Gramm	g	1 g = 1.000 mg
Milligramm	mg	1 mg = 1.000 µg
Mikrogramm	µg	
Zeit		
Jahr	a	1 a = 365 d
Woche	w	1 w = 7 d
Tag	d	1 d = 24 h
Stunde	h	1 h = 60 min
Minute	min	1 min = 60 s
Sekunde	s	1 s = 1.000 ms
Millisekunden	ms	
Geschwindigkeit		
Kilometer pro Stunde	km/h	1 km/h = 0,2778 m/s
Meter pro Sekunde	m/s	1 m/s = 3,6 km/h
Druck		
Bar	bar	1 bar = 100.000 Pa
Pascal	Pa	1 Pa = 0,00001 bar
Temperatur		
Grad Celsius	°C	$T_{Celsius} = T_{Kelvin} - 273,15$
Kelvin	K	$T_{Kelvin} = T_{Celsius} + 273,15$
Kraft		
Newton	N	$1\ N = 1\ kg \times m / s^2$

Ausbildungspark Verlag

Bettinastraße 69 • 63067 Offenbach
Tel. (069) 40 56 49 73 • Fax (069) 43 05 86 02
E-Mail: kontakt@ausbildungspark.com
Internet: www.ausbildungspark.com

Mit Ausbildungspark erfolgreich bewerben

Der Eignungstest / Einstellungstest zur Ausbildung

Sicher durch den Einstellungstest: Originale Prüfungsmappen speziell für Ihren Ausbildungsberuf ermöglichen die optimale Testvorbereitung. Inklusive Musterprüfungen und ausführlich erklärten Lösungswegen.

Polizei und Zoll
ISBN 978-3-95624-040-9
39,90 €

Technischer öffentlicher Dienst
ISBN 978-3-95624-039-3
39,90 €

Öffentlicher Dienst (Verwaltung)
ISBN 978-3-941356-21-4
39,90 €

Kaufmann / Kauffrau für Büromanagement
ISBN 978-3-95624-020-1
39,90 €

Bankkaufmann, Kaufmann für Versicherungen und Finanzen
ISBN 978-3-941356-47-4
39,90 €

Fachinformatiker, Informatikkaufmann, IT-System-Kaufmann
ISBN 978-3-95624-036-2
39,90 €

Kaufmann für Spedition und Logistikdienstleistung, Fachkraft für Lagerlogistik, Fachlagerist
ISBN 978-3-95624-033-1
39,90 €

Industriekaufmann / Industriekauffrau
ISBN 978-3-941356-67-2
39,90 €

Kfz-Mechatroniker, Land- und Baumaschinenmechatroniker, Zweiradmechatroniker, Karosserie- und Fahrzeugbaumechaniker
ISBN 978-3-941356-50-4
39,90 €

Mechatroniker, Industriemechaniker, Zerspanungsmechaniker, Fachkraft für Metalltechnik, Maschinen- und Anlagenführer
ISBN 978-3-941356-68-9
39,90 €

Elektroniker, Elektroniker für Betriebstechnik, IT-System-Elektroniker, Elektroniker für Geräte und Systeme
ISBN 978-3-95624-035-5
39,90 €

Anlagenmechaniker für Sanitär-, Heizungs- und Klimatechnik, Tischler, Zimmerer (Handwerksberufe)
ISBN 978-3-941356-19-1
39,90 €

Gesundheits- und Krankenpfleger, Altenpfleger, Gesundheits- und Kinderkrankenpfleger, Physiotherapeut
ISBN 978-3-95624-001-0
39,90 €

Steuerfachangestellter, Rechtsanwaltsfachange- stellter, Rechtsanwalts- und Notarfachangestellter
ISBN 978-3-95624-003-4
39,90 €

Hotelfachmann, Koch, Res- taurantfachmann, Fachkraft im Gastgewerbe, Fachmann für Systemgastronomie, Konditor, Bäcker
ISBN 978-3-95624-008-9
39,90 €

Automobilkaufmann, Immobilienkaufmann, Tou- rismuskaufmann, Veranstal- tungskaufmann, Sport- und Fitnesskaufmann
ISBN 978-3-95624-011-9
39,90 €

Medizinischer Fachange- stellter, Zahnmedizinischer Fachangestellter, Zahntech- niker, Pharmazeutisch-kauf- männischer Angestellter
ISBN 978-3-95624-006-5
39,90 €

Gärtner, Forstwirt, Landwirt, Florist, Fachkraft Agrarservice
ISBN 978-3-95624-013-3
39,90 €

Mediengestalter, Gestalter für visuelles Marketing, Kaufmann für Marketing- kommunikation, Techni- scher Produktdesigner
ISBN 978-3-95624-015-7
39,90 €

Kaufmann im Einzelhandel, Verkäufer, Fachverkäufer, Kaufmann im Groß- und Außenhandel, Handelsassistent
ISBN 978-3-95624-034-8
39,90 €

So bestehen Sie Ihren Sporttest

Alle Disziplinen und Anforderungen, die besten Übungen zum Kraft- und Ausdauertraining, maßgeschneiderte persönliche Trainingspläne und Test-Countdown.

Der Sporttest zur Ausbildung bei der Polizei
+ Extraheft Trainingspläne
ISBN 978-3-95624-028-7
29,90 €

Der Sporttest zur Ausbildung bei Feuerwehr und Bundeswehr
+ Extraheft Trainingspläne
ISBN 978-3-95624-005-8
29,90 €

Erfolgreich bewerben

Wie überzeugen Sie mit Anschreiben, Lebenslauf & Co.? Worauf kommt es an im Vorstellungsgespräch und im Assessment-Center? Die Ausbildungspark Bewerbungshandbücher verraten es.

**Die Bewerbung zur Ausbildung
bei Polizei und Zoll**
ISBN 978-3-95624-022-5
29,90 €

**Die Bewerbung zur Ausbildung
bei Feuerwehr und
Bundeswehr**
ISBN 978-3-95624-023-2
29,90 €

**Die Bewerbung zur Ausbildung
im öffentlichen Dienst
(Verwaltung)**
ISBN 978-3-95624-043-0
29,90 €

**Die Bewerbung zur Ausbildung
im technischen öffentlichen
Dienst**
ISBN 978-3-941356-15-3
29,90 €

**Die Bewerbung zur Ausbildung
zum Bankkaufmann und
Kaufmann für Versicherungen
und Finanzen**
ISBN 978-3-95624-018-8
29,90 €

Die Bewerbung zum Studium
ISBN 978-3-941356-02-3
24,90 €

Testtrainer Mathematik

Sicher rechnen im Eignungstest und Einstellungstest. Kompakt und verständlich erklärt
der Testtrainer Mathematik die gängigen
mathematischen Testaufgaben – und zeigt, wie
man sie löst.

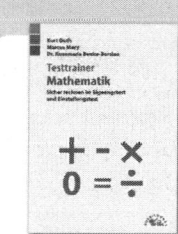

Testtrainer Mathematik
ISBN 978-3-95624-027-0
12,95 €

Testtrainer Deutsch

Rechtschreibung, Grammatik, Sprachverständnis,
Wortschatz, Ausdrucksvermögen: Der Testtrainer
Deutsch liefert zahlreiche Originalaufgaben,
kommentierte Lösungen, verständlich erklärte
Regeln und hilfreiche Tipps.

Testtrainer Deutsch
ISBN 978-3-95624-042-3
12,95 €

Die Bewerbung zur Ausbildung

Anschreiben, Lebenslauf, Online-Bewerbung – die besten Bewerbungsmuster für über 40 Berufe

Der Türöffner zum Ausbildungsplatz: Erfahren Sie, wie Sie aussagekräftige Bewerbungen verfassen, die Ihre Stärken wirksam transportieren! Maßgeschneiderte Musterbeispiele mit Tipps aus der aktuellen Bewerbungspraxis zeigen, wie Sie überzeugen – egal ob per Online- oder Post-Bewerbung.

Schritt für Schritt zur Wunschausbildung – so schaffen Sie den Berufseinstieg!

Die Bewerbung zur Ausbildung
ISBN 978-3-95624-017-1
24,95 €

Das Vorstellungsgespräch zur Ausbildung

Die häufigsten Fragen, die besten Antworten – sicher zum Ausbildungsplatz

Die Pflichtlektüre fürs Bewerbungsgespräch: Praxisnah und verständlich zeigt dieses Handbuch, wie sich Ausbildungsbewerber in ihrem Auswahlinterview sicher in Szene setzen. Ohne Standardfloskeln – denn nur individuelle Antworten überzeugen den Personaler!

Über 100 Originalfragen mit Beispiel-Antworten, Tipps und Kommentaren!

Das Vorstellungsgespräch zur Ausbildung
ISBN 978-3-95624-000-3
19,95 €

Der Testtrainer

Testerfolg ist keine Glückssache!

Das unverzichtbare Kompendium für Ausbildung, Studium und Beruf mit mehr als 2.500 Aufgaben aus sämtlichen Themengebieten. Geeignet für alle Arten von Eignungs- und Einstellungstests, Fähigkeits- und Intelligenztests.

Bekämpfen Sie Prüfungsstress und Unsicherheit durch gezieltes Training – für eine Prüfung ohne böse Überraschungen!

Testtrainer
ISBN 978-3-941356-03-0
19,95 €

1902 – AP W VÜ a – 6d27